# Überblick

Students' Book ISBN 0 7195 5252 4
Teachers' Resource Book ISBN 0 7195 5253 2
Cassette Set ISBN 0 7195 5254 0

A CIP record for this book is available from the British Library

© Rod Hares, David Hood, Antje Berkemeier 1994
First published 1994
by John Murray (Publishers) Ltd
50 Albemarle Street, London W1X 4BD
Designed by Amanda Hawkes
Typeset in Garamond Light Condensed by Wearset, Boldon, Tyne and Wear
Printed and bound in Great Britain by Butler & Tanner, Frome and London

# Überblick

## DEUTSCH FÜR DIE OBERSTUFE
### Band 2

**ROD HARES
DAVID HOOD
ANTJE BERKEMEIER**

John Murray

# Acknowledgements

The authors and publishers would like to thank the following sources for permission to reproduce text extracts:

**Brigitte/Gruner + Jahr**
*Der kleine Unterschied ist doch größer*, p. 4; *Kultur-Magazin*, p. 23; *Die neuen Bücher*, p. 24; *Richard und Cosima*, p. 35; *Festival der Superlative*, p. 36; *Diät-Reportage*, p. 52; *Macht denn alles süchtig?*, p. 62; *Das sollten Eltern über Drogen wissen*, pp. 64-66; *Jetzt ist er endlich trocken...*, p. 67; *Verbote helfen nicht*. pp. 74-75; *Wer hilft den Angehörigen?*, p. 77; *Ich bin Lobbyistin*, p. 84; *Die Angst vor dem Alleinsein*, p. 94; *Gegensätze ziehen sich an*, p. 95; *Business ist der Sex von heute*, p. 107; *Die schrillen Verführer*, p.108; *Fremd in Deutschland*, p. 118; *Einer, der sich nicht wegschicken läßt*, p.120

**Bunte/Burda Publications**
*Sanfter Schreihals*, p. 28; *Vitamin komplett*, p. 49; *Salz – nicht nur auf unserer Haut*, p. 51; *Wieviel Geld kostet die Reise zu den Koala-Bären?*, p. 82; *Familien-Album türkisch-deutsch*, p. 96; *Gesucht: Die neuen Beatles*, p. 127; *Eine umstrittene Witwe*, p. 129; *Interview mit Richard von Weizsäcker*, p. 134; *Deutschland kann stolz auf sich sein*, p. 135

**Diogenes Verlag AG, Zürich**
Extracts from *Der Richter und sein Henker* by Friedrich Dürrenmatt, pp. 21, 22

**Fernsehwoche**
*Sollten die weichen Drogen legalisiert werden?*, p. 68; *Ihre menschliche Pflicht?*, p. 90; *Testen Sie sich selbst*, p. 105

**Forum Verlag, Leipzig**
Extract from *Stasi Intern*, p. 149

**Frankfurter Rundschau**
*1000 protestieren gegen die Diskriminierung Homosexueller*, p. 87

**Freizeit-Revue/Burda Publications**
*Das Rätsel um Atlantis wird gelöst*, p. 121

**Freundin/Burda Publications**
*Ich – ein Star? Lächerlich!*, p. 12

**Wilhelm Goldmann Verlag GmbH, München**
Extracts from *Der neue deutsche Film 1960-1980* by Joe Hembus and Robert Fischer, pp. 21, 22

**Hannoversche Allgemeine**
*Die Aussichten für die Arbeitsmärkte bleiben düster*, p. 111

**Hörzu/Axel Springer Verlag**
*Stars zum Fürchten*, p. 14; *Gesundheit – der 5-Minuten Test*, p. 56; *...aber den Vater will ich nicht mehr sehen*, p. 90

**Popcorn**
*Frank Zappa*, p. 30

**Prima/Gruner + Jahr**
*Essen in Deutschland*, p. 43; *Auf einen Blick: Wie Sie richtig essen*, p. 47; *Sprichwörtliches zum Thema Gesundheit*, p. 58

**E. A Seemann Verlag, Leipzig**
Extract from *Der Tag der Entscheidung* by Ekkehard Kühn, p. 146

**Der Spiegel**
*Der Preis der Sucht*, p. 69; *Das Böse aus der Büchse*, p. 72; *Magische Formel*, p. 103; *Die Denke muß sich ändern*, p. 110; *Das Ende des Kommunismus*, p. 136

**Stern/Gruner + Jahr**
*Peter Maffay*, p. 29; *Der Geschmack der Heimat*, p. 45; *Das ist unverantwortlich*, p. 93

**Die Zeit**
*Stadt ohne Plan* by Wolfgang Gehrmann, p. 150

**Zytglogge Verlag, Gümligen**
Extracts from *Der Richter und sein Henker (Comicbuch)*, p. 20

Photographs and illustrations are reproduced courtesy of the following sources:

British Film Institute pp. 15 (centre), 17 (bottom left), 18, 107
Ecoscene pp. 85, 151
Fotex pp. 28, 29, 39, 40
Freizeit-Revue/Burda Publications p. 61
Sally and Richard Greenhill pp. 60 (centre left), 67
Robert Harding pp. 25, 60 (top and bottom left), 88, 95, 105 (right), 138, 139 (bottom), 143 (bottom), 152
Hörzu/Axel Springer Verlag p. 90
Stephan Morgenstern p. 72
Popperfoto pp. 133, 147
Prima/Gruner + Jahr pp. 43, 44, 58, 59
Rex Features pp. 129, 135, 142, 143 (right)
David Simson pp. 1, 60 (top and centre right), 66
Stern/SOA p. 45
Zefa pp. 66, 68, 105 (left and centre)

Cartoons by Karen Donnelly

Line illustrations on pp. 70, 111, 137, 139 (top) by Chartwell Illustrators

Cover illustration: *Schloß Kammer am Attersee* by Gustav Klimt, reproduced courtesy of Verlag Galerie Welz, Salzburg

Every effort has been made to trace the copyright holders of extracts used in this book. Any rights not listed here will be acknowledged in subsequent printings if notice is given to the publishers.

Special thanks are also due to:
Pauline and Jackie Hares; the staff and students of New College, Pontefract; Eva Nierhoff; Catharina Oppitz; all the 'Leipziger', especially Anna Schumann and Ulrike Panzig; sixth form German students at Mascalls School.

# Contents

# Introduction

## How does Überblick *work?*

*Überblick* focuses in some detail on A level topics and issues, building on and reinforcing the language work you have already done and enabling you to discuss and analyse written and spoken material in German.

## What does Überblick *include?*

**Texts and activities:** The printed texts and the recordings on the cassette have been chosen for their relevance to contemporary issues and for their lasting interest, as well as for the insight they give into life and attitudes in German-speaking countries. Each item is exploited in depth, so that by the end of each unit, you should be confident about expressing your opinion in German, both orally and in writing. If you have been using *Durchblick*, the first part of this course, you will find that the texts in *Überblick* are generally slightly longer, and that the activities will involve more in-depth, analytical reading or listening, so that you have plenty of practice in the sort of work that you will be doing in the A level exam.

***Anwendung und Erweiterung:*** These are grammar reinforcement exercises, using examples from the text and building on the language work you have done, to increase your confidence in using the grammar you know to express yourself in German. Each one cross-refers ( Zum Nachlesen or  Zum Nachhören) to the relevant text containing examples of the point being practised. Each one also cross-refers ( Zum Nachschlagen) to the relevant part of the *Grammatik* at the back of the book, and you should study the section indicated each time before pressing on with the exercise itself. Many exercises also refer back ( Zum Wiederholen) to earlier practice on the same grammar point, so that you have opportunities to revise those points which you find more difficult.

***Grammatik:*** This is presented entirely in German but with a straightforward approach that emphasises the practical context and application of grammar. The *Grammatik* is divided into numbered paragaphs which should be studied according to the cross-references given when you do the *Anwendung und Erweiterung* exercises.

***Wortschatz:*** There is a German-English vocabulary list at the back of the book, but you are advised to use a good German dictionary wherever possible, rather than relying on the limited help that such a selective vocabulary list can provide.

Supplementary practice materials, called *Blicken Sie da durch?* (texts and activities for practice or revision) and *Textbearbeitung* (interpretation work) are supplied in the Teachers' Resource Book. These materials will be used at your teacher's discretion in order to reinforce or test your understanding and extend your skills.

# W*as läuft?*

Wir beginnen *Überblick* mit einer Studie über das Kino und die Literatur in der deutschsprachigen Welt und wollen herausfinden, wie die Deutschen zu Filmen und Büchern stehen, was sie eigentlich interessiert, was sie gern sehen und lesen. Kennen Sie schon einige deutsche Filme oder Bücher? Lesen Sie weiter und hoffentlich werden Sie sich noch mehr dafür interessieren.

## 1.1

### *Kino? – find' ich gut!*

**A** Hier treffen wir Silke, Martin, Lisbeth und Oliver, die ihre Meinungen über das Kino abgeben. Hören Sie gut zu, dann transkribieren Sie, was sie sagen.

**B** *Arbeit zu zweit*

Wie finden *Sie* das Kino?
Entscheiden Sie sich zu zweit, inwieweit Sie mit den Meinungen, die Sie gerade gehört haben, übereinstimmen.

# Der neue Trend

## 1.2

### *Runter vom Sofa, rein ins Kino!*

Trotz einer immer größeren Auswahl von Filmen im Fernsehen oder auf Video, ziehen es viele Leute vor, ins Kino zu gehen, ob aus Neugier, den neuesten Kassenerfolg zu sehen oder einfach, weil sie einen angenehmen Abend mit Freunden verbringen möchten. Auch in Deutschland spürt man diesen „neuen" Trend ...

Genau 3 874 794 Zuschauer sahen innerhalb von 23 Wochen die Komödie „Hot Shots", 2 800 397 binnen 18 Wochen den Polit-Thriller „J. F. Kennedy". Die Deutschen sind im Film-Rausch. 1991 hatten die 3292 Kinos die besten Bilanzen seit zwanzig Jahren: 120 Millionen Zuschauer, 5,35 Millionen mehr als 1990. Runter vom Sofa, rein ins Kino – das ist der neue Trend.

Denn Filme machen wieder Spaß. Die schmuddeligen Schachteltheater mit 30 Sitzplätzen verschwinden. Die neuen Kinos sind Paläste aus Glas und Stahl, mit bis zu 20 Meter breiten Leinwänden und bequemen Sesseln. Durch das Superklangsystem „THX" klingen

Schießereien so echt, daß man in Deckung geht.

Dazu bieten Kinocenter, wie etwa das „Cinedom" in Köln (3183 Plätze), auch Restaurants, Tiefgaragen, Bars. Das Kino wird zum Treffpunkt für den ganzen Abend. Studentin Jana Ulbricht (22), Berlin: „Kino ist heute, was früher Theater war. Toll, mit der Clique auszugehen, hinterher über den Film zu sprechen."

**Die eifrigsten Kinobesucher leben in Heidelberg: Im Schnitt geht jeder Bewohner 6,03mal im Jahr ins Kino. Filmmuffel sind die Berliner: nur 2,52 Tickets pro Einwohner und Jahr.**

**A** Suchen Sie vier Sätze/Ausdrücke aus dem Artikel heraus, die zeigen, ob der Bericht positiv oder negativ gefärbt ist. Erklären Sie, warum.

**B** Erklären Sie die untenstehenden Zahlen aus dem Bericht in eigenen Worten.

a  3 874 794
b  2 800 397
c  1991
d  3292
e  1990
f  20 Meter
g  3183
h  6,03
i  2,52

## C *Arbeit zu zweit: Berichten*

Partner[in] A erklärt dem Partner/der Partnerin B die erste Hälfte des Berichts auf englisch und dann umgekehrt mit der zweiten Hälfte.

---

## ANWENDUNG *und* ERWEITERUNG

 **Zum Nachhören:** 1.1 Kino? – find' ich gut!

 **Zum Nachschlagen:** Der Konjunktiv in der indirekten Rede

 **Zum Üben**

Stellen Sie sich vor, Sie sind Journalist(in) und wollen einen Bericht über die Meinung verschiedener Menschen zum Thema Kino schreiben. Fassen Sie Ihre Transkriptionen so zusammen, daß die Worte aller Befragten in der indirekten Rede vorkommen.

*Beispiel*
Silke Rißling sagte, daß sie seit acht Jahren einmal pro Woche ins Kino gehe. Sie fügte hinzu, daß die Filme eine Kunstform und die Kinos bequem geworden seien.

---

## ANWENDUNG *und* ERWEITERUNG

 **Zum Nachhören:** 1.1 Kino? – find ich gut!

 **Zum Nachschlagen:** Das Imperfekt

**Zum Üben**

Suchen Sie alle Verben aus den vier Beiträgen heraus. Vervollständigen Sie dann diesen Text mit dem jeweils passenden Verb im Imperfekt.

Meine Eltern ____ früher sehr oft ins Kino. Das ____ damals so üblich. In der Tat ____ sie sich sogar bei einem Kinobesuch kennen. Sie ____ sich fast jede Woche einen Film an, denn sie ____ nicht zu Hause sitzen, und ein Abend im Restaurant ____ für sie zu teuer. Im Laufe der Zeit ____ sie ziemliche Experten in Sachen Kino und ____ bei jedem Kinoabend immer sehr aufgeregt.

---

## ANWENDUNG *und* ERWEITERUNG

 **Zum Nachlesen:** 1.2 Runter vom Sofa, rein ins Kino!

 **Zum Nachschlagen:** Komparativ und Superlativ

 **Zum Üben**

**1** Lesen Sie den Artikel noch einmal durch und vervollständigen Sie diese Tabelle.

| Englisch | Positiv | Komparativ | Superlativ |
|---|---|---|---|
| | | | am besten ⎤<br>der beste ⎦ |
| | | mehr | |
| | neu<br>schmuddelig<br>breit<br>bequem<br>echt | | |
| | | früher | |
| | | | am eifrigsten ⎤<br>der eifrigste ⎦ |

**2** Übersetzen Sie diese Sätze ins Deutsche:
a  The screens are much wider nowadays.
b  This cinema is not at all as scruffy as it used to be.
c  My daughter is a very keen cinema-goer.
d  The most comfortable seats are in the back row.
e  It is a real pleasure to watch a film here.
f  Most people go to the cinema on Saturday evening.
g  There is no newer cinema than this.
h  The more new films the better. That's my opinion!

# 1.3

## Spielfilme

Kehren wir zum Fernsehen zurück, wo die Auswahl von Filmen oft zu Meinungsverschiedenheiten führen kann. Sehen Sie sich die Spielfilmseite an: wie wird in Ihrem Haushalt die Entscheidung getroffen, diesen und nicht jenen Film anzusehen?

**A** Vervollständigen Sie die Filmtitel, indem Sie die Wörter im Kästchen zu Hilfe nehmen.

> Jagdrevier Teufel Tochter Maske
> Diamanten Zweikampf Schüsse

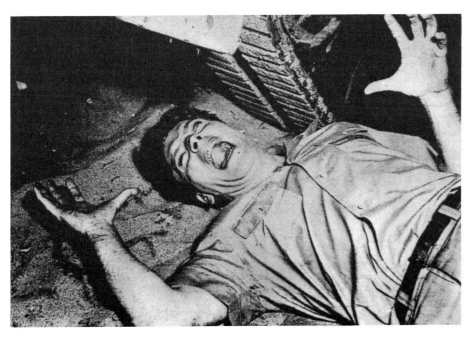

*Ein hartgesottenes Action-Abenteuer mit Schreihals Burt Lancaster; ARD, 0.25 Uhr.*

# SA

| 15.15 Uhr | SAT 1 |

**Meine ____ lebt in Wien** (Österreich 1940). R: E. W. Emo. D: Hans Moser, Elfriede Datzig, O. W. Fischer. Anspruchsloses Verwechslungslustspiel (81 Minuten).

| 18.15 Uhr | SAT 1 |

**____ aus dem Geigenkasten** (BR Deutschland 1965). R: Fritz Umgelter. D: George Nader, Heinz Weiss. Der erste einer ganzen Serie von Filmen um den Groschenheft-Helden Jerry Cotton. SAT 1 wird uns keinen davon ersparen (84 Minuten).

| 23.00 Uhr | RTL plus |

**____ der scharfen Gemsen** (BR Deutschland 1975). R: Hubert Frank. D: Josef Moosholzer, Franz Muxeneder. Bayerisch aufgetakelte Voyeurskost (76 Minuten).

| 0.25 Uhr | ARD |

**Blutige ____** (USA 1949). R: William Dieterle. D: Burt Lancaster, Paul Henreid. Ein Abenteurer kehrt ins Schürfgebiet Südafrikas zurück und kämpft um seine verborgene Ausbeute. Hartgesottenes Action-Abenteuer (ca. 100 Minuten).

# SO

| S9.35 Uhr | RTL plus |

**Der ____ vom Mühlenberg** (DDR 1954). R: Herbert Ballmann. D: Willy A. Kleinau, Werner Peters. Märchenfilm nach einer mittelalterlichen Sage aus dem Harz. Schlicht erzählter DEFA-Film (83 Minuten).

| 15.00 Uhr | SAT 1 |

**Frankenstein: ____ der Giganten** (Japan 1966). R: Inoshiro Honda. D: Russ Tamblyn, Kumi Mizuno. Technisch aufwendiger Monsterfilm der „Godzilla"-Serie in ziemlich simpler Inszenierung. Den Namen „Frankenstein" synchronisierte der deutsche Verleih in die Handlung hinein (75 Minuten).

| 20.15 Uhr | SAT 1 |

**____ in Blau** (BR Deutschland 1952). R: Georg Jacoby. D: Marika Rökk, Paul Hubschmid. Farbige Neuverfilmung der melodiösen Operette von Raymond/Hentschke (96 Minuten).

**B** Notieren Sie alle Vokabeln, die mit dem Kino zu tun haben.

**C** Nehmen Sie diese Inhaltsangaben zu Hilfe, um Ihre eigenen kurzen Inhaltsangaben über 4–6 Filme zu schreiben, die Sie kennen.

## 1.4 📼

**A** Füllen Sie die Lücken in dieser Transkription der ersten Hälfte des Interviews.

### *Doris Dörrie*

Unter den Filmen auf der Spielfilmseite stehen immer viele amerikanische. Leute in der Filmindustrie in Ländern wie Frankreich, Großbritannien, Neuseeland und auch Deutschland fürchten, die USA-Filmbarone werden ihre Industrie zerstören. Diese Gefahr besteht immer, aber bis jetzt können die deutschen Filmemacher bzw. -macherinnen noch überleben, und sie gehören einer wichtigen Tradition an, indem sie Großen wie Herzog, Wilder und Fassbinder in die Fußstapfen treten.

Zunächst werden wir einem Interview mit der berühmten deutschen Regisseurin Doris Dörrie zuhören, aber bevor wir das tun, lesen Sie den kurzen Text, in dem uns Doris und ihr Film vorgestellt werden.

### Doris Dörrie

In ihrem neuen Film „Ich und Er" geht es um den Widerspruch zwischen Liebe und Sex – bei Männern. Barbara Franck sprach mit der Erfolgsregisseurin in New York.

**Frage:** Frau Dörrie, wie _____ Sie die Geschichte des Films erzählen?
**Dörrie:** Für mich ist es eine Liebesgeschichte, und _____ eine Liebesgeschichte zwischen Kopf und Schwanz. Im Film selber wird dieses Wort allerdings nie gebraucht; überhaupt ist es der _____ (etc.) Film, den ich je gemacht habe. Ich hab mich schon immer gefragt, was hat Liebe mit Sex zu tun, und wenn man jetzt mal _____, daß die Liebe irgendwo im Kopf oder Herzen sitzt und der Sex hier (zeigt etwas _____), dann kann man sich das wirklich so als zwei _____

# Der kleine Unterschied ist doch viel größer ...

**M**orgens um acht auf einem Müllsammelplatz am Hudson River: hinter uns die Skyline von Manhattan, gegenüber New Jersey und ganz weit hinten am Horizont die Freiheitsstatue. Ein Mülllaster nach dem anderen donnert heran und entlädt seine Last in ein angegammeltes Lagerhaus. Möwen landen kreischend auf dem Wellblechdach, mindestens drei Dutzend Leute vom Filmteam wuseln herum, rangieren Autos für die nächste Filmszene hin und her, bauen ein Frühstücksbüfett mit Junkfood auf und machen sich an einer silbergrauen Limousine zu schaffen. Inmitten all der Hektik scheinbar seelenruhig Doris Dörrie. Nach ihren Erfolgsfilmen „Männer" und „Paradies", die auch in Amerika die Kinos füllten, dreht die 33jährige Regisseurin zum erstenmal in den USA; ein Ereignis, das auch die amerikanischen Medien beschäftigt. Ein Fernsehteam interviewt für die Sendung „Good morning America" gerade Ellen Greene, die weibliche Hauptdarstellerin von „Ich und Er". „Doris is a gift from Europe to us", schwärmt Ellen, „sie hat mich für jeden weiteren Regisseur verdorben. Das Tolle ist – sie hat einfach keine Angst vor Gefühlen!"
„Ich und Er" basiert lose auf dem gleichnamigen Roman von Alberto Moravia. Das Drehbuch hat Doris Dörrie zusammen mit Michael Juncker und Warren D. Leight geschrieben. Bevor wir zum Interview in die geheizte Limousine steigen, in der anschließend gedreht werden soll, bitte ich Bernd Eichinger, den Produzenten des Films und Doris' Wachhund wie Rückenstärkung bei den Dreharbeiten, mir den Inhalt des Films zu erzählen. „Also", sagt er, ebenfalls im eisigen Wind schlotternd, „,Ich' ist sozusagen der Hauptdarsteller, den wir dauernd im Bild haben, und ,Er' ist sein – äh, Willi (guckt an sich runter), sein bestes Teil. Das Besondere ist, daß der reden kann. Der Mann will nun Karriere machen, und seinen Willi interessiert das überhaupt nicht; der will ganz was anderes – Frauen erobern und so, deshalb steht er den Berufsbestrebungen unseres Hauptdarstellers dauernd im Wege. Das ist der Basiskonflikt dieses Filmes und eigentlich wohl jeden Mannes." – Wie geht es aus im Film? – „Das müssen Sie sich angucken", grinst Bernd. – Und im Leben? – „Im Leben", seufzt Eichinger, „im Leben geht es nie aus, das ist es ja ..."

vorstellen. Die Frage ist, wo treffen die sich, wo laufen die auseinander und wie funktionieren beide im ____ von Macht und Karriere. Der Kopf lebt ja auf ein Ziel hin, und das hat was mit ____ Planung und Verhalten zu tun. Der Schwanz dagegen „verhält" sich nicht; der will erreichen, was grade ____ und sonst nichts.

**Frage:** Und ____ sich die beiden in Ihrem Film?

**Dörrie:** Ja, das ist die Utopie in diesem Film, er hat ein unglaublich glückliches Ende. Bert Uttazi, so heißt die ____, ist der einzige Mann der Welt, der es schafft, Kopf und Bauch wirklich in ____ zu bringen.

**Frage:** Haben Frauen nicht denselben Konflikt?

**Dörrie:** Nein, ich glaube, es ist ein spezifisch ____ Problem, und deshalb interessiert es mich auch so. Was mich sehr erschreckt hat und auch ____ erschreckt – irgendwann mußte ich in den ____ Diskussionen, die ich mit Männern über dieses Thema geführt habe, ____, daß es einen ganz grundsätzlichen Unterschied gibt zwischen Männern und Frauen. Der läuft auf etwas raus, das nicht so einfach zu ____ ist, nämlich auf den Satz: „Ich liebe dich, aber . . ."

**Frage:** Den natürlich die Männer sagen?

**Dörrie:** Ja. ____ habe ich begriffen, daß das Ganze für Männer wirklich tragisch ist, weil sie von ____ dazu verdammt sind, ein moralisches Schwein zu sein. Denn sie lieben ihre Frau oder Freundin, aber . . . nachts in der Kneipe, auf der Straße oder wo auch immer kommt irgendeine ____ vorbei, und dann sagt der Bauch: „Hallooo . . .", und ____ können sie nichts machen.

**B** Reihen Sie folgende Behauptungen aus der zweiten Hälfte des Gesprächs so ein, wie Sie sie gehört haben:

*Nummer:*

Männer sind nicht stolz auf ihre Üppigkeit · · · 3 · · ·
Das wird im Film geschildert · · · · ·
Letzten Endes können Männer der verführerischen Qualität einer schönen Frau nicht entgehen · · · · ·
Das liegt unserer Gesellschaft zugrunde · · · · ·
Ich habe über den Mann zu rasch geurteilt · · · · ·
Es besteht die romantische Vorstellung, Männer können lieben *und* betrügen · · · · ·
Der Mann reagiert nach dem Willen des Körpers · · · · ·
Die Frauen spielen auch eine Rolle dabei · · · · ·

**C** Inwieweit stimmen Sie mit Doris in ihrer relativ extremen Haltung überein? Studieren Sie die komplette Transkription der ersten Hälfte des Interviews zusammen mit der zweiten Hälfte, die Ihr Lehrer/Ihre Lehrerin Ihnen geben wird, und wählen Sie 4–6 Aussagen, die Sie unterstützen oder ablehnen. Nehmen Sie folgende Redensarten zu Hilfe, um Ihre Wahl zu erklären.

| + | – |
|---|---|
| Männer sind genau so | Sie treibt es zu weit |
| Sie hat den Nagel auf den Kopf getroffen | Das ist reine Übertreibung |
| Da war sie äußerst scharfsinnig/einsichtig | Sie versteht die Sache nicht |
| Sie hat das Problem genau erfaßt | Sie betont die Sache zu stark |
| Sie weiß, was Männer in Gang hält | Sie ist Männern gegenüber voreingenommen |
| Sie versteht, wie Männerhirne arbeiten | Sie vereinfacht den männlichen Zustand |
| Ihre Wahrnehmung kommt klar aus eigener Erfahrung | |

**D** *Gruppenarbeit: Sprechen*

Vergleichen Sie Ihre Ergebnisse mit denen Ihres Partners/Ihrer Partnerin und geben Sie der Großgruppe einen mündlichen Bericht darüber.

## ANWENDUNG *und* ERWEITERUNG

**Zum Nachhören:** 1.4 Doris Dörrie

**Zum Nachschlagen:** Präpositionen

**Zum Üben**

Hören Sie sich das Interview noch einmal an. Welche Präpositionen fehlen in diesen Sätzen?

1 Ich habe viele Diskussionen ____ verschiedenen Leuten ____ dieses Thema geführt. Aber ich glaube immer noch, daß meine Liebe ____ dem Kino schuld ____ meinem chronischen Geldmangel ist.

2 ____ jedem Fall würde ich sagen, daß es sich lohnt, ____ diesen Film zu gehen.

3 Wir geraten oft ____ Schwierigkeiten ____ den anderen Kinobesuchern, wenn wir uns laut ____ den Inhalt des Films unterhalten, der gerade läuft!

4 Daß wir zu spät ____ dem Anfang des Films angekommen sind, liegt ____ mir.

5 ____ meinen wöchentlichen Kinobesuch wäre das Wochenende ____ mich ganz langweilig. Ich bin ____ vorn ____ hinten kinoabhängig!

**5**

## ANWENDUNG *und* ERWEITERUNG

 **Zum Nachhören:** 1.4 Doris Dörrie

 **Zum Nachschlagen:** Pronomen, Artikel und Adjektivendungen

 **Zum Üben**

Der folgende Text wurde der Einführung zu diesem Interview entnommen. Es fehlen die Pronomen (. . .), die Artikel und die Adjektivendungen (_). Vervollständigen Sie den Text, indem Sie passende Wörter bzw. Endungen einfügen.

Europas Geschenk an d_ USA sitzt frierend auf ein_ Mäuerchen. D_ Regiestuhl mit ihr_ Namen wird schon lange nicht mehr ausgeladen, weil . . . . . . strikt ablehnt, irgendein Vorrecht zu genießen. In ihr_ grellorangefarben_ Anorak leuchtet Doris Dörrie wie ein_ Ampel, d_ blondiert_ Strubbelhaare flattern in d_ kalt_ Novemberwind wie d_ Flaum ein_ jung_ Ente. Ab und zu kuschelt . . . . . . an Kameramann Helge Weindler, . . . neben . . . auf d_ Kaimauer sitzt.

# 1.5

## *Marlene Dietrich: eine Legende*

Marlene Dietrich ist tot, aber ihr Einfluß lebt weiter. Für viele Leute symbolisiert sie einen Teil der Seele Deutschlands, für andere bleibt sie provozierend undefinierbar. Aber die Gelehrten sind sich darüber einig, daß sie eine Filmdiva war, die eine Legende wurde. Ist sie typisch für die Kinoschönheiten oder muß der Film Divas schaffen, die unerreichbar und auch unnahbar scheinen? Lesen Sie diesen Artikel über Dietrich in ihrem 90. Lebensjahr. Kennen Sie eine Dietrich unserer Zeit?

# Marlene Dietrich: 90. Geburtstag in der selbstgewählten Einsamkeit

## *Auch an ihrem Ehrentag ließ die Filmdiva von einst nur wenige Menschen zu sich*

**1** Paris, Avenue Montaigne 12, eines der oberen Stockwerke in einem anonymen Mehrfamilienhaus. Wer es nicht besser weiß, könnte glauben, daß in diesem Appartement Verschwörer am Werk sind: Die Wohnungstür ist zugemauert, Besuch wird nur über eine Hintertreppe durch den Dienstboteneingang empfangen. Die alte Dame, die hier lebt, hat seit zwölf Jahren kaum noch ihre vier Wände verlassen. Sie will, daß man sie so in Erinnerung behält, wie sie einmal war: von kühler Schönheit, verführerisch und doch ein wenig unnahbar – der ewige „Blaue Engel".

**2** Man braucht es kaum zu erwähnen, daß von Marlene Dietrich die Rede ist. Obwohl die Filmdiva von einst außer Tochter Maria, Enkel Pierre, ihrer Sekretärin, ihrer Haushälterin und einem geheimnisvollen Freund namens Louis niemanden mehr zu sich läßt, nehmen Freunde und Fans in aller Welt mehr denn je Anteil an ihrem Schicksal.

**3** So ist es auch typisch, daß sie jetzt sogar ihren 90. Geburtstag nur mit wenigen Bekannten in der selbstgewählten Einsamkeit feierte, während man sie allerorten, im Fernsehen wie in der Presse, ehrte.

**4** Aber Marlene Dietrich ist nicht die „verschrobene Alte", die sich aus Menschenverachtung verkrochen hat. Im Gegenteil: Sie nimmt regen Anteil am Weltgeschehen. Jeden Morgen um sechs Uhr legt ihr der Portier des Hotels Plaza Althée, das ihrer Wohnung gegenüber liegt, ein Bündel Zeitungen vor die Tür. Noch im Bett verschlingt sie jede Zeile, während rechts neben ihr ein kleiner Teekocher gemütlich vor sich hin blubbert.

**5** Ihr Kontakt zur Außenwelt ist das Telefon, von dem sie reichlich Gebrauch macht. Bis zu 15 000 Mark Gebühren pro Monat können schon zusammenkommen. Erst kürzlich mußte die Schauspielerin ein längeres Gespräch mit Deutschland führen, um etwas in eigener Sache richtig zu stellen: Eine Zeitung hatte sie dort schon fast totgesagt und besorgt gefragt, ob ihr krankes Herz noch bis zum 90. Geburtstag mitmache.

**6** „Ich bin gesund und putzmunter", ließ Marlene Dietrich daraufhin die Öffentlichkeit wissen, „ich finde die Meldung unappetitlich, aber ich habe sie trotzdem mit Berliner Humor genommen."

**7** Berlin, für diese Stadt schlägt das Herz der Schauspielerin noch immer. Am 27. Dezember 1901 wurde sie als Tochter eines Polizeileutnants in der Spree-Stadt geboren. Ihre Mutter stammte aus wohlhabendem Hause, deshalb bekam die damals noch pummlige Marlene eine feine, aber preußischstrenge Erziehung. Ein Musikstudium in Weimar brach sie jedoch 1921 ab, um Schauspielerin zu werden. Es folgten erste Bühnen- und kleinere Filmrollen.

**8** 1924 heiratete sie Rudolf Sieber, ein Jahr später wurde Töchterchen Maria geboren. Doch die Familienidylle währte nicht lange. Denn als sie der Regisseur Josef von Sternberg mit seinem Film „Der blaue Engel" über Nacht berühmt machte, ließ sie Mann und Kind zurück, um ihm nach Hollywood zu folgen. Die Trennung von Rudolf Sieber blieb endgültig, doch eine Scheidung wurde nie vollzogen.

**9** Ein großer Wendepunkt in Marlene Dietrichs Karriere war nach unzähligen Filmerfolgen 1953 ihr erster Auftritt als Show-Star im Las-Vegas-Hotel „Sahara". Das Publikum jubelte, und Marlene begann damals einen langen Triumphzug durch die berühmtesten Nachtclubs der Welt. Ein Schenkelhalsbruch bedeutete 1975 das jähe Ende ihrer Bühnenlaufbahn. Vier Jahre später zog sie sich völlig aus der Öffentlichkeit zurück.

**A** Wie sagt man im Artikel auf deutsch …

one hardly needs to mention
all over the world
out of contempt for one's fellows
on the contrary
what's going on in the world
only recently
she made public
she broke off her study
a great turning point
the end of her career on the stage

**B** Welche numerierten Absätze und Überschriften passen zusammen? (Vorsicht – Sie haben mehr Überschriften als Sie brauchen!)

**a** Hier hat sich das Leben deutlich geändert
**b** Mehr Interesse denn je
**c** Eine reine Berlinerin
**d** Der Fernsprecher bringt Anschluß
**e** Eine einsame Wohnung
**f** Hochzeit und relativ kurz danach Trennung!
**g** Marlene war die Marilyn ihrer Zeit
**h** Keine seltsame, überspannte, alte Frau!
**i** Noch auf der Höhe
**j** Recht wohl zumute unter wenigen Menschen

**C** Übersetzen Sie diese Bearbeitung der Ideen im Artikel ins Deutsche:

*In the cinema Dietrich came across as a cool, seductive and somewhat unapproachable beauty and that is how she always wanted to be remembered. She lived out her last years in something of a self-imposed isolation, maintaining contact with the outside world through the telephone and the newspapers, of which she devoured every line, sitting up in bed. Throughout her career and even her last years, Marlene was venerated by television, press and public, as a screen goddess. But what of her private life? In the 1920s her family idyll did not last long, since she left her husband, Rudolf Sieber, and her young child behind in Germany, so that she could follow her director, von Sternberg, to the USA after he had made her famous overnight. Perhaps the way she left her family had something to do with the way she remained somewhat unfathomable for the many millions who loved her.*

## ANWENDUNG *und* ERWEITERUNG

 **Zum Nachlesen:** 1.5 Marlene Dietrich: eine Legende

 **Zum Nachschlagen:** Modalhilfsverben

 **Zum Üben**

Suchen Sie den Satz im ersten Paragraphen dieses Artikels heraus, den man folgendermaßen übersetzen könnte: "She wants people to remember her as she once was."
Übersetzen Sie diese Sätze ins Englische:
**1** Er will, daß ich ihn nach der Vorstellung abhole.
**2** Wir wollen, daß Petra uns mitnimmt.
**3** Willst du, daß wir alle heute abend vorbeikommen?
**4** Ich will, daß ihr mir zuhört!
**5** Gerd möchte, daß wir ihn über das Ergebnis informieren.
**6** Will sie, daß die ganze Familie sie besucht?
**7** Unsere Freunde möchten, daß er ihnen ein Souvenir aus dem Urlaub mitbringt.
**8** Ich möchte, daß Georg dir hilft.

## BRIGITTE-Durchblick

### Die Deutschen und der Oscar

<u>1929 – Emil Jannings</u> – Oscar „Bester Schauspieler" in „The Last Command"

<u>1931 – Marlene Dietrich</u> – Oscar-Nominierung „Beste Schauspielerin" in „Marokko"

<u>1973 – Rolf Zehetbauer</u> – Oscar „Beste Dekoration" für „Cabaret"

<u>1980 – Volker Schlöndorff</u> – Oscar „Bester ausländischer Film" für „Die Blechtrommel"

<u>1983 – Wolfgang Petersen</u> – sechs Oscar-Nominierungen für „Das Boot"

<u>1990 – Michael Ballhaus</u> – Oscar-Nominierung „Beste Kamera" in „Die Fabelhaften Baker Boys"

<u>1990 – Wolfgang und Christoph Lauenstein</u> – Oscar „Bester Kurzfilm" für „Balance".

## ANWENDUNG *und* ERWEITERUNG

 **Zum Lesen:** BRIGITTE – Durchblick

 **Zum Nachschlagen:** Das Passiv

 **Zum Üben**

In diesem Artikel *werden* einige der größten Errungenschaften von Deutschen bei der Oscarverleihung in Hollywood *erwähnt.*

Formulieren Sie anhand der Informationen, die Ihnen unten zur Verfügung stehen, Sätze, in denen diese Errungenschaften beschrieben werden. In jedem Satz soll das Verb im Passiv vorkommen. Sie müssen sich auch überlegen, welche Präpositionen und welche Artikel Sie einzufügen haben.

*Beispiel*

1929/Emil Jannings/Oscar/Bester Schauspieler/verleihen

Im Jahre 1929 wurde Emil Jannings der Oscar für den besten Schauspieler verliehen.

1 1931/Marlene Dietrich/Oscar/Beste Schauspielerin/nominieren
2 1973/Rolf Zehetbauer/Oscar/Beste Dekoration/belohnen
3 1980/Volker Schlöndorff/Oscar/Bester Ausländischer Film/auszeichnen
4 1983/Wolfgang Petersen/sechsmal/sein Film „Das Boot"/nominieren
5 1990/Michael Ballhaus/seine Kameraarbeit/„Die Fabelhaften Baker Boys"/Oscarnominierung/belohnen
6 1990/Wolfgang und Christoph Lauenstein/ihr Film „Balance"/Oscar/Bester Kurzfilm/anerkennen

# 1.6

## *Romy und die Deutschen*

Romy Schneider, die berühmte deutsche Schauspielerin, sah sich mehr als Französin als als Deutsche. Daher die „Haßliebe" zwischen ihr und dem deutschen Publikum, über die wir im nächsten Artikel etwas erfahren werden.

---

## So und nicht anders lieben die Deutschen ihre Romy Schneider: als die kindliche Kaiserin „Sissi"

# Romy und die Deutschen
## Eine tragische Haßliebe

## Mehrere Jahre nach ihrem Tod am 29. Mai 1982 ist Romy Schneider immer noch heftig umstritten

Die Deutsche Romy Schneider hat bereits als 25jährige von Hollywood aus in die Welt posaunt: „Ich bin keine Deutsche, weil ich mich nicht als Deutsche fühle; ich glaube, ein Viertel Österreicherin und drei Viertel Französin zu sein. Ich war immer wie ein Schwamm, aus dem man den letzten Tropfen herausquetschte."

Damit meinte sie ihre drei „Sissi"-Filme. Aber genau darum liebten die Deutschen sie so sehr. Es war ihre unbeschwerte, heitere Kindlichkeit in einer heilen Kinowelt, welche die Zuschauer begeisterte. Noch heute erreichen die „Sissi"-Filme bei der TV-Ausstrahlung höchste Einschaltquoten.

Sie aber haßte ihre „Sissi"-Vergangenheit. Bei den Dreharbeiten zu

„Der Kardinal" (1963) flehte sie den deutschsprechenden Hollywood-Regisseur Otto Preminger an: „Bitte, bitte, sprich Englisch mit mir!"

Wenn ihr Englisch nicht mehr ausreichte, wich sie ins Französische aus. Bloß nicht Deutsch sprechen!

Die Quittung: Romy wird bei uns als französischer Kinostar nicht anerkannt. Sie wird eher als eine vom Schicksal geschlagene Frau denn als Weltstar gesehen.

• Sie schmollte seit vielen Jahren mit ihrer Mutter Magdalena Schneider, weil diese immer wieder Romys totale Verschwiegenheit der deutschen Presse gegenüber unterlief und über ihre Tochter plapperte.

• Romys deutscher Ex-Mann, der Schauspieler Harry Meyen, hatte sich 1979 das Leben genommen.

• Grausam und unmenschlich zerriß ihr letztes dünnes Familienband, das sie an Deutschland erinnerte: Ihr heißgeliebter Sohn David aus der Ehe mit Harry Meyen kam am 5.Juli 1981 mit 14 Jahren ums Leben, als er beim Spielen auf eine eiserne Zaunspitze stürzte und verblutete.

Da war Romys Leben ausgebrannt.

Schon 1974, vor ihrem Auftritt in der ARD-Talkshow, hatte Talkmaster Dietmar Schönherr nach einem Vorgespräch mit Romy in Paris gesagt: „Sie ist wahnsinnig kaputt und müßte eigentlich in einer Nervenklinik geheilt werden."

Und: „Sie braucht einen Menschen, der sie in Schranken weist und ihr sagt, daß sie nicht maßlos sein soll. Ein Mann, der sie auch zärtlich in die Arme nimmt. Denn Romy hat niemanden, der sie liebt."

Romy und die Männer – eine Katastrophe.

Frankreichs Alain Delon, der die 20jährige Romy nach Paris holte, löste nach fünf Jahren die Verlobung. Der „eiskalte Engel" vor wenigen Tagen im seriösen „Figaro Magazin": „Romy stammte aus einer sozialen Klasse in Deutschland, die ich zutiefst verachtete (*Anm. d. Red.*: Delon meint damit das Bürgertum). Es lebten zwei Seelen in Romys Brust. Die erste liebte ich mehr als irgend etwas auf der Welt; die zweite haßte ich genauso leidenschaftlich."

Romys Ehemann Nummer eins, der

# Romy
## Von den Männern ausgenutzt – immer auf der Suche nach Liebe

### Er lebte von ihrem Geld
Romys Privatsekretär Daniel Biasini, den sie 1975 heiratete, gibt heute zu: „Ich war ein Mann, der mit einer Frau lebte, die viel Geld hatte. Ich brauchte gar keine Bankvollmacht." Nach der Scheidung 1981 war Romy seelisch am Ende

### Film-Partner und Verehrer
Michel Piccoli und Romy Schneider drehten viele Filme zusammen. Der Frauenschwarm über sie: „Wir verstanden uns ohne Worte. Sie kam nie zur Ruhe, stellte sich zuviel in Frage. Sie hat nie begriffen, wie außergewöhnlich und gut sie war"

### Der Star, der sie verließ
Es begann 1958 als „Romanze des Jahrhunderts": Alain Delon holte die 20jährige Romy zu sich nach Paris. Fünf Jahre später brach er die Verlobung. Trotzdem sagte Romy 1982: „Oh, là, là – wir haben uns leidenschaftlich geliebt"

### Ihr letzter Regisseur
Jacques Rouffio drehte mit Romy 1982 „Die Spaziergängerin von Sanssouci". Er spottete über ihre frühen „Sissi"-Rollen: „Ein süßliches Filmgeschäft, das zur Verblödung des Publikums beigetragen hat." So empfand auch sie

Berliner Schauspieler Harry Meyen, zerbrach an der Trennung von Romy.

1975 heiratete Romy ihren Privatsekretär Daniel Biasini, der sogar in aller Öffentlichkeit zugibt, von ihrem Geld gelebt zu haben. Heute vermarktet Biasini alljährlich in teuer bezahlten Fotosessions seine und Romys gemeinsame Tochter Sarah (14).

Nach Biasini folgt der Filmproduktionsleiter Laurent Pétin, der eineinhalb Jahre mit Romy zusammenlebt und sie am 29. Mai 1982 tot in ihrer Pariser Wohnung vorfindet ...

Pétin lebt heute in Romys Landhaus in Boissy-sans-Avoir, auf dessen Dorffriedhof sie begraben ist. Er ist inzwischen verheiratet und hat ein Kind. Seine Kommentare zu Romy sind stereotyp: Fragt man ihn am Telefon über sie, legt er den Hörer auf.

Romy Schneider ist zehn Jahre nach ihrem Tod eine Art Kultfigur – und noch immer umstritten.

## „Sissi" ist immer noch unvergessen

### Bewundern Sie Romy Schneider eher als die deutsche „Sissi" oder als den französischen Kinostar?

| | |
|---|---|
| als deutsche Sissi | **63%** |
| als französischen Kinostar weder noch bzw. | **12%** |
| ich weiß zuwenig von ihr, kenne ich nicht | **25%** |

### Woran denken Sie bei Romy Schneider heute?

| | |
|---|---|
| Romy, ein strahlender Weltstar eine vom Schicksal | **24%** |
| geschlagene Frau weder noch bzw. | **46%** |
| ich weiß zuwenig von ihr, kenne ich nicht | **30%** |

Die Münchner Gesellschaft für Rationelle Psychologie befragte im Auftrag der QUICK insgesamt 1319 Bundesbürger

**A** Welche Satzteile passen zusammen?

| | | | |
|---|---|---|---|
| **a** | Romy Schneider wurde | **1** | nicht als französischen Kinostar. |
| **b** | Ihre „Sissi-Filme" | **2** | durch ihre „zwei Seelen" zur Verzweiflung getrieben. |
| **c** | Die Deutschen sehen Romy | **3** | war vielleicht der Verlust ihres Sohnes. |
| **d** | Für viele wird Romy | **4** | eine Nervenkrise gehabt. |
| **e** | Das Schlimmste an Romys Leben | **5** | in Frankreich begraben. |
| **f** | Schon 1974 hat Romy | **6** | als eine höchst unglückliche Frau gesehen. |
| **g** | Ihre Beziehungen zu Männern | **7** | ein Goldjäger zu sein. |
| **h** | Der Franzose Alain Delon wurde | **8** | von den Deutschen sehr geliebt. |
| **i** | Daniel Biasini schien, | **9** | eine zweite Karriere angefangen. |
| **j** | Romy ist | **10** | hat man nicht vergessen. |
| | | **11** | waren katastrophal. |

**B** Fassen Sie die Ergebnisse der Umfrage (oben) mit ein paar Sätzen zusammen.

**C** Lesen Sie den Text nochmals durch und finden Sie heraus, wer ... war:

„Sissi"
Michel Piccoli
Harry Meyen
Magdalena Schneider
Alain Delon
Jacques Rouffio
Daniel Biasini
Laurent Pétin
David Meyen

**D** Schreiben Sie eine Kurzfassung von Romys Leben (120 Wörter).

## ANWENDUNG *und* ERWEITERUNG

 **Zum Nachlesen:** 1.6 Romy und die Deutschen

 **Zum Nachschlagen:** Relativpronomen

**Zum Üben**

**1** Lesen Sie diesen Artikel noch einmal durch. Suchen Sie die Beispiele des Relativpronomens heraus, die darin vorkommen. Füllen Sie diese Tabelle aus, und prüfen Sie dann Ihre Antwort im Grammatikteil nach:

| Das Relativpronomen | | | |
|---|---|---|---|
| | **Mask.** | **Fem.** | **Neut.** | **Plural** |
| Nom. | | | | |
| Akk. | | | | |
| Gen. | | | | |
| Dat. | | | | |

**2** Kombinieren Sie jeweils einen Satz aus A mit einem Satz aus B. Benutzen Sie dabei das passende Relativpronomen.

**A**
**1** Es war Romys Kindlichkeit
**2** Ihre Rolle in der „Sissy"-Verfilmung wurde ihr später zum Verhängnis
**3** Romy fühlte sich manchmal wie ein Schwamm
**4** Sie fing an, eine gewisse Frustration Deutschland gegenüber zu spüren
**5** Die deutschen Kinobesucher begriffen ihren Haß auf Deutschland nicht
**6** In ihrem Privatleben gab es viele Tiefpunkte
**7** Zum Beispiel beging ihr Ex-Mann, Harry Meyen, im Jahre 1979 Selbstmord
**8** Und ihr Sohn starb auf tragische Weise mit nur 14 Jahren

**B**
**a** Man quetschte den letzten Tropfen aus dem Schwamm
**b** Von ihren Tiefpunkten konnte sie sich manchmal nur mit Schwierigkeiten erholen
**c** Romys Kindlichkeit begeisterte das deutsche Kinopublikum
**d** Über die Gesellschaft ihres Sohnes freute sie sich immer
**e** Romy war lange Zeit Liebling der deutschen Kinobesucher
**f** Durch ihre Rolle in der „Sissy"-Verfilmung wurde sie allgemein beliebt
**g** Ihre Frustration artete bald in Haß aus
**h** Harry Meyen war selbst Deutscher, und mit ihm hatte sie einen Sohn namens David

*Beispiel*
**1&c** Es war Romys Kindlichkeit, die das deutsche Kinopublikum begeisterte.

---

# 1.7

## *Der Fall Romy Schneider*

Hören Sie diese Werbung für ein Buch über Romy Schneider. Füllen Sie dabei die Lücken in der folgenden Transkription aus.

---

# Triumph und Tragödie einer Frau.

Hinter der überlebensgroßen Legende des Weltstars verborgen war die _____ Frau. Mit _____, aber exakt recherchierend, nähert Michael Jürgs sich der Wahrheit über das Leben Romy Schneiders und erzählt es in einer _____ „biographie romancée."

„Ich habe Romy Schneider _____ gekannt und in dem Buch um so genauer wiedererkannt. Besonders die ‚_____ Jahre', die sie bewußt miterlebte, haben sie vom _____ Star zur großen Schauspielerin werden lassen."

---

# 1.8

## „Ich – ein Star? Lächerlich!"

Nicht alle Stars führen ein trauriges Leben, auch wenn sie ihre Zeiten persönlicher Schwierigkeiten durchmachen. Meryl Streep ist ein treffendes Beispiel einer Schauspielerin, die verschiedene Krisen überwunden und ihr Glück gefunden hat, und dabei in gewissem Maße eine „Durchschnittsfrau" geblieben ist.

## MERYL STREEP

# „ICH-EIN STAR? LÄCHERLICH!"

*Sie ist eine der begabtesten Schauspielerinnen überhaupt. Und himmlisch normal geblieben. Pierre Morange traf eine Frau, die alles wichtig nimmt. Nur nicht sich selbst*

Am liebsten würde sie mal einen Clown spielen. Mit Quadratlatschen und ausgestopftem Bauch. Hübsch häßlich eben. Ein bißchen schwerfällig. Genauso wie sich Meryl Streep gerade fühlt. Dabei sieht sie entzückend aus.

Zum Zeitpunkt des Interviews ist sie im achten Monat, erwartet ihr viertes Kind. „Ich bin jedesmal unerträglich launisch und ungerecht, wenn ich schwanger bin. Seit drei Kindern."

Meryl Streep zählt nicht in Jahren. Sie zählt nach Kindern. „Jahre – das sind nichts als Zahlen. Ziemlich bedeutungslos. Was wichtig ist, sind meine Kinder. Wenn die Lieferzeit nicht so lang wäre, würde ich mir ein volles Dutzend wünschen." Platz wäre jedenfalls genug. Das 3,5 Millionen Mark teure Landgut in Connecticut, auf dem sie mit Ehemann und Bildhauer Don Gummer und den Kindern residiert, hat immerhin elf Zimmer. Außerdem gehören noch sieben Berge zu den 100 000 Quadratmetern Land. Sieben Gartenzwerge säumen den Weg zum Eingangstor.

Soweit Meryl Streep privat. Berufliches: Die knapp 42jährige Schauspielerin spielte über 47 Theaterrollen und drehte 18 Filme. Neunmal wurde sie für den Oscar nominiert. Zweimal erhielt sie ihn (für „Kramer gegen Kramer" und „Sophies Entscheidung"). Außerdem bekam sie zwei Magengeschwüre ... „Aus Ärger über Hollywood- Widerwärtigkeiten und die vergeblichen Versuche eines Produzenten, mich in sein vereinsamtes

*Meryl Streep als glückliche Hausfrau in Connecticut*

Ehebett zu schleppen." Und: Meryl Streep war verdammt nah dran, sich das Leben zu nehmen, vor 13 Jahren, nachdem John Cazale, ihre große Liebe, in ihren Armen an Krebs gestorben war.

**Frage** Was hat Sie davon abgehalten, Schluß zu machen?
**Meryl Streep** Respekt vor John, der bis zuletzt aushielt. Trotz seiner Schmerzen. Ich fand es richtig, um ihn zu weinen,

**A**   Lesen Sie die Einführung zum Interview mit Meryl Streep, die zweifellos in Deutschland wie in Ihrem eigenen Land sehr beliebt ist, und suchen Sie die Ausdrücke heraus, die zu folgenden Definitionen passen:

**1** Das Schuhwerk eines Clowns
**2** sieht ungeschickt aus
**3** gegenwärtig
**4** sie haben keinen Sinn
**5** die Tragezeit

**6** ein Künstler, der mit Stein arbeitet
**7** hat einen Wohnsitz
**8** ein Entschluß
**9** Ekel

---

aber falsch, mich selbst zu bemitleiden.
**Frage** Was taten Sie, um ihn zu vergessen?
**Meryl Streep** Nichts. Ich wollte John ja nicht vergessen. Ich stürzte mich in die Arbeit, um mich abzulenken. Außerdem half mir die Erziehung meiner Mutter. „Du darfst dich nie zu wichtig nehmen!" hieß einer ihrer Leitsätze.
**Frage** Sind Sie ein Star geworden, weil Sie sich nicht so wichtig nehmen?
**Meryl Streep** Ein Star? Darf ich mal laut lachen? Ich bin kein Star. Liza Minelli ist ein Star, Liz Taylor, Barbra Streisand. Filmstar werden Sie, wenn Sie Allüren entwickeln und . . . wenn Sie auf andere Menschen scheißen. Verzeihen Sie den Ausdruck. Ein Star tritt auf – und anderen Menschen in den Hintern. Noch mal Entschuldigung. Ich wollte nie ein Star werden! Sondern Schauspielerin. Eine gute Handwerkerin, vor der man Respekt hat.
**Frage** Schauspielerei ist für Sie ein Handwerk – keine Kunst?
**Meryl Streep** Seien Sie mal clever, und verbinden Sie die beiden Begriffe. Was kommt dann dabei heraus? Kunsthandwerk. Wer das beherrscht, leistet etwas Vorzügliches.
**Frage** Was bedeutet Ruhm für Sie?
**Meryl Streep** Er stört mich. Er ist hinderlich. Sie werden von mir nicht hören, daß Berühmtsein Vorteile hat, weil man besser behandelt wird. Wie kann man so oberflächlich sein? Ich habe schon einen guten Tisch in einem Restaurant bekommen, als man Meryl Streep noch nicht kannte.
**Frage** Wem oder was verdanken Sie Ihren großen Erfolg als Schauspielerin?
**Meryl Streep** Mir. In aller Bescheidenheit. Meine Mutter hat mir von klein auf eingetrichtert: „Wenn du dich zu etwas entschlossen hast, gib dich hundertprozentig, mach keine Halbheiten. Kämpfe."

**B**   Füllen Sie jetzt mit Hilfe des Kästchens die Lücken in dieser Kurzfassung der Einführung aus:

Meryl Streep will nicht immer ____ Rollen spielen und hätte gern einen ____ dargestellt. Aber sie hat ____ andere Gedanken, die sie beschäftigen, da sie zum vierten Mal ____ ist.
Kinder entzücken sie und sie hätte gern ein ____, wenn das möglich wäre. Ihr Zuhause ist ohne weiteres ____ genug, da sie und ihr Ehemann, der ____ ist, ein Landgut mit 100 000 Quadratmetern ____ . Das haben sie sich durch ihre ____ geleistet, Filme die ____ zu einer Oscar-Nomination geführt haben. Zweimal hat sie diesen berühmten Preis ____ aber das Leben ist nicht immer ____ für sie gewesen. Vor mehr als einem Jahrzehnt hat sie ihre große Liebe, John Cazale, durch Krebs ____ .

| | | | |
|---|---|---|---|
| lustige | momentan | schwanger | neunmal |
| seriöse | Dutzend | besitzen | verloren |
| Bildhauer | Filme | gewonnen | Siegerin |
| Clown | groß | glücklich | böse |

**C**   Lesen Sie sich das Interview gut durch und finden Sie heraus, wie man folgendes darin auf deutsch sagt:

**1** What stopped you from . . .?
**2** in spite of his pain
**3** to feel sorry for myself
**4** in order to switch off
**5** you must never take yourself too seriously/see yourself as too important
**6** forgive the expression
**7** for whom one has respect

**D**   Lesen Sie jetzt das Interviews noch einmal und setzen Sie die Satzteile passend zusammen:

**1** Für Meryl ist die Arbeit
**2** Ruhm kommt ihr
**3** Meryl ist kein
**4** Meryls Mutter war
**5** Machen Sie das, wozu
**6** Meryl wurde
**7** Als Kinder waren

**a** oberflächlicher Geist.
**b** ihre zwei Brüder fügsam
**c** Sie sich entschlossen haben.
**d** als störend vor.
**e** mehr ein Handwerk als eine Kunst.
**f** ihr ein Vorbild.
**g** zum großen Teil von ihrer Mutter erzogen.

## ANWENDUNG *und* ERWEITERUNG

 **Zum Nachlesen:** 1.8 „Ich – ein Star? Lächerlich!"

 **Zum Nachschlagen:** Konditionalsätze

 **Zum Üben**

In diesem Artikel redet Meryl Streep über ihre Einstellung zu Kindern und behauptet folgendes: „Wenn die Lieferzeit nicht so lange wäre, würde ich mir ein volles Dutzend wünschen." Folgende Bemerkungen stammen aus einem Interview mit der etwas weniger berühmten Diva, Lotte Möchtegern-Nenoskar. Sorgen Sie dafür, daß die Verben in der richtigen Form erscheinen (Konditional oder Konjunktiv Imperfekt).

**1** Ach! Wenn ich nur nicht immer mit solchen hoffnungslosen männlichen Darstellern erscheinen ____, ____ die Hollywood-Produzenten meine Fähigkeiten viel schneller. (müssen/erkennen)

**2** Wenn ich vielleicht noch ein paar Pfund verlieren ____, ____ meine Chancen aufzufallen umso größer. (können/sein)

**3** Ich habe so eine schöne Stimme. Wenn man mir ____ zu singen, ____ man keine Chance mehr, meinen Talenten zu widerstehen. (erlauben/haben)

**4** Wenn ich mal in der Rolle der Lady MacBeth auftreten ____, ____ alle Kritiker bestimmt ganz außer sich. (dürfen/sein)

**5** Wenn ich wirklich mal einen Oskar ____, ____ ich nie wieder den Taxifahrern zu erzählen, wer ich bin! (gewinnen/brauchen)

**6** ____ ich nur nicht so schüchtern, ____ es bestimmt sehr viele berühmte Dramatiker, die bereit ____, eine Rolle speziell für mich zu schreiben. (sein/geben/sein)

**7** Wenn ich wirklich reich und berühmt werden ____, ____ ich nachher bestimmt genauso aus wie das nette Mädchen von nebenan. (sollen/sehen)

## ANWENDUNG *und* ERWEITERUNG

 **Zum Nachlesen:** 1.8 „Ich-ein Star? Lächerlich!"

 **Zum Nachschlagen:** Die Pronomen „etwas", „nichts"

 **Zum Wiederholen:** 1.4

 **Zum Üben**

Hören Sie sich dieses Interview mit Meryl Streep noch einmal an. Versuchen Sie, die Stelle zu finden, wo sie über ihre Arbeit spricht. Vervollständigen Sie dann diesen Satz: „Wer das (d.h. das Kunsthandwerk) beherrscht, leistet etwas __".
Füllen Sie dann die Lücken in diesem Gespräch mit der richtigen Form des vorgegebenen Adjektivs aus:

**A** Ich kann mir nichts (schlimmer) vorstellen als heute abend in den Film zu gehen. Kannst du nicht etwas (besser) vorschlagen?

**B** Wie wäre es mit etwas ganz (anders)? Wir könnten zum Beispiel einen Videofilm ausleihen.

**A** Hast du wirklich nichts (anders) im Kopf als Kino und Filme?

**B** Doch! Aber wie du weißt, halte ich das Kino für etwas (schön) und (entspannend) und ich verstehe nicht ganz, was du dagegen hast.

**A** Ja, aber von etwas (schön) und (entspannend) gibt es in den Filmen, die du dir ansiehst, meistens keine Spur. Ohne etwas (gruselig) oder (häßlich) ist ein Film für dich gar nicht interessant!

**B** Ich weiß schon. Wenn du ins Kino gehst, darf nichts (schrecklich) dabei sein, sonst kannst du gar nicht schlafen.

**A** Das stimmt nicht ganz. Ich gehe ja oft mit etwas ganz (schrecklich) dorthin, nämlich mit dir!

# 1.9

## *Stars zum Fürchten*

Wir haben einige Stars besprochen, die sich zurückgezogen haben. Jetzt ziehen wir andere in Betracht, die scheinen, viel zu weit zu gehen. Liegt auch das an der Natur der Berühmtheit?

# MARLON BRANDO
## Das Monstrum, das die Zuschauer fasziniert

■ Falls er Pech hat, muß Marlon Brando, 68, bald als Angeklagter vor Gericht. Der Produzent Jeff Barbakow hat ihn angezeigt, nachdem der Schwierige ihn bedroht hatte: „Ich bringe dich und deine ganze Familie um." Hintergrund: zwei herausgeschnittene Einstellungen in seinem neuen Film „Christoph Columbus". Barbakow: „Es ist zu seinem Besten. Marlon sieht so schrecklich aus, daß man ihn den Zuschauern nicht zumuten kann. Aber jeder weiß: Wenn er Drohungen ausspricht, muß man das ernst nehmen.

Gefürchtet und doch immer wieder engagiert: Schauspieler wie Brando ziehen das Publikum an wie der Artist, der vom Hochhaus springt. Teilzuhaben an der Grenzzone zwischen Genie und Wahnsinn – ein sinnlicher Reiz, der uns im Alltag versagt bleibt.

# Sie prügeln und sie pöbeln. Sie machen Produzenten arm und treiben Regisseure zum Wahnsinn: Schauspieler wie Brando, Kinski und Berger. Ihre Exzesse brachten ganze Filmproduktionen ins Wanken. Komisch nur: Ihrer Faszination hat es nie geschadet

## HELMUT BERGER

### Der Schönling, der nicht mehr mit der Zeit geht

■ Messerkampf mit Omar Sharif im römischen Nachtclub „Jackie O.", berühmt-betrunkener Auftritt in Hans Rosenthals „Dalli-Dalli", erneut betrunkener Auftritt in Erich Böhmes „Talk im Turm": Helmut Berger, 48, Österreicher mit Hauptwohnsitz Rom, lernt nicht dazu. Berger, der durchaus noch Schöne – nicht zu verwechseln mit dem gleichnamigen Berliner Kollegen aus der Serie „Wie gut, daß es Maria gibt" –, wurde groß unter der Regie seines Herzensmannes Luchino Visconti. Erfolgreichste Zusammenarbeit: „Die Verdammten", 1970. Doch Erfolg verdirbt manchmal den Charakter. Aufgeschlitzte Sofas, zerdepperte Kronleuchter in Hotels – über so was amüsiert er sich. „Was ich zerstört habe, war so häßlich und wackelig, daß es ohnehin ersetzt werden mußte." – In welchen Kreisen verkehrt der Mann?

## NASTASSJA KINSKI

### Die Nymphe, die im Sexrausch alles vergißt

■ Sie gerät immer mehr ihrem Vater nach. Vor einigen Jahren konnte Nastassja Kinski es sich noch leisten, zu Dreharbeiten außer Ehemann Ibrahim Moussa noch die Frau Mama und eine gefällige Intim-Freundin auf Firmenkosten einzufliegen. Bei der Produktion von „Frühlingssonate" in Berlin setzte sie es durch, daß der Produzent des Studios verwiesen wurde, weil er sie angeblich in der Konzentration störte. Eskapaden, die längst keiner mehr akzeptiert. Mit 31 ist man kein Kind mehr. Letzte Schlagzeilen: Scheidung von Moussa, Affären mit US-Bandleader Quincy Jones und Hollywood-Held Robert De Niro. Neue Rollen? Nachdem die meisten ihrer Filme als Flops endeten, gibt für Nastis Schauspiel-Karriere niemand mehr einen Pfifferling.

## MANFRED KRUG

### Der Schwierige, dem der Lieblings-Autor davonlief

■ Gefürchtet bei den Kollegen, ein Alptraum für Journalisten und Produzenten. Die einen setzt er glatt vor die Tür, den anderen handelt er Höchstgagen ab. Manfred Krug, 55, ist seine eigene Gewerkschaft. Kein Sonnyboy – ein Biest und ein Igel. Seine Abneigung gegen die Außenwelt geht so weit, daß er in seiner Berliner Wohnung nicht mal ein Telefon stehen hat. Manchmal geht er in die gelbe Zelle um die Ecke und ruft zurück. Wenn es sich lohnt.

Er leistet sich das, weil sein Typ begehrt ist. Wobei er zweifellos weiß, daß ein großer Teil des Manfred-Krug-Booms seinem Freund Jurek Becker zu verdanken ist, der die Drehbücher zu „Liebling – Kreuzberg" schrieb. Krug ohne Becker – das war bisher nur die halbe Miete. Doch Jurek hat derzeit keinen Spaß mehr am Fernsehen. Abwarten, was aus Manfred wird.

## MEL GIBSON

### Der Bauer, der nur erster Klasse fliegt

■ Von allen Schwierigen ist Mel Gibson, 36, der Netteste. Einen Drehtag schmiß er noch nie. Immerhin hat „Mad Max" an der Seite von Glenn Close einen erstklassigen „Hamlet" abgegeben und damit bewiesen, wozu Farmer aus Australien fähig sind, wenn der Ehrgeiz sie packt. Seine einzige wirkliche Marotte indes hat die Geldgeber das Fürchten gelehrt: Bei jeder Rolle besteht Mr. Gibson darauf, die ganze Familie – Ehefrau, sechs Kinder, Gouvernante, Haushälterin – mitzunehmen. Für einen Flug Sydney – L.A. muß die gesamte First class der Quantas reserviert werden. Kosten: 212 850 Dollar. Dazu die Großraumvilla während der Drehzeit – allein für die Spesen könnte man einen anderen Herrn engagieren.

Macht aber keiner.
Echte Stars sind unbezahlbar.

**A**  Lesen Sie den Bericht durch, finden Sie dann heraus: Welcher Star ...?

*Brando Berger Kinski Krug Gibson*

1 war wenig erfolgreich
2 ist sympathischer als die anderen
3 hat Erfolg, nur weil solche Persönlichkeiten viel gebraucht werden
4 scheint fähig, Mord zu begehen
5 ist gewalttätig und zerstört das Eigentum von anderen Leuten
6 scheint geisteskrank zu sein
7 brauchte seine Familie beim Filmen
8 hat geackert

**B**

1 Unten finden Sie einige Aussagen, die man im Bericht ausgelassen hat. Entscheiden Sie, zu wem jede Behauptung paßt:
   a Die Rechnung für ein Abendessen mit Defa-Star Rolf Hoppe wurde einer Journalistin ins Hotelfach gelegt.
   b Wer was will, soll schreiben.
   c Sein Gehirn funktioniert schon lange nicht mehr nach unseren Regeln.
   d Auch wenn er ab und zu Probleme mit der Whiskyflasche zugibt.
   e Zertrümmerte Tische und Stühle in Lokalen. . . .
2 Finden Sie jetzt heraus, wohin die Behauptungen in den Texten gehören.

**C**  Machen Sie eine Liste der Punkte in den Beschreibungen, die Sie besonders abstoßend finden, und erklären Sie warum.

**D**

1 Schreiben Sie einen Kurzbericht (150 Wörter) über den Star, den Sie am attraktivsten finden.
2 Tragen Sie diesen Bericht der Großgruppe vor.

**E**  *Arbeit zu zweit: Sprechen*

Partner[in] A ist ein rebellischer Star (nach eigener Wahl).
Partner[in] B interviewt A über seine/ihre Karriere.

# 1.10

## *Rainer Werner Fassbinder*

Die Frage, wer Deutschlands größter Regisseur ist, ist ein heißes Eisen. Fast alle Leute werden aber zugeben, daß Rainer Werner Fassbinder zu den größten gehört. Er ist vor ein paar Jahren frühzeitig gestorben, und einige sagen, er habe sein Leben zu schnell gelebt, aber davon ist hier nicht die Rede. Vielleicht sind viele schöpferische Geister zu dynamisch für die Massen. Feststeht, daß der Regisseur, der für Filme wie *Die Händler der vier Jahreszeiten*, *Der amerikanische Soldat*, *Die Ehe der Maria Braun*, *Chinesisches Roulette*, *Angst essen Seele auf* und *Die bitteren Tränen der Petra von Kant* verantwortlich war, ein phänomenales Talent hatte.

**A** Sehen Sie sich die Bilder und Beschreibungen an und entscheiden Sie sich, welche zusammenpassen.

**a** *Chinesisches Roulette*
Fassbinder: In meinen Filmen und in all dem, was ich mache, geht's darum, daß die Leute mit ihren Beziehungen Schwierigkeiten haben. Schuld an diesen Schwierigkeiten ist die Gesellschaft, die die Keimzelle der Ehe braucht, um sich zu erhalten.

1

2

**b** *Der Händler der vier Jahreszeiten*
Fassbinder geht behutsam, zärtlich mit seinen Figuren um, er verachtet keinen, stellt niemand bloß. Der Film ist voller Trauer, doch ohne Wehleidigkeit, keine Tragödie, sondern virtuos inszenierte und gespielte Tragikomik. . . Für mich ist es der beste deutsche Film seit dem Krieg.

**c** *Die bitteren Tränen der Petra von Kant*
Ich betrachte eine Frau genau so kritisch wie einen Mann, aber ich habe eben das Gefühl, daß ich das, was ich sagen will, besser ausdrücken kann, wenn ich eine weibliche Figur in den Mittelpunkt stelle. Frauen sind interessanter, denn auf der einen Seite sind sie unterdrückt, aber andererseits sind sie es nicht wirklich, weil sie diese ‚Unterdrückung' als Terrorinstrument benutzen. Männer sind so simpel, sie sind viel gewöhnlicher als Frauen.

3

4

**d** *Angst essen Seele auf*
Das ist ein Film über eine Liebe, die eigentlich unmöglich ist, aber eben doch eine Möglichkeit. Der Film zeigt eine Realität und eine Möglichkeit. Wenn die Geschichte von Emmi und Ali noch weiter ginge, würde es schwieriger werden. Denn: daß die Geschichte läuft, liegt ja daran, daß der Druck von außen auf diese beiden Leute, die sich ja lieben, daß der so stark ist, daß er einen Zusammenhalt gibt.

**e** *Die Ehe der Maria Braun*
Die Maria ist sicherlich keine realistische Figur, sondern etwas, was man gemeinhin eine Kinofigur nennt. Darunter verstehe ich eine Figur, die in sich sehr komprimiert Wünsche, Eigenschaften und Sehnsüchte von Zuschauern verkörpert. Man kann sagen, sie ist mutig und zielstrebig, sie ist eine, die sich voll auf ihre Gefühle verläßt, und die dabei keine Transuse ist, sondern eine hochhandlungsfähige, schlaue, geschickte und realitätsbewußte Person, die trotz alledem an ihren Gefühlen festhält.

5

**B** Lesen Sie die Kommentare über die obengenannten Filme und entscheiden Sie, über welchen Film man sagen könnte . . .

1 Die Hauptperson ist eine Mischung von Gefühlen, Anschauungen und Haltungen, die die Kinobesucher auch haben.
2 Frauen gebrauchen ihre „Schwäche", um sich an Männern zu rächen.
3 Zwischenmenschliche Probleme sind das Hauptthema.
4 Dieses Paar leidet unter Streß von außen.
5 Fassbinder arbeitet mit Vorsicht und Feingefühl.
6 In einem Film muß man die Menschen wie ein Gas verdichten.

**C** Übersetzen Sie den Kommentar über *Die bitteren Tränen der Petra von Kant* ins Englische.

**D** *Arbeit zu zweit: Sprechen*

Lesen Sie nochmals den Kommentar in C. Entscheiden Sie zusammen, inwieweit Sie gleicher Meinung wie Fassbinder sind. Notieren Sie die Hauptpunkte Ihres Gesprächs und geben Sie der Großgruppe einen mündlichen Bericht. Der Gruppensprecher/Die Gruppensprecherin könnte das Protokoll führen.

# 1.11

## Die Blechtrommel

Man sagt oft, der Film sei die 7. Kunstform, die Kunstform des 20. Jahrhunderts. Zu den anderen Kunstformen zählt die Literatur. Aber kommen die zwei Formen im Kino nicht zusammen? Ohne weiteres. Ein großer Aspekt der Filmindustrie ist die Verfilmung von klassischen und moderneren Büchern – Romanen, Novellen und Theaterstücken. Unter den größten Erfolgen des Nachkriegskinos ist Volker Schlöndorffs Version der *Blechtrommel* vom politisch engagierten Danziger Autor, Günter Grass. Dieser Film ist unbestreitbar sehenswert.

**A**  Lesen Sie zuerst diese Erklärung der Entstehung des Filmes und finden Sie dann das Gegenteil von . . .

verlor
sich ergeben
er wies . . . ab
ausländisch
vorübergehend
gaben zurück
katastrophal
die Schande
scheut das Rampenlicht

**B**  Beantworten Sie jetzt folgende Fragen:

1  Warum dauerte es so lange, bis man den Roman endlich verfilmte?
2  Und wie lange dauerte es, bevor Schlöndorff sich dafür interessierte?
3  Wer hätte vor David Bennent vielleicht Oskar Matzerath gespielt?
4  Warum war David eine so passende Wahl?
5  Welchen offiziellen Beweis hat man, daß der Film in Deutschland sehr hoch gepriesen wurde?
6  Warum sollten einige Kritiker dem Film *Blechtrommel* mißtrauen?
7  Inwieweit war der Film eine sehr genaue Rekonstruktion des Romans?

Der Roman von Günter Grass erschien 1959. Fast zwanzig Jahre lang galt *Die Blechtrommel* als unverfilmbar, nicht zuletzt wegen der kleinwüchsigen Hauptfigur. Der Münchner Produzent Franz Seitz – eher der Altbranche zuzurechnen als dem Neuen Deutschen Film, obwohl er 1966 Schlöndorffs *Törless* koproduziert hatte – erwarb 1975 aufgrund eines von ihm erarbeiteten Treatments die Filmrechte. Ein Jahr später erhielt sein Drehbuch eine Prämie der Projektkommission. Nachdem Seitz „der Versuchung widerstanden hatte, diesen so deutschen Stoff einem ausländischen Regisseur in die Hand zu geben", wandte er sich an Volker Schlöndorff. Dessen Interesse war augenblicklich geweckt: „Das könnte eine sehr deutsche Freske werden, Weltgeschichte von unten gesehen und erlebt: riesige, spektakuläre Bilder, zusammengehalten von dem winzigen Oskar. Eine Ausgeburt des zwanzigsten Jahrhunderts hat man ihn genannt. Für mich hat er zwei zeittypische Eigenschaften: Die Verweigerung und den Protest" (Volker Schlöndorff, *Die Blechtrommel – Tagebuch einer Verfilmung*).

Im September 1977, nachdem der Gedanke, die Hauptrolle mit einem Zwerg zu besetzen, endgültig verworfen worden war, wurde Schlöndorff auf David Bennent, den Sohn des Schauspielers Heinz Bennent, aufmerksam gemacht. David, zur Zeit der Dreharbeiten zwölf Jahre alt, leidet unter Wachstumsstörungen. „Wichtig war, daß der Hauptdarsteller nicht ein Schauspieler ist, der ein Kind spielt, sondern daß es tatsächlich ein Kind ist, das selbst womöglich Probleme hat, die ähnlich sind wie die des Oskar Matzerath. Nur so konnte der Film authentisch werden. David Bennent spielt nicht Oskar Matzerath, sondern der Film ist ein Dokument über ihn, der die Rolle spielt. David ist ein Medium" (Schlöndorff).

Die Dreharbeiten im Sommer und Herbst 1978 führten das Team nach Jugoslawien, Danzig, Westberlin und Frankreich und verschlangen sieben Millionen Mark. Kurz nach der deutschen Erstaufführung vertrat *Die Blechtrommel* im Mai 1979 die Bundesrepublik im Wettbewerb der Filmfestspiele in Cannes und teilte sich die Goldene Palme mit Coppolas *Apocalypse Now*. Im Juni erhielt er vom Bundesministerium des Innern die Goldene Schale. Als erster bundesdeutscher Spielfilm schließlich wurde er im April 1980 mit einem Hollywood-Oscar (bester ausländischer Film des Jahres) ausgezeichnet.

Zu dieser Zeit hatten die

Einspielergebnisse in der Bundesrepublik ihn schon längst zum erfolgreichsten deutschen Nachkriegsfilm gemacht. Doch soviel Aufwand bei der Herstellung und soviel Erfolg des fertigen Produktes lösten bei einem Teil der Kritik Mißtrauen aus. Stellvertretend für die negativen Stimmen zur *Blechtrommel* sei hier die Meinung von Klaus Eder zitiert, die sich im selben *Jahrbuch Film 79/80* findet wie Hubert Haslbergers positive Einschätzung des Films (s.o.): „In den Details steckt immense Arbeit: die Rekonstruktion der Schauplätze von Günter Grass' Jugend. Nachdem Schlöndorff sich für eine Adaption, eine Umsetzung des Romans entschieden hatte, mußte er zwangsläufig viel Arbeit in diese Rekonstruktion investieren. Der Stolz über diese perfekt geleistete Arbeit ist dem Film denn auch in jeder Szene anzumerken. Jedes Bild belegt einen Reichtum der Produktion und zeugt von Schöndorffs Lust, mit diesem Reichtum umzugehen. Jede Szene gibt einen Film ab. Überall in den Arrangements spürt man die ordnende Hand des Regisseurs; als hätte er jede einzelne Fensterscheibe, jedes beiläufige Requisit eigenhändig auf seine Verwendbarkeit hin geprüft. Dieses Arrangement jedoch schiebt sich in den Vordergrund, die Kunst der Inszenierung. Nahezu verdrängt wird dabei die Frage, was eigentlich Schlöndorff an dem Roman von Günter Grass gereizt haben mag, womit er die Zuschauer zu faszinieren gedenkt. Das hehre Gefühl, auf der Leinwand einem Klassiker der deutschen Nachkriegs-Literatur zu begegnen, mag als Erklärung wohl kaum hinreichen. Was aber dann? Wo liegt da eine Gegenwärtigkeit der literarischen Vorlage, wenn sie denn eine hat? Immerhin hat Grass ja das frühe Beispiel einer rigorosen Verweigerung gegeben. Solch einen Aspekt herauszuarbeiten, hätte freilich eine *Bearbeitung* des Romans vorausgesetzt, die Schlöndorff offensichtlich nicht leisten wollte; er beließ es bei der Zurichtung."

**C** Studieren Sie jetzt den ersten Teil der folgenden Zusammenfassung vom Original-Roman, *Die Blechtrommel*. Partner(in) A erklärt die erste Hälfte (bis zu „Anhänger finden") dem Partner/der Partnerin auf englisch, dann erklärt Partner(in) B die zweite Hälfte.

1899, im Herzen der Kaschubei. Die Bäuerin Anna Bronski sitzt auf einem Feld an ihrem Kartoffelfeuer und bietet dem Brandstifter Joseph Koljaiczek, der vor Gendarmen auf der Flucht ist, unter ihren vier Röcken Zuflucht. Neun Monate später ist eine Tochter, Agnes, da. Joseph wird immer noch gejagt, verschwindet auf Nimmerwiedersehen in einem Fluß und soll später in Chicago mit Feuerversicherungen ein Vermögen gemacht haben. Nach dem Ersten Weltkrieg heiratet Agnes in Danzig den Kolonialwarenhändler Alfred Matzerath, einen Rheinländer. Da sie auch weiterhin ihr enges Verhältnis zu Vetter Jan Bronski aufrechterhält, ist nicht ganz sicher, wer der Vater ihres Sohnes Oskar ist, der 1924 das Licht der Welt erblickt. Eigentlich möchte Oskar am liebsten zurück in den Mutterleib; nur das Versprechen, ihm an seinem dritten Geburtstag eine Blechtrommel zu schenken, stimmt ihn um. Während der Geburtstagsfeier drei Jahre später, mit der Blechtrommel um den Hals, faßt Oskar den Entschluß, nie der verrückten Welt der Erwachsenen beizutreten: Er stürzt sich die Kellertreppe hinunter, die Wirbelsäule wird verletzt, und Oskar wird nicht mehr wachsen. Als man einmal versucht, ihm seine geliebte Trommel wegzunehmen, entdeckt Oskar, daß der durchdringende Schrei, den er ausstößt, Glas zum Zerspringen bringt. Der Liliputaner Bebra, ein Zirkusartist, gratuliert ihm zu dieser seltenen Fähigkeit. Argwöhnisch beobachtet Oskar in seiner Nachbarschaft, daß die Faschisten immer mehr Anhänger finden. Bei einer Großkundgebung auf der Danziger Maiwiese hockt er mit seiner Trommel unter der Tribüne und schlägt so lange einen Dreivierteltakt gegen die Marschmusik, bis die ganze Versammlung sich im Walzer wiegt. Alfred Matzerath hat auch schon eine braune Uniform im Schrank, während Jan Bronski weiterhin in der polnischen Post arbeitet. Agnes, die sich jeden Donnerstag mit Jan in einer Pension trifft, wird unversehens wieder schwanger. Diesmal ist sie entschlossen, das Kind nicht zu bekommen, und sie stopft sich so mit Fisch voll, daß sie daran stirbt. Der jüdische Spielzeughändler Sigismund Markus, ein Freund seiner Mutter und Oskars Trommellieferant, begeht Selbstmord. Am 1. September 1939 versuchen die Polen verzweifelt, ihre Post gegen die SS zu verteidigen – vergeblich. Zusammen mit den anderen wird Jan erschossen. Alfred Matzerath bringt ein neues Dienstmädchen ins Haus; Maria heißt sie und ist sechzehn, genauso alt wie Oskar. Maria wird Oskars erste große Liebe, und als sie schwanger wird, heiratet Alfred sie, obwohl auch Oskar der Vater von Kurtchen sein könnte, der kurz darauf geboren wird. Oskar trifft seinen Freund Bebra wieder, der mit seinem Fronttheater durch die Weltgeschichte reist, und kommt dessen Aufforderung nach, sich der Truppe anzuschließen. In Paris ist er bereits Hals über Kopf in die Liliputanerin Roswitha verliebt.

**D** Suchen Sie Ereignisse in der Geschichte heraus, die zu folgenden Kategorien gehören, und schreiben Sie diese hin:

mutig:
großzügig:
mitleiderregend:
kläglich:
realistisch:
tragisch:
Männerschwäche:
erbärmlich:

**E** *Arbeit zu zweit: Sprechen*

1 Diskutieren Sie Ihre Wahl mit Ihrem Partner/Ihrer Partnerin, besonders die Stellen, wo Sie ungleicher Meinung sind und versuchen Sie, sich gegenseitig zu überzeugen.
2 Besprechen Sie jetzt Ihre Wahl in der Großgruppe und arbeiten Sie eine Gruppenmeinung aus.

**F**

1 Schreiben Sie jetzt einen passenden Schluß für die Zusammenfassung und nehmen Sie diesen auf Kassette auf.
2 Vergleichen Sie Ihre Arbeit mit dem echten Schluß, das Ihr[e] Lehrer[in] Ihnen geben wird. Machen Sie eine Liste der Unterschiede. Wer hat den besseren Schluß geschrieben, Sie oder Günter Grass? Erklären Sie warum.

# 1.12

## *Der Richter und sein Henker: Roman als Comic*

Sie haben schon Literatur als Film betrachtet. Was halten Sie von Literatur als Comic Strip?

**A** Erklären Sie folgende Ausdrücke aus dem Artikel in eigenen Worten:

10 000 Bücher wurden bereits verkauft
am Anfang
Einzige Schwierigkeit
alles mußte sein wie damals
die Zeichner opferten Ferien und freie Zeit
der Originalroman war als Vorlage zu lang
jeder spezialisierte sich auf bestimmte Einzelheiten
er empfahl, ihn als Buch herauszugeben

### Die Geschichte

Kommissar Bärlach, ein alter, kranker Polizist, untersucht den Mord an seinem Kollegen Schmied. Bei seinen Untersuchungen trifft er einen alten Bekannten wieder: Gastmann. Bärlach hat ihn vor vielen Jahren in Istanbul getroffen ...

**Acht Schüler aus der Schweiz haben einen Bestseller gemalt. Im Zeichenunterricht ihrer Schule entstand „Der Richter und sein Henker" als Comicbuch. 10.000 Bücher wurden bereits verkauft.**

Am Anfang wollte man „einfach" einen Comic zeichnen. Die Schüler suchten eine Geschichte, die in der Schweiz spielt. Die Handlung sollte spannend sein, denn „action" läßt sich besser malen. Darum war Dürrenmatts Roman eine ideale Vorlage. Er sagt in seinem Krimi viel über Bern und die anderen Orte, wo seine Erzählung spielt. Einzige Schwierigkeit: das Buch spielt 1948. Früher sah die Gegend um Bern noch anders aus. Die Autos, die Möbel, die Mode und andere Einzelheiten – alles auf den Bildern mußte sein wie damals.

Die Schüler fuhren in Bibliotheken, suchten Bilder in alten Zeitungen und fotografierten die einzelnen Orte der Handlung. Erst dann begann die Arbeit am Buch. Ein Jahr opferten die Zeichner Ferien und freie Zeit, denn die Unterrichtsstunden reichten nicht aus. Und so entstanden die Texte: Der Originalroman war als Vorlage zu lang. Die Schüler einer Deutschklasse machten aus dem Krimi eine Kurzgeschichte mit vielen Gesprächen. Dabei versuchten sie, das Original so wenig wie möglich zu verändern.

Dann teilten die Zeichner den Roman in Kapitel. Später spezialisierte sich jeder auf bestimmte Einzelheiten: Personen, Autos, Einrichtungen, Landschaften. Am Ende hatte man 48 Seiten. Dürrenmatt, der den Comic von den Schülern bekam, war begeistert. Er empfahl, ihn als Buch herauszugeben. Heute gibt es von dem Schüler-Comic bereits die dritte Auflage: ein echter Bestseller!

**B**   Füllen Sie die Lücken in den Sprechblasen, indem Sie die Ausdrücke im Kästchen zu Hilfe nehmen.

| | |
|---|---|
| daß er nicht schwimmen konnte | wie mit Schachfiguren |
| diesem gottverlassenen Dorf | das ist alles! |
| unserer Laufbahn! | zu spät! |
| mein Leben zu zerstören | es mir zu beweisen |
| die Verworrenheit der menschlichen Beziehungen | nicht beweisen können |

**C**   Übersetzen Sie die Sprechblasen ins Englische.

**D**   Üben Sie zu dritt (Bärlach, Gastmann, Erzähler[in]) die deutschen Sprechblasen und nehmen Sie dann die Gespräche für das Schulradio auf Kassette auf.

**E**   Machen Sie eine schriftliche Kurzfassung des Artikels auf englisch für Ihren Englischlehrer/ Ihre Englischlehrerin [100 Wörter].

**21**

## ANWENDUNG *und* ERWEITERUNG

 **Zum Nachlesen:** 1.12 Der Richter und sein Henker

 **Zum Nachschlagen:** Trennbare und nicht trennbare Verben, Zeiten

**Zum Üben**

**1** Lesen Sie die Bildergeschichte noch einmal durch. Suchen Sie die Verben heraus, die folgende Bedeutungen haben (welche sind trennbar, welche sind nicht trennbar?):

**a** to bear, give birth
**b** to build in, incorporate
**c** to carry out
**d** to chain together
**e** to commit (a crime)
**f** to destroy
**g** to discover
**h** to get to know
**i** to give up
**j** to keep (a bet)
**k** to maintain, assert
**l** to prove
**m** to return
**n** to round off
**o** to select, choose

**2** Benutzen Sie die Verben oben, um diese Sätze zu vervollständigen. Achten Sie darauf, daß Sie jedesmal eine passende Zeitform benutzen. Jedes Verb soll einmal vorkommen.

**a** Durch das Schicksal ____ Bärlach und Gastmann ____. (Passiv, Imperfekt)
**b** Im Laufe seines Lebens ____ Gastmann viele Verbrechen ____. (Plusquamperfekt)
**c** Die Schüler, die diesen Comic verfassten, wußten, wie wichtig es war, die richtige Geschichte ____. (Infinitiv mit oder ohne „zu"?)
**d** Gastmann ____ in der Schweiz ____. (Perfekt)
**e** Obwohl das Verbrechen schon vor vielen Jahren von Gastmann ____ ____ ____, konnte sich Bärlach noch sehr gut an die Umstände erinnern. (Passiv, Plusquamperfekt)
**f** Man könnte bezweifeln, ob sich zwei solche Typen jemals wieder ____ ____. (Zukunft)
**g** Eine Wette zwischen Freunden kann die Freundschaft ____. (Infinitiv mit oder ohne „zu"?)
**h** ____ ein anderer Schriftsteller die Geschichte genauso ____ wie Dürrenmatt? (Plusquamperfekt, Konjunktiv)
**i** Um eine Wette ____, machen einige Leute fast alles. (Infinitiv mit oder ohne „zu"?)
**j** Nachdem die Wette abgeschlossen wurde, ____ Bärlach in die Schweiz ____. (Imperfekt)
**k** Das perfekte Verbrechen ist unmöglich, weil die menschliche Unvollkommenheit in die Pläne ____ ____ müßte. (Passiv, Infinitiv mit oder ohne „zu"?)
**l** Am Ende des Romans ____ Gastmanns Schuld ohne weiteres ____. (Passiv, Gegenwart)
**m** Gastmann wollte, daß Bärlach seine Untersuchung ____. (Gegenwart)
**n** Bärlach ____ immer, daß es unmöglich sei, das perfekte Verbrechen zu organisieren. (Imperfekt)
**o** Nachdem Bärlach ____ ____, wo Gastmann sich aufhielt, wollte er ihn sofort besuchen. (Plusquamperfekt)

# 1.13

---

## *Der Richter und sein Henker: Die Schlußszene*

Jetzt haben Sie Gelegenheit, (vielleicht sogar in Wort und Bild?) die Geschichte zu vervollständigen.

*Der alte, todkranke Kommissär Bärlach und Inspektor Tschanz treffen sich wieder, nachdem Tschanz den Verbrecher Gastmann getötet hat. Tschanz hat kapiert, daß Bärlach mit ihm wie beim Schachspielen gespielt hat, damit Gastmann für seine Verbrechen hingerichtet würde. Bärlach war der Richter und Tschanz nichtsahnend sein Henker. Lesen Sie jetzt weiter:*

**A** Lesen Sie diesen Auszug aus der Schlußszene des Romans und füllen Sie die Lücken im Text mit Hilfe der Ausdrücke im Kastchen.

> Ja, es hat keinen Sinn . . . Bestie gegen Bestie . . . Es ist genug, daß ich *einen* richtete. Geh! Geh! . . . Es ist so . . . Da haben Sie mich und Gastmann aufeinander gehetzt wie Tiere! . . . Der Fall Schmied ist erledigt

> „Ich habe Gastmann am Sonntagmorgen gesagt, daß ich einen schicken würde, ihn zu töten."
> Tschanz taumelte. Es überlief ihn eiskalt. „_____!"
> „_____", kam es unerbittlich vom andern Lehnstuhl her.
> „Dann waren Sie der Richter, und ich der Henker", keuchte der andere.
> „_____", antwortete der Alte.
> „Und ich, der ich nur Ihren Willen ausführte, ob ich wollte oder nicht, bin nun ein Verbrecher, ein Mensch, den man jagen wird!"
> Tschanz stand auf, stützte sich mit der rechten, unbehinderten Hand auf die Tischplatte. Nur noch eine Kerze brannte. Tschanz suchte mit brennenden Augen in der Finsternis des Alten Umrisse zu erkennen, sah aber nur einen unwirklichen, schwarzen Schatten. Unsicher und tastend machte er eine Bewegung gegen die Rocktasche.
> „Laß das", hörte er den Alten sagen. „Es hat keinen Sinn. Lutz weiß, daß du bei mir bist, und die Frauen sind noch im Haus."
> „_____", antwortete Tschanz leise.
> „_____", sagte der Alte durch die Dunkelheit des Raumes hindurch. „Ich werde dich nicht verraten. Aber geh! Irgendwohin! Ich will dich nie mehr sehen. _____!"

**B** Erklären Sie folgende Ausdrücke in eigenen Worten:

1 Tschanz taumelte
2 es überlief ihn eiskalt
3 es kam unerbittlich
4 ich führte nur Ihren Willen aus
5 er suchte des Alten Umrisse zu erkennen.

**C** Die Ereignisse, die Dürrenmatt in diesem Auszug beschreibt, sind höchst zweideutig. Versuchen Sie jetzt, den Titel *Der Richter und sein Henker* in eigenen Worten zu erklären.

**D** Was passiert am Ende der Szene, die wir besprochen haben? Tötet Tschanz seinen Vorgesetzten, oder nicht? Schreiben Sie einen passenden Schluß [200 Wörter] zum Roman und vergleichen Sie ihn mit dem echten Schluß, den Ihr(e) Lehrer(in) Ihnen geben wird. Nehmen Sie Ihren eigenen Schluß auf Kassette auf.

# 1.14

## Kultur-Magazin: Bücher

Viele Abiturienten studieren ein paar deutsche Bücher und sollen über sie auf deutsch reden und schreiben. Dazu braucht man Schlüsselvokabeln und -ausdrücke. Um Ihnen ein wenig zu helfen, geben wir Ihnen die folgenden Buchbesprechungen, die allerhand nützliche Redewendungen enthalten. Nachdem Sie diese Berichte bearbeitet haben, werden Sie Literatur mit mehr Sicherheit besprechen können.

**Kerstin Ekman schreibt über Schweden**

## Mit aller Macht raus aus dem Sumpf

**„Hexenringe" von Kerstin Ekman**

Kerstin Ekman ist seit 1978 Mitglied der Schwedischen Akademie – die dritte Frau in der über 200jährigen Geschichte dieser Institution. „Hexenringe" ist der erste Band eines vierbändigen Romanzyklus, dessen Hintergrund die letzten 120 Jahre der schwedischen Geschichte bilden. Er erzählt von den gesellschaftlichen Veränderungen in einem kleinen Dorf im südschwedischen Småland, vor allem aber von drei Frauen: der bettelarmen Sara Sabina Lans, die mit ungeheurer Zähigkeit das Überleben ihrer Familie sichert, ihrer Tochter Edla und ihrer Enkelin Tora. Diese Tora Lans ist die eigentliche Heldin. Den scheinbar vorgezeichneten Weg als Dienstmädchen und Freiwild für Männer akzeptiert sie nicht. Mit aller Macht will sie heraus aus dem Sumpf, in dem ihre Mutter unterging. Am Ende des Romans hat sie ihr bescheidenes kleinbürgerliches Auskommen als Besitzerin einer winzigen Bäckerei gefunden. Das ist frei von allen Klischees erzählt. Kerstin Ekman idealisiert ihre starken Frauengestalten nicht. So steht Tora Lans als Einzelkämpferin der aufkommenden Gewerkschaftsbewegung mit Verständnislosigkeit und Ablehnung gegenüber; ihre Unabhängigkeit, die sie den Verlust aller Illusionen gekostet hat, geht ihr über alles. Nüchtern und ohne Polemik, aber mit großer Genauigkeit beschreibt Kerstin Ekman den schmerzhaften Prozeß einer Gesellschaft im Übergang. (Deutsch von Hedwig M. Binder, 336 S., Neuer Malik)

**Hannes Hansen**

## Der Dieb in der Villa

**„Letzte Tage mit Teresa" von Juan Marsé**

Im armen Kleinbürgerviertel von Barcelona lebt Manolo als Herumtreiber und Dieb, bis ihm eines Tages die Fabrikantentochter Teresa begegnet. Sie hält den Taugenichts für einen Revolutionär und freundet sich mit ihm an. Im Franco-Spanien der 50er Jahre zeigt dieser beeindruckende Gesellschaftsroman die Gegensätze zweier Menschen aus verschiedenen Gesellschaftsschichten: Manolo will aufsteigen, Teresa ist nur romantisch. Am Ende stehen sie vor den Scherben ihrer Beziehung. (Deutsch von Andrea Rössler, 444 S., Elster)

**A.v.B**

## Romanze in dunklen Zeiten

**„Tanz- und Liebesstunde" von Pavel Kohout**

Der tschechische Schriftsteller, einer der Wortführer des Prager Frühlings und 1979 gewaltsam ausgebürgert, nennt seinen Roman im Untertitel ironisch „eine deutsche Romanze", denn es geht um den ersten Liebestag im Leben des 18jährigen deutschen Mädchens Christine. Doch der Angebetete ist ein SS-Mann, und ihr Vater, den sie innig liebt und verehrt, ist Kommandant einer Festung im Protektorat Böhmen und Mähren. Kohout läßt aus Christines Sicht nicht nur die Alltagsgeschäfte einer SS-Einheit abrollen, sondern setzt zugleich dramatische Akzente, die diese Romanze als ein authentisches Zeitzeugnis ausweisen. (Deutsch von Inge Milde, 288 S., Albrecht Knaus)

**Peter Fischer**

## ... und als Taschenbuch

„Probier es aus, Baby" von Elfriede Hammerl – ein satirischer Blick aufs menschliche Miteinander, in der Konkurrenzgesellschaft, vergnügliche Geschichten voller pointierter Einsichten. (206 S., 7,80 DM, Rowohlt)

„Zeit der Jasminblüte" von Alifa Rifaat – ein leises, poetisches, dennoch gewichtiges Werk über Kindheit und Jugend einer arabischen Frau, die ihrem Mann auf den Koran schwören mußte, das Schreiben aufzugeben, und dieses Buch trotzdem schrieb – nach seinem Tod. (143 S., Unionsverlag)

„Kennen Sie Brecht?" von Dieter Lattmann – eine flotte, unterhaltsam informierende Lebensbeschreibung des schwierigen, faszinierenden, genialen Schriftstellers. (93 S., Reclam)

**A** Lesen Sie die Besprechungen durch, und finden Sie heraus, wie man folgende Ausdrücke auf deutsch sagt:

1 to idealise
2 the first volume
3 refusal, rejection
4 background
5 to regard as
6 to tell of
7 female figures
8 a 4-volume cycle of novels
9 lower middle-class
10 lack of understanding
11 to give a dramatic feel
12 a satirical glance at
13 in front of the broken pieces of their relationship
14 full of meaningful insights
15 a gentle, poetic, important work
16 social changes
17 the painful process
18 ironically in the subtitle
19 it is about
20 a lone fighter
21 this impressive social novel
22 an authentic contemporary witness
23 a light/racy/flamboyant and entertainingly informative description of life
24 sober/matter of fact and unprovocative
25 the contrast between two people
26 from different social strata
27 in our competitive society
28 to talk round each other
29 human interaction

# 1.15 📼

# *Die neuen Bücher*

Welches Buch, das Sie in letzter Zeit gelesen haben, hat Sie am meisten beeindruckt? Erfahren wir jetzt die Ergebnisse einer Umfrage bei der BRIGITTE-Zeitschrift.

Fee Zschocke:

## CHRISTOPH MECKEL
## LICHT

■ Diese Erzählung ist eine *ebenso unsentimentale wie poetische Liebesgeschichte, sie liest sich so spannend wie ein Krimi,* und *sie setzt sich mit der Tatsache auseinander, daß wir eines Menschen niemals ganz sicher sein können.* (S. Fischer)
Fee Zschocke ist BRIGITTE-Autorin

Jutta Bauer:

## WALTRAUD ANNA MITGUTSCH
## AUSGRENZUNG

■ Es ist die Geschichte einer Frau mit einem autistischen Kind. Das *Buch hat zwei Aspekte: den von Humanität und den von Inhumanität. Einerseits ist* es eine tolle Liebesgeschichte zwischen Mutter und Kind. *Andererseits ist es erschütternd, daß das Anders-Sein bedeutet,* in unserer Gesellschaft keinen Platz zu finden. (Luchterhand)
Jutta Bauer ist Zeichnerin und BRIGITTE-Cartoonistin

Wolf R. Marunde:

## ROBERT GERNHARDT
## ICH ICH ICH

■ *Gegen diese Geschichte* über einen verhinderten Maler *könnte man einwenden, sie sei vielleicht etwas banal für einen Roman. Das gebe ich zu.* Sie war, wie ich vermute, vom Verfasser wohl auch *eher als eine Art Rankhilfe für* seine wild wuchernden satirischen Gedanken und Reflexionen gedacht. *Die drehen sich in erster Linie und* seitenweise *um seine eigene Person,* beeindruckend schonungslos, witzig und selbstironisch. *Genauso präzise* wird daneben das Sittenbild einer Frankfurter Intellektuellen-Szene der frühen achtziger Jahre beschrieben, gnadenlos jede Pose, vor allem die Robert Gernhardts selbst, vermerkt und durchschaut.
„Ich Ich Ich" behandelt die Einsamkeit des geistig Schaffenden. Die Gemeinde des Dichters wartet seit nunmehr acht Jahren auf den zweiten Band. (Haffmans)
Wolf R. Marunde ist Zeichner und Cartoonist

Suzanne Bontemps:

## NATASCHA WODIN
## EINMAL LEBT ICH

■ Was für eine grausam zerstörte Kindheit und Jugend! *Zum ersten Mal habe ich von dem elenden Schicksal derer erfahren, die der Krieg entwurzelte* und die bei uns keine Chance hatten, eine neue Heimat zu finden. Die „Russkis aus den Häusern" waren ausgegrenzt in einer erbärmlichen Flüchtlingssiedlung am Rande einer westdeutschen Stadt. Diese Heimatlosen sind bis heute Opfer des Krieges. (Luchterhand)
Dr. Suzanne Bontemps ist freie Journalistin und Lehrerin in Hamburg

**A** Übersetzen Sie die im Text kursiv gedruckten Ausdrücke ins Englische.

**B** Hören Sie jetzt Frank Nicolaus und Susanne Mersmann und notieren Sie die Ausdrücke, die beweisen, daß die von ihnen ausgewählten Bücher ihnen gefallen haben.

**C** Lesen Sie die Kommentare noch einmal sorgfältig durch, und finden Sie folgende Informationen heraus:

Wer hat das Buch geschrieben, worin. . . .

**1** eine junge Deutsche zum erstenmal verliebt ist
**2** man einen Künstler beschreibt
**3** eine Gruppe von Frauen ihr Überleben sichert
**4** man die Ereignisse der Trümmerzeit beschreibt
**5** die Hauptpersonen ganz gegensätzlich sind
**6** die Gesellschaft nur Konformisten toleriert
**7** Yuppies zu neuen Einsichten gelangen könnten

**D** Übersetzen Sie diese englische Bearbeitung der Ideen aus den Kommentaren ins Deutsche:

*This book is particularly close to my heart, since it read as excitingly as a whodunnit and gave you a real feel of what the times were like. It took a satirical look at how human beings interact, while telling of the social changes in the city of the 1960s. The author described the main characters with great accuracy. They nonetheless revolved around her own personality, since she tried to show people whom the city had uprooted, and who found no place in the new consumer society. Put briefly, the author relates the changes brought about by the painful process of a society in transition.*

# 1.16

# *Synthese*

**A** Schreiben Sie einen Bericht für das Schulradio über einen englischsprachigen Star/Schriftsteller, der Sie interessiert. Schreiben Sie über (a) sein/ihr Leben; (b) warum Sie ihn/sie gern haben; und (c) Ihre Lieblingswerke von ihm/ihr (300 Wörter).

**B** Nehmen Sie diesen Bericht auf Kassette auf.

# E*inheit* 2

# Z*eitgeist*

**D**ie Musik eines Volkes ist immer ein wichtiger Bestandteil des Zeitgeistes. Sooft wir zum Beispiel an die 60er Jahre denken, gehen uns die Beatles durch den Kopf. Wenn wir die Musik in Betracht ziehen, die von Deutschen gehört wird, werden wir feststellen, daß zum Beispiel junge Deutsche und junge Briten ähnliche Vorlieben haben. Bedeutet das, daß junge Leute aus verschiedenen Nationen mehr Gemeinsamkeiten als Unterschiede aufweisen?

## 2.1

## *Eine junge Österreicherin spricht über Musik*

**A** Hören Sie sich dieses Interview mit Margit Baier an und schreiben Sie alle Vokabeln auf, die mit Musik zu tun haben.

**B** Nachdem Sie noch einmal zugehört haben, entscheiden Sie, welche der folgenden Behauptungen richtig und welche falsch sind:

1 Margit kennt viel klassische Musik.
2 Sie findet moderne österreichische Musik lebhaft und interessant.
3 Englische Lieder scheinen mehr Bedeutung zu haben als deutsche.
4 Die Popmusik hat Margits Interesse für die englische Sprache geweckt.
5 Es gibt keine jungen Österreicher, die gern Volkslieder hören.
6 In Wien ist es möglich, Platten aus Südamerika zu kaufen.

**C** Bereiten Sie einen kurzen Vortrag vor, in dem Sie entweder die Musikszene in Ihrem eigenen Land beschreiben oder darüber sprechen, welche Musik Sie am liebsten hören. Geben Sie ihn der Großgruppe vor.

# 2.2

## Wir machen Rockmusik

Für eine ganze Menge Leute ist *Rockmusik* ein wesentlicher Teil ihres Lebens. Lesen wir jetzt einen Bericht aus dem *Jugendmagazin* über einen großen Rockmusikwettbewerb, der zeigt, was für eine Rolle diese Musikart in der Welt spielt.

**Erinnert Ihr Euch?** Zusammen mit der Jugendscala veranstaltete das Goethe-Institut München einen großen Wettbewerb, Thema Rockmusik. In drei Gruppen konnte man mitmachen: Die besten Bilder, Texte und Songs wurden gesucht.

Die Jury – ___, Journalisten und Mitarbeiter von Goethe-Institut und Jugendmagazin – hatten eine schwierige Aufgabe. Es gab über 500 ___ aus der ganzen Welt. Die Ergebnisse waren so unterschiedlich, daß man neue Gruppen und Sonderpreise ___ mußte. Die meisten Beiträge waren „visuelle" Einsendungen. 200 Schüler machten Collagen oder ___ Bilder und Comics. Die Bilder mit Text bildeten eine eigene Gruppe. Australische Schülerinnen hatten sogar eine Minibühne mit ___ Licht eingeschickt. In der „literarischen" Gruppe schrieben viele gute Nachwuchs-Texter Balladen, Rock-Songs und poetische Verse. Bei den eingesandten ___ für das „musikalische" Thema war die Entscheidung am schwersten. Ehrlich gesagt: Eine neue Madonna, einen Phil Collins oder einen Michael Jackson haben wir nicht ___. Die fünfzig jungen Komponisten schickten ganz verschiedene Beispiele. Einiges erinnerte an „Acid", anderes eher an Seemanns-Shanties.

Alle Einsender ___ als Dank ein T-Shirt. Gewinner, Preise und eine Auswahl der schönsten und originellsten Einsendungen findet Ihr auf den nächsten Seiten. Leider reichte der Platz nicht, um alles zu ___. Schulen, die sich für die Rockausstellung „Gefühl und Härte" interessieren, können diese bei den örtlichen Goethe-Instituten ___.

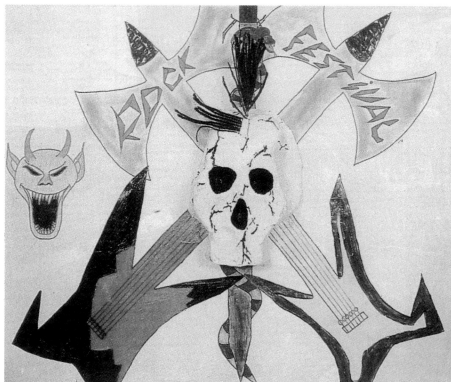

# Rock

Ich steh vorm Schrank und seh hinein
Ich suche Rock, Rock, Rock (und Bluse)
Die Hose ist kaputt und die Strümpf' all dahin
Ich brauche Rock, Rock, Rock (und Bluse)
Die Schuh sind beim Waschen, ohne Sohle noch dazu
Ich find keinen Rock, Rock, Rock (und Bluse)

Ohne Rock geh' ich heut' nicht aus,
Um die Welt draußen zu seh'n,
Ohne Willen und Gemeinschaft,
Was mir bleibt ist nur mein Rock,
Rock, Rock, Rock ist mein Leben

Mutter hat mein' Rock und meint er sei zu kurz
Ich will Rock, Rock, Rock (und Bluse)
Doch sie sagt, sie wirft ihn heut' noch weg,
Meinen Rock, Rock, Rock (und Bluse)
Darf den Rock nicht haben, ist modern und nicht für mich,
Das ist der Rock, Rock, Rock (und Bluse)

Ohne Rock geh' ich heut' nicht aus . . .

Ich glaub' ich muß die Hose richten,
Das war mein Rock, Rock (und Bluse)
Ich muß so ewig weiterleben
Ohne Rock, Rock, Rock (und Bluse)
Ich werd' verschwinden in der Masse
Ohne Rock, Rock, Rock (und Bluse)

Ohne Rock geh' ich heut' nicht aus . . .

*1. Preis der „literarischen" Beiträge Gruppe N.N.,*
*Humboldtschule San José, Costa Rica*

---

◄——— *Das Plakat mit dem Totenkopf schickte Christian Wellbaum, Sao Paolo/ Brasilien. Alpay Salt aus Istanbul/Türkei malte das Rockmonster. Die Collage kam von der Klasse 8c der Jyllinge Skole in Dänemark.*

**A** Lesen Sie den Bericht ein- oder zweimal durch, füllen Sie dann die Lücken im Text mit Hilfe der Wörter im Kästchen:

| Kassetten | Einsendungen | schaffen |
| zeigen | elektrischem | Rockexperten |
| malten | ausleihen | gefunden |
| erhielten | | |

**B** Sehen Sie sich das obenstehende Lied an, das einen Preis im Wettbewerb gewonnen hat. Studieren Sie dann diese Liste von Eigenschaften, die auf das Lied zutreffen könnten. Haken Sie passend ab.

Als Lied ist *Rock* . . .

| leicht zu verstehen | realistisch |
| schwierig | phantasiereich |
| zweideutig | intelligent |
| monoton | traurig |
| fortschrittlich | munter |
| kindisch | ernst |
| kindlich | ironisch |
| schlau | spöttisch |
| einfallsreich | ehrlich |
| langweilig | |

**C** Erklären Sie das Thema dieses Liedes.

---

**ANWENDUNG *und* ERWEITERUNG**

 **Zum Nachlesen:** 2.2 Wir machen Rockmusik

 **Zum Nachschlagen:** Das Partizip Perfekt als Adjektiv

 **Zum Üben**

Im Text „Wir machen Rockmusik" wird ein Partizip Perfekt als Adjektiv benutzt, und zwar im Satz: „Bei den *eingesandten* Kassetten für das ‚musikalische' Thema war die Entscheidung am schwersten."
Statt des Partizips könnte man einen Relativsatz bilden, wie folgt:
„Bei den Kassetten, *die* für das musikalische Thema *eingesandt wurden,* war die Entscheidung am schwersten."

Schreiben Sie die folgenden Sätze so um, daß jeder Relativsatz durch das Partizip Perfekt ersetzt wird.

*Beispiel*
Die Mitglieder der Jury waren über die Vielfalt der Beiträge, die aus aller Welt eingeschickt wurden, ganz überrascht.
Die Mitglieder der Jury waren über die Vielfalt der aus aller Welt eingeschickten Beiträge ganz überrascht.

1 Für viele war der Wettbewerb, der vom Goethe-Institut und von der Jugendscala veranstaltet wurde, ein großer Erfolg.
2 Musiker und Künstler, die eingeladen wurden, staunten manchmal über die Kreativität der Jugendlichen.
3 Daß die Rockausstellung, die aus allen Bildern zusammengestellt wurde, so groß werden würde, hat niemand erwartet.
4 Das Lied, das von der Gruppe NN geschrieben wurde, hat den ersten Preis gewonnen.
5 Den meisten Besuchern hat die Minibühne, die von einer australischen Gruppe konstruiert wurde, am besten gefallen.
6 Die Sonderpreise, die spontan geschaffen wurden, erwiesen sich als sehr populär.
7 Die Lieder, die auf Kassette aufgenommen wurden, waren allerdings nicht so gut.
8 Die Organisatoren sind zuversichtlich, daß die Wiederholung des Wettbewerbs, die für das kommende Jahr geplant wird, ähnlich erfolgreich sein wird.

# 2.3

## *Sanfter Schreihals*

Wie sieht die deutsche Rockszene aus? Ist sie wie im obenbesprochenen Wettbewerb? Lesen wir jetzt eine Kurzanalyse vom „König des Deutschrocks", Herbert Grönemeyer, und von seiner Scheibe *Chaos*. Wie finden Sie Grönemeyer? Mit wem in der englischsprachigen Musikwelt hat er etwas gemeinsam? Elton John? Phil Collins? Oder . . . ?

Der „König des Deutschrock" ist wieder da: Herbert Grönemeyer singt sich die Kehle heiser – auf der neuen CD und bei der kommenden Tour

### Grönemeyer im Jahr „Chaos" (neue CD): Psychogramm eines modernen Romantikers

**D**ie neue Scheibe: rockig-gröhlig, mit Soft-Zuschüssen. Echter Gröni: Instanz der Mit-mir-nicht-Generation. **Alter:** 37. **Benimmt sich wie:** ein Vierjähriger in der Schmoll- (bei Interviews) und Trotzphase (auf der Bühne). Ansonsten: „Spießbürger par excellence" (Grönemeyer über Grönemeyer). Seit 14 Jahren treu zu Freundin Anna Henkel (Schauspielerin). Zwei Kinder (Felix, 5, Marie, 4). Am Wochenende Fußball. **Seine Themen:** Männer (enttäuschte), Frauen (enttäuschte) und (immer seltener): die Lage der Nation (hoffnungslos). **Wie schreibt er:** erst die Musik im 24-Spur-Studio in Heidelberg („Ohrwürmer" à la „Männer" fehlen), dann die Texte (zu Hause in Köln), mit denen er sich, nach eigener Einschätzung, schwer tut. **Zeilen, mit denen er sich offenbar schwer tat:** „Antworten laufen Amok" oder „Die Natur nimmt das Heft in die Hand" (aus dem Titelsong). **Was unterscheidet ihn von Bon Jovi:** Beide bauen „Ein Bett aus Rosen". Aber Grönemeyer singt es wie den Wetterbericht. **Was verbindet ihn mit Peter Maffay:** die resignierte Romantik von Zeilen wie: „Du hast mir mein Gestern geraubt, gib mir ein Stück von deinem Morgen". **Nächster öffentlicher Auftritt:** Tournee ab 11. 10. 93. **Wie sieht Grönemeyer sich:** als „Barden", der vielen Menschen wichtig ist (höre: „Die Welle" auf „Chaos"). **Wie sieht ihn seine Plattenfirma:** Grönemeyer verkaufte seine letzten drei Alben je über eine Million Mal. Er ist der „Golf", der die EMI finanziert. **Wie sieht ihn Harald Juhnke:** „Der Tod jeder Erotik ist, wenn man bei Kerzenschein Grönemeyer auflegt, und der singt einem ‚Bochum' vor."

### A

Wie könnte man folgende Ausdrücke aus dem Text auf deutsch anders sagen?

(die) Instanz
eine Trotzphase
ansonsten
enttäuscht
hoffnungslos
sich schwer tun
Amok laufen
wie den Wetterbericht
resigniert
wichtig
je

### B

1 Wie würden Sie Herbert Grönemeyers Musik beschreiben? Machen Sie einen Vergleich mit einem/-er englischsprachigen Sänger[in] Ihrer Kenntnis (100 Wörter).
Gebrauchen Sie Vergleichsausdrücke wie:

[genau] so . . . wie A
. . . er als B
nicht so . . . wie C
[viel] mehr . . . als D
im Vergleich mit
in gleichem Maße
ein höheres/geringeres Maß an
in gewissem/beschränktem/besonderem/hohem/geringem Maße
in vollem Maße
über alle Maßen

2 Besprechen Sie Ihre Beschreibung von Grönemeyer mit Ihrem Partner/Ihrer Partnerin. Finden Sie die Ähnlichkeiten und Unterschiede und geben Sie der Großgruppe einen mündlichen Bericht darüber.

### C

Wird Grönemeyer auch in zwanzig Jahren dabei sein? Wieso? Erklären Sie mündlich, dann schriftlich, warum (nicht). (100 Wörter/eine Minute)

### D *Arbeit zu zweit: Rollenspiel*

Person A ist ein bekannter Sänger/eine bekannte Sängerin. Person B interviewt A über seine/ihre Musik.

## ANWENDUNG *und* ERWEITERUNG

 **Zum Nachlesen:** 2.3 Sanfter
Schreihals

 **Zum Nachschlagen:**
Personalpronomen

 **Zum Wiederholen:** 1.4

 **Zum Üben**

---

Vervollständigen Sie das folgende Gespräch,
indem Sie in jede Lücke ein passendes
Personalpronomen einfügen:

**A** ____ war gestern im Grönemeyer-Konzert.

**B** Und, wie war ____?

**A** Gar nicht so schlecht. ____ finde, ____
wird immer besser.

**B** Hmm. Meinst ____? ____ habe ____ vor
kurzem im Radio gehört. Auf seiner neuen
Platte klingt ____ nach wie vor immer so
traurig und eintönig.

**A** Aber das ist ____ ja gerade, was ____ an
____ so schätze. ____ finde ____ auch
toll, daß ____ sich wie ein normaler
Mensch benimmt. ____ muß ____ einfach
nehmen, wie ____ ist.

**B** ____ habe mich neulich mit meiner
Schwester über ____ unterhalten und
____ ist derselben Meinung wie ____,
nämlich daß ____ viel interessanter ist,
wenn ein Star wirklich wie ein Star auftritt.
Die Überheblichkeit mancher Stars macht
____ nichts aus.

**A** ____ meint sicherlich, daß ein richtiger
Star keine Lieder über das Ruhrgebiet
singen dürfte?

**B** Ja. Genau das meinen ____.

---

# 2.4

## *Peter Maffay*

Ein Rock-Star, der zu einem Symbol des Aufstands geworden ist, ist der weltbekannte Peter Maffay.
Was halten Sie von seinen Ideen? In welcher Hinsicht ist er ein „typischer" Rockstar – und wie
unterscheidet er sich von den anderen?

**A** Im ersten Teil dieses Interviews mit Maffay, sind nur die Fragen in der richtigen Reihenfolge.
Ordnen Sie die Antworten richtig ein.

**FRAGE:** Herr Maffay, auf Ihrer neuen Platte
„Freunde und Propheten" singen Sie Zeilen wie:
„Liebt man sich ein bißchen mehr, sind die Taschen
niemals wirklich leer." Finden Sie keine besseren
Texter?

**MAFFAY:** Ich bin mit 20 aus der Kirche ausgetreten.
Meine Gläubigkeit hat sich erst später entwickelt.
Wenn ich zu anderen Ansprechpartnern nicht das
nötige Vertrauen habe, wende ich mich Gott zu.

**FRAGE:** Mögen Sie Bewußtseins-Rock?

**MAFFAY:** Ich habe mir das auch erklären lassen
müssen. Mein Texter hat gesagt, das ist aus dem
Neuen Testament. Welches Kapitel, habe ich mir
leider nicht gemerkt.

**FRAGE:** In Ihrem neuen Song „Der Weg" heißt es:
„Denn erst wenn das letzte Siegel bricht, entsteht
die neue Welt aus Licht. Bevor deine Reiter Sieger
sind, zeig uns den Weg durchs Labyrinth." Sind Sie
auf dem Jesus-Trip?

**MAFFAY:** Ich liege meistens im Bett und gucke an
die Decke. Aber ich kann das auch beim Autofahren
machen.

**FRAGE:** Sind Sie religiös?

**MAFFAY:** Ich habe nicht vor, zwölf Lieder auf einer
LP mit politischen Aussagen zu füllen. Es reichen
zwei oder drei.

**FRAGE:** Beten Sie täglich?

**MAFFAY:** Es gibt auch andere Lieder von mir. In „Es
wird Zeit" habe ich vor drei Jahren gesungen: „Ich
will kein Viertes Reich, will keine Erde dem
Erdboden gleich. Von Flensburg bis Rosenheim
sind die Rattenfänger schon wieder unterwegs."

**FRAGE:** So richtig? Knieend etwa?

**MAFFAY:** Die Schallplattenfirmen beschäftigen
Heerscharen von hochbezahlten Juristen. Warum
soll ein Musiker nicht über die gleichen Mittel
verfügen, um sich als Partner verhalten zu können
und nicht als Domestik? Es gibt genügend Beispiele
von Leuten, die durch schlechte Verträge jahrelang
keine Platte veröffentlichen durften, weil ihre Firma
aus gekränktem Stolz gesagt hat: „Mit uns nicht!
Den legen wir jetzt auf Eis." Brian Adams durfte
vier Jahre lang nichts veröffentlichen, Bruce
Springsteen erging es ähnlich.

**FRAGE:** Sie gelten als gewiefter Geschäftsmann.
Wie geht das mit Ihrem Image des Lederjacken-
Outlaws zusammen?

**MAFFAY:** Die Sitten sind infamer, fieser,
rücksichtsloser geworden. Die gesamte Branche ist
von multinationalen Konzernen vereinnahmt
worden. Die Direktiven kommen von der
ausländischen Muttergesellschaft. Bei uns sitzen
Manager-Typen und administrieren. Auch beim
Rundfunk hast du zunehmend Schwierigkeiten,
Redakteure zu finden, die Musik noch nach der
Maxime beurteilen: „Kriege ich eine Gänsehaut
oder nicht?" Dort wird formatiert: „Der Sender hat
ein bestimmtes Gesicht, also können wir keine harte
Musik spielen, sonst fällt irgend jemandem beim
Geschirrwaschen das Porzellan aus der Hand."

**FRAGE:** Sie kennen die Usancen der
Schallplattenindustrie seit 23 Jahren. Was hat sich
verändert?

**MAFFAY:** Ja.

**B** Erklären Sie den Sinn von folgenden Ausdrücken:

1 „Liebt man sich ein bißchen mehr, sind die Taschen niemals wirklich leer"
2 die Rattenfänger sind schon wieder unterwegs
3 ein Jesus-Trip
4 meine Gläubigkeit hat sich erst später entwickelt
5 sie gelten als gewiefter Geschäftsmann
6 um sich als Partner verhalten zu können, und nicht als Domestik
7 den legen wir jetzt auf Eis
8 kriege ich eine Gänsehaut oder nicht?
9 sonst fällt jemandem beim Geschirrwaschen das Porzellan aus der Hand

**C** Hören Sie sich jetzt die Fortsetzung des Interviews mit Peter Maffay an, und vervollständigen Sie die Satzteile, in denen die untenstehenden Wörter vorkommen:

*zum Beispiel:* . . . Angestellten . . .

. . . mit Ihren 14 Angestellten . . .

1 . . . früher . . .
2 . . . ansprechbar . . .
3 . . . -Anfragen . . .
4 . . . Papierkorb . . .
5 . . . erzählen . . .
6 . . . spenden . . .
7 . . . Kanada . . .
8 . . . 2000 . . .
9 . . . antrete . . .
10 . . . Bock . . .
11 . . . erlebnisreicher . . .

**D** Hören Sie dem Interview noch ein- oder zweimal zu, beantworten Sie dann folgende Fragen:

1 Wie lautete die Aufschrift auf Peters Lederjacke?
2 Warum ist er kein Wilder mehr?
3 Welche zwei Ereignisse waren Blamagen für Peter?
4 Wie sieht Peter seinen Kontakt zu den Rolling Stones?
5 Warum war seine persönliche Begegnung mit einem Mitglied der „Stones" so ironisch?
6 Was hat Chuck Berry nicht gewagt?

# 2.5

## *Frank Zappa*

Bis jetzt haben wir nur deutsche Musiker betrachtet. Ein ausländischer Musiker, der in Deutschland sehr beliebt ist, ist der verstorbene amerikanische Rockstar Frank Zappa. Wenzel aus Frankfurt hat dem POPCORN-Magazin geschrieben, um etwas über Frank zu erfahren.

# FRANK ZAPPA

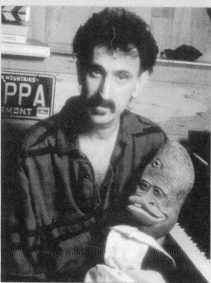

Hallo POPCORN, leider hört man gar nichts mehr von Frank Zappa. Ich wüßte gerne etwas aus seinem Leben. Könnt Ihr mal einen kleinen Steckbrief mit Foto bringen? Ihr würdet mir damit eine Riesenfreude machen.
Wenzel aus Frankfurt

## EIN CHEMIKER ALS MUSIK-SOZIALARBEITER

**Francis Vincent Zappa jr. II** wurde am 21. 12. 1940 als ältester Sohn des Chemikers Frank Zappa (griechisch-arabisch-sizilianischer Abstammung) in Baltimore, Maryland/USA, geboren. Er befaßte sich früh mit Chemie und landete mit 16 erste durchschlagende Erfolge: In einer Nacht sprengte er sämtliche Pissoirs seiner damaligen Schule in die Luft! Gegen die Arbeit seines Vaters in der Rüstungsindustrie protestierte er, indem er wochenlang mit einer Gasmaske herumlief. In den 50er Jahren zog die Familie (die Eltern, Frank und seine Brüder Bob und Carl) mehrfach um. Die ständigen Ortswechsel, seine Krankheit (er war Asthmatiker) und seine rebellische Natur trugen dazu bei, daß er zum Außenseiter wurde. Seinem Frust machte er Luft, indem er an der Antelope Valley High School in Lancaster Feuer legte und eine halbernste Oper schrieb mit dem Titel: „I Was A Teenage Maltshop".

**Seine erste Band** gründete er an der High School. Sie hieß *„The Black-Outs"*, spielte Cocktailmusik und brachte Frank DM 20,- pro Nacht ein. In diese Zeit fällt auch die Heirat mit seiner ersten Frau Kay, von der er sich aber fünf Jahre später wieder trennte. Er hielt sich durch Schreiben von Filmmusik (z.B. zum Western „Run Home Slow") über Wasser. Mit 22 kaufte er sich ein kleines Tonstudio. Da die Kunden auf sich warten ließen, verdiente er nebenbei ein paar Dollars mit der Combo *„The Muthers"*. Als er aus akutem Geldmangel einen Auftrag für eine pornographische Tonband-Collage angenommen hatte, wurde er mit seiner gesamten „Studio Z"-Mannschaft eingesperrt, kam mit zehn Tagen Gefängnis aber glimpflich davon.

**1963 hatte er die Nase voll** und ging nach Los Angeles. Dort schloß er sich der Gruppe *„Soul Giants"* an, übernahm bald das Kommando und taufte die Band in *„Captain Glasspack And His Magic Mufflers"*, später in *„The Mothers"* um. Als die *„Mothers"* wieder mal im „Whisky A. Go Go" spielten, wurden sie von Tom Wilson entdeckt, der die erste LP von *„Frank Zappa & The Mothers Of Invention"* produzierte: *„Freak Out"* (1966)! Das zweite Album *„Absolut Free"* (1967) wurde nach dem Musical *„Pigs and Repugnant"* (Schweine und widerlich), das die Mothers sechs Monate in New York aufführten, erarbeitet. 1969 lösten sich die *„Mothers"* zum ersten Mal auf, bis 1973 gab es sieben Mothers-Formationen! Doch auch als Solo-Künstler eroberte Zappa sein Publikum. Er ist als hart arbeitender Musiker oft 14 Stunden täglich in seinem Studio anzutreffen. Seine Fans konnten sich fast jährlich auf ein neues Album freuen. Insgesamt veröffentlichte Frank seit 1966 über 40 Langspielplatten! Einer seiner unsterblichen Klassiker ist *„Bobby Brown"*.

**A** Lesen Sie den Überblick durch, füllen Sie dann folgenden Fragebogen aus:

## FRANK ZAPPA

Der Beruf seines Vaters:
Die Staatsangehörigkeit seines
  Vaters:
Seine Vorfahren stammten aus:
Frank war früh begabt für:
Diese Fähigkeit erbte er von:
Diese mögliche Laufbahn scheiterte
  wegen:
Frank wurde zum Außenseiter
  wegen:
Inwiefern war seine erste berufliche
  Musik anders?:
Seine erste Ehe dauerte:
Zu seiner Schande arbeitete er eine
  Zeitlang bei:
Er war dazu gezwungen, weil:
Sein Glücksfall kam, als:
Überraschend war es, daß die
  *Mothers* . . . :
Frank veröffentlichte ein Album:

**B** Übersetzen Sie die zwei ersten Absätze vom Frank Zappa-Überblick ins Englische.

**C**

1 Schreiben Sie einen Bericht (250 Wörter), der Franks Biographie auf den neuesten Stand bringt.
2 Nehmen Sie diesen Bericht auf Kassette auf.

---

# 2.6

## Der Beamten-Rocker

Rock kann einen starken Reiz auf Leute aller Berufe und Gesellschaftsschichten ausüben. Beispielhaft ist der Ex-Lehrer und Rocksänger Heinz Rudolf Kunze.

### ANWENDUNG *und* ERWEITERUNG

 **Zum Hören:** 2.6 Der Beamten-Rocker

 **Zum Nachschlagen:** Der Konjunktiv im Plusquamperfekt

**Zum Wiederholen:** 1.1

 **Zum Üben**

1 Suchen Sie aus Ihrer Transkription die Stelle heraus, die folgendes übersetzt: „Indeed Kunze almost became a teacher."
2 Als dem Hobby-Sänger Uri Vision bei einem bedeutenden europäischen Gesangswettbewerb der Durchbruch gelang, mußte er auf eine andere Laufbahn (als Polizist) verzichten. Was hätte er in diesem Beruf alles gemacht?
Vervollständigen Sie diese Sätze, indem Sie den Konjunktiv im Plusquamperfekt benutzen:

*Beispiel*
Jeden Tag/Uniform/tragen
Jeden Tag hätte er eine Uniform getragen.
a manchmal/Streifenwagen/fahren
b möglichst oft/Verbrecher/verhaften
c bei großen Sportereignissen/Einsätze/haben
d bei Gelegenheit/friedlichen Bürgern/Hilfe/leisten
e im Notfall/mutmaßlichen Einbrechern/hinterherlaufen
f nach einem Unfall/den Verkehr/umleiten
g während seiner Ausbildung/Erste-Hilfe-Kurs/machen
h im Rahmen von Untersuchungen/das Protokoll/aufnehmen
i samstags / für die Polizeimannschaft/Fußball/spielen
j bei einigen Einsätzen/sogar mit dem Hubschrauber/fliegen

3 Versuchen Sie jetzt, selbst fünf Sätze zu erfinden, die das beschreiben, was Heinz Rudolf Kunze als Lehrer gemacht hätte. Die folgenden Vokabeln sollen Ihnen behilflich sein . . .

| | |
|---|---|
| ein Haufen (m.) Hefte | a stack of exercise books |
| ein klappriges Auto | a clapped out car |
| ein streßiges Leben (führen) | (to lead) a stressful life |
| einen Test schreiben lassen | to set a test |
| ausflippen | to go mad, go round the bend |
| korrigieren | to correct |
| benoten | to mark |
| vorbereiten | to prepare |

---

**A** Hören und transkribieren Sie die Kurzbiographie.

**B** Stellen Sie sich vor, Sie haben einen Lehrer/eine Lehrerin, der/die Rockstar wird. Schreiben Sie die Geschichte seines/ihres Erfolgs (350–400 Wörter).

**C** Nehmen Sie diese Geschichte auf Kassette auf.

# 2.7

# *Museum mit Musik*

Was die Popmusik im allgemeinen betrifft, hat sie vielleicht erst durch die Beatles große Anerkennung gefunden. Es ist daher kaum erstaunlich, daß Beatles-Andenken so begehrt sind. Haben Sie etwas aus dem Beatleszeitalter? Ja? Es ist bestimmt wertvoll! Lesen wir diesen Kurzbericht über eine Beatles-Ausstellung, wo man solche Gegenstände zur Schau gestellt hat. Was erwarten Sie, in einem solchen Museum zu finden?

### Beatles-Ausstellung

Schallplatten, Zeitungsartikel, Tassen, Stoffpuppen, Schlüsselanhänger und, und, und.
Die Aufzählung läßt sich beliebig fortsetzen. Rainer Moers sammelt seit 25 Jahren alles, was mit den Beatles zu tun hat. In Köln eröffnete er jetzt das erste europäische Beatles-Museum. Dort findet man auch sehr kuriose Sachen: Eine Dose mit „Sergeant Pepper"-Suppe, eine Unterhose mit der Aufschrift „The Beatles forever" oder eine Beatles-Perücke aus den USA. Für diese Stücke zahlen Sammler viel Geld. Rainer Moers könnte sich vom Verkauf einer Original-Autogrammkarte ein neues Auto leisten! Wenn Ihr Euch diese Kostbarkeiten mal anschauen wollt: Das Museum in der Heinsbergstraße 13, Köln 1, ist an drei Tagen in der Woche geöffnet!

## A *Arbeit zu zweit*

Schreiben Sie alle nützlichen Vokabeln auf, dann erklären Sie dem Partner/der Partnerin auf englisch die erste oder die zweite Hälfte dieses Kurzberichts.

## B

Schreiben Sie eine Liste der Gegenstände, die im Bericht erwähnt sind. Haben Sie richtig erraten? Stellen Sie sich vor, Sie begründen ein Museum, das Ihren Lieblingsmusikern gewidmet ist. Planen Sie das Projekt mit einem Partner/ einer Partnerin, und berichten Sie der Großgruppe über Ihre Ausstellungen.

### ANWENDUNG *und* ERWEITERUNG

 **Zum Nachlesen:** 2.7 Museum mit Musik

 **Zum Nachschlagen:** Hilfsverb: lassen

**Zum Üben**

Das Hilfsverb „lassen" kann in Zusammenhang mit dem Reflexivpronomen und dem Infinitiv so etwas wie "can be (done)" bedeuten. Finden Sie das Beispiel in diesem Text.

Vervollständigen Sie dann diese Sätze, indem Sie den jeweils passenden Infinitiv aus dem Kasten in jede Lücke einfügen. Versuchen Sie zum Schluß, die Sätze möglichst idiomatisch ins Englische zu übersetzen.

| *Zur Auswahl* | |
|---|---|
| aussteigen | vermeiden |
| fortsetzen | bringen |
| finden | fahren |
| hören | vermarkten |

1 Die Musik der Beatles läßt sich nach wie vor gut ____.
2 Die Idee einer Beatles-Ausstellung läßt sich in Deutschland leicht ____.
3 Die Aufzählung der Beatles-Hits läßt sich beliebig ____.
4 Sieh mal, Papa! Da ist die Limo der Beatles. Sie läßt sich bestimmt ganz toll ____.
5 Das Museum in Köln läßt sich leicht ____.
6 Obwohl in einem solchen Museum Fehler sich kaum ____ lassen, scheint diese Ausstellung mehr oder weniger perfekt zu sein.

## ANWENDUNG *und* ERWEITERUNG

 **Zum Nachlesen:** 2.7 Museum mit Musik

**Zum Nachschlagen:** Imperfekt und Konjunktiv Imperfekt

**Zum Wiederholen:** 1.1, 2.6

**Zum Üben**

Sehen Sie sich diesen Satz an, der der zweiten Hälfte des Artikels entnommen wurde:
*Rainer Moers könnte sich vom Verkauf einer Original-Autogrammkarte ein neues Auto leisten.*
Vergleichen Sie ihn mit diesem Satz:
*Rainer Moers konnte sich vom Verkauf einer Original-Autogrammkarte ein neues Auto leisten.*
In welchem Fall hat Moers die Autogrammkarte wirklich verkauft? Was bedeutet der andere Satz?

**1** Füllen Sie die Lücken in dieser Tabelle aus

| Infinitiv | Imperfekt (1. & 3. Person) | Konjunktiv Imperfekt (1. & 3. Person) |
|---|---|---|
| brauchen dürfen können mögen müssen werden wissen | | |

**2** Vervollständigen Sie die folgenden Sätze mit der richtigen Form des Imperfekts bzw. des Konjunktivs Imperfekt des jeweils vorgegebenen Verbs. Erklären Sie in jedem Fall den Unterschied zwischen den beiden Sätzen.

**a** BRAUCHEN
Wenn wir zusammen Beatles-Lieder singen sollen, __ ich die Noten und eine Gitarre.
Als wir in die Ausstellung gingen, __ wir keine Karten zu kaufen, denn wir hatten sie in einem Wettbewerb gewonnen.

**b** DÜRFEN
Als Mädchen __ meine Mutter einmal in ein Beatles-Konzert gehen.
Es __ schon dreißig Jahre her sein, daß sie die Beatles zum ersten und letzten Mal gesehen hat.

**c** KÖNNEN
Vor zwanzig Jahren __ mein Vater noch alle Beatles-Lieder auswendig singen.
Da er das jetzt nicht mehr kann, __ ich ihm zum Geburtstag ein Liederbuch schenken.

**d** MÖGEN
Ich __ gerne das Autogramm von Pete Best haben.
Viele ältere Leute __ die Beatles früher gar nicht.

**e** MÜSSEN
Steigen wir hier aus! Das Ausstellungsgebäude __ gleich um die Ecke sein.
Die Leute, die gestern die Ausstellung besuchten, __ lange stehen, bevor sie eingelassen wurden.

**f** WERDEN
Was __ aus all den Leuten, die die Beatles damals in Hamburg erlebten?
Was __ passieren, wenn Paul, George und Ringo nochmal zusammen spielten?

**g** WISSEN
Vor einigen Jahren __ ich, wie alle Beatles-Platten hießen.
Ich __ gern, warum die Beatles auseinandergegangen sind.

# 2.8

## *Ein deutscher Dirigent wird gefeiert*

Man sagt oft, Deutschland sei die Heimat der klassischen Musik. Michael Gielen ist ein Musikmacher, der in diese Heimat zurückgekehrt ist, nachdem er seine Jugend als Einsiedler in Südamerika verbracht hatte und der als Dirigent zu einem Teil der deutschen Musikszene der zweiten Hälfte des 20. Jahrhunderts geworden ist.

## *Der Erneuerer*
### *Michael Gielen wird 65*

Der Dirigent und Komponist Michael Gielen feiert am heutigen 20. Juli seinen 65. Geburtstag. Den größten Teil seiner Jugend verbrachte er als Emigrant in Argentinien, wo er (am Teatro Colon in Buenos Aires) seine musikalische Laufbahn begann. In Europa galt Gielen zunächst als Spezialist für zeitgenössische Musik. So wagte er als erster die aufführungstechnisch heikle B. A. Zimmermann-Oper „Die Soldaten" (Köln 1963). Der Hessische Rundfunk war eine der ersten Institutionen, die ihm Gelegenheit zu maßstäblichen Mahler- und Bruckneraufführungen gaben.

1977 wurde Gielen Operndirektor in Frankfurt/M. und begründete eine zehnjährige Ära fortschrittlichen Musiktheaters, die Operngeschichte machte. Sie basierte im wesentlichen auf interpretatorisch geschärfter Erneuerung des Kernrepertoirs. Gielen hinterließ 1987 in Frankfurt einen „gesunden" Repertoirebetrieb – ein Erbe, das von seinen Nachfolgern verschleudert wurde.

Gielen – machtbewußt, aber kein Karrierist – zog sich seitdem von der Oper fast ganz zurück und wirkt als Chefdirigent des Südwestfunk-Symphonieorchesters in Baden-Baden als einer der wenigen Dirigenten, die den spezifischen (tendenziell „alternativen", ein Korrektiv zum kommerziellen Getriebe avisierenden) Kulturauftrag des Rundfunks ernstnehmen. In den letzten Jahren wurde er auch ein erfolgreicher Schallplattenkünstler. 1986 erhielt Gielen den Adorno-Preis der Stadt Frankfurt. Zu seinen wichtigsten Kompositionen zählen das Ensemblestück „Die Glocken sind auf falscher Spur" und das Streichquartett von 1982.

| | |
|---|---|
| heikel | *tricky, problematic* |
| maßstäblich | *full-scale* |
| das Kernrepertoire | *core repertoire* |
| verschleudern | *to squander* |
| machtbewußt | *aware of his influence* |
| avisieren | *to send notification of* |

**A** Lesen Sie zuerst diesen Artikel, dann bilden Sie Sätze aus den untenstehenden Wortgruppen, die den Sinn des Textes wiederspiegeln:

1 Argentinien fing Karriere an
2 Anfang interessierte moderne
3 Rundfunk Beistand geleistet
4 Gielen „Erneuerer" Kernrepertoire interpretiert
5 nach zog Oper Baden-Baden
6 neulich Erfolg Schallplatten gehabt

**B** Übersetzen Sie den letzten Absatz ins Englische.

## ANWENDUNG *und* ERWEITERUNG

 **Zum Nachlesen:** 2.8 Der Erneuerer

 **Zum Nachschlagen:** Indefinitpronomen

 **Zum Wiederholen:** 1.4, 1.8, 2.3

 **Zum Üben**

Suchen Sie die zwei Stellen in diesem Artikel heraus, wo das, was man als "one of" ins Englische übersetzen würde, ausgedrückt ist.

Übersetzen Sie dann dieses Gespräch ins Deutsche:

**A** "Which one of you is going to the concert this evening?"
**B** "It doesn't interest any of us."
**A** "Why does none of you want to go?"
**B** "One of my brothers went yesterday and he thought it was one of the best concerts he'd seen, but I'm afraid I don't like any of the pieces they're playing."
**C** "Yes, he invited one of my sisters and she said more or less the same thing."
**A** "Do you know anybody who would like to accompany me?"
**D** "I can ask one of my friends."
**A** "Which one?"
**D** "Hans-Georg. He's the boyfriend of one of the best known singers in the town. She's singing this evening too."

## ANWENDUNG *und* ERWEITERUNG

 **Zum Nachlesen:** 2.8 Der Erneuerer

 **Zum Nachschlagen:** Verben mit Präpositionen

 **Zum Üben**

Der letzte Satz dieses Artikels enthält das Verb „zählen". Mit welcher Präposition wird es hier benutzt? Zu welchem Zweck?

Vervollständigen Sie die folgenden Sätze, indem Sie eine passende Präposition und natürlich auch die richtigen Endungen einfügen:

1 Alle freuen sich _____ d_ groß_ Konzert.
2 Junge Musiker träumen meistens _____ ein_ Auftritt in London, New York oder Berlin.
3 Der Dirigent bedankte sich _____ d_ begeistert_ Publikum.
4 Das Publikum wartete ungeduldig _____ d_ ersehnt_ Zugabe.
5 In seiner Jugend hat dieser Pianist _____ viel_ Wettbewerben erfolgreich teilgenommen.
6 Immer, wenn ich die „Pastorale" von Beethoven höre, denke ich _____ schön_, warm_ Sommertage.
7 Wir ärgern uns immer _____ d_ unhöflich_ Leute, die sich während eines Konzerts ständig unterhalten.
8 Was macht der Cellist da auf seinen Knien? Ach so, er sucht _____ sein_ Noten!
9 Als wir unsere Karten abholten, warnte man uns _____ d_ Möglichkeit, daß der Sänger vielleicht wegen Krankheit kurzfristig absagen würde.
10 Für mich besteht ein gelungener Abend _____ ein_ schön_ Konzertbesuch und anschließend ein_ nächtlich_ Fahrt durch die Straßen der Stadt.

# 2.9

## *Richard und Cosima – Ein Ehedrama*

Glück und Zufriedenheit prägen Michael Gielen und sein Leben, aber berühmte klassische Musiker scheinen selten ein ungetrübtes Dasein zu führen. Nehmen wir das berühmte Liebespaar Richard Wagner und Cosima von Bülow, zum Beispiel. Sehen Sie sich imstande, anhand dieses Kommentares über den Komponistenfilm *Wahnfried*, ein Urteil darüber abzugeben? Denken wir auch an Rockmusiker wie Frank Zappa und Peter Maffay, die wir schon besprochen haben. Würden Sie sagen, sie wären glücklich? Passen Glück und höchstes Talent zusammen?

**Alltag und Mythos einer leidenschaftlichen Liebe: Richard (Otto Sander) und Cosima Wagner (Tatja Seibt)**

### Komponistenfilm

*Wahnfried*

Komponistenfilme sind Mode, nach „Amadeus" Mozart und Franz Schubert ist jetzt Richard Wagner dran. Und der Opernstar Placido Domingo wird im nächsten Jahr die Hauptrolle in einem Streifen über das Leben Puccinis übernehmen.
„**Wahnfried**" heißt der Versuch des österreichischen Krimiregisseurs Peter Patzak („Kottan ermittelt"), einen Teil der Biographie des Musikgenies Wagner in düster opulenten Bildern einzufangen. Patzaks Szenen einer turbulenten Ehe beginnen 1869: Cosima von Bülow hat ihren ersten Mann, einen erfolglosen Komponisten, endgültig verlassen und stürmt in Wagners Leben. Der Anfang einer Liebe, die maßlos zwischen Leidenschaft und Prüderie, Skandal und Bürgerlichkeit, Eifersucht und Hingabe hin und her schwankt. Der Rest der Welt hat in der Beziehung keinen Platz mehr. Wagners Freund Friedrich Nietzsche ist der erste, der das zu spüren bekommt. Besorgt um die verfallende Gesundheit des Angetrauten, bittet Cosima (Tatja Seibt) die Geliebte ihres Mannes, ihn nicht zu überfordern, bricht vorzeitig Proben ab und hält die Geschäfte fest in der Hand. Wagner hat so den Rücken frei zum Komponieren und scheint hauptsächlich mit der Verführung junger Sängerinnen in den Kulissen seines „Siegfried" beschäftigt. Otto Sander, der Star der „Berliner Schaubühne", verpaßt diesem nicht altern wollenden Liebhaber einen ordentlichen Schuß Selbstironie. Die Auseinandersetzungen im Familienclan (Cosimas Vater, der Komponist Franz Liszt, ist auch mit von der Partie) degradieren die Beziehungsdramen amerikanischer Fernsehserien zur Harmlosigkeit. Trotz der Beschränkung auf den „privaten" Bereich ist es erstaunlich, wieviel Patzak mit exzellenten Schauspielern von Wagners Visionen erzählen kann, ohne dessen deutsch-nationale und antisemitische Gefährdungen zu verschweigen.

---

| | |
|---|---|
| Streifen | *journey, tour* |
| düster | *gloomy, dark* |
| die Bürgerlichkeit | *middle-class way of life* |
| die Hingabe | *devotion* |
| schwanken | *to fluctuate* |
| verfallen | *to decay, fail* |
| jdn überfordern | *to expect too much of s.o.* |
| die Verführung | *seduction* |
| der Schuß | *shot, dose* |

---

**A** Lesen Sie den Kommentar ein- oder zweimal durch, füllen Sie dann die drei Sprechblasen im Bild passend aus. Es gibt nicht nur **eine** korrekte Lösung!

**B** Schreiben Sie eine englische Kurzfassung des Kommentars (120 Wörter).

**C** Welcher Ausdruck im Kommentar vermittelt den Eindruck, daß ...

1 ... die Komponisten einem engen Kreis angehörten.
2 ... Cosima ihr Leben fest im Griff hatte.
3 ... Cosima menschliches Versagen nicht ertragen konnte.
4 ... die Richard-Cosima-Beziehung nicht einfach war.
5 ... ihr Zusammenleben voller Spannungen war.
6 ... Richard nicht treu geblieben war.
7 ... Richard im Film zweideutig dargestellt wurde.

## ANWENDUNG *und* ERWEITERUNG

 **Zum Nachlesen:** 2.9 Richard und Cosima – Ein Ehedrama

 **Zum Nachschlagen:** Der Infinitiv mit und ohne „zu"

 **Zum Üben**

Versuchen Sie, möglichst ohne den Artikel nochmal durchgelesen zu haben, die folgenden Sätze zu vervollständigen. (Diese Verben stehen Ihnen zur Verfügung: erzählen, verschweigen, überfordern, einfangen, spüren)

1 „Wahnfried" heißt der Versuch, einen Teil der Biographie des Musikgenies Wagner in düster opulenten Bildern ____.

2 Nietzsche bekommt als erster die Folgen von Wagners Ehe ____.

3 Cosima bittet die Geliebte ihres Mannes, ihn nicht ____.

4 Patzak kann mit exzellenten Schauspielern sehr viel von Wagners Visionen ____.

5 Patzak erzählt viel von Wagners Visionen, ohne dessen deutsch-nationale und antisemitische Gefährdungen ____.

## ANWENDUNG *und* ERWEITERUNG

 **Zum Nachlesen:** 2.9 Richard und Cosima – Ein Ehedrama

 **Zum Nachschlagen:** Das Partizip Präsens

 **Zum Üben**

1 Suchen Sie die zwei Stellen in diesem Artikel heraus, in denen das Partizip Präsens vorkommt. Schreiben Sie die Sätze so um, daß das Partizip Präsens durch einen Relativsatz ersetzt wird.

2 Schreiben Sie jetzt die folgenden Sätze so um, daß statt eines Relativsatzes ein Partizip Präsens vorkommt:

a Es war der Anfang einer Liebe, die zwischen Eifersucht und Hingabe schwankte.

b Diese Leidenschaft, die ständig stieg, übte einen teils negativen, teils positiven Einfluß auf ihre Arbeit aus.

c Sie ignorierten einfach das Interesse des Publikums, das immer größer wurde, für ihre privaten Angelegenheiten.

d Man sagt dem Komponisten, der zu der Zeit in Bayern lebte, nach, daß er am Rande des Wahnsinns sei.

e Die Merkmale von Wagners Opern, die am meisten auffallen, sind ihre Erhabenheit und ihre Länge!

# 2.10

# *Festival der Superlative*

Beim Festival der Frauen geht es nicht nur um Musik. Lesen Sie folgenden Bericht und finden Sie heraus, was es mit diesem Festival auf sich hat.

KULTURTREFFEN **Das dritte „Festival der Frauen" bietet Musik, Tanz, Kunst und Theater der Spitzenklasse.**

Schon das Auftaktfest hat es in sich: 60 Sängerinnen, Komponistinnen und Dirigentinnen aus der Sowjetunion gestalten die Eröffnungsparty zusammen mit der italienischen Volkssängerin Giovanna Marini, der Südafrikanerin Audrey Motaung und der Schweizer Clownin Gardi Hutter. Zum dritten Mal findet das „Festival der Frauen" nun in Hamburg statt (1.–16.9.), und wieder werden Künstlerinnen aus aller Welt für ein Programm voller Höhepunkte sorgen.

16 Tage lang bietet das Festival eine bunte Show aus Musik, Tanz, Theater, Lesungen und Ausstellungen. Barbara Hendricks, schwarze Sopranistin mit großem Namen, singt Schubertlieder; Jazz-Star Dee Dee Bridgewater gibt einen Solo-Abend; Steffie und Camilla Spira, Lotti Huber und Irina Ehrenburg, alle vier bald so alt wie das Jahrhundert, bieten „Lebensrückblicke"; die für ihre außergewöhnlichen Arbeiten bekannte Journalistin und Fotografin Gertrude Duby Blom zeigt 250 Fotos, die sie im Zeitraum von 40 Jahren in Mexiko gemacht hat. Und zum ersten Mal wird das bildhauerische Werk von Camille Claudel (1864–1943), der Gefährtin von Auguste Rodin, in Deutschland zu sehen sein. „Das Herz unseres Festivals", so die Leiterin Irmgard Schleier, „ist das Tanztheater." Drei Tänzerinnen und Choreographinnen stellen ihre neuen Produktionen vor: Carolyn Carlson und Odile Duboc aus Paris und Arila Siegert vom Dresdner Schauspielhaus. Weitere Informationen und Karten: Telefon 0 40/270 56 27.

**Buntes Programm beim Festival der Frauen:** Natalja Roshkowas Lieder, Camille Claudels Werke, Dee Dee Bridgewaters Jazz, Audrey Motaungs Afro-Rock, Carolyn Carlsons Ausdruckstanz und Gardi Hutters Clownereien.

**A** Erklären Sie folgende Zahlen und Ziffern aus dem Text in eigenen Worten, nachdem Sie die Meldung ein- oder zweimal gelesen haben.

60
1.–16.9.
16
250
40
1864–1943
0 40/270 56 27

**B** Wer macht was bei diesem Festival? Nachdem Sie den Text noch einmal gelesen haben, testen Sie sich zusammen mit einem Partner/einer Partnerin:

| | |
|---|---|
| Giovanna Marini | Lotti Huber |
| Audrey Motaung | Gertrude Duby Blom |
| Gardi Hutter | Irmgard Schleier |
| Barbara Hendricks | Arila Siegert |
| Dee Dee Bridgewater | |

**C** *Arbeit zu zweit: Sprechen*

Stellen Sie sich vor, Sie planen ein „Festival der Frauen". Welche berühmten Künstlerinnen usw. würden Sie einladen und wie würde das Programm aussehen? Arbeiten Sie mit einem Partner/einer Partnerin zusammen und geben Sie der Großgruppe einen Bericht darüber.

## ANWENDUNG *und* ERWEITERUNG

**Zum Nachlesen:** 2.10 Festival der Superlative

**Zum Nachschlagen:** Das Passiv

**Zum Wiederholen:** 1.5

**Zum Üben**

Kurz nachdem das Festival zu Ende war, wurde dieser Artikel in einer Lokalzeitung gedruckt. Schreiben Sie den Artikel so um, daß jedes kursiv geschriebene Verb im Passiv erscheint.

*Drittes Hamburger Festival der Frauen – Rundum ein Erfolg!*

Das dritte Hamburger Festival der Frauen *brachte* Musikerinnen und Künstlerinnen aus aller Welt zusammen.
Gemeinsam *gestalteten* sie die Eröffnungsparty. Danach *bot* das Festival 16 Tage lang eine äußerst vielseitige Show. Wir *erwähnen* hier einige der Höhepunkte: die exzellente Barbara Hendricks *sang* Schubertlieder; Dee Dee Bridgewater *gab* einen einmaligen Solo-Abend; die Fotografin Gertrude Duby *zeigte* Fotos, die sie im Zeitraum von 40 Jahren in Mexiko *gemacht hatte*. Zum ersten Mal *hat* man das bildhauerische Werk von Camille Claudel in Deutschland *ausgestellt*.
Laut Festivalleiterin Irmgard Schleier *sollte* man das Tanztheater als Herz des Festivals *betrachten*. Während der Vorstellung *hätten* drei hervorragende Tänzerinnen neue Produktionen der Spitzenklasse *vorgestellt*. Man *arbeite* jetzt schon fleißig am nächsten Festival.

# 2.11

## *Wo warst du, Adam?*

In Friedenszeiten nehmen wir unsere Freiheiten für gegeben hin, aber während des Krieges kann alles ganz anders sein, auch die Musik. Der weltberühmte Schriftsteller Heinrich Böll, den Sie in *Durchblick* schon ein wenig kennengelernt haben, hat einige Novellen und Romane über den Zweiten Weltkrieg geschrieben, in denen er das unsichere Leben und das Verhalten der Menschen untersucht. In *Wo warst du, Adam?* sehen wir, wie es für eine Gefangene im Konzentrationslager möglich war, sich durch ihre musikalische Gabe zu retten.

Im Zimmer war nur ein Mann, der die Uniform eines Offiziers trug; er hatte einen sehr eindrucksvollen schmalen, silbernen Orden in Kreuzform auf der Brust, sein Gesicht sah blaß und leidend aus, und als er den Kopf hob, um sie anzusehen, erschrak sie über sein schweres Kinn, das ihn fast entstellte. Er streckte stumm die Hand aus, sie gab ihm die Karte und wartete: noch immer keine Angst. Der Mann las die Karte durch, sah sie an und sagte ruhig: „Singen Sie etwas."

Sie stutzte. „Los", sagte er ungeduldig, „singen Sie etwas – ganz gleich was . . ."

Sie sah ihn an und öffnete den Mund. Sie sang die Allerheiligenlitanei nach einer Vertonung, die sie erst kürzlich entdeckt und herausgelegt hatte, um sie mit den Kindern einzustudieren. Sie sah den Mann während des Singens genau an, und nun wußte sie plötzlich, was Angst war, als er aufstand und sie anblickte.

Sie sang weiter, während das Gesicht vor ihr sich verzerrte wie ein schreckliches Gewächs, das einen Krampf zu bekommen schien. Sie sang schön, und sie wußte nicht, daß sie lächelte, trotz der Angst, die langsam höher stieg und ihr wie zum Erbrechen im Hals saß . . .

Seitdem sie angefangen hatte zu singen, war es still geworden, auch draußen, Filskeit starrte sie an: sie war schön – eine Frau – er hatte noch nie eine Frau gehabt – sein Leben war in tödlicher Keuschheit verlaufen – hatte sich, wenn er allein war, oft vor dem Spiegel abgespielt, in dem er vergebens Schönheit und Größe und rassische Vollendung suchte – hier war es: Schönheit und Größe und rassische Vollendung, verbunden mit etwas, das ihn vollkommen lähmte: Glauben. Er begriff nicht, daß er sie weitersingen ließ, noch über die Antiphon hinaus – vielleicht träumte er – und in ihrem Blick, obwohl er sah, daß sie zitterte – in ihrem Blick war etwas fast wie Liebe – oder war es Spott – Fili, Redemptor mundi, Deus, sang sie – er hatte noch nie eine Frau so singen hören.

eindrucksvoll *impressive*
entstellen *to disfigure*
stutzen *to stop short*
die Vertonung *setting to music*
sich verzerren *to contort*
das Gewächs *growth*
erbrechen *to vomit*
die Keuschheit *chastity, celibacy*
vergebens *in vain*
die Vollendung *perfection*
der Spott *mockery*

**A** Lesen Sie den Auszug ein- oder zweimal durch, versuchen Sie dann alle Einzelheiten zu finden, die die folgenden Eigenschaften beschreiben:

Macht
Angst
Gefahr
männliche Unreife
Ironie

**B** Schreiben Sie einen Schluß für diese Szene (200 Wörter), vergleichen Sie sie dann mit dem tatsächlichen Ende.

# 2.12

## *Ein Schlagersänger ist todkrank*

Große Musikstars erobern sich oft einen Platz im Herzen des Publikums, und wenn solche Prominenten krank werden, nehmen viele Leute daran Anteil. Ein Beispiel dafür ist der deutsche Schlagersänger Frank Schöbel, der an Krebs leidet.

**A** Lesen Sie den Artikel auf der nächsten Seite durch, finden Sie dann im Text das Gegenteil von:

erfolglos
kapitulieren
vor langem
Öffentlichkeit
geheilt
grotesk
unter vier Augen
geschieden
riesengroß
lose

**B** Lesen Sie den Artikel noch einmal durch und entscheiden Sie . . .

Was ist hier richtig? Was ist hier falsch?

                                   *R*    *F*

1 Vor der Zerstörung der Mauer wußte Frank, daß er Krebs hatte

2 Sein Krebs ist heilbar

3 Frank nimmt sein Schicksal auf gelassene Weise an

4 Bei solchen Krebsfällen sind Tochtergeschwülste das vielleicht größte Problem

5 Nach der schlechten Nachricht hat eine Hochzeit stattgefunden

6 Odette und Dominique sind Franks Stieftöchter geworden

7 Ohne den Krebs würde das Ehepaar nicht an eine Hochzeit gedacht hätte

8 Es nützt nichts, auf eine gute Besserung für Frank zu hoffen

**C** Schreiben Sie eine Kurzfassung des Artikels (120 Wörter).

# Entsetzlich!
# Der fröhliche Frank hat Krebs

**Frank Schöbel war der erfolgreichste Schlagersänger der Ex-DDR. „Udo Jürgens des Ostens", nannten ihn seine Fans. Nach der Wende wollte er wieder an alte Zeiten anknüpfen, doch dann kam die Diagnose: Nierenkrebs!**

„Der Tod", sagt Frank Schöbel, „ist für mich kein Tabu-Thema mehr!" Seit kurzem weiß der 48jährige, der als der größte Schlagerstar der ehemaligen DDR galt, daß er todkrank ist: Er hat Nierenkrebs. Die ganze rechte Niere war davon befallen. Was die vielen Fans des Sängers („Wie ein Stern") nicht ahnten: Bereits vor 3 Jahren erfuhr ihr Idol bei einer Routine-Untersuchung bei seinem Arzt Prof. Dr. Hans Althaus von seiner gefährlichen Krankheit – doch er schwieg. Bis jetzt. „Ich sehe den Tod durchaus positiv", bekennt der schwerkranke Mann in aller Öffentlichkeit. Und: „Die vom Krebs befallene Niere wurde mir in der Berliner Klinik ‚Charité' herausoperiert." Trotzdem gilt er auch weiterhin als Risiko-Patient. Denn gerade Nierenkrebs neigt zum „Streuen". Das heißt: mikroskopisch

winzige Tochtergeschwülste können sich auch in anderen Organen breitmachen – Todesgefahr. Eine Heilung wird von den Medizinern als sehr gering angesehen.

Rührend, wie Frank Schöbel für seine Familie vorsorgt, falls er die heimtückische Krankheit nicht besiegen kann: In aller Heimlichkeit heiratete er seine Freundin Aurora, die Mutter seiner beiden bildhübschen Töchter Odette (13) und Dominique (16). Frank

Schöbel: „Ich wollte mein Leben ordnen! Aber eigentlich war es schon seit vielen Jahren ein Herzenswunsch von mir." Daß trotzdem zuvor nicht geheiratet wurde, lag daran, daß das Paar mit seinen Kindern auch ohne „Trauschein" glücklich war. Drücken wir Frank Schöbel und seinen Lieben ganz fest die Daumen, daß er seine Krebserkrankung überwindet und wieder rundum glücklich wird.

# 2.13

## *Deutschlands erfolgreichste Sängerin*

Frank Schöbels Geschichte war ein wenig traurig, deshalb lesen wir jetzt über Hanne Haller, eine Sängerin, die wie Frank überall in Deutschland beliebt ist, und deren Lieder für Frauen so ermutigend geworden sind. Was meint sie, wenn sie behauptet „Mit meinen Liedern habe ich vielen das Leben gerettet"?

UNTEN: Hanne Haller ist seit Jahren Deutschlands erfolgreichste Sängerin

# *Hanne Haller*

## *Mit meinen Liedern habe ich vielen das Leben gerettet*

1 „So oft habe ich geweint, weil ich mal wieder allein zu Hause saß und auf meinen Mann wartete. So oft habe ich fremden Lippenstift auf einem Hemdkragen gefunden. Ich hatte den Glauben an meine Ehe, an die Liebe verloren. Ich wollte mich umbringen – weil ich mir ein Leben ohne meinen Mann nicht vorstellen konnte. Weil mein Leben keinen Sinn mehr gehabt hätte.

2 Dann habe ich Ihr Lied im Radio gehört. Wo Sie meine Situation beschreiben. Und mir einen Ausweg gezeigt haben. Daß ich kämpfen muß, daß zur Liebe auch Probleme gehören, die man bewältigen kann. Sie haben mir das Leben gerettet!" Diesen Brief schrieb Anne G. aus Frankfurt an Hanne Haller (42).

3 Die Texterin, Komponistin und Sängerin Hanne Haller: „Solche Briefe meiner Fans haben mir die Augen geöffnet, welche Verantwortung ich trage.

**A** Füllen Sie folgende Tabelle aus, nachdem Sie den Artikel gelesen haben:

| Substantiv | Adjektiv | Verb |
|---|---|---|
| | erfolgreich allein | |
| | | sich vorstellen kämpfen |
| Komponist Mut | | |
| | stärker gelähmt schrecklich | |
| Tod | | |

**B** Welche Überschrift paßt zu welchem Absatz? Aber Vorsicht – es gibt mehr Überschriften als Absätze!

**a** Mut fassen und Unabhängigkeit lernen!
**b** Du singst mein Leben!
**c** Der schwarze Engel existiert schon!
**d** Spuren von anderen Frauen
**e** Auch Hanne muß sich verteidigen
**f** Sie sehnt sich nach ihrer Jugend
**g** „Anmut in der Qual"
**h** Ich fühle mich verpflichtet

**C** Versuchen Sie jetzt zu entscheiden, welche Eigenschaft im Kästchen zu welcher Behauptung aus dem Text über den Star paßt:

**1** Mit meinen Liedern habe ich vielen das Leben gerettet
**2** Hanne mit ihren Familienfotos, die ihr sehr viel bedeuten
**3** Solche Briefe haben mir die Augen geöffnet
**4** Hanne ist selbst eine Frau, die nicht aufgibt
**5** Es gibt Schicksalswege, die man akzeptieren muß
**6** Schmerzen machen einen Menschen oft stärker als Glück
**7** Ich bin von der Existenz des Teufels fest überzeugt

| | | | |
|---|---|---|---|
| resolut | empfindsam | wankelmütig | engagiert |
| bewandert | philosophisch | liebevoll | gläubig |

## D Arbeit zu zweit: Rollenspiel

Person A ist Vorsitzende[r] des Hanne Haller-Fanclubs.
Person B interviewt A über die Sängerin und stellt Fragen über ihre Persönlichkeit, wie zum Beispiel:
Was für ein Mensch ist Hanne?
Hat sie Trauer gekannt?
Wie reagiert sie auf die Probleme ihrer Fans?
Was für einen Einfluß hat sie auf diese Fans?
Was waren Hannes schlimmste Zeiten?
Was für einen Glauben hat sie?

**4** Viele Frauen schreiben mir, ich hätte mit einem Lied ihr Leben gerettet, ihnen wieder Mut gemacht, ihnen Kraft gegeben und ihnen gezeigt, daß ihre Ehe doch noch zu kitten sei. Oder, daß auch sie lernen können, auf eigenen Beinen zu stehen, ihr Leben in die Hand zu nehmen."
**5** Hanne Haller ist selbst eine Frau, die nicht aufgibt, die kämpft. „Es gibt Schicksalswege, die man akzeptieren muß. Man kann nicht einfach weglaufen. Und Schmerzen machen einen Menschen oft stärker als Glück", sagt sie.
**6** Die schlimmsten Momente ihres Lebens, so sagt sie, waren der Tod ihres Vaters (1981) und ihrer Mutter (1985). „Ich war wie gelähmt vor Trauer, aber diese schreckliche Zeit mußte ich durchstehen – und sie hat mich stärker gemacht. Wie ich den Schmerz überwunden habe."
**7** Kraft findet die blonde Sängerin auch im Glauben: „Ich glaube fest daran, daß es ein Leben nach dem Tod gibt. Und ich bin von der Existenz des Teufels fest überzeugt, der eine Wahnsinnsmacht über manche Menschen hat."

## ANWENDUNG *und* ERWEITERUNG

 **Zum Nachlesen:** 2.12 Ein Schlagersänger ist todkrank, 2.13 Deutschlands erfolgreichste Sängerin

 **Zum Nachschlagen:** Verben mit Präposition und Nebensatz

 **Zum Wiederholen:** 2.8

 **Zum Üben**

Die folgenden Sätze wurden jeweils einem der oben genannten Artikel entnommen:
*Daß trotzdem zuvor nicht geheiratet wurde, lag daran, daß das Paar mit seinen Kindern auch ohne „Trauschein" glücklich war.*
*Ich glaube fest daran, daß es ein Leben nach dem Tod gibt.*
Was haben die beiden Sätze gemeinsam? Nachdem Sie dies festgestellt haben, machen Sie die Übungen.

**1** Welche Präposition paßt zu welchem Verb? Wie heißen die Verben auf englisch? Füllen Sie die Tabelle aus.

| Infinitiv | Präposition | Englisch |
|-----------|-------------|----------|
| bestehen | aus/in | *to consist of/in* |
| gehen | | *to be about* |
| glauben | an | |
| erinnern | | *to remind (of)* |
| kämpfen | | *to fight/struggle for* |
| liegen | an | |
| neigen | | *to tend to(wards)* |
| sorgen | | *to take care of* |
| träumen | von | |
| zusammenhängen | mit | |

**2** Vervollständigen Sie die folgenden Sätze, indem Sie ein Verb (in der passenden Form) mit der dazugehörigen Präposition in die Lücken einfügen. Alle Verben erscheinen in der Tabelle oben.

**a** Der Erfolg von Hanne Haller ____ wohl da(r)_ ____, daß sich viele Leute mit den Texten ihrer Lieder identifizieren können.

**b** Viele Teenager ____ da(r)_, in die Popmusikbranche einzusteigen.

**c** Popproduzenten müssen da(r)_ ____, daß ständig neue Talente entdeckt werden.

**d** Sie rief an, um mich da(r)_ zu ____, die Karten für das Konzert abzuholen.

**e** Meine Eltern haben schon immer da(r)_ ____, zu sagen, daß die Musik von heute nicht so gut ist, wie sie früher war.

**f** Der andauernde Erfolg dieser Gruppe ____ da(r)_, daß sie sich immer etwas Neues einfallen läßt.

**g** Die allgemeine Beliebtheit von Elvis Presley unter den Jugendlichen in den fünfziger Jahren ____ da(r)_, daß er für sie Rebellion und Freiheit verkörperte.

**h** Damals ____ die ältere Generation fest da(r)_, daß Rock and Roll ein kurzlebiges Phänomen sein würde.

**i** In den Texten vieler Lieder ____ es da(r)_, wie man mit den Höhen und Tiefen der menschlichen Existenz zurechtkommt.

**j** Bevor diese Sängerin endlich einen Vertrag bei einer Plattenfirma bekam, hatte sie viele Jahre da(r)_ ____.

## 2.14

# *Synthese*

**A** Schreiben Sie einen Kommentar über Musik in Deutschland ODER vergleichen Sie die deutsche Musikszene mit der in Ihrem eigenen Land. (300–400 Wörter)

**B** Nehmen Sie diesen Kommentar auf Kassette auf.

**C** Schreiben Sie Ihrem Austauschpartner/Ihrer Austauschpartnerin eine Biographie von Ihrer Lieblingspersönlichkeit aus der Musikwelt. (300–400 Wörter)

**D** Nehmen Sie diese Biographie auf Kassette auf.

# **E***inheit* **3**

# **M***an ist, was man ißt*

In dieser Einheit untersuchen wir, wie man in Deutschland ißt, und wie man ist – von Lieblingsspeisen und Eßgewohnheiten kommen wir zum vielbesprochenen Verhältnis zwischen Essen und Gesundheit. Wie immer haben Sie die Gelegenheit, Vergleiche mit Ihrem eigenen Land und Ihrer Eßkultur zu ziehen, und Ihren eigenen Standpunkt zu einigen Fragen auszuarbeiten.

In Deutschland ißt man jetzt gesünder. Der neue Ernährungsbericht der Deutschen Gesellschaft für Ernährung beweist, daß wir mehr auf vitalstoffreiche und fettarme Lebensmittel achten. Das ist gut: So wird der Cholesterinspiegel gesenkt. Auch an Ballaststoffen haben wir Geschmack gefunden, legen bei Kalzium und Magnesium zu und kommen auf mehr Vitamin C.

„„Ich freue mich, daß die Bundesbürger mehr Gemüse, Getreide und Obst essen. Darin sind Schutzstoffe enthalten für Herz und Kreislauf und gegen bestimmte Krebserkrankungen.„„

Prof. Michael Hamm,
Ernährungswissenschaftler

## 3.1

### *Essen in Deutschland*

Was stellen Sie sich unter „deutschem Essen" vor? Ernähren sich die Deutschen gesund, oder nicht? Lesen Sie diesen Überblick. Vielleicht werden Sie überrascht sein.

## VITAMINE SIND GEFRAGT:
# ESSEN IN DEUTSCHLAND

### DIE LEIBGERICHTE DER DEUTSCHEN

| Westdeutschland | Ostdeutschland |
|---|---|
| 1. Kurzgebratenes | 1. Geflügel |
| 2. Geflügel | 2. Rouladen |
| 3. Schweinebraten | 3. Kurzgebratenes |
| 4. Rollbraten | 4. Schnitzel |
| 5. Schnitzel | 5. Spaghetti |
| 6. Fisch | 6. Eintopf |

**43**

| DAS IST „IN" | DAS IST „OUT" |
|---|---|
| frisches Gemüse und Obst | Süßigkeiten |
| Käse und Milch | fette Wurst |
| vitaminreiche Obstsäfte | harte Drinks |
| fettarmes Geflügel | fettes Fleisch |
| Pflanzenöle | fette Brotaufstriche |
| Mineralwasser | Alkohol |
| Kaffee und Tee | viele Eier |

## WIE WIR UNS (NOCH) GESÜNDER ERNÄHREN KÖNNEN

Ganz zufrieden sind die Ernährungsexperten immer noch nicht. Sie raten – besonders den Frauen – zu noch mehr Milch, Joghurt, Quark und Käse. Darin steckt viel Kalzium und das beugt dem Knochenschwund vor. Doch gerade bei Käse und Milch gilt: aufs Fett achten. Denn beim Fett müssen wir sparen. 60 Gramm am Tag sind genug. Beim Gemüse dagegen dürfen Sie noch häufiger zugreifen. Besonders Brokkoli, Fenchel, Kartoffeln, Möhren, Paprika und Spinat werden empfohlen: die beste Garantie, um immer gut mit Vitalstoffen versorgt zu sein.

*Was dem Bayern seine Knödel, sind dem Hamburger seine Kartoffeln. Essen in Deutschland sieht überall anders aus. Am gesündesten ernährt man sich im Norden. Dort wird am wenigsten Alkohol, aber am meisten Milch getrunken. Man ißt viel Fisch und nicht so viel Fleisch. Und auch die Kartoffel übertrifft mit ihren Ballaststoffen und dem Vitamin C den Knödel bei weitem. Doch nichts gegen Schweinshaxen und eine Maß Bier – nur nicht jeden Tag. Dafür häufiger Gemüse und – anstelle von Wurst – auch mal Käse aufs Brot.*

## DAS KRITISCHE ALTER

Frauen um die 20 machen die meisten Ernährungsfehler. Sie essen zu fett und naschen zuviel Süßes. Weil 10 Prozent ihrer Kalorien aus Zucker und Süßigkeiten stammen, mangelt es an Eisen und Kalzium. Täglich drei Scheiben Vollkornbrot, zweimal in der Woche Kalbfleisch, öfter Spinat und fettarme Milch – das gleicht die süßen Sünden aus.

**A** Sehen Sie in einem Kochbuch die im Artikel hervorgehobenen Leibgerichte der Deutschen nach, oder besprechen Sie diese Gerichte mit einer/einem deutschsprachigen Bekannten. Nachher sollten Sie imstande sein, diese Gerichte erst mündlich und dann schriftlich kurz zu beschreiben.

**B** Lesen Sie jetzt den Hauptartikel sorgfältig durch, und notieren Sie dabei die Schlüsselvokabeln. Schreiben Sie dann eine Liste unter den Überschriften „Gesundes Essen" und „Ungesundes Essen".

**C** *Arbeit zu zweit*

Besprechen Sie die „IN/OUT" Liste mit Ihrem Partner bzw. Ihrer Partnerin. Stellen Sie dann Ihre eigene gemeinsam ausgearbeitete Liste auf, worin Sie beschreiben, was in Ihrem eigenen Land „IN" und „OUT" ist. Vergleichen Sie die zwei Listen. Ißt man unter den Deutschen gesünder oder bei Ihnen? Erklären Sie Ihrem Lehrer/Ihrer Lehrerin oder innerhalb der Großgruppe, warum Sie Ihre Anschauung vertreten.

**D** Fassen Sie den Artikel schriftlich zusammen (110 Wörter), und nehmen Sie diese Zusammenfassung auf Kassette auf.

## ANWENDUNG *und* ERWEITERUNG

 **Zum Nachlesen:** 3.1 Essen in Deutschland

 **Zum Nachschlagen:** Verben mit Dativobjekt

**Zum Üben**

Vervollständigen Sie diese Sätze, indem Sie entscheiden, ob das fehlende Wort im Akkusativ oder im Dativ sein soll.

1 Ich habe diesen Bericht gelesen. Er hat (mich/mir) bewiesen, daß ich wirklich gesünder essen sollte.
2 Gestern begegneten wir (unsere/unserer) Ärztin in einem Restaurant. Sie sah (mich/mir) kritisch an, als ich den zweiten Nachtisch bestellte.
3 Es liegt (mich/mir) leider nicht, auf Süßigkeiten zu verzichten.
4 Meine Eltern waren beim Ernährungsberater. Er hat (sie/ihnen) geraten, weniger Fleisch und mehr Gemüse zu sich zu nehmen.
5 Ich höre (Berichte/Berichten) über kulinarische Angelegenheiten immer sehr gern zu.
6 Das tägliche Zähneputzen beugt Karies und (andere Probleme/anderen Problemen) vor.
7 Ärzte empfehlen (ihre/ihren) Patienten oft, nicht nur gesünder zu essen, sondern auch sich mehr zu bewegen.
8 Der Kellner half (die Gäste/den Gästen), ihre Wahl zu treffen.
9 Jetzt, wo ich nicht mehr in Frankreich wohne, fehlen (mich/mir) die schönen, langen Mahlzeiten.
10 Auf meine Einladung zum Abendessen hat sie (mich/mir) geantwortet, es täte (sie/ihr) zwar leid, aber sie müsse (mich/mir) absagen.

# 3.2 📼

## „Das ist nun mal was typisch Deutsches…"

Jetzt hören wir einige Kurzgespräche mit jungen Erwachsenen in Ihrem Alter, die Punkte aus dem Bericht bestätigen. Essen Sie wie Isabell, Britta oder Michael?

**A** Nachdem Sie die Kurzinterviews ein- oder zweimal gehört haben, füllen Sie folgende Tabelle passend aus, indem Sie Isabells Eßgewohnheiten und alle Meinungen über das typisch deutsche Essen zusammenstellen:

| Isabell ißt nicht gern: |
| --- |
| [1 Punkt] |

| Isabell ißt gern: |
| --- |
| [5 Punkte] |

| Laut Befragten ist die typische deutsche Küche … |
| --- |
| [5 Punkte] |

**B** Die folgenden Wortpaare befinden sich jeweils in der Mitte eines Teilsatzes. Vervollständigen Sie jeden Teilsatz:

*Zum Beispiel:* **1** …*immer so* …
　　　　　　Es gibt ja immer so das Gerücht

　　　　**2** …täglich bei …
　　　　**3** …lieber was …
　　　　**4** …so genau …
　　　　**5** …eigentlich ziemlich …
　　　　**6** …ich überhaupt …
　　　　**7** …viele chinesische …
　　　　**8** …liebsten Sachen …

## C *Arbeit zu zweit: Sprechen*

1 Besprechen Sie mit dem Partner bzw. der Partnerin, was Sie am liebsten essen, und welche Gerichte typisch für Ihre Heimat sind.
2 Formulieren Sie die Ergebnisse Ihres Gesprächs schriftlich aus und vergleichen Sie diese Ergebnisse mit den anderen Mitgliedern der Großgruppe.

# 3.3

## Der Geschmack der Heimat

Besprechen wir jetzt eine strittige Frage, die viele Emotionen hervorrufen kann. Kalbfleisch essen oder nicht essen? Für die meisten Leute ist das eher eine Frage der Moral als der gesunden Ernährung. Fangen wir mit Alfons Schuhbeck, Spitzenkoch und Kalbfleischspezialist, an. Für ihn ist es eine Traditionsfrage: Kalbfleischrezepte repräsentieren die traditionelle deutsche Küche.

**Alfons Schuhbeck, Spitzenkoch aus Waging, hat deutsche Landschaften nach ihren Spezialitäten durchforscht. In der ersten Folge der neuen STERN-Serie geht's ums Kalb**

**K**eine Zeit zum Essen zu haben ist nicht etwa eine Erfindung unserer Zeit. Menschen wie Helmut Schmidt, der auch als Kanzler am liebsten Suppen aß, weil man dazu nur einen Löffel braucht und mit der anderen Hand schreiben oder telefonieren kann, gab es schon immer. Zum Beispiel den Vortragenden Rat Friedrich von Holstein, der in der Kaiserzeit als „Graue Eminenz" des Berliner Außenministeriums berühmt war.

Aus Zeitmangel (oder weil er nicht gern von Kellnern gestört werden wollte?) ließ er sich in seinem Stammlokal, F. W. Borchardt in der Französischen Straße der Reichshauptstadt, gern Vorspeise und Hauptgericht gleichzeitig servieren. Als der

Rat einmal Kalbsschnitzel bestellte, kam der phantasievolle Küchenchef auf die Idee, die Hors-d'œuvres – Ei, Räucherlachs, Kaviar, Hummerscheiben, Ölsardine, Kapern, grüne Bohnen und geröstetes Weißbrot – zum Fleisch anzurichten: Fertig war das Schnitzel Holstein, noch heute ein allseits bekanntes Gericht.

Für alle gestreßten Menschen von heute, die genausowenig Zeit, aber mehr Kalorienbewußtsein und Geschmack als die Graue Eminenz haben, erleichtere ich das legendäre Schnitzel, indem ich die Vorspeisenfülle reduziere, etwas variiere und klein gewürfelt als Salat auf Toastbrot gebe.

Als Kalb im klassischen gastronomischen Sinn gilt das Kind der Kuh von seiner Geburt bis zum Ende des Stillens. Das beste Fleisch bieten zwei bis drei Monate alte Kälber, die nur mit Milch, Mehl und Eiern groß geworden sind. Ihr Fett ist weiß, seidig und duftet nach Milch; das Fleisch ist ebenfalls weiß und hat einen leicht grünlichen Schimmer. Je rötlicher die Farbe und je weicher seine Konsistenz, desto mehr Kraft- und Silofutter oder Gras hat das Tier gefressen.

Für meine Küche züchtet der Bauer Johann Auer auf den Weiden seines Einödhofs bei Freilassing (an der Grenze zu Österreich) Milchkälber in Mutterkuhhaltung. Die Tiere der alten Pinzgauer Rasse wachsen bei ihm garantiert ohne Hormone und andere Chemie in natürlicher Umgebung und mit ungedüngtem Futter auf. Landwirte wie den Auer Johann finden Sie auch in Ihrer Gegend immer mehr.

das Stammlokal   *favourite or usual bar*
der Hummer   *lobster*
würfeln   *to dice (meat, vegetables, etc.)*
stillen   *to suckle*
seidig   *silky*
züchten   *to breed*

## A Lesen Sie den Artikel durch, füllen Sie dann folgende Tabelle aus:

| Substantiv | Adjektiv | Verb |
|---|---|---|
| die Erfindung | berühmt | |
| das Schnitzel | gestreßt | erleichtern variieren bieten |
| die Küche | weich garantiert gedüngt | |

## B Beantworten Sie folgende Fragen in eigenen Worten:

1 In welcher Hinsicht steht Ex-Kanzler Schmidt nicht allein da?
2 Was hatte Friedrich von Holstein mit Helmut Schmidt gemeinsam?
3 Erklären Sie die glänzende Idee des Küchenchefs.
4 Für wen hat Schuhbeck seine Küche modifiziert und warum?
5 Wann sollte das junge Vieh gastronomisch nicht mehr als „Kalb" gelten?
6 Was soll es bedeuten, wenn das Fleisch rötlich und weich ist?
7 Nennen Sie einige Probleme bei der heutigen Kälberzucht.

## C Kalb essen, oder … ?

Ob wir Kalb essen sollten oder nicht, wird viel diskutiert. Viele Leute sind der Meinung, Kälber haben das Recht, länger zu leben. Ein Tier zu schlachten, das nur sechs Monate alt ist, wäre totale Grausamkeit. Was ist Ihre Meinung? Füllen Sie diesen Fragebogen aus und nehmen Sie Stellung dazu:

Nehmen Sie Stellung zu folgenden Fragen und haken Sie passend ab:

1 Kalbfleisch ist gutes Fleisch, das der liebe Gott uns geschenkt hat.
2 Wir sollten Kalbfleisch essen, weil es viel gesünder ist als Rindfleisch.
3 Kalbfleisch darf man essen, aber nur wenn das Kalb ein relativ langes Leben im Grünen gehabt hat.
4 Kalbfleisch zu essen, ist typisch deutsch. Deshalb sollte man es genehmigen.
5 Spitzenköche wie Alfons Schuhbeck bereiten ausgezeichnete Kalbgerichte vor, die wir gern essen sollten.
6 Das Vieh hat ein Recht auf ein langes Leben und damit Punktum!
7 Kälber sollte man der Mutter nicht wegnehmen.
8 Wenn wir Kalbfleisch essen, dann fördern wir den Mord an jungen, hilflosen Tieren.
9 Fleisch zu essen heißt immer Tiermord, ob es junge Kälber oder alte Schafe sind.
10 Mit einem Wort ist es für den Menschen schädlich, Fleisch zu essen.

**D** Formulieren Sie mit Hilfe des Fragebogens Ihre Meinung über Fleisch- und Kalbessen aus (mindestens 100 Wörter).

## E *Gruppenarbeit*

Vergleichen Sie Ihre Ergebnisse mit der Großgruppe. Schreiben Sie die Ideen der Großgruppe auf und nehmen Sie diese Ideen auf Kassette auf.

# 3.4

## *Auf einen Blick: Wie Sie richtig essen*

Konzentrieren wir uns jetzt auf gesundes Essen. Studieren Sie diese Tabelle aus *PRIMA*, um herauszufinden, was Sie oft und was Sie lieber seltener essen sollten.

---

### ANWENDUNG *und* ERWEITERUNG

**Zum Nachlesen:** 3.3 Der Geschmack der Heimat

**Zum Nachschlagen:** „lassen" als Hilfsverb

**Zum Wiederholen:** 2.7

**Zum Üben**

Vervollständigen Sie die folgenden Sätze, indem Sie die jeweils passende Form von „lassen" und das richtige Reflexivpronomen einfügen:

*Zum Beispiel*

Er ____ ____ gern Vorspeise und Hauptgericht gleichzeitig servieren.

Er LIESS SICH gern Vorspeise und Hauptgericht gleichzeitig servieren.

1 Wir ____ ____ ordentlich verwöhnen, als wir dieses Hotel besuchten.
2 Als ich meine Eltern anrief, ____ sie ____ gerade die Küche renovieren. Ich ____ ____ mit Sicherheit bald zum Essen einladen!
3 Am Freitagabend werde ich bestimmt keine Lust haben, zu kochen. Wir ____ ____ höchstwahrscheinlich eine Pizza bringen ____.
4 Da mir das Hauptgericht gar nicht geschmeckt hat, ____ ich ____ ein neues vorbereiten ____.
5 Mußt du ____ als Vegetarierin in Restaurants immer etwas Besonderes zubereiten ____?

---

| Lebensmittel | Empfehlung | Tips |
|---|---|---|
| **Milch und Milchprodukte** | täglich 250 ml Milch oder Milchprodukte und etwa 50 g Käse | beim Kauf auf fettarme Produkte achten, die Fettangaben stehen auf der Packung |
| **Fleisch und Wurst** | maximal 2–3 mal wöchentlich 120–150 g Fleisch; Wurst nicht täglich essen | Wurst ist ein besonderer Kandidat für versteckte Fette. Ein guter Metzger weiß, wieviel Fett in seiner Wurst steckt und sagt es auch |
| **Innereien** | maximal alle 2–3 Wochen | auf hohen Choleringehalt achten |
| **Seefisch (z.B. Seelachs, Kabeljau, Scholle)** | mindestens 1–2 mal wöchentlich 120–150 g Fisch | Schellfisch, Seelachs und Scholle liefern viel Jod – gut gegen Kropfbildung |
| **Eier** | maximal drei pro Woche, inklusive der beim Kochen und Backen verwendeten | bei erhöhtem Cholesterinspiegel weniger oder nur das Eiweiß verwenden |
| **Getreideprodukte** | täglich 5 Scheiben Brot bzw. Brötchen und insgesamt 75–90 g Reis, Nudeln oder Müsli | Vollkornerzeugnisse sind wertvoller als Weißmehlprodukte, sie enthalten mehr Mineralstoffe und Vitamine. Müsli: ungezuckert und ohne Nüsse kaufen |
| **Kartoffeln** | täglich 4–5 mittelgroße | sie enthalten wertvolle Vitamine und Mineralstoffe, in wenig Wasser garen |
| **Gemüse und Salat** | täglich 200 g Gemüse und 75 g Salat | auch tiefgefrorenes Gemüse ist heute sehr hochwertig |
| **Hülsenfrüchte** | wöchentlich mindestens 200 g gegarte Hülsenfrüchte | auch Keimlinge liefern hochwertiges Eiweiß, Vitamine und Ballaststoffe |
| **Obst** | täglich mindestens 150 g | bei einem Leistungstief lieber Obst statt Schokolade |
| **Fett** | täglich maximal 2 EL Butter, Margarine oder Kochfett und 1 EL hochwertiges Öl | Pflanzenfette enthalten kein Cholesterin, aber wichtige Fettsäuren |
| **Getränke** | täglich mindestens 1,5 l Flüssigkeit | nach dem Sport reichlich trinken, aber auf Kalorien achten |

**A** Entscheiden Sie, welche der erwähnten Lebensmittel gesund und welche ungesund sind. Machen Sie eine Liste der zwei Kategorien.

**B** Dürfen wir vorstellen? Auf der linken Seite Uschi aus Kiel, auf der rechten Seite Udo aus Dresden. Stellen Sie sich vor, Sie sind ihr Arzt/ihre Ärztin. Was würden Sie ihnen über Ihre Ernährung sagen?

*Ich esse immer gern: zum Beispiel Bratwurst, Bratkartoffeln, Innereien, Milchprodukte, Seelachs, usw.*

*Ich auch – und besonders Spiegeleier, Scholle, Kalbfleisch, und Torte mit Schlagsahne. Ich trinke auch gern – 3 oder 4 Glas Weißwein täglich.*

**C** *Arbeit zu zweit: Sprechen*

Besprechen Sie mit dem Partner bzw. der Partnerin das, was Sie selbst essen. Machen Sie eine Liste der Produkte und geben Sie dann einen Kommentar über Ihre Ernährung im Zusammenhang mit der Tabelle ab. Kommen Sie dann zu einer Entscheidung: Essen Sie im großen und ganzen gesund oder ungesund? Schreiben Sie schließlich eine gemeinsame Erklärung (200 Wörter) über Ihre persönliche Lage: Inwieweit werden Sie Ihre Eßgewohnheiten ändern nach dem Lesen von *Essen in Deutschland, Dem Geschmack der Heimat* und *Auf einen Blick*? Warum (nicht)?

**D** Nehmen Sie eine Beschreibung Ihrer eigenen Eßgewohnheiten für einen Austauschpartner bzw. eine Austauschpartnerin auf Kassette auf. Wenn Sie vorhaben, einige Ihrer Gewohnheiten zu ändern, sprechen Sie auch darüber. (2 Minuten)

## ANWENDUNG *und* ERWEITERUNG

 **Zum Nachlesen:** 3.4 Auf einen Blick: Wie Sie richtig essen

 **Zum Nachschlagen:** Fälle, Adjektivendungen

 **Zum Wiederholen:** 1.4

**Zum Üben**

Teile der folgenden Sätze stammen aus der Tabelle. Vervollständigen Sie die Sätze, indem Sie die richtigen Endungen einfügen.

1 Man soll so oft wie möglich Produkte mit niedrig_ Cholesteringehalt verzehren.
2 Während der Untersuchung wurde festgestellt, daß er an ein_ erhöht_ Cholesterinspiegel leidet.
3 Hoh_ Cholesteringehalt ist bei vielen Lebensmitteln ein Problem.
4 Welch_ wertvoll_ Vitamine und Mineralstoffe enthalten eigentlich Kartoffeln?
5 Man kann sich heutzutage auch mit tiefgefroren_ Gemüse gut ernähren.
6 Was sind eigentlich die wertvollst_ Erzeugnisse, die man kaufen kann?
7 Leider schmeckt mir ungezuckert_ Müsli überhaupt nicht!
8 Es ist immer ratsam, Fleisch bei ein_ gut_ Metzger zu kaufen.
9 Süßigkeiten liefern leider kein_ hochwertig_ Ballaststoffe oder Vitamine.
10 Dieses Gericht darf nur mit gegart_ Hülsenfrüchten zubereitet werden.
11 Trotz mangelnd_ hochwertig_ Eiweißes in meiner Diät weigere ich mich, Linsen zu essen!

## ANWENDUNG *und* ERWEITERUNG

 **Zum Nachlesen:** 3.4 Auf einen Blick: Wie Sie richtig essen

 **Zum Nachschlagen:** Der Imperativ

 **Zum Üben**

Versuchen Sie, einem Freund/einer Freundin mindestens fünf Ratschläge zu geben. Benutzen Sie dabei Tips, die in der Tabelle zum Vorschein kommen.

*Zum Beispiel:*
Acht(e) auf fettarme Produkte, wenn du einkaufst!
[Unter anderem stehen Ihnen folgende Verben zur Verfügung: kaufen, essen, achten, garen, verwenden, fragen]

# 3.5 📼

## „Das ekelt mich . . .“

Paulina, Dominik und Ines sagen uns jetzt, was sie essen, und was sie vermeiden.

**A** Nachdem Sie den Hörtext ein- oder zweimal gehört haben, füllen Sie folgende Tabelle aus, indem Sie alle nötigen Details ergänzen:

| | was diese Person gern ißt | was diese Person nicht gern ißt | was diese Person für typisch deutsch hält |
|---|---|---|---|
| **Paulina** | | | |
| **Dominik** | | | |
| **Ines** | | | |

**B** Wer in den Gesprächen . . .

PAULINA   DOMINIK   INES

**1** glaubt, die Deutschen sehen zu dick aus
**2** findet es ekelhaft, Leute beim Schlagsahneessen zu sehen
**3** findet, das deutsche Essen sei nicht unbedingt fett
**4** ist mehr oder minder Vegetarier(in)
**5** ißt teils deutsche, teils ausländische Gerichte
**6** ißt fettarme italienische Küche
**7** findet, daß was das deutsche Essen betrifft, alles von der Kochart abhängt

**C** Wie sagt man in den Gesprächen auf deutsch . . .

**1** You notice it in the shape of their bodies
**2** that's not really how it is with me
**3** that's no longer so popular
**4** nothing immediately springs to mind
**5** and what about you?
**6** at least abroad
**7** I find German food too fatty as well, really

# 3.6

## Vitamin komplett

Daß Vitamine und Mineralstoffe für ein gesundes Leben wichtig sind, ist klar. Wieviele Leute verstehen aber wirklich ihre Funktionen und sogar ihre Gefahren?

**1** Boris Becker greift zu einer Flasche. Und Sie fragen sich: Was ist drin? Tennis-Arzt Dr. Joseph Keul aus Freiburg hat das Getränk gemischt. Die genaue Zusammensetzung verrät er nicht, aber drei Zutaten gibt er preis: die Vitamine C, E und $B_{12}$. Eine Kombination, die dem Körper Power gibt.

**2** Vitamin – was bedeutet das eigentlich? Zum erstenmal benutzte der polnische Arzt Kasimir Funk das Kunstwort „Vitamin" (Vita lat. Leben und „Amin" Stickstoffverbindung). Wofür sind Vitamine gut? Vitamin C aktiviert das Energie-Potential, stärkt das Immunsystem, gilt als Mega-Gesundheitsspritze. Vitamin E, der Anti-Rost-Schutz für Körperzellen, macht nervenstark, regeneriert verbrauchte Energie sofort (soll übrigens auch die männliche Potenz steigern).

3 Und Vitamin B$_{12}$ ist der Muntermacher fürs Gehirn, für blitzschnelle Reaktion, Taktik, Siegesstrategie.

4 Wie Boris greifen jeden Tag Millionen weltweit zu Vitaminen und Mineralstoffen, um gesund, erfolgreich und leistungsstark zu sein, eine regelrechte Vitamanie ist ausgebrochen. Der Haar-Styling-Hero Vidal Sassoon schluckt mit 65 Jahren 60 Pillen

### Der Mann, der täglich 130 Gläser O-Saft trank

pro Tag. Und Chemie-Nobelpreisträger Linus Pauling führt sein biblisches Alter von 92 auf Ascorbinsäure zurück, also Vitamin C, das er in unfaßbaren Überdosierungen löffelte: soviel, als würde er täglich 130 Gläser Orangensaft trinken.

5 Doch vor solchen Gewaltanwendungen warnt das Bundesgesundheitsamt in Berlin: im Übermaß genommen, können die lebensnotwendigen Substanzen auch schwere Schäden verursachen. Je mehr der gesundheitsbewußte Mensch über Vitamine und Mineralstoffe weiß, desto sicherer kann er mit ihnen umgehen und für seinen Körper das Optimale tun. Was bewirken sie überhaupt in unserem Organismus? Vitamine und Mineralstoffe sind die Bausteine unserer Gesundheit. Sie sorgen für unser

### Zuwenig machen krank. Zuviel aber auch

Wohlbefinden und unsere Leistungsfähigkeit, versorgen Zellen, Blut, Nerven, Muskeln und Gefäße mit lebenswichtigen Nährstoffen. Sie werden zwar nur in kleinen Mengen benötigt, aber ganz ohne sie würde der Mensch krank werden und sterben.

6 Die meisten Vitamine und Mineralstoffe sind in unserer täglichen Nahrung: z.B. deckt bereits nur ein halber Liter Milch den täglichen Kalzium-Bedarf, Kartoffeln enthalten Kalium und Vitamin C, Vollkornbrot oder Müsli sind Lieferanten von mehreren Vitaminen der B-Gruppe. Insgesamt gibt es 13 Vitamine, A, D, E und K sind sogenannte fettlösliche Vitamine, d.h. sie können nur in Verbindung mit Fett durch die Darmwand in den Organismus gelangen. Darum ist es zum Beispiel notwendig, an Karottensaft ein bis zwei Tropfen Öl zu geben, damit das für Augen und Haut

wichtige Vitamin A transportiert werden kann. Die Vitamine der B-Gruppe und Vitamin C sind wasserlöslich. Überschüssige Mengen scheidet der Organismus über Nieren und Blase einfach wieder aus.

7 Mineralstoffe unterscheiden sich in sogenannte Mengen-und Spurenelemente: Kalzium, Phosphor, Kalium, Magnesium, Natrium, Chlor braucht der menschliche Körper in größeren Mengen als Eisen, Fluor, Jod, Molybdän oder Zink.

8 Der Bedarf an Vitaminen und Mineralstoffen ist bei jedem anders: Kinder und Jugendliche brauchen in den

### Ihre ganz persönliche Vitamin-Shopping-Liste

Aufbaujahren mehr als Erwachsene. Schwangere und Stillende brauchen am meisten. Starke Raucher und regelmäßige Trinker ebenfalls.

9 Um den Körper ausreichend mit diesen Lebenselixieren zu versorgen, reicht die Ernährung oft nicht aus, selbst wenn sie noch so gesund ist. Chemische Behandlung und lange Lagerzeiten können Obst und Gemüse fast total entvitaminisieren. Licht und Luft töten ihre Wirkung ab.

10 Um Vitamin-und Mineralstoff-Mangel auszugleichen, kann auch der Arzt entsprechende Präparate verordnen. Allerdings nur im Krankheitsfall. Das Angebot der rezeptfreien Mittel wird täglich größer. Und damit die Gefahr, sich mit einem Zuviel des Guten mehr zu schaden als zu nutzen. Gemeinsam mit Ihrem Arzt sollten Sie Ihre persönliche Vitamin-Shopping-Liste aufstellen. Dazu den Plan für gesunde Ernährung. Und den BUNTE-Vitamin-und Mineralstoffe-Führer als Ratgeber nutzen.

---

**Welche Vitamine Spitzensportler nehmen:**

Ex-Zehnkämpfer Jürgen Hingsen, 35: Multivitamin-Präparate in Tabletten- und Pillenform. Dazu viel frisches Obst.

Die Fußball-National-Elf: ein Mineralgetränk mit Magnesium, Kalium, Spurenelementen. Oft Vitamin-C-Spritzen.

Rennfahrer Hans-Joachim Stuck, 42: Vitamin A zur Verbesserung des Sehvermögens.

Martina Navratilova, 36: B2-Präparate.

Himalaja-Bezwinger Karl Herrligkoffer: Vitamin E.

---

**A** Schreiben Sie alle Schlüsselvokabeln auf, die mit der Gesundheit zu tun haben.

**B** Lesen Sie den Bericht nochmals sorgfältig durch, entscheiden Sie dann, welche Absätze und Überschriften zusammenpassen:

**Überschrift**                              **Absatz**

**a** Unser tägliches Essen liefert uns die Mehrheit der Vitamine, die wir brauchen

**b** Lieber frisches Obst und Gemüse essen

**c** Nicht alles ist, wie es scheint

**d** Der menschliche Körper besteht auch zum Teil aus mineralischen Zusammensetzungen

**e** Zuviel ist oft genauso ungesund wie zu wenig

**f** Berühmte Leute gelten als Vorbilder

**g** Mit Maß einzunehmen!

**h** Ein Vitamin für Intellektuelle und Kämpfer

**i** Als Erwachsene brauchen wir weniger Vitamine und Mineralstoffe

**j** Woher kommt der Name „Vitamin"?

**C** Beantworten Sie jetzt folgende Fragen:

1 Woraus besteht Boris Beckers Spezialgetränk?
2 Erklären Sie die zwei Teile des Wortes „Vitamin".
3 Geben Sie die Gründe, die erklären, warum soviele Leute zusätzliche Vitamine einnehmen.
4 Warum sollte man beim Einnehmen von Vitaminen und Mineralstoffen vorsichtig sein?
5 Wie funktioniert ein fettlösliches Vitamin?
6 Haben wir alle laut dem Bericht den gleichen Bedarf an Vitaminen und Mineralstoffen?
7 Wie soll man wissen, wie hoch sein persönlicher Vitaminbedarf ist?

**D** *Arbeit zu zweit: Berichten*

Partner(in) A erklärt die erste Hälfte des Berichts (bis zur Überschrift „Zuviel aber auch" plus dem Zwischenteil „Welche Vitamine Spitzensportler nehmen") dem Partner/der Partnerin auf englisch, während er/sie Notizen macht über das, was er/sie am wichtigsten findet. Für den Rest macht man es umgekehrt!

# 3.7

## Salz – lieber mehr oder weniger?

Jetzt wissen wir vielleicht ein wenig besser darüber Bescheid, was für eine Rolle Vitamine und Mineralstoffe in unseren Körpern spielen. Wie steht es mit dem Salz? Hören wir nicht sehr oft, daß Salz gesundheitsschädlich sein kann? Ja, aber nicht immer. Im Sommer und bestimmt für Sportler und Sportlerinnen ist die Lage ... Aber lesen Sie weiter.

| | |
|---|---|
| schleudern | *to hurl, fling, spin* |
| knallen | *to blaze* |
| hecheln | *to pant* |
| die Mangelerscheinung | *deficiency symptom* |
| das Schwindelgefühl | *feeling of dizziness* |
| speichern | *to store* |
| der Harn | *urine* |
| die Wechseljahre | *menopause, change of life* |
| die Verdunstung | *evaporation* |

## Gerade im Sommer: Salz – nicht nur auf unserer Haut

Zu wenig Salz bringt den Körper ins Schleudern. Denn der Bedarf richtet sich nach dem Schweißverlust, und der steigt ____ bei Hitze. Vergessen Sie also das alte Vorurteil gegen Salz

Die Sonne knallt tierisch auf den Tennisplatz und die Cracks. Kickerschweiß ____ auf das Fußballfeld, und Jogger hecheln ihre letzten 100 Meter. Im Sommer macht Sport erst richtig ____. Nach dem Schwitzen heißt es: den Flüssigkeits-und Salzverlust ____ ausgleichen. Denn bis zu eineinhalb Liter Wasser gehen dem Körper ____ starker Anstrengung pro Stunde verloren.

Unter Normalbedingungen brauchen wir ____ zusätzliches Salz, denn in den meisten Lebensmitteln ist ____ davon enthalten. Auf die fünf bis sechs Gramm (ein Teelöffel), die für einen ausgewogenen Wasserhaushalt notwendig sind, kommt man ____ ohne Extras.

### Zuwenig ist ungesund

Wir brauchen Salz, um Flüssigkeit im Körper zu ____. Nimmt man nicht genug Salz zu sich, kann es zu einer ____ Mangelerscheinung kommen: Der Körper trocknet ____ aus und reagiert unter Umständen mit ____ Nieren- und Muskelfunktion, Muskelkrämpfen, ____ und Schwindelgefühl. Also: Hören Sie auf Ihren Körper!

Umgekehrt: Ißt man zuviel Salz, bekommt man Durst und trinkt mehr, als notwendig. Das überflüssige Wasser kann im Organismus gespeichert werden. Der Körper wird aufgeschwemmt. Wenig schön, aber nicht unbedingt gefährlich.

### Was heißt hier zuviel Salz?

Überschüssiges Salz müssen die Nieren über den Harn ausscheiden. Permanent überhöhte Salzzufuhr kann die Ausscheidungsorgane überlasten. Trotzdem: Salzüberladungen des Körpers kommen kaum vor. Wer auf seine Tomate noch gern einen Hauch Salz gibt, braucht sich dieses Vergnügen also nicht zu versagen. Neueste Studien beweisen: Wir essen nicht zuviel Salz. Der durchschnittliche Verbrauch liegt bei Deutschen, Schweizern und Österreichern nämlich bei noch gut verträglichen 10 g täglich.

Bei Menschen allerdings, die genetisch bedingt kochsalzüberempfindlich sind, kann zuviel Salz in der Nahrung zu Bluthochdruck führen. Das Problem ist nur: Wer weiß denn schon, daß er diese Überempfindlichkeit hat! Durch veränderte Lebensverhältnisse (z.B. Wechseljahre) tritt diese Überempfindlichkeit oft erst zutage. Deshalb: regelmäßig den Blutdruck messen lassen.

## WELCHES SALZ IN DIE SUPPE?

**Meersalz:** Aus Meer- und Salzseewasser werden etwa 30% des Weltbedarfs durch Verdunstung gewonnen.

**Steinsalz:** Der Abbau erfolgt durch Bohr- und Sprengarbeiten. Dann wird es weiter zerkleinert und gesiebt.

**Siede- und Salinensalz:** Wird durch Vakuumverdampfung in Siedegefäßen gewonnen.

**Jodiertes Speisesalz/Jodsalz:** Das ist Kochsalz, dem Natrium- oder Kaliumjodat zugesetzt worden ist.

**Kochsalzersatz – Diätsalz:** Bei Kochsalzersatz wird das Natrium durch Kalium, Magnesium oder Calcium ersetzt.

**Gewürzsalze:** Sie bestehen aus Kochsalz und Gewürzen.

**A** Nachdem Sie den Artikel ein- oder zweimal durchgelesen haben, füllen Sie die Lücken im Text.

> leicht gestörter natürlich wieder Schwäche langsam genug
> Spaß gefährlichen tropft binden kein bei

**B** Welche Satzteile passen zusammen?

1 Nach sportlichen Anstrengungen verliert
2 Innerhalb einer Stunde ist es möglich, anderthalb
3 Wenn wir essen, brauchen
4 Unser täglicher Bedarf an
5 Salz bindet
6 Bei einem Mangel an
7 Die Nieren müssen hart arbeiten, um
8 Im großen und ganzen nehmen
9 In bestimmten Fällen kann eine zu große Menge
10 Laut neuester Forschung haben wir uns zuviele

a Flüssigkeit im Körper.
b Sorgen über Salz gemacht.
c an Salz Bluthochdruck verursachen.
d man viel Flüssigkeit und Salz.
e wir meistens kein zusätzliches Salz.
f Liter Wasser aus den Körper zu verlieren.
g wir nicht zuviel Salz.
h Salz kann die Nierenfunktion gestört werden.
i überschüssiges Salz zu entfernen.
j Salz liegt bei 5 bis 6 Gramm.

**C** Machen Sie eine schriftliche Zusammenfassung des Artikels (120 Wörter).

---

## ANWENDUNG *und* ERWEITERUNG

 **Zum Nachlesen:** 3.7 Salz: lieber mehr oder weniger?

 **Zum Nachschlagen:** Konditionalsätze (ohne „wenn")

 **Zum Wiederholen:** 1.8

 **Zum Üben**

Im Artikel befinden sich zwei Konditionalsätze ohne „wenn". Einer davon ist:
„Nimmt man nicht genug Salz zu sich, kann es zu einer gefährlichen Mangelerscheinung! kommen."
Finden Sie den anderen.
Verbinden Sie jetzt die passenden Satzhälften, aber ohne „wenn". Achten Sie auf die Wortstellung!

*Gruppe A*
a man treibt bei sommerlicher Hitze Sport
b man versucht, nach längerer Zeit wieder Sport zu treiben
c man greift zu Vitaminen
d man trinkt zu wenig nach dem Sport
e ein Leichtathlet gewinnt eine Medaille
f man nimmt zu viel Salz zu sich
g man joggt bei Schnee, Regen oder Nebel
h man will abnehmen

*Gruppe B*
1 der Körper gewinnt hoffentlich an Kraft und Schnelligkeit
2 der Körper trocknet langsam aus
3 es ist sehr angenehm, anschließend in die Sauna zu gehen
4 man muß so schnell wie möglich den Flüssigkeitsverlust wieder ausgleichen
5 man muß weniger essen und mehr Sport treiben
6 dieses wird von den Nieren über den Harn ausgeschieden
7 man läßt sich am besten vorher ärztlich untersuchen
8 er muß sich einer Dopingkontrolle unterziehen

---

## 3.8

### *Diät-Reportage*

Wir können nicht Nahrung und Eßgewohnheiten besprechen, ohne Übergewicht und Diäten in Betracht zu ziehen. Hören und lesen wir jetzt von zwei jungen Frauen, die ihre Probleme gelöst haben.

**A** Hören Sie Alexandras Gespräch gut zu, füllen Sie dann die Lücken in dieser Transkription der Unterhaltung:

# Abnehmen? Klar, ich fühl mich jetzt *super!*

Zwei junge Frauen haben jahrelang aus Lust, Frust oder Langeweile gegessen und immer mehr zugenommen. Wie sie es schafften, ihre Pfunde loszuwerden und die Ernährung radikal umzustellen, erzählen sie hier.

Alexandra Lohkamp aus Bremen: „Seit zwei Monaten geht es Schlag auf Schlag – ich lerne __ interessante Menschen kennen und nutze meine neue Ausstrahlung so richtig aus. Ich bin alleine unterwegs, in Kneipen oder Discos, __ witzige Leute im Supermarkt oder in der Straßenbahn. Früher habe ich mich lieber vor den __ gesetzt, es mir zu Hause gemütlich gemacht. Richtig schlecht ging es mir dabei nicht, aber jetzt weiß ich, was ich alles __ habe. Das schlimmste war die Langeweile. Wenn man sich __, ißt man automatisch, egal ob man Hunger hat oder nicht. Essen war wirklich mein Lebensinhalt, ich habe immerzu __ gedacht. Als Kind war bei mir eigentlich noch alles ganz normal. Dick wurde ich erst,

Das neueste Hobby von Alexandra ist Motorradfahren. 40 Kilo hat sie mit der Idealdiät abgenommen. Jetzt arbeitet die 20jährige ausgerechnet in einem Candy-Laden! Kein Problem für sie – ihr neues Lebensgefühl entschädigt sie für all solche Verlockungen. Und wenn der Heißhunger auf Süßes kommt: Weintrauben tun's auch!

**B** Hören Sie sich die zweite Hälfte von Alexandras Gespräch noch ein- oder zweimal an. Unten finden Sie die ersten Hälften einiger Sätze, die bestimmte Angaben aus Alexandras Geschichte wiederholen. Vervollständigen Sie jeden Satz; Sie haben die Ausdrücke im Kästchen zur Auswahl:

1 Alexandra hat allerlei Versuche gemacht, um . . .
2 Bei den Weightwatchers hatte sie wenig mit den . . .
3 Ihre persönliche Lage hat sich verbessert, nachdem sie . . .
4 Zur Diät brauchte Alexandra auch . . .
5 Sie leidet nicht unter Freßanfällen, weil . . .
6 Sie hat ihr ideales Gewicht . . .
7 Für eine Frau hat sie . . .
8 Einen Minirock will . . .

a sie unbedingt tragen.
b die BRIGITTE-Diät entdeckt hatte.
c Gewicht loszuwerden.
d noch nicht erreicht.
e in Hülle und Fülle.
f einen festen Willen.
g eher ungewöhnliche Hobbys.
h 40–50jährigen Frauen gemeinsam.
i ihr Kühlschrank fast immer leer steht.

**C** Lesen Sie jetzt den Beitrag von Marion und notieren Sie alle Vokabeln in den Berichten, die mit Fett, Ernährung und Schlankheitskuren zu tun haben.

# Marion ist überzeugt: Meine Persönlichkeit ist erst mit dem neuen Gewicht herausgekommen!

als meine Mutter __, da war ich neun. Meinen Vater kannte ich nicht, meine Eltern waren lange __. Meine Oma nahm meine Schwester und mich zu sich. Materiell gesehen ging es uns gut, ich hatte __ Geld für Klamotten – und für Süßigkeiten. Süßes habe ich immerzu in mich hineingestopft. Und versucht, mir damit die __ zu holen, die meine Oma mir nicht geben konnte. Meine Schwester war eher eine __, ich habe mich oft allein gefühlt – und gegessen. In der Schule kam ich ganz gut zurecht, so daß mir erst in der __ klar wurde, daß mein Gewicht nicht o. k. war.

Aus der Apotheke besorgte ich mir mit meiner Freundin Vanilledrinks, um die __ loszuwerden. – Ohne Erfolg. Später war ich bei den Weight-Watchers. Da liefen damals aber nur 40-, 50jährige Frauen rum, mit denen ich als Teenie nichts __ konnte. Eine Ärztin riet mir zu einer Brötchen-Schokoladen-Diät. Völlig schwachsinnig. Irgendwann habe ich die BRIGITTE-Diät entdeckt. Toll die Reportagen von den Frauen, die es __ hatten. Wie habe ich die bewundert! Heute weiß ich, wie es geht: die richtige Diät, ein fester Wille und ein völlig anderes Eßverhalten. Ich nehme jetzt zum Beispiel wirklich nur einen Teelöffel Öl zum Braten, __ wild in der Pfanne rumzugießen. Salat-Dressings mache ich mit Magermilchjoghurt, und mein Kühlschrank ist fast immer leer. Ich kaufe jeden Tag nur das, was ich __ brauche. Keine Chance also für einen Freßanfall. Greife ich im Laden nach einem Schokoriegel, taucht __ „280 Kalorien" vor meinem inneren Auge auf – und meine Hand zuckt zurück.

Als Dicke hatte ich nur weite Schlappersachen an, jetzt trage ich am liebsten enge, figurbetonte Pullis und kurze Blazer. Ich bin richtig __ geworden. Obwohl ich Hobbys habe, die für Frauen eher ungewöhnlich sind: wie zum Beispiel mein Motorrad oder meinen Computer. Fünf Kilo habe ich immer noch zuviel, die sollen noch irgendwann runter. Mein Traum ist es nämlich, einen __ tragen zu können. Am liebsten einen aus Leder!

Vor der Diät wog Marion (Körpergröße 1,67 m) 90 Kilo. Ein Jahr später hatte sie 27 Kilo abgenommen und damit ein Gewicht erreicht, bei dem sie sich richtig wohl fühlte. Und das hält die 37jährige EDV-Beraterin nun schon seit fünf Jahren.

Marion Schönberger aus Hamburg: „Ich habe mir immer gesagt: Du bist völlig in Ordnung, so wie du aussiehst – aber eigentlich stimmte das gar nicht. Mollig war ich schon als Kind gewesen, genau wie meine Schwestern. Bei uns wurde immer ziemlich fett gekocht. Rapide bergan ging es mit dem Gewicht, als ich zur See fuhr: als Stewardeß auf einem Frachter. Wir haben gut gegessen und uns nicht bewegt. Wieder an Land probierte ich alle möglichen Diäten aus. Mit Atkins zum Beispiel habe ich auch abgenommen, aber mir ging es körperlich schlecht, und die verlorenen Pfunde waren schnell wieder drauf. Eines Tages, so vor ungefähr sechs Jahren, quälte ich mich am Bahnhof schnaufend und prustend eine Treppe hoch. Das war eine Art Schlüsselerlebnis: So jung und schon so fertig, das haut nicht hin! Ich erinnerte mich an die BRIGITTE-Diätbücher und habe es dann damit wirklich durchgezogen. Ganz langsam und ruhig, zwischendurch gab es auch mal ein Stück Kuchen oder Schokolade. Aber ich habe nie das Kalorienzählen vergessen und mich nicht mehr selbst beschummelt.

Zuerst bin ich pausenlos auf die Waage gestiegen – bis ich wußte, daß es klappt. Daß ich das neue Gewicht so gut halten würde, habe ich nicht zu hoffen gewagt. Und die Familie, Bekannte und Kollegen haben sowieso nicht daran geglaubt. Sie fanden es zwar alle toll, daß ich abnehme, aber unterstützt hat mich eigentlich niemand. Die Kraft zum Durchhalten muß schon von einem selbst kommen.

Und dann hat sich – auch ganz allmählich – mein ganzes Leben geändert. Ich hatte einfach ganz andere Möglichkeiten. Mit dem Sport ging es los, ich fing an zu joggen. Das ist eine ganz tolle Entspannung, ich brauche das heute richtig nach einem stressigen Tag. Und es hilft, das Gewicht zu halten. Damit ich genau weiß, wieviel ich laufe, fahre ich die Strecke vorher mit dem Fahrrad ab: Fünf Kilometer müssen es sein. Ich habe mir extra einen Kilometerzähler gekauft, damit ich messen kann. Dann hat sich mein Aussehen nach und nach verändert. Früher trug ich gern Faltenröcke, wirkte ziemlich bieder. Heute lauf ich so flippig wie möglich rum, habe mir irgendwann meine Fransenfrisur zugelegt. Ich genieße es, wenn sich fremde Leute auf der Straße nach mir umdrehen, stehe gern im Mittelpunkt. Es ist toll, von anderen Bestätigung zu kriegen. Ich bin insgesamt ein ganz anderer Typ geworden. Dadurch lernte ich auch andere Leute kennen. Nach einem Jahr Diät und 27 kg weniger dachte ich, mir gehört die ganze Welt! Ich habe meinen Job als Buchhalterin gekündigt und bin monatelang mit einem Skipper durchs Mittelmeer gekreuzt. Zurück in Hamburg richteten meine Freundin und ich eine kalorienbewußte Snackbar in einem Fitness-Center ein. Gesundes Kochen hatte ich ja schließlich gelernt. Jetzt bin ich Software-Beraterin, ich arbeite mich gern in neue Bereiche ein. Mein Gewicht habe ich jedenfalls gehalten.

**Jogging ist die ideale Entspannung nach einem stressigen Tag und hilft beim Abnehmen: Marion läuft mindestens zweimal pro Woche.**

---

**D** Finden Sie das Gegenteil folgender Vokabeln aus Marions Geschichte:

herausgekommen
Ordnung
bergan
abgenommen
pausenlos
Durchhalten
stressig
Bestätigung

**E** Füllen Sie die Lücken in dieser Zusammenfassung des Berichts über Marion passend aus:

Marion Schönberger war schon als Kind mollig gewesen, aber sie wollte es sich selbst nicht _____. Ihre erste Arbeit bot ihr keine _____, sich fit zu halten. Dann hat sie allerlei _____ ausprobiert; bis zu dem Tag ihres Schlüsselerlebnisses, als sie _____ hatte, eine Treppe im Hauptbahnhof hochzugehen. Dank ihrer BRIGITTE-Diätbücher ist es ihr allmählich _____, auf Süßigkeiten zu verzichten und sich zurückzuhalten. Die _____ sind nach und nach weggefallen, bis sie anfangen konnte, sich zu betätigen. Schöne neue Kleidung, ein Aussehen, das sich _____ hat, und fremde Leute, die sich wegen ihres Reizes auf der Straße nach ihr _____ – alle weisen auf eine neue Person und eine neue, _____ Persönlichkeit.

# 3.9

## *Sind Sie ein Diätopfer?*

Bisher haben wir uns auf zwei junge Frauen konzentriert, weil es meistens junge Frauen, nicht Männer sind, die Diätopfer werden. Alexandra und Marion sind zwei Erfolgsbeispiele aber es ist nicht immer so.

**A** Füllen Sie jetzt unseren Fragebogen aus, um herauszufinden, inwieweit die Körperstatur ein weibliches Problem ist, und inwieweit man dazu gezwungen wird, schlank zu bleiben, um sich einer unrealistischen Vorstellung der Schönheit anzupassen.

*DIÄTFRAGEBOGEN* Geschlechtsangehörigkeit:

Beantworten Sie alle Fragen so genau wie möglich:

**1** Haben Sie schon Diäten gemacht? . . . . . .
**2** Wenn ja, wie oft? . . . . . .
**3** Sind Sie mit Ihrer Statur zufrieden/unzufrieden? . . . . . .
**4** Machen Sie sich ernsthafte Sorgen über Ihre Körperstatur? . . . . . .
**5** Glauben Sie, das andere Geschlecht hat es leichter/schwerer? Warum? . . . . . .
**6** Ist es im allgemeinen leichter/schwieriger/gleich für das andere Geschlecht in der Gesellschaft? Warum? . . . . . .
**7** Ist es unrealistisch, daß die weibliche Schönheit auf Schlankheit basiert? Warum? . . . . . .
**8** Inwieweit sind Männer dafür verantwortlich? . . . . . .
**9** Glauben Sie, daß Frauen Männer auch dazu zwingen, schlank zu bleiben, um Billigung zu erhalten? . . . . . .
**10** Wären wir glücklicher, wenn die Gesellschaft viel weniger Wert auf Schlanksein legen würde? . . . . . .

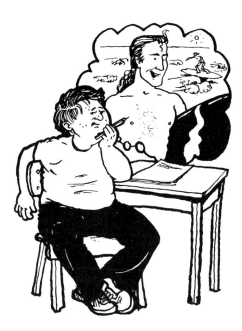

## B *Gruppenarbeit*

Vergleichen Sie die Fragebogenergebnisse innerhalb der Großgruppe und nehmen Sie die wichtigsten Punkte auf Kassette auf.

## C Schreiben Sie mit Hilfe der Artikel in diesem Teil der Einheit einen Aufsatz (300–400 Wörter) über eines der Themen:

Schlankseinwollen, Fett, Diät sind Symptome einer gestressten Gesellschaft.
ODER
Schlanksein bedeutet Gesundheit.

# 3.10

# *Das Brot der frühen Jahre*

Wir haben viel über Nahrung gehört, gelesen und gesagt und die Frage *Ist unsere Gesellschaft überfüttert?* stellt sich. Lesen wir jetzt diesen Auszug aus Heinrich Bölls *Das Brot der frühen Jahre*, um vielleicht zu einer neuen Perspektive zu gelangen.

| | |
|---|---|
| bohren | *to drive, keep on* |
| eckig | *angular, jerky* |
| die Aktentasche | *briefcase* |
| schlaff | *limp* |
| schmoren | *to stew, braise* |

---

## ANWENDUNG *und* ERWEITERUNG

**Zum Nachlesen:** 3.8 Diät-Reportage

**Zum Nachschlagen:** Verben; Adjektive

**Zum Wiederholen:** 1.4, 1.12, 3.4

**Zum Üben**

Folgender Text stammt aus der Fortsetzung des Artikels über Marion. Sie haben zwei Aufgaben, nämlich:

**a** alle unterstrichenen Adjektive in der richtigen Form auszuschreiben;
**b** alle in Klammern gedruckten Verben in der passenden Zeit auszuschreiben.

„In der Firma haben wir eine Mikrowelle, das ist ganz <u>praktisch</u>. Ich (brauchen) mittags etwas <u>warm</u> und (leben) nach einem ganz <u>konkret</u> Speiseplan. Morgens (essen) ich eine <u>dünn</u> Scheibe Brot, zwischendurch (geben) as <u>frisch</u> Obst und abends einen <u>schön</u> Salat. <u>Warm</u> Gerichte (machen) ich fast immer im Grill. Das <u>fett</u> Essen bei meinen Eltern (vertragen) ich überhaupt nicht mehr. Früher (essen) ich nie etwas <u>grün</u>, schon gar nicht, wenn ich es selbst zubereiten (müssen). Heute (probieren) ich oft etwas <u>neu</u> aus, wie zum Beispiel Vollwert-Rezepte."

---

Vater schüttelte heftig den Kopf, weil Fundahls Sohn in seiner Klasse und ein schlechter Schüler war, aber wenn wir Fundahls Haus erreicht hatten, blieb er stehen, zögernd. Ich wußte, wie schwer es für ihn war, bohrte aber weiter, und jedesmal machte Vater eine so eckige Wendung, wie sie Soldaten in den Lustspielfilmen machen, trat in die Tür und klingelte bei Fundahls: Sonntag abend um zehn, und es spielte sich immer wieder dieselbe stumme Szene ab: irgend jemand öffnete, aber niemals Fundahl selbst, und Vater war zu verlegen und zu erregt, um auch nur guten Abend zu sagen, und Fundahls Sohn, seine Tochter oder seine Frau, wer immer auch in der Tür stand, rief nach rückwärts in den dunklen Flur: „Vater, der Herr Studienrat." Und Vater wartete stumm, während ich hinter ihm stehenblieb und die Gerüche des Fundahlschen Abendessens registrierte: es roch nach Braten oder geschmortem Speck, und wenn die Tür zum Keller offenstand, roch ich den Brotgeruch. Dann erschien Fundahl, er ging in den Laden, brachte ein Brot, das er nicht einwickelte, hielt es Vater hin, und Vater nahm es, ohne etwas zu sagen. Beim erstenmal hatten wir weder Aktentasche noch Papier bei uns, und Vater trug das Brot unter dem Arm nach Hause, während ich stumm neben ihm her ging und seinen Gesichtsausdruck beobachtete: es war immer ein heiteres, stolzes Gesicht, und es war nichts davon zu sehen, wie schwer es ihm geworden war. Als ich ihm das Brot abnehmen wollte, um es zu tragen, schüttelte er freundlich den Kopf, und später, wenn wir wieder sonntags abends an den Bahnhof gingen, um die Post für Mutter in den Zug zu werfen, sorgte ich immer dafür, daß wir eine Aktentasche mithatten. Es kamen Monate, in denen ich mich schon dienstags auf dieses Extrabrot zu freuen anfing, bis an einem Sonntag plötzlich Fundahl selbst uns die Tür öffnete, und ich sah seinem Gesicht gleich an, daß wir kein Brot bekommen würden: die großen dunklen Augen waren hart, das schwere Kinn wie das einer Denkmalsfigur, und er bewegte die Lippen kaum, als er sagte: „Ich kann Brot nur auf Marken abgeben und auch auf Marken nicht am Sonntagabend." Er schlug uns die Tür vor der Nase zu.

Damals dauerte es einige Sekunden, bis wir uns gefaßt hatten und nach Hause gingen, ich mit der leeren Aktentasche, deren Leder so schlaff wie das eines Einkaufbeutels war. Vaters Gesicht war nicht anders als sonst: stolz und heiter. Er sagte: „Ich habe seinem Sohn gestern eine Fünf geben müssen."

**A** Lesen Sie den Text sorgfältig durch und entscheiden Sie, welche Details folgende Eindrücke vermitteln:

| | | |
|---|---|---|
| 1 | Vater war ängstlich (4/5 Punkte) | |
| 2 | Etwas Fragwürdiges passierte (2) | |
| 3 | Vater wurde zufrieden (2) | |
| 4 | Der Sohn war mitfühlend/ gewissenhaft (2) | |
| 5 | Die Zeiten waren hart (2) | |

**B** *Raten Sie mal!*

Lesen Sie den Text noch einmal durch und beantworten Sie diese zwei Fragen schriftlich:
1 Wann [so ungefähr] ist dieses Ereignis passiert?
2 Warum hat der Bäcker sein Verhalten geändert?

# 3.12

## *Gesundheit – der 5-Minuten Test*

Zuviel zu essen, zuwenig zu essen, beides bringt Gesundheitsprobleme mit sich. Nehmen Sie an diesem Test teil. Vielleicht werden Sie etwas über Ihren eigenen Zustand lernen.

**Ob Ihre wichtigsten Organe und Gelenke noch gesund oder bereits überlastet sind, das können Sie mit diesem Test – zusammengestellt von Fachärzten – herausfinden**

### So wird's gemacht

Lesen Sie die Fragen aufmerksam durch, und kreuzen Sie die zutreffenden Antworten an. Wenn Sie die Punkte addieren, können Sie jeweils am Ende der drei Kurztests Ihr Ergebnis nachlesen. Ein Hinweis: Bösartige Tumore kündigen sich oft nicht durch spürbare Symptome an. Ein günstiges Testergebnis ersetzt keinesfalls die Krebsvorsorge.

### Herz/Kreislauf

**1. Kommen Sie beim Treppensteigen außer Atem?**
☐ Schaffe ich mühelos (0 Punkte)
☐ Ich bin ziemlich atemlos (5 Punkte)
☐ Meine Brust schmerzt (10 Punkte)

**2. Drücken Sie mit dem Finger kräftig auf den Fußrücken. Bleibt ein Abdruck?**
☐ Ja, die Delle in der Haut verschwindet nur langsam (10 Punkte)
☐ Nein (0 Punkte)

**3. Bekommen Sie nachts im Schlaf manchmal Atemnot?**
☐ Nein (0 Punkte)
☐ Ich brauche zwei Kopfkissen, um Luft zu bekommen (10 Punkte)

**4. Hatten Ihre Geschwister oder Eltern einen Infarkt?**
☐ Nein (0 Punkte)
☐ Ja, ein naher Verwandter (5 Punkte)

**5. Schmerzen bei Spaziergängen Ihre Beine?**
☐ Nein (0 Punkte)
☐ Wenn ich sehr schnell gehe (5 Punkte)
☐ Ich muß häufig ausruhen, dann lassen die Schmerzen nach (10 Punkte)

**Auswertung:** 0 Punkte: wahrscheinlich keine Erkrankung. 5 P.: mehr Sport! 10 bis 20 P.: dem Arzt Beschwerden schildern. Über 20 P.: ernste Hinweise auf eine Erkrankung.

### Wirbelsäule/Gelenke

**1. Haben Sie nach dem Aufstehen Gelenkschmerzen?**
☐ Einige Gelenke sind steif, schmerzen (20 Punkte)
☐ Nein, ich habe damit nie Probleme (0 Punkte)

**2. Wie oft machen Sie Sport?**
☐ Nie (10 Punkte)
☐ Täglich 10 bis 20 Min. Gymnastik (0 Punkte)
☐ Einmal pro Woche (5 Punkte)

**3. Haben Sie folgende Kniegelenkbeschwerden?**
☐ Schmerzen beim Treppabgehen (10 Punkte)
☐ Schmerzen beim Strecken des Beines (10 P.)
☐ Keines von beiden (0 Punkte)

**4. Beschreiben Sie Ihre Arbeit**
☐ Sitzend oder stehend (10 Punkte)
☐ Bewegungen wechseln sich ab (0 Punkte)
☐ Ich mache meist die gleichen Handgriffe (10 P.)

**5. Hatten Sie Ischias oder Hexenschuß?**
☐ Noch nie (0 Punkte)
☐ Ein- bis zweimal (10 Punkte)
☐ Schon häufig (20 Punkte)

**Auswertung:** 0 – 10 P.: wahrscheinlich alles in Ordnung. 15 – 20 P.: mögl. mehr Sport treiben. Über 20 P.: Schildern Sie Ihrem Arzt die Symptome.

### Lunge

**1. Leiden Sie oft unter Husten?**
☐ Nur wenn ich erkältet bin (0 Punkte)
☐ 10 bis 12 Wochen im Jahr (15 Punkte)
☐ Eigentlich ständig (20 Punkte)

**2. Hatten Sie schon einmal bläuliche Verfärbungen unter allen Fingernägeln?**
☐ Ja, ständig (30 Punkte)
☐ Nur bei körperlicher Anstrengung (20 Punkte)
☐ Noch nie (0 Punkte)

**3. Haben Sie Schmerzen beim Atmen?**
☐ Ja, fast immer (25 Punkte)
☐ Nur manchmal (10 Punkte)
☐ Nie (0 Punkte)

**5. Rauchen Sie?**
☐ Ja, über 20 Zigaretten pro Tag (20 Punkte)
☐ Nein/Seit drei Jahren nicht mehr (0 Punkte)
☐ Ich rauche ca. 10 Zigaretten (10 Punkte)

**Auswertung:** 0 – 10 P.: kein Hinweis auf Lungenerkrankung. 15 – 20 P.: möglich, daß Ihre Lunge nicht gesund ist (checken lassen). Über 20 P.: sofort zum Arzt.

**A** Notieren Sie alle technischen Vokabeln, bevor Sie sich an die Übungen heranwagen.

**B** Vervollständigen Sie jetzt den 5-Minuten-Test, der für Leute mit Englisch als Muttersprache etwas länger dauern wird.

## C *Arbeit zu zweit: Sprechen*

Vergleichen Sie Ihre Ergebnisse mit denen Ihres Partners bzw. Ihrer Partnerin. Worin weichen sie voneinander ab? Schreiben Sie die Gegensätze auf. Gebrauchen Sie gängige Redensarten wie zum Beispiel:
(Stuart) hat Probleme mit . . .
(Mel) schafft . . . leicht
(Anna) hat (mehr/weniger/gleiche) Schmerzen bei . . .

**D** Sie sind etwas älter als jetzt, und Ihre Gesundheit macht Ihrer Familie Sorgen. Schreiben Sie einem alten Freund/einer alten Freundin einen Brief, worin Sie Ihren Zustand erklären und um Rat bitten (300–400 Wörter). Sie sind Raucher(in) und trinken und essen übermäßig. Nehmen Sie den 5-Minuten-Test und die vorhergehenden Artikel zu Hilfe.

## ANWENDUNG *und* ERWEITERUNG

 **Zum Nachlesen:** 3.12 Gesundheit – Der 5-Minuten-Test

 **Zum Nachschlagen:** Substantive

 **Zum Üben**

**1** Unten steht eine Liste von Vokabeln, die etwas mit dem Thema Körper und Gesundheit zu tun haben. Füllen Sie die Tabelle aus (möglichst ohne nachzuschlagen):

| Artikel | Singular | Plural | Englisch |
|---|---|---|---|
| das | Bein<br>Blase<br>Brust | Augenlider | |
| | Fußrücken<br>Galle | Fingernägel | |
| | Hand<br>Haut<br>Herz<br>Infarkt<br>Knie<br>Kreislauf<br>Leber<br>Lunge<br>Niere | Gelenke | |
| | Wirbelsäule | Schmerzen | |

**2** Folgende Sätze beinhalten verschiedene Körperteile. Versuchen Sie, die Bedeutung der Sätze zu erraten und sehen Sie dann im Wörterbuch nach, ob Sie richtig geraten haben.

**a** Er würde für mich keinen Finger krumm machen.

**b** Die beiden liegen sich immer in den Haaren.

**c** Sie hat ihn um den kleinen Finger gewickelt.

**d** Der Film ging mir an die Nieren.

**e** Halte die Ohren steif!

**f** Sie scheint ein Händchen dafür zu haben.

**g** Meine Oma hat Haare auf den Zähnen!

**h** Wenn ich das höre, kommt mir die Galle hoch.

**i** Hans ist heute mit dem linken Fuß zuerst aufgestanden.

**j** Unsere Mannschaft muß ständig mit dem Rücken zur Wand kämpfen.

**k** Die Übersetzung dieses Sprichworts liegt mir auf der Zunge.

**l** Zum Glück hat er diesmal ein Auge zugedrückt.

**m** Ich kann dir leider nicht helfen. Wir haben alle Hände voll zu tun.

**n** Solche Informationen muß man dir aus der Nase ziehen.

**o** Ralf riskiert eine dicke Lippe!

**p** Sie nahm die schlechte Nachricht auf die leichte Schulter.

**q** Die deutsche Sprache liegt mir am Herzen.

**r** Warum lachst du dir eigentlich ins Fäustchen?

**s** Peter ist weder so engstirnig wie sein Vater, noch so schlitzohrig wie sein Bruder.

**t** Es wird Zeit, daß du endlich auf deinen eigenen Füßen stehst!

# 3.13

## „Offener Mund ist ungesund"

Genau wie in Ihrem eigenen Land gibt es Volksweisheiten zum Thema Gesundheit in Deutschland. Erkennen Sie einige Sprichwörter hier wieder, die Ihre eigenen Landsleute gebrauchen?

# Sprichwörtliches zum Thema Gesundheit

*„Weinen ist Balsam für die Seele"? Da ist was dran. Aber nicht jede Volksweisheit ist ein Treffer*

### A „Warme Milch hilft beim Einschlafen"

Jedenfalls ist die Milch beim Zubettgehen ein besseres Einschlafmittel als Wasser, Erfrischungsgetränke oder gar Alkohol. Milch enthält nämlich die natürliche Aminosäure Tryptophan, die das Zentralnervensystem beruhigt. Probieren Sie es mal.

### B „Offener Mund ist ungesund"

Zum Atmen ist die Nase da, nicht der Mund. Denn nur die Nasenschleimhaut kann die Atemluft vorfiltern, sie anfeuchten und anwärmen. Geschieht das nicht, haben die Krankheitserreger über Rachen und Bronchien leichteren Zugang zum Körper. Ständiges Durch-den-Mund-Atmen deutet darauf hin, daß die Nasenatmung behindert ist – zum

Beispiel durch Wucherungen der Rachenmandeln.

Sie erschweren vor allem nachts die Atmung. Der Betroffene schnarcht und atmet durch den Mund. Dadurch werden die Schleimhäute gereizt und ausgetrocknet. Die Folgen: schlechter Schlaf und ständige Müdigkeit.

### C „Fettpolster schützen vor Krankheiten"

Vor 140 Jahren behauptete zwar der Arzt Dr. Heinrich Hoffmann in seinem berühmten Gedicht über den Suppenkaspar: „Der Kaspar, der war kerngesund, ein dicker Bub und kugelrund." Seine Kollegen sind heute jedoch völlig anderer Ansicht: Speck schützt nicht vor Krankheit. Übergewichtige Kinder und Erwachsene sind nachweislich anfälliger gegen Infektionen, haben häufiger Skelettschäden oder eine schlechte Haltung und sogar eine niedrigere Lebenserwartung.

### D „Kranke Kinder gehören ins Bett"

Die Faustregel lautet: Ein krankes Kind muß nicht im Bett bleiben, es sei denn, es verlangt selbst danach. Wichtig ist nur, daß das Kind nicht viel herumrennt und tobt, sondern sich einigermaßen ruhig verhält. Denn bei der Empfehlung „Bettruhe" ist nicht das Bett das Wichtigste, sondern die Ruhe. Natürlich gibt es auch von dieser Regel Ausnahmen: zum Beispiel, wenn das Kind an einer Gehirnerschütterung oder an einer Hirnhautentzündung leidet. In diesen Fällen wird es aber wahrscheinlich sowieso ins Krankenhaus überwiesen. Bei „normalen" fieberhaften Erkrankungen reicht es, wenn das Kind im warmen (nicht überheizten) Zimmer, ganz normal angezogen, spielt.

### E „Nasse Füße führen zu Erkältung"

Weder Unterkühlung noch nasse Füße allein können eine Erkältung auslösen. Voraussetzung ist immer die Ansteckung mit einem der rund 200 verschiedenen Erkältungsviren. Nur wer bereits mit Viren infiziert ist, bekommt nach Unterkühlung einen Schnupfen. Frösteln ist also nicht die Ursache der Erkältung, sondern meistens ihr erstes Symptom. Daß in der kalten Jahreszeit Erkältungen häufiger sind, liegt an der größeren Ansteckungsgefahr: Die Menschen halten sich mehr in geschlossenen Räumen auf. Außerdem überleben die meisten Viren besser im naßkalten Milieu.

## F „Weinen ist Balsam für die Seele"

Beim Weinen werden im Körper sogenannte Endorphine ausgeschüttet. Das sind körpereigene Hormone, die Schmerzen entgegenwirken und für Wohlbefinden sorgen. Sie helfen Ärger und Trauer zu verarbeiten. Die Tränenflüssigkeit enthält außerdem das Hormon Prolaktin, das bei seelischem Streß produziert wird. Amerikanische Wissenschaftler haben festgestellt: Tränen, die aus Kummer vergossen wurden, enthielten weitaus größere Mengen dieser Hormone, als die Tränen, die man beim Zwiebelschneiden vergießt.

## G „Zugluft macht krank"

Wenn man lange Zeit der Zugluft ausgesetzt ist, ohne sich ausreichend zu bewegen (etwa, wenn man ohne Decke schläft oder vor einem Skilift wartet), kühlen die Nasenschleimhäute aus und werden schlechter durchblutet. Dadurch können Viren und Bakterien leichter in den Organismus eindringen. Und wenn ein Teil der Haut einem Kältereiz ausgesetzt ist, können in den darunterliegenden Muskeln und Nerven Schmerzen entstehen, die rheumatischen Beschwerden ähneln.

• • • • • • • • • • • • • • • • •

**A** Lesen Sie jede Volksweisheit durch, besprechen Sie sie mit Ihrem Partner/Ihrer Partnerin und entscheiden Sie, ob sie stimmt oder nicht.

## B *Arbeit zu zweit: Sprechen*

Wählen Sie alle beide eine sprichwörtliche Weisheit, deren Wahrheit Sie schon bei einem Freund/einer Freundin oder Verwandten miterlebt haben. Erzählen Sie seine/ihre Geschichte. Wenn Sie nichts derlei miterlebt haben, dann erfinden Sie eine Geschichte. Ihr(e) Partner(in) soll raten, ob die Erzählung wahr oder falsch ist.
Nehmen Sie dann die Geschichte auf Kassette auf.

**C** Übersetzen Sie „Nasse Füße . . ." und „Weinen ist Balsam für die Seele" ins Englische.

**D** Schreiben Sie eine Erklärung des englischen Sprichworts „Ein Apfel pro Tag . . ." für eine(n) deutsche(n) Bekannte(n), der/die es merkwürdig findet. (100 Wörter)

### ANWENDUNG *und* ERWEITERUNG

 **Zum Nachlesen:** 3.13 „Offener Mund ist ungesund"

 **Zum Nachschlagen:** das Gerundium

 **Zum Üben**

**1** Suchen Sie die fünf Beispiele des Gerundiums heraus, die in diesem Text vorkommen. Sie haben die folgenden Bedeutungen:
crying
breathing (through the mouth)
chopping onions
going to bed
shivering (with cold)

**2** Vervollständigen Sie die folgenden Sätze, indem Sie die auf englisch gedruckten Wörter ins Deutsche übersetzen:

**a** (Through constant breathing through the mouth and snoring) werden die Schleimhäute gereizt und ausgetrocknet.

**b** Wenn man wirklich sehr traurig ist, können (crying and the release of so-called Endorphines in the body) eine Hilfe sein.

**c** (The inhaling) der Dünste, die (when chopping onions) freigesetzt werden, kann die Atemwege freimachen.

**d** Es fiel ihm (when falling asleep) plötzlich ein, daß er (before going to bed) die Waschmaschine anstellen wollte.

**e** Die Kälte des Tages erkennt man (by [an] the shivering and yearning of the spectators for a cup of tea).

### ANWENDUNG *und* ERWEITERUNG

 **Zum Nachlesen:** 3.13 „Offener Mund ist ungesund"

 **Zum Nachschlagen:** Bindewörter

 **Zum Üben**

Was halten Sie von der Volksweisheit „Kranke Kinder gehören ins Bett"? Vervollständigen Sie den Beitrag, indem Sie die Satzteile mit einem passenden Bindewort zusammenfügen. (Beachten Sie die Wortstellung!)

**1** Ein krankes Kind muß nicht im Bett bleiben/
es verlangt selbst danach

**2** Es ist nur wichtig/
das Kind rennt nicht viel herum

**3** Bei der Empfehlung „Bettruhe" ist nicht das Bett das Wichtigste/
es kommt auf die Ruhe an

**4** Natürlich gibt es auch von dieser Regel Ausnahmen: zum Beispiel/
das Kind leidet an einer Gehirnerschütterung

**5** Bei „normalen" fieberhaften Krankheiten reicht es/
das Kind spielt im warmen (nicht überheizten) Zimmer/
das Zimmer darf nicht überheizt sein

# 3.14 🔊

## *Stehen Sie unter Streß?*

Jetzt kommen wir zum Thema Geistesgesundheit. Viele Leute sehen den Streß als ein besonders modernes Phänomen an. Was sind seine Ursachen und Symptome und wie behandelt man ihn am besten?

# Menschen heute

A
Das moderne Leben zerrt an den Nerven

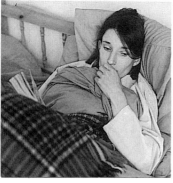

B
Die Beschwerden sind vielfältig

C
Streß – die Managerkrankheit?

D
Ärger nicht einfach herunterschlucken!

E
Die Natur weiß, was gut ist

**A**   Transkribieren Sie den Kommentar, der zu jedem Bild paßt. Um Ihnen zu helfen, haben wir einige Schlüsselvokabeln im untenstehenden Kästchen bereitgestellt:

| | |
|---|---|
| der Leistungsdruck | *the pressure to succeed* |
| die Aufregung | *agitation, excitement* |
| die Störung | *disturbance* |
| der Kreislauf | *circulation* |
| schlucken | *to swallow* |
| die Auswirkung | *effect* |
| die Überbelastung | *overloading, excessive stress* |
| die Wirkungsweise | *the way it works, mode of operation* |

**B**  *Arbeit zu zweit: Dolmetschen*

A ist Manager bei einer englischsprachigen Firma mit europäischen Beziehungen.
B ist der Geschäftsführer/die Geschäftsführerin.
B interessiert sich selbstverständlich für das Problem Streß, aber kann kein Deutsch.
A dolmetscht Kommentare a–c ins Englische für B, während die Kassette spielt. Umgekehrt für Kommentare d, e.

# 3.15 🔊

## *Synthese*

**A**

1 Hören Sie sich dieses kurze Interview mit Ulrike, einer Vegetarierin, an. Transkribieren Sie von „Ulrike, warum bist du eigentlich . . .?" bis zu „Joghurt und Obst, Gemüse."
2 Sprechen Sie mit einem/einer deutschsprachigen Bekannte(n) oder Klassenkamerad(in), der/die kein Fleisch ißt. Machen Sie Notizen über seine/ihre Gründe und Eßgewohnheiten und geben Sie einen Vortrag der Großgruppe.

**B**   Nehmen Sie für Ihren Austauschpartner/Ihre Austauschpartnerin folgende Überblicke auf Kassette auf:

1 Ihre Eßgewohnheiten und die Ihrer Bekannten
2 Fühlen Sie sich wohl in Ihrer Haut?

**C**   Schreiben Sie einen Vergleich (300–400 Wörter) über Eßgewohnheiten und Gesundheitsbewußtsein in Ihrem eigenen Land und in einem deutschsprachigen Land. Nehmen Sie das Material aus der Einheit zu Hilfe und schlagen Sie passende Veränderungen in den zwei Ländern vor.

# Suchtkrank

**W**as heißt es, suchtkrank zu sein? In dieser Einheit überlegen wir, was eigentlich eine Sucht ist, und was für Menschen dazu neigen. Sehen Sie sich diese Witzzeichnung über Trinker an. Trinken und Rauchen sind die größten Süchte in unserer Gesellschaft, auch wenn sie halbwegs annehmbare Angewohnheiten sind . . . bis zu dem Punkt, wo Trinker und Raucher ihre Mitmenschen stören.

## 4.1

### *Prosit Neujahr!*

**„Sie bleiben also dabei, auf der Silvesterfeier nur an einem Glas Milch genippt zu haben?"**

**A** Studieren Sie die Witzzeichnung, füllen Sie dann den folgenden Fragebogen aus, indem Sie die Behauptungen passend abhaken oder ankreuzen:

| Die Witzzeichnung . . . | ✓ | ✗ |
|---|---|---|
| 1 ist nur humoristisch. Sie hat keinen tieferen Sinn | | |
| 2 hat einen sehr ernsten Sinn | | |
| 3 ist höchst ironisch | | |
| 4 treibt es zu weit | | |
| 5 enthält keine Moral für meine Landsleute | | |
| 6 sollten meine Freunde sehen! | | |
| 7 sagt mir gar nichts, weil ich nicht trinke | | |
| 8 bringt mich zum Nachdenken, weil ich trinke und trotzdem Auto fahre | | |
| 9 enthält auch eine Lehre für Mitglieder meiner Familie | | |
| 10 erklärt ein allgemeingültiges Problem | | |
| 11 beweist, wie schwer es die Polizei hat | | |
| 12 banalisiert ein schwerwiegendes Problem | | |

## B *Gruppenarbeit*

1 Besprechen Sie Ihre Ergebnisse mit Ihrem Partner/Ihrer Partnerin.
2 Besprechen Sie Ihre Ergebnisse in der Großgruppe und arbeiten Sie gemeinsam eine Tabelle aus.

**C** Formulieren Sie schriftlich Ihre Haltung zum Witz und zum Problem aus (120 Wörter).

# 4.2

## *Was ist denn eine Sucht?*

Um diese Frage zu beantworten, denken wir meistens an harte Drogen und vielleicht an Alkohol und Tabak, aber das ist nicht einmal die halbe Antwort. Lesen wir „Macht denn alles süchtig?", um eine bessere Vorstellung von der Frage und ihrer Antwort zu bekommen.

# MACHT DENN ALLES SÜCHTIG?

**Wenn die Seele leidet, werden Schnaps oder Tabletten, Glücksspiel oder Kaufen, Arbeit oder Liebe und sogar „harmlose" Substanzen wie Kaffee oder Schokolade leicht zur Droge. Ein Bericht von Angelika Gardiner.**

Die Meldung ging damals durch alle Medien: In England war ein Mann gestorben, weil er süchtig nach Karottensaft war. Er hatte sich praktisch von nichts anderem mehr ernährt, und zwar über lange Zeit und in solchen Mengen, daß angeblich seine Leiche ganz gelb war. Als ich vor etlichen Jahren diese Geschichte las, war ich überzeugt, damit die dickste Zeitungsente seit der Erfindung des Ungeheuers von Loch Ness entdeckt zu haben. Heute bin ich nicht mehr so sicher. Gibt es denn überhaupt etwas, wonach der Mensch nicht süchtig werden kann? Alkohol, Rauschdrogen, Tabletten – daß diese Substanzen abhängig machen können, ist wohl jedem klar. Allein in der Bundesrepublik schätzt man an die drei Millionen dieser „klassischen" Suchtkranken, dazu kommen noch etwa sechs Millionen nikotinabhängige Raucher. Aber immer wieder erfahren wir auch von neuen Süchten, und noch dazu von solchen, für die man gar nichts Besonderes schlucken, spritzen oder sonstwie einnehmen muß: Magersucht, Eß-Brech-Sucht, Spielsucht, Kaufsucht, Sexsucht, Computersucht, Fernsehsucht, Beziehungssucht. Was aber ist Sucht eigentlich, wenn es dafür nicht einmal nötig ist, sich irgendein Mittel einzuverleiben?

Unsere Sprache kennt von jeher Begriffe wie Putzsucht, Klatschsucht und natürlich die gute alte Eifersucht. Einige dieser hartnäckigen Unarten nannte man früher einfach „Laster" und befaßte sich nicht weiter damit. Manches Zwangsverhalten unserer Tage wie etwa die Arbeitssucht oder extreme Formen des Leistungssports sind sogar wohlangesehen und werden gefördert, weil sie unserer Gesellschaft so gut in den Kram passen.

Ob mit oder ohne Stoff, eines haben alle zwanghaften Auswüchse menschlichen Verhaltens gemeinsam: das nicht mehr steuerbare Verlangen, eine bestimmte Erlebnisqualität immer wieder herzustellen, selbst wenn dabei Beruf, Familie und Gesundheit auf der Strecke bleiben. „Jeder menschliche Trieb kann süchtig entarten, ja jedes menschliche Interesse überhaupt", behauptet der saarländische Psychiatrieprofessor Klaus Wolf. Also ist es wohl auch möglich, karottensaftsüchtig zu werden und daran genauso elend zugrunde zu gehen wie an Schnaps oder Rauschgift.

Aber warum nur gehen Menschen so selbstzerstörerisch mit sich um? „Die Wissenschaft hält so viele Antworten bereit, wie es Teildisziplinen gibt, die sich mit Suchtkrankheiten beschäftigen", sagt der Sozialwissenschaftler und Psychotherapeut Dr. Arnold Schmieder von der Universität Osnabrück. Zu strenge, aber auch zu verwöhnende Erziehung, das Vorbild suchtkranker Angehöriger, nicht realisierbare Machtbedürfnisse, unwirtliche Lebensräume, überzogene Leistungsorientierung, ein Überangebot an Suchtstoffen, ererbte Veranlagung – alles kann eine Rolle spielen. Wobei es für jeden Erklärungsversuch als Gegenbeispiel auch Menschen gibt, die unter vergleichbaren Umständen nicht süchtig wurden.

Sicher scheint zu sein, daß mehrere Faktoren zusammenkommen müssen, bevor ein Mensch abhängig wird. Ob jemand süchtig wird, steht ohnehin schon lange fest, ehe er der Droge begegnet, die ihm dann zum Verhängnis wird. Wer keinen Zugang zu Kokain hat, kann nicht kokainsüchtig werden. Aber wenn er überhaupt zur Sucht neigt, wird er höchstwahrscheinlich ein anderes Mittel, ein anderes Verhalten entdecken, von dem er sich versklaven läßt.

Es nützt also nicht viel, einen Süchtigen bloß „trockenzulegen" – solange seine Seele nicht von der Gier nach dem etwas anderen Zustand loskommt, wird er gefährdet bleiben. Dann greift der Trunksüchtige vielleicht nicht mehr zur Flasche, sondern zu Tranquilizern. Oder er wird abhängig von irgendeinem Guru, der Erlösung im Hier und Jetzt verspricht.

Auf der rein körperlichen Ebene ist der Zustand der Ekstase, des Rausches einigermaßen erforscht. Die Spur führt immer wieder zu jenen Botenstoffen im Gehirn, die an den Kontaktstellen zwischen zwei Nervenzellen Impulse auslösen und weiterleiten. Zu diesen Neurotransmittern gehören die Endorphine, die der Körper in besonders bedrohlichen oder anstrengenden Situationen ausschüttet. Sie wirken ähnlich wie Morphium: sie betäuben Schmerz und Hunger, vermitteln Hochstimmung und Glücksgefühle.

**A** Nachdem Sie den Artikel gelesen haben, finden Sie heraus, wie man folgende Ausdrücke auf deutsch sagt:

**1** addicted to
**2** ostensibly
**3** anorexia
**4** bulimia
**5** to consume
**6** to bother/concern oneself with
**7** compulsive behaviour
**8** to fit in with plans/into the scheme of things
**9** compulsive
**10** to fall by the wayside
**11** to go to pieces
**12** self-destructive
**13** an over-supply of
**14** an inherited tendency
**15** no access to
**16** to become a slave to
**17** the yearning for
**18** to some extent
**19** to have a similar effect to

**B** Lesen Sie den Artikel noch ein- oder zweimal durch und entscheiden Sie dann: Was ist hier falsch? Was ist hier richtig?

1 Der englische Süchtige ernährte sich von rohen Karotten

2 Eine ganze Menge Substanzen können einen abhängig machen

3 Man kann süchtig sein, ohne nach Substanzen süchtig zu sein

4 Unsere Gesellschaft braucht einige Süchte, um gut zu funktionieren

5 Es ist nicht möglich, daß jeder menschliche Trieb zur Sucht wird

6 Menschen haben keine Tendenz zur Selbstzerstörung

7 Zuviel oder zu wenig Disziplin während der Kindheit kann zum Zwangsverhalten führen

8 Nicht alle Menschen werden unter den gleichen Umständen zum Opfer irgendeiner Sucht

9 Um süchtig zu werden, muß einem ein konventionelles Suchtmittel leicht verfügbar sein

10 Wir wissen mehr über die körperlichen Wirkungen einer Substanz als über die psychologischen Faktoren, die zur Sucht führen

**C** *Arbeit zu zweit: Sprechen*

Besprechen Sie mit dem Partner/der Partnerin das, was im Artikel neu für Sie war. Die Redewendungen im Kästchen werden Ihnen dabei helfen.

> Bis jetzt wußte ich nicht, [daß] . . .
> Ich war überrascht herauszufinden, daß . . .
> . . . hat mich schockiert.
> . . . scheint mir deprimierend/ schockierend/hoffnungsvoll/ optimistisch
> Ich hatte [k]eine Ahnung, daß . . .
> Es ist mir nicht/schon passiert, daß . . .
> Was kann man für . . . ?
> Wie hilft man bei(m) . . . ?

**D** Schreiben Sie die neuen Ideen und Tatsachen auf, die Sie im Bericht gefunden haben.

## ANWENDUNG *und* ERWEITERUNG

 **Zum Nachlesen:** 4.2 Was ist denn eine Sucht?

 **Zum Nachschlagen:** Verben, Adjektive mit Präpositionen

 **Zum Wiederholen:** 2.8, 2.12

 **Zum Üben**

1 Lesen Sie den Artikel noch einmal durch. Füllen Sie diese Tabellen aus, indem Sie die jeweils passende Präposition und die englische Übersetzung für jeden Ausdruck einfügen.

| a  Adjektiv | Präposition/Fall | Englisch |
|---|---|---|
| abhängig<br>nötig<br>süchtig | | |

| b  Verb | Präposition/Fall | Englisch |
|---|---|---|
| sich befassen<br>sich beschäftigen<br>erfahren<br>sich ernähren<br>führen<br>gehören<br>greifen<br>loskommen<br>neigen<br>umgehen<br>sich versklaven lassen<br>zugrunde gehen | | |

c Im Text kommen auch zwei Substantive vor, die Präpositionen mit sich führen. Suchen Sie sie heraus und vervollständigen Sie diese kleine Tabelle:

| Substantiv | Präposition/Fall | Englisch |
|---|---|---|
| | | a surplus of<br>access to |

2 Vervollständigen Sie die folgenden Sätze und übersetzen Sie sie ins Englische:

a Für viele Menschen ist es äußerst schwierig, ____ Nikotin- oder Alkoholabhängigkeit loszukommen.

b Nicht jeder scheint ____ Süchten zu neigen.

c Der Zugang ____ suchterregenden Substanzen wurde ihm zum Verhängnis.

d Leider müssen sich immer mehr Eltern, Lehrer, Ärzte usw. ____ dem Problem des Drogenkonsums unter Jugendlichen beschäftigen.

e Erfahrungsgemäß kann der Mensch ____ allem süchtig werden.

f Ich kenne jemanden, der sich früher fast ausschließlich ____ Kaffee und Schokolade ernährte.

g Erst als seine Gesundheit anfing, ____ seiner Nahrung zugrunde zu gehen, bat er um Hilfe.

h Ein großes Problem unserer Gesellschaft ist das Überangebot ____ Substanzen, die ____ Sucht führen.

i Wie bringt man dem Menschen am besten bei, wie er ____ solchen Versuchungen umgeht?

j Heutzutage erfahren wir allzu oft ____ Tod irgendeiner berühmten Persönlichkeit, der auf den Drogenkonsum zurückzuführen ist.

# 4.3

## *Das sollten alle über Drogen wissen*

Wir haben gelernt, daß fast alles süchtig machen kann. Wir alle kennen Leute, die unter Nikotin-, Alkohol- oder Magersucht leiden, aber meistens, wenn wir von Süchten sprechen, denken wir an illegale Drogen wie Kokain und Heroin. Was immer klarer wird, ist die Rolle der Information im Krieg gegen Drogen, denn je mehr man über Drogen weiß, desto besser kann man sich dagegen wehren. Lesen wir jetzt einen Auszug aus *Brigitte*, worin man solche Informationen gibt.

### Welche illegalen Drogen werden genommen?

Auf der Skala des Suchtmittelgebrauchs rangieren – von Alkohol und ____ abgesehen, den auch bei Jugendlichen mit Abstand beliebtesten Drogen – Haschisch und Marihuana ganz weit vorn. 72 Prozent der Drogenerfahrenen sind nach ____ der „Deutschen Hauptstelle gegen die Suchtgefahren" Haschisch-, 48 Prozent Marihuana-Konsumenten. Knapp 20 Prozent halten sich ____ an Stimulanten, 10 Prozent an LSD; 6 Prozent sind Kokain-, 3 Prozent Heroinabhängige.

In der Drogenszene ist Mehrfach-Abhängigkeit weit verbreitet: Alkohol, Medikamente und ____ Drogen wechseln einander im Tageslauf ab. Drogenabhängige konsumieren deutlich mehr Alkohol, Medikamente und Tabakwaren als ____ Jugendliche.

Anders als bei den Trinkgewohnheiten – auf ein trinkendes Mädchen kommen vier trinkende Jungen – sind die Konsumenten illegaler Drogen auf beide Geschlechter ____ gleich verteilt: Die Hauptstelle ermittelte ein Verhältnis von 45 Prozent weiblicher zu 55 Prozent männlicher Drogenerfahrener.

*Die Designer-Droge „Ecstasy"*

*Alkohol kann Einstiegsdroge sein.*

### Welche Rolle spielt Alkohol?

Von den 15- bis 17jährigen Jungen trinken bereits 22 Prozent ____, das heißt mehrmals in der Woche, Alkohol; von den gleichaltrigen Mädchen sechs Prozent. Genau in diesem Alter steigen auch die ____ der Erstkonsumenten illegaler Drogen sprunghaft an. Wer labil ist, wer zudem zu Hause gelernt hat, daß Trinken Probleme auf scheinbar angenehme Weise vom Tisch schafft, der ist in dieser schwierigen Entwicklungsphase ____ gefährdet. Generell gilt für Alkohol wie für Nikotin und Medikamente: Alle diese „____" Drogen verringern die Distanz zu Suchtmitteln überhaupt, machen empfänglich für die Sucht.

### Gibt es „Einstiegsdrogen?"

Haschisch, häufig als „Einstiegsdroge" bezeichnet, ist dies allenfalls in einer Hinsicht: Der Jugendliche bekommt ____ zur Drogenszene. Cannabis schafft den ersten Kontakt mit der Illegalität, verringert die Distanz zum Drogengebrauch generell. Aber eine kausale Linie von Haschisch zu Heroin läßt sich ____ ziehen: Der größte Teil der Haschischraucher

*Haschisch schafft Kontakt zur Drogenszene.*

wird später kein Heroin nehmen. Aber der Jugendliche, der zum ersten Mal Cannabis raucht, ____ sich vom Nichtkonsumenten durch eine höhere Bereitschaft, sich in ein Risikofeld hineinzubegeben.

Andere „Erstdrogen" gelten als ebenso verhängnisvoll wie Cannabis: Alkohol, Nikotin und die Arzneien, mit denen Kinder bei jeglicher Störung übereilt ____ werden. So „lernt" ein Kind in frühen Jahren ein oft lebenslang gültiges Modell der Konflikt- und Krankheitsbewältigung, den Griff zur Tablette, ____ Droge.

### Wie kommen Kinder an Drogen?

Fast alle Jugendlichen geraten heute irgendwann einmal irgendwie in die Nähe der Drogenszene. Sie ____ Spritzbestecke, sie beobachten Mitschüler beim Kiffen, sie gehen auf Partys, und jemand bringt ein paar von den neuen synthetischen Drogen mit, sie ____ wie Freunde in die Abhängigkeit hineinrutschen. Viele Drogenkarrieren beginnen im Klassenzimmer, Schulen sind ein großer Umschlagplatz für Rauschmittel. Aber kaum, weil die Dealer bis in die Schulhöfe kommen. Durch sie direkt erhalten nur zwei ____ aller Konsumenten ihre Drogen, stellte Infratest in einer repräsentativen Untersuchung bei Jugendlichen fest. 85 Prozent der jungen Leute beziehen ihren illegalen Bedarf vorwiegend über die „Clique" von Freund, Freundin oder von Bekannten.

**A**  Nachdem Sie den Bericht gelesen haben, tragen Sie die fehlenden Vokabeln aus dem Kästchen in den Text ein:

nahezu
erleben
Prozent
Zahlen
regelmäßig
Nikotin
illegale
nicht
ernsthaft
andere
unterscheidet
Informationen
zur
legalen
Zugang
überwiegend
finden
versorgt

**B**  Lesen Sie den Bericht nochmals durch und entscheiden Sie, welche Satzteile zusammenpassen.

1  Nach Alkohol und Nikotin sind Haschisch und Marihauna
2  Zweimal soviele Süchtige
3  20% der trinkenden Jugendlichen
4  Nur 10% mehr junge Männer
5  Starke Trinker können
6  Cannabis und Haschisch geben
7  Man geht nicht unbedingt
8  Junge Cannabisraucher neigen eher dazu
9  Wenn man als Kind bei leichten Krankheiten oft Tabletten bekommt,
10  Für die heutige Jugend ist es fast unmöglich,

a  drogenabhängig werden
b  als Frauen nehmen illegale Drogen.
c  Risiken einzugehen
d  von Leichtdrogen zu Heroin.
e  gebrauchen Kokain wie Heroin.
f  kann das als Modell für den späteren Drogenkonsum dienen
g  die am häufigsten gebrauchten Suchtmittel unter jungen Leuten
h  nicht in die Nähe der Drogenszene zu kommen.
i  Zugang zur Drogenszene.
j  sind Mädchen.

**C**  Finden Sie die Stellen im Text, die folgende Punkte näher erläutern:

1  Der Anteil der Drogenerfahrenen, der meistens Amphetamine und dergleichen Produkte nimmt.
2  Junge Leute, die keine Drogen probiert haben, nehmen weniger Bier, Zigaretten usw. zu sich.
3  Der Anteil trinkender Jugendlicher, der fast volljährig ist.
4  Die Beziehung zwischen Haschisch und Heroin.
5  Die Bedeutung von Arzneimitteln in jungen Jahren.
6  Die Rolle der Schulen in der Drogenszene.

## ANWENDUNG *und* ERWEITERUNG

 **Zum Nachlesen:** 4.3 Das sollten alle über Drogen wissen

 **Zum Nachschlagen:** Untrennbare Verben

 **Zum Wiederholen:** 1.12

**Zum Üben**

**1**  All die folgenden Verben kommen im Text vor, und zwar in dieser Reihenfolge. Suchen Sie sie heraus:

| Englisch | Infinitiv | Partizip Perfekt |
|---|---|---|
| to spread | | |
| to distribute | | |
| to establish (a fact) | | |
| to diminish | | |
| to describe | | |
| to differ (from) | | |
| to provide (with) | | |
| to get (into) | | |
| to experience | | |
| to receive | | |
| to obtain | | |

**2**  Vervollständigen Sie die folgenden Sätze, indem Sie jeweils eins der oben angegebenen Verben in der richtigen Form einfügen.

a  Drogen werden von den meisten jungen Verbrauchern von ihren Freunden ____.
b  Wenn Jugendliche „weiche Drogen" kaufen, können sie in die Nähe von Menschen ____, die ihnen Heroin und Kokain anbieten.
c  Forscher haben ____, daß fast genauso viele Frauen wie Männer illegale Drogen konsumieren.
d  Weil Kinder zu oft mit unnötigen Medikamenten ____ werden, „lernen" sie sehr früh, Probleme mit Drogen zu bewältigen.
e  Es besteht die Gefahr, daß fast überall, wo sich Jugendliche treffen, Drogen ____ werden.
f  Wie ____ sich eigentlich Jugendliche, die durch Drogen gefährdet sind, von den Nichtgefährdeten?
g  Ist Alkohol als „weiche" oder „harte" Droge zu ____?
h  Laut Wissenschaftlern kann der Konsum von Drogen wie Alkohol und Tabak die Distanz zum Drogengebrauch generell ____.

# 4.4

# *Drogen: Informieren Sie sich!*

In der zweiten Hälfte des *Brigitte*-Artikels gibt man weitere Informationen über die Gefahren von Drogen, und schlägt vor, wie man junge Leute darüber aufklären kann.

## Was bedeuten Drogen für Jugendliche?

Gefährdete Jugendliche reizt am Anfang weniger die Droge selbst als vielmehr die Gruppe, die Drogen benutzt. Typisch die Schilderung eines ehemals Abhängigen: „Ich wollte dazugehören, hatte beim Kiffen zwar nur ein dumpfes Gefühl in der Magengegend, gab das aber nicht zu, sondern beobachtete die Reaktion der anderen und redete mit: Das haut ja rein, das Zeug, das bringt's!" Jugendliche mit einem negativen Selbstbild, die sich als schwach, als unattraktiv empfinden, geraten rasch in diesen verhängnisvollen Gruppensog. „Gestärkt" von der Droge fühlen sie sich souverän, selbstsicher, gelassen. Drogen machen „cool", machen „ein geiles Gefühl, wer Drogen nimmt, hat keine Probleme mehr" – das ist die Ideologie.

*Dazugehören wollen – das Motiv für den ersten Joint.*

## Hilft Aufklärung und Warnung?

Viele Jugendliche reagieren auf Drogeninformationen wie auch auf Aids-Warnungen nur noch mit „O Gott, schon wieder". Informationen müssen vom Kopf in den Bauch kommen, sollen sie tatsächlich etwas bewirken. Und das gelingt nicht mit Broschüren und Plakaten und schon gar nicht mit Abschreckung. Sicher braucht das Kind als Basis ein ausreichendes Wissen über Drogen. Daneben aber muß das Selbstvertrauen dasein, daß sich schwierige Situationen anders lösen lassen als mit Hilfe von Drogen.

Eltern, deren Kinder Probleme haben, sollten sich davor hüten, sich selbst als leuchtendes Beispiel darzustellen, etwa mit Sätzen wie: „Als ich in deinem Alter war, hab ich das so und so gemacht." Ehrliche Schilderungen der eigenen Schwierigkeiten klingen glaubwürdiger und sind für das Kind akzeptabler.

## Welche Altersgruppe ist am meisten gefährdet?

Es gibt Zehnjährige, die ständig schnüffeln, es gibt den zwölfjährigen massiven Haschischraucher, es gibt den 13jährigen abhängigen Fixer – dennoch ist Drogenkonsum in so frühem Alter nicht die Regel. Wiederholte, umfangreiche Untersuchungen kommen zum Ergebnis: Das Haupteinstiegsalter in den Konsum illegaler Drogen liegt zwischen 16 und 19 Jahren. Durchschnittlich mit 17 probieren junge Leute zum erstenmal Drogen; junge Mädchen fangen früher damit an als Jungen. Sie machen häufiger bereits vor Vollendung des 16. Lebensjahres erste Drogenerfahrungen.

## Sind Großstadtkinder gefährdeter als Kinder vom Land?

Drogen gibt es überall, in kleinen Städten ebenso wie in großen. Aber in ländlichen Regionen werden weniger harte Drogen konsumiert – was freilich nicht heißt, daß die Situation für die Betroffenen dort einfacher ist: Drogenberatungsstellen sind auf dem Lande dünn gesät. Dazu kommt: Ein Ratsuchender fällt auf – Anonymität läßt sich in kleinen Gemeinden schwer wahren.

## Wie gefährlich ist die Heroinspritze im Sandkasten?

Keine übertriebene Panik, wenn Ihr Kind beim Spielen eine Heroinspritze findet. Die Aids-Gefahr ist gering. Voraussetzung für eine Infektion wäre nicht nur, daß das Kind sich sticht, sondern auch, daß frische Blutreste in der Spritze sind, sie also erst vor ganz kurzer Zeit weggeworfen wurde. Das Virus stirbt an der Luft sehr schnell ab.

Kleinen Kindern, die noch nicht verstehen, was Drogen sind, kann man etwa sagen, daß die Spritze ein Werkzeug ist, womit sich Leute ein gefährliches Gift spritzen; diese Leute seien so krank, daß sie die Gefahr nicht erkennen. Schärfen Sie Ihrem Kind ein, daß es die Spritze nicht anfassen soll, um sich nicht damit zu verletzen und ebenfalls schwer krank zu werden. Stellt Ihr Kind weitere Fragen, beantworten Sie diese so klar wie möglich; gerade, weil es um Drogen geht, müssen Sie glaubwürdig bleiben. Damit Ihr Kind sich auch weiterhin an Sie wendet, wenn es Fragen zu diesem Thema hat.

---

**A** Nachdem Sie die Informationen gelesen haben, füllen Sie folgende Tabelle aus:

| Substantiv | Adjectiv | Verb |
|---|---|---|
|  | gefährdet |  |
| Schilderung |  |  |
|  | verhängnisvoll |  |
| Aufklärung |  |  |
|  | leuchtend |  |
|  | ehrlich |  |
|  | abhängig |  |
| Vollendung |  |  |
|  | übertrieben |  |
| Spritze |  |  |
|  | klar |  |

**B** Lesen Sie die Informationen nochmals durch und beantworten Sie folgende Fragen:

1 Was hat das Gruppengefühl mit dem Zugang zur Drogenszene zu tun?

2 Wie würden Sie die „Philosophie" der Drogenkultur erklären?

3 Was hilft den Jugendlichen dabei, sich nicht durch Drogen verleiten zu lassen?

4 In welchem Alter fängt man normalerweise mit Drogen an?

5 Wie unterscheidet sich der Drogenkonsum zwischen Großstadt und Land?

6 Wie sollte man reagieren, wenn seine Kinder ein gebrauchtes Drogenbesteck am Strand oder auf der Straße finden?

7 Was müssen wir als Erwachsene für Kinder tun, um ihnen während der Jahre, in denen sie besonders gefährdet sind, zu helfen?

## C  *Arbeit zu zweit: Rollenspiel*

Lesen Sie das Material im *Brigitte*-Artikel noch ein- oder zweimal durch, um die nützlichsten Tips herauszusuchen.

Partner[in] A und Partner[in] B sind zwei ängstliche Eltern, die in einer Konditorei Kaffee trinken und die ihr Bestes tun, soviel wie möglich über die Drogenszene herauszufinden, damit sie ihren Kindern im Notfall helfen könnten. Sie tauschen die Tatsachen aus, die sie schon wissen, indem sie folgende Fragen stellen:

*Partner[in] A:*
Was sind illegale Drogen?
Was für eine Rolle spielt Alkohol dabei?
Gibt es wirklich „Einstiegsdrogen"?
Wie kommen Kinder an Drogen?

*Partner[in] B:*
Was bedeuten Drogen für Jugendliche?
Inwieweit helfen Aufklärung und Warnung?
Welche Altersgruppe ist am meisten gefährdet?
Wie gefährlich sind Spritzen, die man auf der Straße usw. findet?

## D  Übersetzen Sie diese Bearbeitung einiger Ideen im Text ins Deutsche.

*Nowadays it is practically impossible for young people to avoid coming into at least close contact with the drugs' scene. By sixteen or seventeen, they will in all probability have come across injecting-kits, spied their fellow pupils dosing themselves or met someone or other at a party, who has brought some of the new synthetic drugs. In order to protect our youth, we should provide them with sufficient knowledge of drugs as a basis for some self-defence. In addition, we should try to encourage their self-reliance, so that they will be able to solve their personal crises without recourse to drugs.*

### ANWENDUNG *und* ERWEITERUNG

**Zum Nachlesen:** 4.4 Drogen: Informieren Sie sich!

**Zum Nachschlagen:** Substantive

**Zum Wiederholen:** 3.12

**Zum Üben**

Vervollständigen Sie die folgenden Sätze, indem Sie die auf englisch gedruckten Wörter ins Deutsche übersetzen. Die benötigten Substantive finden Sie im Artikel.
1 (Amongst young people) gibt es oft einen großen Gruppenzwang, Drogen zu probieren.
2 (While playing in a sand-pit) fand (the boy) eine alte Spritze.
3 Das größte Problem (of many people seeking advice) auf dem Lande ist der Mangel (of anonymity).
4 Manchmal versuchen ehemalige (addicts), den jetzigen (addicts) Hilfe zu leisten.
5 Obwohl sie das Gegenteil behaupten, haben (many young people) wenig Spaß (in smoking marijuana).
6 (A ten year old), der drogenabhängig ist, gibt es selten.
7 Die Obrigkeiten müssen sich immer neue Wege einfallen lassen, (young people) (important information) über Drogen nahezubringen.
8 (Drug advice centres) sind für alle da, (people seeking advice) wie (fixers).

## 4.5

# *Jetzt ist er endlich trocken . . .*

Jetzt wissen wir vielleicht mehr über Drogen und haben ein besseres Verständnis für das Ausmaß des Problems. Hören wir als nächstes vier Deutsche, die auch betroffen sind. Und das ist vielleicht die erste Lehre: sprechen wir nicht nur von Süchtigen, sondern auch von Angehörigen, die fast in gleichem Maße in das Problem verwickelt sind wie die Süchtigen selbst.

**A**  Hören Sie den Interviews gut zu. In welchem Gespräch (1–4) hören wir eine Person, die . . .

**a** nicht versteht, warum ihr Mann Drogen nimmt
**b** keine Ausreden für ihren Mann erfinden will
**c** Angst vor der Hochzeit hat
**d** nicht an der Therapie ihres Mannes teilnehmen will
**e** die Probleme von Alkoholikern und Alkoholikerinnen versteht
**f** vorschlägt, die Frau sollte auch zum Seminar gehen
**g** glaubt, das Liebespaar sollte sein Geld getrennt halten

**B**  Finden Sie jetzt aus den Gesprächen die Aussagen heraus, die die Behauptungen in A näher erklären.

**C** Nachdem Sie die Hörtexte gelesen haben, vervollständigen Sie folgende Definitionen:

1 Ein Alkoholiker ist . . .
2 Spielsüchtig . . .
3 Eine Selbsthilfegruppe . . .
4 Eine stationäre Therapie ist . . .
5 Ein Angehörigen-Seminar ist . . .
6 Ein[e] Suchtberater[in] ist eine Person, . . .

**D** *Arbeit zu zweit: Rollenspiel*

Partner[in] A ist Alkoholiker[in]. Partner[in] B ist Suchtberater[in] und versucht, die süchtige Person zu beraten.
ODER
Partner[in] A ist die Schwester/der Bruder eines Alkoholikers und spricht mit B, einem Suchtberater/einer Suchtberaterin, um herauszufinden, wie man der Schwester/dem Bruder helfen kann.

# 4.6

# *Sollen die „weichen" Drogen legalisiert werden?*

Jetzt kommen wir zu einem Thema, über das die Gelehrten noch nicht einig sind. Wäre es wünschenswert, einige Drogen zu legalisieren? Warum, und wem würde das helfen?
Lesen Sie weiter . . .

### Fernseh-Diskussion

Spätestens seit ein Lübecker Amtsrichter ein aufsehenerregendes Urteil in Sachen „weiche" Drogen sprach, ist die Diskussion wieder eröffnet: Wie schädlich sind Haschisch und Marihuana wirklich? Sollten sie angesichts von – geschätzten – drei Millionen Konsumenten in Deutschland legalisiert werden? Die „Doppelpunkt"-Gäste diskutieren unter der Leitung von Michael Steinbrecher mit.

**ZDF – Mittwoch, 8. Juli, 21 Uhr: „Doppelpunkt – Fürs Kiffen in den Knast?"**

**Der Zug der Zeit: Viele halten Haschisch und Marihuana für weniger gefährlich als Alkohol und Nikotin. Ein Grund zur Freigabe?**

**A** Übersetzen Sie diesen Programmhinweis ins Englische.

**B** Füllen Sie den folgenden Fragebogen aus, um Ihre Einstellung zu „weichen" Drogen klar darzulegen:

✓  ✗

Haschisch und Marihuana sind gefährlich

Alkohol und Nikotin sind weniger gefährlich als Haschisch

Die „weichen" Drogen sollen legalisiert werden

Die Designer-Drogen sollen verboten bleiben

„Weiche" Drogen sind „Einstiegsdrogen" zur Drogenszene

Alle Drogen sollen verboten werden

Drogen sollten auf ärztliches Rezept verfügbar gemacht werden

Warum die ganze Diskussion? Das Drogenproblem finde ich übertrieben

Alle Rauschgiftsüchtigen sollten verhaftet werden

Am Steuer betrunken zu sein muß unbedingt zur Verhaftung führen

Erwachsene sollten nicht in Anwesenheit von Kindern rauchen

## C *Arbeit zu zweit: Sprechen*

Sind Sie auf dem laufenden?
Was haben Sie bis jetzt in dieser Einheit gelernt?
Machen Sie mit dem Partner folgende Tests über die wichtigen Tatsachen, die Sie schon gelesen oder gehört haben:

*Partner[in] A fragt Partner[in] B . . .*

1 Nennen Sie die englischen Ausdrücke für . . .
   Rauschdrogen
   Süchte
   Magersucht
   Zwangsverhalten
   selbstzerstörerisch [5]
2 Falsch oder richtig?
   Süchtige können unter ererbten
      Veranlagungen leiden.
   Die Endorphine wirken ähnlich wie
      Morphium.
   Marihuana ist die meist gebrauchte Droge.
   10% der Süchtigen halten sich an LSD.
   Es gibt sehr viele 13-jährige abhängige
      Fixer. [5]

*Partner[in] B fragt Partner[in] A . . .*

1 Finden Sie die englischen Ausdrücke für . . .
   Suchtkranke
   Eß-Brech-Sucht
   einverleiben
   Spritze
   Suchtstoffen [5]
2 Falsch oder richtig?
   Die Endorphine verstärken Schmerz und
      Hunger.
   Sie vermitteln auch Hochstimmung und
      Glücksgefühle.
   Die meisten Haschischraucher werden später
      Heroin nehmen.
   *„Alkoholfreies"* Bier kann bis zu 2%
      Alkoholanteil haben.
   Bei einer stationären Therapie muß man
      stillstehen. [5]

---

### ANWENDUNG *und* ERWEITERUNG

 **Zum Nachlesen:** 4.6 Sollen die „weichen" Drogen legalisiert werden?

 **Zum Nachschlagen:** Das Passiv

 **Zum Wiederholen:** 1.5, 2.10

 **Zum Üben**

Setzen Sie die folgenden Sätze ins Passiv um. Machen Sie von der jeweils vorgeschlagenen Methode Gebrauch:

1 Ein Lübecker Amtsrichter sprach ein überraschendes Urteil in Sachen „weiche" Drogen. (werden)
2 Man hat die Diskussion wieder eröffnet. (sein)
3 Die „Doppelpunkt"-Gäste diskutieren das Thema unter der Leitung von Michael Steinbrecher. (werden)
4 Es ist schwer, diese Frage zu beantworten. (sich lassen)
5 Soll man eine Droge legalisieren, bloß weil es so viele Konsumenten gibt? (werden)
6 Die Folgen eines solchen Schritts darf man nicht unterschätzen. (Infinitiv mit zu)
7 Aber den Verbrauch einiger Drogen hat man fast überall in der Gesellschaft akzeptiert. (sein)
8 Nach der Meinung vieler wäre es möglich, Drogen wie Haschisch sofort zu legalisieren. (sich lassen)
9 Was dieses Thema betrifft, kann man meine feste Überzeugung nicht ändern. (Infinitiv mit „zu")
10 Wir dürfen keine Gesellschaft schaffen, in der man solche selbstzerstörerischen Aktivitäten erlaubt. (werden; sein)

---

# 4.7

# *Der Preis der Sucht*

Süchtige geben Geld für ihren Stoff aus, aber wer bezahlt die soziale Rechnung? Etwa die Fixer und die Kiffer selbst? Stimmt es, daß die Gesellschaft für die soziale Rechnung aufkommt und daß die Durchschnittsbürger die Kosten indirekt begleichen? Lesen Sie *„Der Preis der Sucht"*, um weitere Informationen zu erhalten.

### DROGEN

1 Jeder zweite Kfz-Bruch, jeder fünfte Raub und jeder dritte Einbruch geht nach Berechnungen des Gießener Kriminologen Arthur Kreuzer mittlerweile auf das Konto der Drogensucht. Selbst das „Unterlassen einsamer Spaziergänge" aus Angst vor kriminellen Übergriffen bedürftiger Fixer, so rechnete die *Wirtschaftswoche* ihren Lesern vor, gehöre zu den sozialen Kosten der Prohibition.

2 Gemessen an dem Schaden, den die staatliche Verfolgung anrichtet, ist der Erfolg der Fahnder kümmerlich. Von den 90 000 Tatverdächtigen des vergangenen Jahres wurden nicht einmal zehn Prozent des Drogenhandels bezichtigt – dessen Bekämpfung ja das eigentliche Ziel der Polizeiarbeit ist. Am spektakulären Scheitern der Strafverfolger beim Kampf gegen die Droge sind nicht zu schlaffe Gesetze oder die zu geringe Zahl der Fahnder schuld. Das Problem liegt darin, daß die Ermittler gegen ein Phantom arbeiten. Das Böse, das es nach dem Betäubungsmittelstrafrecht zu bekämpfen gilt, ist nicht recht faßbar.

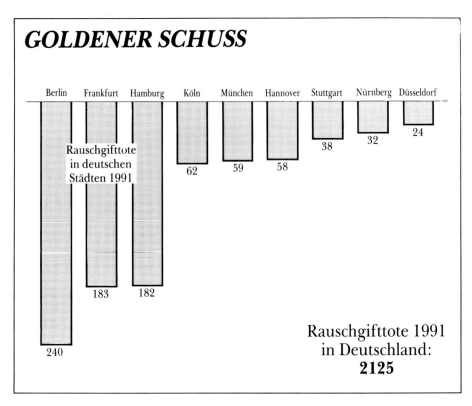

## GOLDENER SCHUSS

| Berlin | Frankfurt | Hamburg | Köln | München | Hannover | Stuttgart | Nürnberg | Düsseldorf |

Rauschgifttote in deutschen Städten 1991

240  183  182  62  59  58  38  32  24

Rauschgifttote 1991
in Deutschland:
**2125**

---

**7** Die Frage, nun erneut aktuell, ist in Westdeutschland etwa so alt wie die Apo: Warum sollen erwachsene Bürger sich nicht ebenso mit Kokain wie mit Alkohol oder Kaffee berauschen dürfen? Einige Rechtspolitiker, etwa der Bremer Kriminologe Böllinger, sind mit klaren Antworten zur Hand: „Die Bevormundung des Bürgers", welche Drogen er nehmen dürfe, sagt der Wissenschaftler, „ist nicht gerechtfertigt." Es gebe, so Böllinger, für „freie Bürger ein geschütztes Recht auf Selbstschädigung" – sogar auf Selbsttötung.

**8** Ganz so einfach liegt die Sache freilich nicht. Wenn Selbstmordversuche auch nicht strafbar sind, so gibt es doch Konsens darüber, daß die Polizei einem Selbstmörder in den Arm fallen, ihn zu seinem eigenen Schutz sogar festnehmen darf. Doch das schlichte Motto „Mein Rausch gehört mir" macht derzeit mal wieder die Runde.

---

**3** Wer beispielsweise bestohlen wird, geht zur Polizei und macht eine Anzeige: Wer Drogen kauft, fühlt sich nicht mal geschädigt – wer sie einnimmt, sieht erst recht keinen Grund zur Klage.

**4** Keine andere Strafrechtsnorm – die Vorschriften über Landesverrat einmal ausgenommen – macht es so schwer, zwischen Tätern und Opfern, zwischen gut und schlecht zu unterscheiden. Wen schützt das Drogenstrafrecht – und vor wem?

**5** In Argumentationsschwierigkeiten haben sich die Strafrechtler mit dem – in der Rechtsordnung unüblichen – Verbot der Selbstbeschädigung gebracht. Da es strafbar ist, sich selbst mit Rauschgift zu versorgen und sich auf diese Weise der Suchtgefahr auszusetzen, sind Täter und Opfer notwendig identisch. Aus dieser Klemme rettet sich die Strafrechtslehre mit einem Konstrukt: Schutzgut des Drogenrechts sci, so die Gesetzesbegründung, nicht nur die Gesundheit der einzelnen Drogenkonsumenten, sondern auch die der „Allgemeinheit".

**6** Wie fragwürdig diese an die Gesundheitsideale des Dritten Reiches („Volksgesundheit") erinnernde Konstruktion ist, macht die Gegenfrage deutlich: Vor wem soll die Volksgesundheit geschützt werden? Na, vor dem Volk. Die windige Rechtsgrundlage der Drogenpolitik zwingt die Justiz nicht nur dazu, ständig die Falschen anzuklagen, sie provoziert geradezu die Frage nach der Legitimität des staatlichen Drogenverbots. Gibt es überhaupt eine seriöse Begründung für den Versuch des Staates, eine drogenfreie Gesellschaft zu erzwingen?

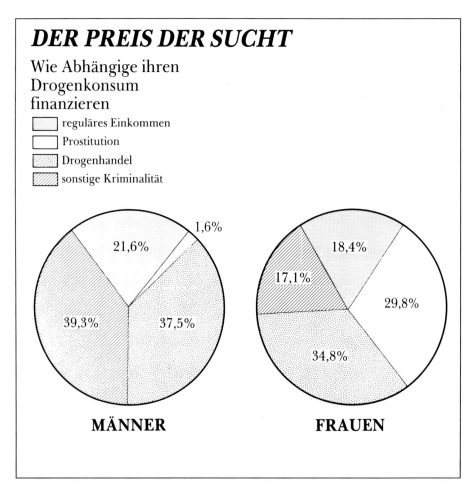

## DER PREIS DER SUCHT

Wie Abhängige ihren Drogenkonsum finanzieren

- reguläres Einkommen
- Prostitution
- Drogenhandel
- sonstige Kriminalität

**MÄNNER**

1,6%  21,6%  39,3%  37,5%

**FRAUEN**

18,4%  17,1%  29,8%  34,8%

**A** Nachdem Sie den Artikel gelesen haben, suchen Sie aus dem Text das Gegenteil von . . . heraus:

1 später
2 Verbesserung
3 kommend
4 monoton
5 gebräuchlich
6 Erlaubnis
7 Täter
8 Frage
9 unreif
10 verzeihlich

**B** Lesen Sie den Artikel nochmals durch und stellen Sie Überschriften und Absätze passend zusammen:

*Absatz*

**a** Wenn ich süchtig bin, so ist das meine Sache!

**b** Die Drogenhändler werden nicht gefaßt!

**c** Das Gesetz scheint widersprüchlich zu sein

**d** Fixer führen 50% aller Autodiebstähle aus

**e** Ist das Drogenverbot gerecht?

**f** Wie schwer ist es, zwischen Verbrecher und Geschädigtem zu unterscheiden!

**g** Normale Bestohlene gehen viel eher zur Polizei!

**h** Man hat das Recht, sich selbst zu schaden

**C** *Arbeit zu zweit: Sprechen*

Partner[in] A erklärt Partner[in] B die Tabelle „*Goldener Schuß*".
Partner[in] B erklärt Partner[in] A das Kreisdiagramm „*Der Preis der Sucht*". Der/die andere Partner[in] hört zu und sagt nachher, was ihn/sie überrascht hat.

**D** Finden Sie folgende Informationen im Text:

1 Der Prozentsatz folgender Verbrechen, die mit dem Drogenkonsum verbunden sind:
  **a** Einbruch
  **b** Autodiebstahl
  **c** allgemeiner Raub
  **d** bezichtigter Drogenhandel

2 Was ist beim Auffinden der Händler problematisch?

3 Was hat die „Allgemeinheit" mit dem Drogenstrafrecht zu tun?

4 Was sind die schwierigen philosophischen Fragen für das Gesetz und für diejenigen, die uns vor Drogen schützen?

## ANWENDUNG *und* ERWEITERUNG

 **Zum Nachlesen:** 4.7 Der Preis der Sucht

 **Zum Nachschlagen:** Der Konjunktiv in der indirekten Rede

 **Zum Wiederholen:** 1.1, 2.6, 2.7

**Zum Üben**

*paragraphs*

**1** Suchen Sie die vier Verben heraus, die im Text im Konjunktiv I vorkommen. In welchen Absätzen erscheinen sie?

**2** Stellen Sie sich vor, daß der dritte und vierte Absatz des Artikels aus einem Vortrag stammen und in die indirekte Rede umgesetzt werden müssen. Wie müßten die Verben jetzt richtig heißen?

| | Direkte Rede | Indirekte Rede |
|---|---|---|
| **3. Absatz** | sind | saien |
| | liegt | liege |
| | arbeiten | arbeiteten |
| | gilt | gelte |
| | ist | sei |
| **4. Absatz** | wird | werde |
| | geht | gehe |
| | macht | mache |
| | kauft | kaufe |
| | fühlt | fühle |
| | einnimmt | ein nehme |
| | sieht | sehe |

# 4.8

## Das Böse aus der Büchse

Das Problem der harten Drogen ist inzwischen so vielschichtig geworden, daß man versucht, das Problem auf eine andere Art zu lösen, indem man einige oder sogar alle Drogen legalisiert. Was halten Sie von dieser Lösung? Lesen Sie jetzt „*Das Böse aus der Büchse*", und bilden Sie Ihre eigene Meinung dazu.

**Polizei-Aktion gegen Süchtige (am Frankfurter Hauptbahnhof):** „Aller Einsatz und alle Erfolge führen nicht weiter"

Die deutsche Drogenpolitik steht vor der Wende. Staatsanwälte und Polizeichefs halten die Jagd auf Dealer mittlerweile für aussichtslos. Um der Rauschgiftmafia das Geschäft zu verderben und das Fixer-Elend zu lindern, gibt es nach Ansicht von SPD-Politikern und Drogenexperten nur noch ein Rezept: Heroin vom Staat.

Für den Hamburger Kripochef Wolfgang Sielaff war die Polizeiaktion ein schöner Erfolg. 100 Kilo Heroin auf einmal erwischt man nicht alle Tage.

Über ein halbes Jahr lang hatten bis zu 100 Spezialisten für Organisierte Kriminalität sowie Rauschgift- und Zollfahnder an dem Fall gearbeitet. 5000 Überstunden hatten die Fahnder angehäuft, um der türkischen Gang Tag und Nacht auf den Fersen zu bleiben.

Dann schlugen sie zu. 54 Drogenhändler wurden verhaftet, Stoff genug für 200 000 Schüsse beschlagnahmt. „Erstmals", lobt der Hamburger Innensenator Werner Hackmann (SPD) den Coup vom Dezember, sei es gelungen, „die gesamte Hierarchie eines Lieferstranges zu ermitteln und auf allen Ebenen zu zerschlagen."

Nach einem zweiten schweren Schlag gegen die Dealer-Mafia im Frühjahr gab es am Hamburger Hauptbahnhof deshalb einen vorübergehenden Engpaß in der Heroinversorgung. Das Straßengramm zog beim einschlägigen Handel von 80 auf 150 Mark an.

Schöner Erfolg. In ihren schwärzesten Stunden, wenn sie nachts über den Hauptbahnhof irrt und nach den vertrauten Gesichtern der Heroin-Dealer sucht, verflucht Marcella Papenmeyer, 46, die Rauschgiftfahnder.

Immer wieder kratzt sie Geld zusammen, weil sie nicht mehr weiß, wie sie ihrer Tochter noch anders helfen soll. Susanne, 25, hat, so ihre Mutter, „kaum noch Stellen, wo sie spritzen kann".

Susanne braucht, wenn sie nicht gerade auf Therapie ist, drei bis vier Gramm Heroin am Tag. Und wenn sie selbst, etwa nach einem Kreislaufkollaps, nicht mehr hochkommt, dann rennt die Mutter los, auf den Hauptbahnhof. Vielleicht ist es verwerflich, wenn eine Mutter ihrer Tochter Heroin besorgt – aber was soll sie tun? „Ein drogenfreies Leben wär' was Schönes", sagt Mutter Papenmeyer, doch die großen Erfolge von Hackmanns Leuten können Susanne wenig helfen: „Die machen doch alles nur noch schlimmer."

Als nächstes werden sie eine Akte anlegen über Marcella Papenmeyer, mit dem SPIEGEL-Artikel, den Namen mit Filzstift markiert, als erstem Blatt: Auf die Weitergabe von Heroin, auch in kleinsten Mengen, auch von Müttern an Töchter, steht Strafe bis zu vier Jahren Haft.

So geht das immer weiter. 90 000 Akten legen die Ermittler jedes Jahr an, mehr als 2000 Drogenfahnder nehmen allein in der alten Bundesrepublik jeden Tag fast 250 Drogentäter fest, 15 Tonnen Rauschgift wurden letztes Jahr vom Markt genommen. Doch niemandem ist geholfen.

Es gibt immer mehr Süchtige, immer mehr Drogen – und immer mehr Tote, 1991 waren es 2125, bis Ende Juli 1992 schon wieder 1180. Der Unsinn, so scheint es, hat Methode.

Daß mit der Methode etwas nicht stimmen kann, räumen mittlerweile selbst Drogenfahnder und Innenpolitiker ein. Ganz offen fordern erstmals Richter, Polizeichefs und Staatsanwälte, das elende Dealer-und-Gendarm-Spiel endlich bleibenzulassen.

„Legalisierung", einst provokative Parole linker Systemveränderer, ist zum ernsthaften Thema der bundesdeutschen Innenpolitik geworden. In Deutschland wie ähnlich auch in anderen europäischen Ländern versprechen sich Sucht-Experten von einer Drogenfreigabe mit Augenmaß den Zusammenbruch des mörderischen Schwarzmarktes und eine Linderung des Fixer-Elends.

Hochrangige Justizpolitiker wie der hessische Generalstaatsanwalt Hans Christoph Schaefer, 56, oder dessen oberster Rauschgiftbekämpfer, der Frankfurter Oberstaatsanwalt Harald Hans Körner, 48, denken öffentlich darüber nach, wie das Strafrecht sich aus dem Drogenproblem „ausschleichen" könne, weil es nicht anderes schaffe als ein „böses Klima".

Fahnder und Ankläger in vielen Bundesländern zweifeln laut am Nutzen ihrer Arbeit.

**Liberalisierungs-Parolen bei einer Demonstration in Dortmund**

„Die Kollegen erleben doch täglich, daß aller Einsatz und alle Erfolge nicht weiterführen", sagt der Dortmunder Polizeipräsident Wolfgang Schulz, 55. Der Beamte fordert die Freigabe „nicht nur von Hasch, sondern aller harten Drogen, einschließlich Heroin".

Ähnlich problematisch sieht die Arbeit der eigenen Leute auch Schulz' Bonner Kollege Michael Kniesel. Die polizeilichen Kapazitäten würden derzeit, so Kniesel, „zu einem Großteil falsch eingesetzt", eine Liberalisierung der staatlichen Drogenpolitik würde sich „aus polizeilicher Sicht lohnen".

Auch Ärzte befürworten eine Liberalisierung. Eine Umfrage des konservativen Hartmannbundes unter mehr als 2000 Ärzten in Hamburg ergab kürzlich: Fast jeder zweite unterstützt die staatliche Abgabe harter Drogen. Vergangene Woche forderte der Berliner Ärztekammer-Präsident Ellis Huber die Freigabe weicher Drogen, schließlich seien Haschisch und Marihuana für die Gesundheit „weniger schädlich als Alkohol oder Tabak".

---

| der Zollfahnder | *customs investigator* |
| auf den Fersen bleiben | *to be on the tail (heels) of* |
| beschlagnahmen | *to confiscate* |
| der Lieferstrang | *supply chain* |
| der Engpaß | *bottle-neck* |

---

**A** Lesen Sie den Artikel ein- oder zweimal durch und beantworten Sie folgende Fragen in eigenen Worten:

**1** Was wäre die Lösung des Hartdrogenproblems laut den Experten?
**2** Hat die Hamburger Polizei während ihrer letzten Drogenaktion hart arbeiten müssen? Begründen Sie Ihre Antwort.
**3** Inwieweit war diese Operation erfolgreich?
**4** Was war der Nachteil dieser Aktion für Fixer?
**5** Wie sehen Mütter wie Frau Papenmeyer die Erfolge der Polizei?
**6** In welchem Maße sind die Aktionen von Ermittlern und Fahndern bundesweit erfolgreich?
**7** Was wären die Vorteile einer „Legalisierung" der harten Drogen?
**8** Inwieweit würde das auch der Polizei helfen?
**9** Sind die ärztlichen Experten der gleichen Meinung oder nicht?

**B** Bauen Sie Sätze aus folgenden Wortgruppen auf, die dem Sinne des Artikels entsprechen:

**1** Drogenexperten neulich Meinungen verändern
**2** Erfolg Polizei Elend Fixer
**3** Eltern Kindern Geld helfen.
**4** bundesweit Polizeiaktionen lösen nicht
**5** Zahl Süchtige Drogen aufwärts

**C** Übersetzen Sie folgende Bearbeitung einiger Ideen im Bericht ins Deutsche:

*A highly controversial question on the internal German political scene is the legalisation of both soft and hard drugs, in order to promote a collapse in the awful black-market and with it an easing of the addicts' misery. Such a liberalisation would also be worthwhile from the point of view of the police, since they see it as pointless to chase the dealers and simply worsen the position of ordinary addicts. Better to ruin business for the drugs mafia and to help addicts by a straightforward prescription: drugs on the State!*

## ANWENDUNG *und* ERWEITERUNG

 **Zum Nachlesen:** 4.8 Das Böse aus der Büchse

 **Zum Nachschlagen:** Verben: das Plusquamperfekt, das Imperfekt

 **Zum Wiederholen:** 1.1, 2.7

 **Zum Üben**

Lesen Sie den Artikel von **„Über ein halbes Jahr . . ."** bis **„200 000 Schüsse beschlagnahmt"** noch einmal durch. Entscheiden Sie, welche der untenstehenden Sätze Handlungen beschreiben, die noch *vor* der Aktion der Hamburger Kriminalpolizei stattgefunden haben. Diese acht Sätze sollen Sie im *Plusquamperfekt* ausschreiben. Die anderen Sätze, die die Handlungen *nach* der Aktion beschreiben, sollen Sie im *Imperfekt* ausschreiben.

1 Ein Pressesprecher (bekanntgeben) Einzelheiten über den Erfolg der Kriminalpolizei.
2 Spezialisten (verhören) Informanten.
3 Die Fahnder (sich verborgen halten) in Verstecken überall in Hamburg.
4 Man (beobachten) monatelang die Bewegungen der Gangmitglieder.
5 Stundenlang (verhören) die Polizei die verhafteten Drogenhändler.
6 Die Polizei (zusammenarbeiten) mit Drogenfahndern aus vielen anderen Ländern.
7 Gerichtsmediziner (prüfen) die Drogen nach ihrer genauen Zusammensetzung.
8 Alle Beteiligten (sich vorbereiten) möglichst gründlich auf die Aktion.
9 Die Drogen (zerstört werden) an einem sehr sicheren Ort.
10 Sonderwaffen und kugelsichere Westen (verteilt werden) an alle Polizeibeamten.
11 Der Kripochef (fliegen) höchstpersönlich in die Türkei, um sich über die Methoden der Schmuggler zu informieren.
12 Gespräche zwischen Gangmitgliedern (abgehört werden).

# 4.9

# *Verbote helfen nicht – 1*

Wie kann man Süchtigen Beistand leisten? Was sollte man wissen, um zu helfen? Hören wir jetzt von Gerhard Eckstein, einem sehr mutigen Psychologen, der vielen Menschen geholfen hat.

### „Ich rauche. Gefährde ich mein Kind, weil ich ein schlechtes Vorbild bin?"

*Christina Klette, BRIGITTE-Redakteurin, Ressort Haushalt, ein Sohn (5)*

*Gerhard Eckstein, Diplompsychologe, Jugend- und Drogenberatung Con-Drobs, München*

### „Mit einer Zigarette im Mund das Kind anzuhalten, gesund zu leben, ist widersprüchlich. Das müssen Sie im Gespräch mit ihm offen zugeben."

**A** Lesen Sie diese Fragen durch, hören Sie dann dem Gespräch gut zu und entscheiden Sie, welche Frage zu welchem Teil des Gesprächs paßt.

1 Woran merke ich zu Hause, ob mein Kind etwas nimmt?

2 Sollte man Kinder über Drogen aufklären wie über Sexualität oder Aids?

3 Was halten Sie von einem schlichten Verbot?

4 Viele junge Eltern rauchen ab und zu einen Joint. Ist das auch noch unter „persönlicher Schwäche" vertretbar?

5 Es sind 80 Prozent, die wieder aufhören, oder?

6 In den meisten Schulklassen gibt es von der siebten/achten Klasse an eine Gruppe von Schülern, die Alkohol trinken, rauchen, kiffen. Was können Eltern tun, damit ihr Kind von dieser Gruppe nicht angezogen wird?

7 Und was ist mit Belohnung? Etwa zu sagen: Wenn du bis 18 das Nikotin läßt, bezahl ich dir den Führerschein?

8 Wie sollte man in dieser ersten Phase mit den Kindern reden?

**B** Wie sagt man in den Gesprächen ...

1 I wouldn't differentiate between ...
2 they even have the opposite effect
3 saying no becomes a habit
4 what bad consequences drug-addiction can have
5 I think it's good
6 one indication can be that ...
7 I should like to belong to them
8 Hold off, until you're sure
9 they want to maintain the illusion
10 the fatal thing is that ...
11 from a certain point [in time] on
12 enough of statistics

**C** Hören Sie dem Interview nochmals gut zu und entscheiden Sie, ob Sie folgende Behauptungen gehört haben oder nicht:

|  | ✓ | ✗ |
|---|---|---|
| 1 Kinder von Leuten, die kiffen, sind stärker gefährdet als andere Kinder |  |  |
| 2 Haschisch ist schlimmer als Nikotin |  |  |
| 3 Strafe hilft auf jeden Fall |  |  |
| 4 Bis er 18 ist, wird Gerhard Ecksteins Sohn bestimmt rauchen |  |  |
| 5 Ab 10 sollten Kinder über Drogengefahren informiert werden |  |  |
| 6 In der Familie über Drogen zu sprechen, ist oft Tabu |  |  |
| 7 Es ist nicht sehr schwierig, zu [be]merken, ob seine Kinder zu Hause Drogen nehmen |  |  |
| 8 Oft hat die Attraktivität einer Droge mehr mit der Clique als mit dem Stoff selbst zu tun |  |  |
| 9 Auch wenn Eltern Verdacht schöpfen, tun sie so, als ob alles in Ordnung wäre |  |  |
| 10 Cannabis ist eher eine Einstiegsdroge als Nikotin |  |  |

# 4.10

## *Verbote helfen nicht – 2*

Die Experten beantworten weitere Fragen und erklären, wie sie zur Drogenproblematik stehen.

### „In welchem Alter soll man anfangen, mit Kindern über Drogen zu reden?"

*Bernd Schiller, BRIGITTE-Redakteur, Ressort Reise, eine Tochter (14), ein Sohn (9)*

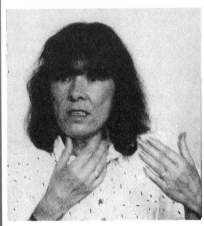

*Helga Perlwitz, Elternkreis Drogengefährdeter und Drogenabhängige Jugendlicher, Hamburg*

### „Ab zehn, elf Jahren. Später kann – leider – die Karre schon im Dreck sein."

**Und wenn das Kind nach der ersten Berührung mit Drogen nicht wieder aufhört, wenn es abhängig wird?**
Perlwitz: Ich sah damals die Schuld einzig und allein bei mir. Ich wollte alles ____, ich geriet in eine Ko-Abhängigkeit.
**Ko-Abhängigkeit?**
Perlwitz: Man wird gewissermaßen mitabhängig. Weil man verhindern will, daß zur Sucht als nächster Schritt Prostitution oder ____ hinzukommen. Ich kenne Mütter, die wieder berufstätig geworden sind, nur um ihrem Kind die Droge zu finanzieren.
**Wer kann schon ertragen, daß das eigene Kind in der Gosse liegt.**
Eckstein: Sie müssen es ertragen. Das ist ____ so kraß und realistisch. Das müssen Menschen lernen, die mit süchtigen Angehörigen zu tun haben. Sie können nicht die minimalste Verantwortung ____ für andere.
Perlwitz: Wir verhindern durch unser Helfen-Wollen jeden Ansatz einer Bereitschaft zur ____. Dadurch fördern wir unbewußt die Sucht.
Eckstein: Die Kehrseite der „Ich-bin-schuld"-Medaille ist fast so etwas wie elterlicher Größenwahn: „Nur ich schaff's, mein Kind da wieder ____. Denn nur ich kenne es ganz genau und liebe es genug."
Perlwitz: Und dann erleben Eltern ein Gefühl der Ohnmacht und der ____, das viele so zu Boden drückt, daß sie vorm Selbstmord stehen. Den gleichen starken Leidensdruck, den ein Süchtiger braucht, um wieder herauszufinden, den ____ auch die Eltern, um sich aus der Ko-Abhängigkeit zu befreien.
**Soll man beim ersten Verdacht gleich zu einer Beratungsstelle gehen?**
Perlwitz: Unbedingt. Sofort.
Eckstein: Man ____ nur nicht hoffen, daß man damit sein Problem abgibt. Viele Eltern kommen und sagen: Löst mir das Drogenproblem meiner 14jährigen Tochter. Aber ____ hat nicht die Tochter das Problem, sondern die Eltern haben es. Die sind in einer Sackgasse, die haben den ____ mit ihrem Kind.
Wilken: Das macht die Sache so schwierig, daß die Eltern sich klarwerden müssen, daß es um sie selbst und nicht um die Kinder geht.
Eckstein: Es geht um die Hilflosigkeit der Eltern. Hilflosigkeit ist aber das Durchgangstor zur Erleichterung. Das nimmt einfach die Last weg, daß ich als Vater überall meine Kontrolle, meine Finger drin haben muß. Da muß ich einfach mal die Unruhe, die Angst aushalten, was macht meine Tochter

jetzt? Macht sie auch keinen Mist? Ich bin schon froh, wenn aus einem Beratungsprozeß herauskommt, daß die Eltern das so begreifen.

**Neben körperlicher gibt es auch die psychische Drogenabhängigkeit. Wie entsteht die?**

Eckstein: Die Droge kann eine Möglichkeit der Krisenbewältigung sein. Nun läuft das aber nicht so, daß ein Jugendlicher ganz bewußt die Droge nimmt, wenn er in einer Krise ist. Das passiert eher zufällig. Er nimmt was, danach fühlt er sich gut; das Problem ist erst mal weg.

Perlwitz: Scheinbar.

Eckstein: Man muß ihm schon glauben, daß er sich gut fühlt. Wenn man ihm das ausreden will, wird er sagen: Du hast überhaupt keine Ahnung; das ist ein affengeiles Gefühl nach einem Joint. Zusätzlich bekommt er noch Anerkennung von der Gruppe, mit der er gekifft hat.

Wilken: Wenn man das akzeptiert, daß die Droge auch eine Möglichkeit zur Krisenbewältigung sein kann, und sie nicht von vornherein nur als etwas Schlechtes, etwas Kriminelles beurteilt, hat man einen wesentlich größeren Freiraum für Perspektiven jenseits der Droge, für alternative Ideen. Jemand kommt tatsächlich nur dann von der Drogensucht los, wenn er alternative Lebensmöglichkeiten sehen kann.

**Es gibt neuerdings Bürger-/Elterninitiativen, die aktiv den Kampf gegen Drogendealer aufnehmen, sie aus ihren Wohnvierteln vertreiben wollen. Was halten Sie davon?**

Eckstein: In Gegenden, wo Drogen offen konsumiert und gedealt werden, kann man die Motive für solche Initiativen gut verstehen. Das Engagement der Bürger kann sehr nützlich sein, wenn es um die Unterscheidung von Abhängigen und wirklichen Dealern geht – die Polizei ist in dieser Frage oft überfordert. Es besteht allerdings auch die Gefahr, daß private Ordnungstrupps entstehen, die Selbstjustiz üben und die Probleme nur in einen anderen Stadtteil verdrängen.

**A** Nachdem Sie den zweiten Teil des Interviews ein- oder zweimal gelesen haben, füllen Sie die Lücken in der ersten Hälfte des Texts aus, indem Sie die Wörter im Kästchen zu Hilfe nehmen:

| | | | |
|---|---|---|---|
| Hilflosigkeit | Kriminalität | wiedergutmachen | darf |
| unternehmen | übernehmen | dürfen | Streß |
| wirklich | zunächst | Umzug | Umkehr |
| rauszuholen | brauchen | | |

**B** Wie stehen Sie zur Drogenproblematik?

**1** Mit welchen der untenstehenden Behauptungen stimmen Sie überein?

**a** Menschen, die mit süchtigen Angehörigen zu tun haben, müssen es ertragen, daß das Kind in der Gosse liegt

**b** Wir behindern durch unser Helfen-Wollen

**c** Man soll beim ersten Verdacht gleich zu einer Beratungsstelle gehen

**d** Die Droge kann eine Möglichkeit der Krisenbewältigung sein

**e** Jemand kommt tatsächlich nur dann von der Drogensucht los, wenn er eine neue Lebensperspektive hat

**f** Das Engagement der Bürger kann sehr nützlich sein

**2** Besprechen Sie Ihre Ergebnisse mit Ihrem Partner/Ihrer Partnerin. Vergleichen Sie Ihre Ergebnisse in der Großgruppe.

**3** Erklären Sie schriftlich Ihre Gründe.

**C** *Arbeit zu zweit: Sprechen*

Partner[in] A und B stellen sich gegenseitig folgende Fragen aus dem Interview und geben ihren persönlichen Standpunkt. Sie können das Material im Text zu Hilfe nehmen:

**a** Viele junge Eltern rauchen ab und zu einen Joint. Ist das auch noch unter „persönlicher Schwäche" vertretbar?

**b** Was halten Sie von einem schlichten Drogenverbot?

**c** Sollte man Kinder über Drogen aufklären? Wenn ja, ab welchem Alter?

**d** Wie sollte man in der ersten Phase mit den Kindern reden?

**e** Soll man beim ersten Verdacht gleich zu einer Beratungsstelle gehen?

**f** Gibt es neben körperlicher auch die psychische Drogenabhängigkeit?

**D** Machen Sie eine schriftliche Kurzfassung (200 Wörter) der Hauptpunkte des Eckstein-Interviews und lesen Sie dann diese Kurzfassung der Großgruppe vor.

## ANWENDUNG *und* ERWEITERUNG

# 4.11

 **Zum Nachlesen:** 4.10 Verbote helfen nicht – 2

 **Zum Nachschlagen:** Relativpronomen; Bindewörter; Demonstrativum

 **Zum Wiederholen:** 1.6, 3.13

 **Zum Üben**

1 Sehen Sie sich diesen Satz, der dem Artikel entnommen wurde, noch einmal an. Welche Rolle spielen die Wörter „das" und „daß"? „Und dann erleben Eltern ein Gefühl der Ohnmacht und der Hilflosigkeit, DAS viele so zu Boden drückt, DAß sie vorm Selbstmord stehen."

2 Vervollständigen Sie die folgenden Antworten auf weitere Fragen, die im Interview gestellt wurden, indem Sie entweder die passende Form des Relativpronomens, das Bindewort „daß", oder das Demonstrativpronomen „das" einfügen:

  a Man muß seinem Kind schon glauben. ____ es sich gut fühlt. Wenn man ihm ____ ausreden will, wird es sagen: Du hast überhaupt keine Ahnung: ____ ist ein tolles Gefühl nach einem Joint. Zusätzlich bekommt es noch Anerkennung von der Gruppe, mit ____ es gekifft hat.

  b Hilflosigkeit ist das Durchgangstor zur Erleichterung, ____ viele so dringend nötig haben. ____ nimmt einfach die Last weg, ____ ich als Vater auf alles eine Antwort haben muß. Ich bin schon froh, wenn aus einem Beratungsprozeß herauskommt, ____ die Eltern ____ so begreifen.

  c Wenn man ____ akzeptiert, ____ die Droge auch eine Möglichkeit zur Krisenbewältigung sein kann, ____ viele trotz allen Gefahren in Anspruch nehmen, hat man einen wesentlich größeren Freiraum für alternative Ideen. Jemand kommt tatsächlich nur dann von der Sucht los, in ____ Bann er geraten ist, wenn er alternative Lebensmöglichkeiten sehen kann.

## *Wer hilft den Angehörigen?*

Wie wir schon erwähnt haben, brauchen auch die Angehörigen von Süchtigen Hilfe und aktiven Beistand. Was kann die Gesellschaft tun, um sie zu unterstützen? In diesem Bericht sind einige Beispiele dessen, was man tun kann.

### ALLEIN SIND SIE ÜBERFORDERT, LASSEN SIE SICH BERATEN

Ein Alkoholiker will, daß seine Frau für ihn lügt, eine Medikamentenabhängige nimmt immer höhere Dosen „gegen den Streß", ein Spielsüchtiger stiehlt – Angehörige von Suchtkranken sind dann oft ratlos. Ulla Fröhling hat mit Fachleuten Antworten auf häufig gestellte Fragen erarbeitet.

### Mein Sohn wird zum Betrüger

Mein 17jähriger Sohn hat Schecks seines Kollegen mit gefälschten Unterschriften eingelöst. Ich habe ihn vor einer Anzeige und vor der Kündigung bewahrt. Immer habe ich ihm aus der Patsche geholfen, trotzdem hört er nicht auf zu spielen. Was mache ich falsch?

### Wir haben Angst, daß sie Drogen nimmt

Meine 15jährige Tochter verändert sich total. Sie bleibt tagelang weg, taucht sonnabends mit merkwürdigen Freunden auf, ißt den Kühlschrank leer. Jetzt sagte mir ein Lehrer, daß ihre Versetzung gefährdet sei und man eine Spritze an ihrem Platz gefunden hätte. Wir sind völlig verzweifelt. Was haben wir nur falsch gemacht?

### Ich habe ihm Bier besorgt

In meinem Haus lebt jemand, von dem ich weiß, daß er Alkoholiker ist. Neulich fand ich ihn in seiner Wohnung, er zitterte und schwitzte stark. Und bat flehend um Schnaps. Ich habe ihm ein Bier geholt. War das falsch?

### Süchtige Eltern – gestörte Kinder?

Ich habe immer Probleme mit Partnerschaften. Jemand hat mich darauf gestoßen, daß der Grund in meiner Kindheit liegen könnte: Mein Vater war alkoholsüchtig.

### Sie hortet Eßwaren

Wir sind sicher, daß eine Frau in unserer WG eßsüchtig ist. Ständig ist der Kühlschrank leer, und in ihrem Zimmer hat sie überall Lebensmittel verteilt, sogar im Papierkorb. Doch sie sagt, sie sei nur unordentlich und an den Kühlschrank gehe sie kaum.

### ABHÄNGIGE LÜGEN UND BETRÜGEN, WEIL SIE NICHT ANDERS KÖNNEN

Sie nehmen ihm viel zuviel ab. Warum tun Sie das? Sie haben die Schecks doch nicht gefälscht. Ihr Sohn muß lernen, für die Folgen seiner Taten geradezustehen. Wenn Sie dafür sorgen, daß er sich ohne Folgen illegal Geld verschaffen kann, tragen Sie dazu bei, daß er immer weiterspielt. Er sollte mit dem Bestohlenen reden und eine Rückzahlung vereinbaren. Daß Sie ihn vor einer Anzeige bewahrt haben, ist verständlich. Andererseits zeigen seine Straftaten, daß er krank ist und eine Therapie und/oder die Unterstützung einer Selbsthilfegruppe braucht. Und Sie sollten in eine Gruppe für Angehörige von Spielern.

Wichtiger ist: Was können wir jetzt tun? Ihre Tochter ist noch sehr jung und braucht Ihren Schutz. Doch wie weit soll der gehen, und wo sind die Grenzen? Welche Regeln muß eine Jugendliche einhalten, und was können Eltern überhaupt leisten? Das kann niemand allein entscheiden. Lassen Sie sich vom Bundesverband der Elternkreise drogenabhängiger Jugendlicher einen Elternkreis in Ihrer Nähe nennen. Dort können Sie offen über Ihre Sorgen sprechen und aus den Erfahrungen ähnlich Betroffener lernen. Wenn Ihre Tochter Hilfe braucht, sollte sie sich an eine Drogenberatungsstelle oder Selbsthilfegruppe wenden.

Wenn Sie keinen Arzt erreichen konnten, kann Alkohol eine Notlösung sein. Was Sie beobachtet haben, waren starke Entzugserscheinungen, die manchmal in ein Delirium übergehen können. Dann sollte man unbedingt den Notarzt oder die Feuerwehr rufen, denn im unbehandelten Delirium

sterben immer noch 20 Prozent der Kranken. Reden Sie mit Ihrem Nachbarn. Vielleicht können Sie ihn bewegen, zu einer Beratungsstelle oder in die Klinik zu gehen.

Mit Süchtigen zu leben, ist gerade für Kinder prägend. Daher kann es sein, daß Sie sich Partner suchen, mit denen Sie genau dasselbe durchmachen. Es ist verführerisch, vertraute Beziehungsmuster zu wiederholen, auch wenn man darunter leidet. Ein neues Buch könnte Ihnen weiterhelfen: Janet G. Woititz, Um die Kindheit betrogen. Hoffnung und Heilung für erwachsene Kinder von Suchtkranken. In Amerika gibt es schon eine Reihe Selbsthilfegruppen für Menschen mit diesem Problem. Sie nennen sich ACOA (Adult Children Of Alcoholics – erwachsene Kinder von Alkoholikern). Auch bei uns bilden sich ähnliche Gruppen. Wenden Sie sich an die Deutsche Hauptstelle gegen die Suchtgefahren oder an die Nationale Kontakt- und Informationsstelle für Selbsthilfegruppen.

Lassen Sie sich nicht beirren. Sagen Sie, was Sie gesehen haben. Sagen Sie Ihrer Mitbewohnerin auch, daß Sie sie mögen, aber daß Sie nicht mit ihrem Verhalten leben wollen. Machen Sie sich klar, daß es nicht Ihr Problem ist, daß Ihre Mitbewohnerin süchtig ist, aber es ist Ihr Problem, daß Sie mit ihr zusammenwohnen. Ob sie etwas ändern will, muß Ihre Freundin selbst entscheiden. Wenn nicht, muß die Gruppe sich selbst schützen – und wenn Sie den Kühlschrank abschließen.

## ANWENDUNG *und* ERWEITERUNG

 **Zum Nachlesen:** 4.11 Wer hilft den Angehörigen?

 **Zum Nachschlagen:** Der Infinitiv mit und ohne „zu"; Modalhilfsverben

 **Zum Wiederholen:** 1.5, 2.9, 3.15

 **Zum Üben**

Lesen Sie die Antworten auf die fünf Fragen noch einmal durch. In diesen Antworten gibt es viele Beispiele des Infinitivs mit und ohne „zu". Suchen Sie einige dieser Beispiele heraus, dann übersetzen Sie die folgenden Sätze ins Deutsche:

1 Living with addicts can be extremely difficult for the whole family.
2 How much can and should parents do to protect children who are addicts?
3 Parents who need advice can have the name of a self-help group in their vicinity sent to them.
4 Addicts who commit crimes must learn to answer for the consequences of their actions.
5 It is sometimes tempting to think that one can solve an addict's problems without asking for help.
6 One mustn't let oneself be misled.
7 Instead of struggling alone, one should always try to involve others.

---

die Anzeige *report (to the police)*
jdm aus der Patsche helfen *to help somebody out of a fix*
für etwas geradestehen *to accept responsibility for something*
die Versetzung *moving up a class*
die Entzugserscheinung *withdrawal symptom*
verführerisch *tempting*

**A** Besprechen Sie mit Ihrem Partner/Ihrer Partnerin Ihre persönliche Lösung für jede Frage. Lesen Sie die Antworten (oben) noch nicht!

**B** Schreiben Sie gemeinsam eine Antwort auf jedes Problem.

**C** Vergleichen Sie Ihre Darstellungen mit den vorgeschlagenen Lösungen gegenüber.

**D** *Gruppenarbeit*

Analysieren Sie und teilen Sie der Großgruppe die Ähnlichkeiten/großen Unterschiede zwischen den zwei Fassungen mit. Einigen Sie sich dann in der Großgruppe auf die besten Lösungsvorschläge.

# 4.12

## Hans Huckebein

Lesen Sie jetzt diesen Auszug aus der Geschichte „Hans Huckebein" von Wilhelm Busch. Diese schicksalschwere Geschichte erzählt von einem Raben, der der Versuchung des alkoholischen Genußes nicht widerstehen konnte.

Die Geschichte besteht aus Reimpaaren. Zu jedem Reimpaar gibt es ein Bild.

**A** Stellen Sie zuerst die Reimpaare zusammen, indem Sie jeder Zeile in Gruppe 1 die passende Zeile aus Gruppe 2 zufügen. Die Zeilen in Gruppe 1 sind schon in der richtigen Reihenfolge.

### Gruppe 1

1 Es duftet süß. – Hans Huckebein
2 Und läßt mit stillvergnügtem Sinnen
3 Er hebt das Glas und schlürft den Rest
4 Er krächzt mit freudigem Getön
5 Ein Vogel, welcher sonsten fleucht*
6 Und Übermut kommt zum Beschluß
7 Er zerrt voll roher Lust und Tücke
8 Der Tisch ist glatt – der Böse taumelt –

### Gruppe 2

a Den ersten Schluck hinunterrinnen.
b Und muß auf einem Beine stehn.
c Das Ende naht – sieh da! Er baumelt.
d Wird hier zu einem Tier, was kreucht*.
e Der Tante künstliches Gestricke.
f Der alles ruinieren muß.
g Taucht seinen Schnabel froh hinein.
h Weil er nicht gern was übrigläßt.

**B** Welches Bild paßt zu welchem Reimpaar?

**C** Lesen Sie den Auszug vor. Machen Sie eventuell eine Aufnahme auf Kassette.

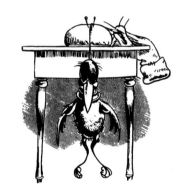

*

leucht = fliegt
kreucht = kriecht

# 4.13

## *Synthese*

**A** Wie sehen Sie das Sucht- und Drogenproblem in Deutschland und in Ihrem eigenen Land? Schreiben Sie einen Aufsatz und stützen Sie sich dabei auf Ihre eigenen Beobachtungen und den Inhalt dieser Einheit (400 Wörter).

**B** Nehmen Sie diese Analyse auf Kassette auf.

**C** Sie kennen eine Person (anonym), die suchtkrank ist. Bereiten Sie einen Mini-Vortrag über diese Person vor, und nehmen Sie ihn auf Kassette auf (3 Minuten).

**D** Schreiben Sie einen Bericht über die neuen Süchte und Tatsachen, denen Sie in dieser Einheit zum ersten Mal begegnet sind (350–400 Wörter).

# Einheit 5

# Gesellschaft

**D**er Mißbrauch von Drogen ist nur eines der Probleme, für die die heutige Gesellschaft Lösungen sucht. Es gibt natürlich viele andere Probleme – aber auch positive Seiten dieses „Miteinander-Lebens", das wir „die Gesellschaft" nennen. In dieser Einheit treffen wir Leute, die uns durch ihr Engagement in der Politik oder der Gemeinschaft inspirieren können: eine Serie von Bildern, die das moderne Leben in der deutschsprachigen Welt zeigt.

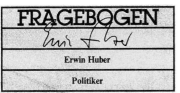

## 5.1

## *Erwin Huber, Politiker*

Wir fangen mit Erwin Huber, dem CSU-Politiker, an, um uns daran zu erinnern, daß Politiker auch normale Menschen mit normalen Gefühlen und Bedürfnissen sind und, daß Politik und Gesellschaft eng verbunden sind.

**A**    Lesen Sie die ersten 15 Fragen, die ein Journalist Erwin Huber gestellt hat. Hören Sie dann seine Antworten – in der falschen Reihenfolge – und schreiben Sie sie neben die richtigen Fragen.

**Was ist für Sie das größte Unglück?**

**Wo möchten Sie leben?**

**Was ist für Sie das vollkommene irdische Glück?**

**Welche Fehler entschuldigen Sie am ehesten?**

**Ihre liebsten Romanhelden?**

**Ihre Lieblingsgestalt in der Geschichte?**

**Ihre Lieblingsheldinnen in der Wirklichkeit?**

**Ihre Lieblingsheldinnen in der Dichtung?**

**Ihre Lieblingsmaler?**

**Ihr Lieblingskomponist?**

**Welche Eigenschaften schätzen Sie bei einem Mann am meisten?**

**Welche Eigenschaften schätzen Sie bei einer Frau am meisten?**

**Ihre Lieblingstugend?**

**Ihre Lieblingsbeschäftigung?**

**Wer oder was hätten Sie sein mögen?**

**B** Lesen Sie jetzt die anderen Ergebnisse des Interviews. Welche Fragen und Antworten passen zusammen?

**Ihr Hauptcharakterzug?** *Geborgenheit in der Familie. Mehrheiten für die CSU.*

**Was schätzen Sie bei Ihren Freunden am meisten?** *Politiker, die ihre Völker ins Unglück stürzen.*

**Ihr größter Fehler?** *In Frieden mit Gott, meinen Mitmenschen und mir selbst.*

**Ihr Traum vom Glück?** *Widerstandskämpfer gegen braunen und roten Totalitarismus.*

**Was wäre für Sie das größte Unglück?** *Elisabeth von Thüringen, Jeanne d'Arc.*

**Was möchten Sie sein?** *Goethe, Hesse.*

**Ihre Lieblingsfarbe?** *Offenbarung 3, 15f.*

**Ihre Lieblingsblume?** *Gelassen, optimistisch.*

**Ihre Lieblingsschriftsteller?** *Hinterhältigkeit.*

**Ihr Lieblingslyriker?** *Beharrlichkeit.*

**Ihre Helden in der Wirklichkeit?** *Verena und Philipp.*

**Ihre Heldinnen in der Geschichte?** *Schlüsselblume.*

**Ihre Lieblingsnamen?** *Wenn Menschen gegen Unterdrücker aufstehen ohne Angst vor der Übermacht.*

**Was verabscheuen Sie am meisten?** *Entwicklung des Rechtsstaates.*

**Welche geschichtlichen Gestalten verachten Sie am meisten?** *Geduld, Musikalität.*

**Welche militärischen Leistungen bewundern Sie am meisten?** *Thomas Mann, Zweig, Thoma.*

**Welche Reform bewundern Sie am meisten?** *In Unfreiheit leben zu müssen.*

**Welche natürliche Gabe möchten Sie besitzen?** *Weiß-blau.*

**Wie möchten Sie sterben?** *Arglosigkeit.*

**Ihre gegenwärtige Geistesverfassung?** *Verläßlichkeit, Geist, Humor.*

**Ihr Motto?** *Ein guter Vater – ein redlicher Politiker.*

**C** Welche Informationen im Fragebogen vermitteln Ihnen eine bessere Vorstellung über Erwin Hubers Charakter und warum? Ähnelt er einem Politiker/einer Politikerin, den/die Sie kennen?

**D** *Arbeit zu zweit: Sprechen*

Interviewen Sie Ihren Partner/Ihre Partnerin und füllen Sie den Fragebogen für ihn/sie aus.

**E** Studieren Sie die Auskünfte über Ihren Partner/Ihre Partnerin, die Sie notiert haben. Schreiben Sie aus, was Sie über ihn/sie aus dem Fragebogen gelernt haben. (150 Wörter)

# 5.2

## *Wieviel Geld kostet die Reise zu den Koala-Bären?*

Ein Politiker, der durch seine Ehrlichkeit und sein Fairplay glänzt, ist ehemaliger Bundespräsident Richard von Weizsäcker, aber in unserer Gesellschaft kann man immer Kritik erwarten, wenn man in der Öffentlichkeit lebt. Lesen und hören wir jetzt dieses Interview, das von Weizsäcker gab, nachdem viele Leute seine offizielle Reise nach Australien kritisiert hatten. Was halten Sie davon?

Bundespräsident Richard von Weizsäcker erklärt in einem Exklusiv-Interview mit BUNTE, warum die Reise nach Australien so wichtig für Deutschland ist

Der Präsident im Dienstjet. Mit an Bord: 45 Begleiter (u.a. Butler, Arzt, Friseuse, Presse). Reisekosten rund 600 000 DM (inkl. Gastgeschenke, z.B. Meißner Porzellan)

**Herr Bundespräsident, Sie ____ Koala-Bären. Wie wichtig ist Ihre Australien-Reise?**

Im asiatisch-pazifischen Raum lebt weit über die Hälfte der Weltbevölkerung, von hier gehen die wichtigsten Impulse für den Welthandel aus. Die einzelnen Volkswirtschaften der asiatisch-pazifischen Region verzeichnen weltweit die größten ____ . Wenn Deutschland jetzt die Chance ergreift, die beginnende enge regionale Zusammenarbeit zu fördern, schaffen wir es auch, unseren Platz im ____ Handel zu wahren und zu stärken.

**Während Sie Känguruhs füttern, wird bei uns über Politikverdrossenheit und Ihren Nachfolger diskutiert ...**

Ich glaube nicht, daß es sich um eine Verdrossenheit oder ein Desinteresse gegenüber der Politik als solche handelt. Je mehr die verantwortlich gewählten Politiker und vor allem die handelnden Parteien in der Lage sind, die Bevölkerung davon zu ____, daß es ihnen bei allem legitimen demokratischen Streit nicht primär um Macht, sondern um bessere ____ der großen Probleme geht, desto mehr wird ihnen auch das notwendige Vertrauen zuwachsen.

**Und der Streit um Ihren Nachfolger?**

Es darf nicht sein, daß zum Beispiel Arbeitslosigkeit, Haushaltsdefizite oder andere wichtige Themen bis hin zur Wahl meines Nachfolgers allzu sehr parteipolitisch instrumentalisiert werden. Das sehen die ____ sofort und wenden sich verdrossen ab. Natürlich muß gestritten werden, um den besten Weg zur Lösung der ja sehr schwierigen gesellschaftlichen Aufgaben oder um den ____ Kandidaten zu finden. Aber das Ziel muß klar sein: das Wohlergehen unseres Landes und nicht das einer Partei oder einer politischen ____ .

**Welche Rolle haben die Anschläge auf Ausländer in Deutschland in Ihren Gesprächen gespielt?**

Ich bin auf jeder Station meiner Reise von Politikern, von den Medien und vor allem auch von Menschen verschiedener Berufsgruppen und ____ Alters auf die infamen Ausschreitungen angesprochen worden. Besonders stark spürt man ____

der Deutschen und Deutschstämmigen in Australien und Neuseeland. Sie sind großartige Botschafter für Deutschland, gute Brückenbauer, kurz: Sie legen Ehre für uns ein. Deutschland hat durch sie einen guten Namen. Sie haben einen Anspruch darauf, daß wir ihnen durch unser Verhalten in Deutschland selbst den Rücken stärken.

**A** Finden Sie im Kästchen die Wörter, die im Text fehlen.

| | | |
|---|---|---|
| Karriere | die Sorge | geeignetsten |
| Bürger | Lösungen | überzeugen |
| streicheln | Wachstumsraten | internationalen |
| unterschiedlichen | | |

**B** Lesen Sie das Interview nochmals durch und finden Sie die Informationen, die folgende Fragen beantworten:

1 Warum sollte Asien für den Handel im Westen so wichtig sein?
2 Welche Rolle sollte Deutschland im asiatisch-pazifischen Raum spielen?
3 Womit hat der demokratische Streit zu tun?
4 Welche Hauptthemen der aktuellen Politik erwähnt von Weizsäcker?
5 Wie reagieren die Deutschen oft auf Parteipolitik?
6 Was sieht von Weizsäcker als das Hauptziel von Politikern an der Macht?
7 Wie schildert er die Anschläge auf Ausländer in der BRD?
8 Wer sind laut von Weizsäcker „gute Brückenbauer"?

**C** *Arbeit zu zweit: Dolmetschen*

Partner(in) A dolmetscht den ersten Teil vom Gespräch (bis ... *Vertrauen zuwachsen*) für Partner(in) B.
Dann umgekehrt bis ... *selbst den Rücken stärken*.

Machen Sie soviele Notizen wie nötig, bevor Sie anfangen, für den (die) Partner(in) zu dolmetschen.

**D** Hören Sie jetzt die Fortsetzung des Interviews. Wie sagt von Weizsäcker ...?

1 unique transitional period
2 supports
3 political objective
4 In the context of the United Nations
5 responsibilities
6 but the other way round
7 to get to know
8 after my period in office
9 time will tell
10 on more important things

**E** Nehmen Sie die Gesamttranskription zu Hilfe und finden Sie die Behauptungen, die Ihnen erlauben, einen persönlichen Standpunkt über von Weizsäckers Australienreise auszuarbeiten. Könnte man die Reise rechtfertigen, oder nicht? Vergleichen Sie Ihre Meinung mit denen der Großgruppe.

# 5.3

## Eine politisch engagierte Frau

Die Politiker regieren unsere Gesellschaft, wie wir alle wissen, aber wieviel Einfluß kann das Individuum auf die Gesellschaft ausüben? Nehmen wir zum Beispiel die Rolle von Lobbyisten beim Entschlußfassen. Sollten wir Bedenken darüber haben?

# „Ich bin Lobbyistin"

Was die einen als Kungelei verachten, ist für andere eine legitime Tätigkeit: das „Lobbyen" – das gezielte Informieren von Beamten und Politikern. Bei der EG in Brüssel, die Gesetze vorschlagen und ausarbeiten muß, gibt es immer mehr Lobbyisten – darunter viele Frauen.

Sind Politiker von Natur aus klüger? Woher beziehen sie ihr Wissen? Werden sie mit Informationen überschüttet – oder haben sie einen Assistenten, der alles für sie vorsortiert? Natürlich sind Politiker auf Informationen angewiesen – durch Parteiausschüsse, Arbeitskreise und Expertenkommissionen bekommen sie das nötige Fachwissen. Von Lobbyisten werden sie zusätzlich und gezielt informiert. Und oft steht und fällt eine Sache damit, ob sie eine „Lobby" hat. Aber es gäbe „zu viele Lobbyisten", sagt der britische Europa-Abgeordnete Glyn Ford. Ein Mitglied der Europäischen Kommission zählte jüngst schockiert nach, daß in Brüssel mehr hauptberufliche Lobbyisten arbeiten als EG-Beamte und -Parlamentarier. Und mancher Politiker fühlt sich durch die Lobbyisten bei seiner Arbeit empfindlich gestört.

„Wir sind wichtig", betont dagegen die Lobbyistin Karine Lambert: „Wenn Beamte Richtlinienvorschläge für ein neues Gesetz ausarbeiten, sehen sie die Tragweite oft nur durch die Expertenbrille. Ich informiere sie umfassender." Karine Lambert ist studierte Juristin und hat anderthalb Jahre bei einer Beratungsfirma gearbeitet. Jetzt ist die

28jährige Belgierin ihr eigener Boß und arbeitet für verschiedene Auftraggeber – im Moment „lobbyt" sie für die Landwirtschaft, vertritt deren Interessen bei der Verabschiedung neuer Richtlinien oder Gesetze.

Karine Lamberts Arbeitstag beginnt meistens am Schreibtisch. Nach der Lektüre der Fachpresse wird das Telefon in Beschlag genommen: sie informiert ihre Kunden über die neuesten Entwicklungen bei der EG, gibt Tips und berät. Sie macht jenen Beamten im EG-Dickicht ausfindig, der für die Süßstoff-Reglementierung zuständig ist, verabredet sich mit ihm, um die Anliegen der Süßstoff-Fabrikanten vorzubringen. Dann trifft sie Vorbereitungen für ein Gespräch zwischen Getreidebauern und EG-Beamten, wählt Fachleute, Dolmetscher, Konferenzräume aus. Nachmittags hat sie ein Zusammentreffen zwischen französischen und belgischen Forschern geplant. Sie wertet die Gespräche aus und verschickt die Berichte an ihre Kunden. In der nächsten Woche fliegt sie nach Malta, denn sie weiß, daß der Mittelmeerstaat über kurz oder lang den EG-Beitritt beantragen wird. Also knüpft sie wichtige Kontakte. Aber neben der praktischen Organisation braucht Karine Lambert auch Zeit, um sich eine Strategie auszudenken, mit der sie an die EG-Beamten herantritt, um ihnen die Interessen ihrer Auftraggeber nahezulegen.

**A**  Nachdem Sie den Artikel sorgfältig gelesen haben, vervollständigen Sie die untenstehende Tabelle:

| Substantiv | Adjektiv | Verb |
|---|---|---|
| das Wissen | | verachten |
| | nötig | |
| | studiert | gestört |
| | | vertritt |
| die Vorbereitungen | | informiert |

**B**  Wählen Sie die Punkte, die für und gegen eine Karriere als Lobbyistin sprechen.

**C**  Nehmen Sie diese Liste und das andere Material im Artikel zu Hilfe, um schriftlich zu erklären, ob Sie für oder gegen Lobbyisten sind (100–120 Wörter).

**D**  *Arbeit zu zweit: Rollenspiel*

Partner(in) A ist Lobbyist(in) für einen Tabakhersteller.
Partner(in) B ist Abgeordnete(r) und Gegner(in) der Tabakherstellung.
A versucht, B zu überreden, die Interessen seiner/ihrer Firma im Bundestag zu vertreten.

## ANWENDUNG *und* ERWEITERUNG

 **Zum Nachlesen:** 5.3 Eine politisch engagierte Frau

 **Zum Nachschlagen:** Adjektive mit Präpositionen

 **Zum Wiederholen:** 4.2

**Zum Üben**

Neben einigen Verben gibt es auch Adjektive, die eine Präposition mit sich tragen. Zwei Beispiele kommen in diesem Text vor. Suchen Sie sie heraus.

**1** Ordnen Sie jedem Adjektiv die dazugehörige Präposition zu:

**a** angewiesen      **f** interessiert
**b** bekannt          **g** stolz
**c** einverstanden   **h** überzeugt
**d** enttäuscht       **i** verantwortlich
**e** froh            **j** zuständig

**2** Vervollständigen Sie dieses Gespräch zwischen einem Lobbyisten und einem Politiker, indem Sie das jeweils richtige Adjektiv mit der dazugehörigen Präposition einfügen: (Beachten Sie – aus stilistischen Gründen erscheint das Adjektiv oft am Ende des Satzes.)

L. Also, sind Sie (agreed with) unseren Vorschlägen?
P. Natürlich! Wie Sie schon wissen, bin ich sehr (proud of) die Errungenschaften meiner Partei auf diesem Gebiet. Aber sagen Sie mal. Seit wann sind Sie (so interested in) dieser Sache? Früher waren Sie doch ganz anderer Meinung.
L. Naja. Ich bin, ehrlich gesagt, (disapponted with) der Einstellung der anderen Partei und bin inzwischen (convinced of) der Richtigkeit der Ansichten, die ich jetzt vertrete. Ich bin sehr (happy about) die Tatsache, daß ich nicht mehr (reliant on) die alte Lobby bin. Auf Wiedersehen!
P. Hm. Vielleicht bin ich etwas zu skeptisch, aber ich glaube eher, daß etwas anderes (responsible for) diese extreme Meinungsänderung ist. Ich bin (acquainted with) vielen professionellen Lobbyisten, und weiß genau, daß sie, wie wir alle, ihr tägliches Brot verdienen müssen.

# 5.4

## *„Chemie gibt Brot, Wohlstand und Schönheit"*

Viele Lobbyisten arbeiten im Bereich Umweltschutz. In bestimmten Gebieten der ehemaligen DDR beschäftigt man sich sehr intensiv damit, die durch die Industrie verseuchte Landschaft zu reinigen und neue, saubere Produktionsmethoden einzuführen. Lesen wir über den 100 Jahre alten Chemiestandort Bitterfeld, der jetzt moderne und umweltfreundliche Unternehmen anlockt.

1 Die Chemie kam zur Braunkohle. So hat es vor hundert Jahren begonnen. Denn Braunkohle ist reich an Ballaststoffen, die bei der Verarbeitung zu starken Gewichtsverlusten führen und damit relativ hohe Transportkosten verursachen. Außer der Kohle sprachen die günstige Verkehrslage, die Nähe zu den Kali- und Steinsalzvorkommen im östlichen Harzvorland sowie zahlreiche Flüsse zur Wasserversorgung für Mitteldeutschland als Chemiestandort.

2 Leuna, Schkopau oder Zeitz sind bekannte Beispiele. Bitterfeld und Wolfen sind in diesem Gebiet die ältesten Standorte. In den Jahren 1893 und 1894 haben die Chemische Fabrik Elektron AG, Griesheim, die Allgemeine Elektrizitäts-Gesellschaft Berlin (AEG) und die Aktien-Gesellschaft für Anilin-Fabrikation zu Berlin (Agfa) die Gründung von Tochtergesellschaften in diesen zwei Städten beschlossen. In der folgenden Zeit erweiterten die Unternehmen ihre Produktion. **Um die Jahrhundertwende** wurde unter anderem mit der Herstellung von Phosphor begonnen. Dank des bei Elektrolysen anfallenden Nebenprodukts Wasserstoff wurde Bitterfeld zur Luftfahrerstadt. Von 1906 bis 1915 wurden dort Luftschiffe mit Wasserstoff als tragendem Element gebaut, in der Nähe entstand ein Hafen für die fliegenden Ungetüme.

**3** Mit der Gründung der IG Farbenindustrie im Jahr 1925 schlossen sich die Betriebe in Bitterfeld und Wolfen unter der Leitung der Betriebsgemeinschaft Mitteldeutschland zusammen. **Sitz der Gemeinschaft wurde Bitterfeld.** Zu den bedeutenden Entwicklungen an diesem Chemiestandort gehört der Kunststoff PVC (Polyvinylchlorid). Die 1936 erstmals eingesetzte großtechnische PVC-Produktionsanlage besaß eine Jahresleistung von 600 Tonnen. Nach dem Zweiten Weltkrieg wurde die Unternehmensgemeinschaft getrennt. Die Sowjetunion übernahm alle Betriebe der mitteldeutschen Großchemie und ließ die Anlagen zum Teil auseinanderbauen. Auch weil nur wenige Kriegsschäden repariert wurden, **verringerte sich die Produktion in dieser Zeit deutlich.**

**4** 1952 erhielt die DDR die Betriebe in Bitterfeld und Wolfen. Sechs Jahre später beschloß der Parteitag der SED, **dem Ausbau der Chemie ein besonderes Gewicht zu geben.** Auf einer Tagung verabschiedete die Partei ein Chemieprogramm unter dem Motto „Chemie gibt Brot, Wohlstand und Schönheit". 1969 schlossen sich der VEB Elektrochemisches Kombinat Bitterfeld und der VEB Farbenfabrik Wolfen zum Chemiekombinat Bitterfeld zusammen. Es stellte etwa 4000 Produkte her – von Farbstoffen, Pflanzenschutz- und Waschmitteln bis zu technischen Gasen und Zement. **Dieser Vielfalt verdankte das Unternehmen die Bezeichnung „ Apotheke der DDR".** Die hohe Belastung von Boden, Luft und Wasser sowie der große Landschaftsverbrauch durch den Braunkohletagebau ließen eine wirtschaftliche Monostruktur entstehen. Andere Industriezweige siedelten sich trotz der guten Verkehrslage in Bitterfeld kaum an.

**5** Den bisher letzten Einschnitt in der Chemiegeschichte Bitterfelds brachte die deutsche Wiedervereinigung. Im Mai 1990 wurde die Chemie AG, Bitterfeld-Wolfen, gegründet. Rund 45 Prozent des Anlagevermögens des ehemaligen Kombinats sind bisher privatisiert worden. Die Kerngeschäfte der Aktiengesellschaft in Treuhandbesitz sind die Sparten Anorganika, Phosphorverbindungen, organische Farbstoffe und Ionenaustauscher. Für ihre Sanierung werden 140 Millionen DM ausgegeben. Eine halbe Milliarde DM kostet der Abbau stillgelegter Anlagen, die 40 Prozent des Anlagevermögens von 1989 ausmachen. Von damals 17 500 Beschäftigten sind bis August dieses Jahres 4422 übriggeblieben. Im Chemiepark auf dem Gelände der AG haben sich inzwischen mehr als 160 Unternehmen angesiedelt. Größter Investor und Aushängeschild ist dort die Bayer AG.

**6 Bitterfeld strebt das ehrgeizige Ziel an,** ein moderner Industriestandort zu werden. **Aber die Bemühungen werden durch die Vergangenheit erschwert,** in der die Stadt das Symbol rücksichtsloser Umweltverwüstung in der DDR war. Milder, als manches Vorurteil glauben machte, fiel eine ökologische Untersuchung aus. Sie ergab, daß ein Viertel des 600 Hektar großen Betriebsgeländes so stark verseucht ist, daß der Boden dort abgetragen und in einer Waschanlage gereinigt werden muß. Bis dies geschieht, wird dieser Teil der Fläche versiegelt. Das übrige Gelände kann mit relativ geringem Aufwand saniert werden.

**7** Die Luft ist für die Bitterfelder schon fast wieder rein. Im Jubiläumsjahr **ist die Chemie AG hinsichtlich Umwelt und Arbeitsplätzen optimistisch:** „Durch Privatisierung und Neuansiedlungen wird der Chemiestandort Bitterfeld mit moderner, umweltfreundlicher Produktion weiterleben und in einer renaturierten Landschaft bis Ende 1994 etwa 5500 Arbeitnehmern dauerhaft Arbeit und Brot geben." **Von Schönheit wird nicht mehr gesprochen.**

| | |
|---|---|
| das Kali | *potash* |
| das Steinsalz | *rock-salt* |
| das Ungetüm | *monster* |
| die Treuhand | *lit. trusteeship; the organisation charged with the privatisation of east German industry* |
| die Sparte | *branch or line of business* |
| das Aushängeschild | *sign, advertisement* |
| versiegeln | *to seal* |

---

**A** Lesen Sie den Text und entscheiden Sie dann, wie man folgende Ausdrücke auf deutsch sagt:

1 through processing
2 in this region
3 the flying monsters
4 amongst the most important developments
5 only a small amount of the war damage was repaired
6 It produced approximately . . .
7 the dismantling of closed-down installations
8 the symbol of reckless environmental devastation
9 is so badly contaminated
10 in a regenerated landscape

**B** Lesen Sie den Artikel noch einmal durch und entscheiden Sie, welche Überschrift zu welchem Absatz paßt. Aber, Achtung – es gibt mehr Überschriften als Sie brauchen!

| *Überschrift* | | *Absatz* |
|---|---|---|
| **a** | Verseuchung aber Hoffnung! | |
| **b** | Ausdehnung nach der Jahrhundertwende | |
| **c** | Nach der Mauer soviele Veränderungen! | |
| **d** | Optimismus für die Zukunft | |
| **e** | Fortschritte unter den Kommunisten? | |
| **f** | Lieber rot als tot! | |
| **g** | Mit der Braunkohle hat alles angefangen | |
| **h** | Bitterfeld wurde ein Weltzentrum für Plastik | |

**C** Lesen Sie den Artikel noch einmal und übersetzen Sie dann ins Englische die im Texte hervorgehobenen Satzteile.

# 5.5

## Ein Gedenktag in Frankfurt

In den meisten europäischen Ländern werden Homosexuelle und Lesber diskriminiert oder mindestens behandelt man sie anders, auch wenn sie und ihre Arbeit nicht offen herabgewürdigt werden. Aber diese Leute machen drei bis fünf Prozent der Gesellschaft aus und für sie kann das Leben vielleicht noch schwieriger sein als für die übrigen 95-97 Prozent der Bevölkerung. Wie ist Ihr Standpunkt dazu? Lesen Sie diesen Bericht aus Frankfurt und entscheiden Sie, inwieweit Sie Mitgefühl mit den Demonstranten haben.

**C** *Arbeit zu zweit: Rollenspiel*

Personen A und B sind mit einem jungen Schwulen eng verwandt, der sich vor kurzem zu seiner Homosexualität bekannt hat. Eine Person will ihm Beistand leisten, die andere nicht. Improvisieren Sie zweimal das Rollenspiel, damit Sie die Rollen tauschen können.

**D** Schreiben Sie eine Kurzfassung vom Bericht (170 Wörter).

# 1000 protestierten gegen die Diskriminierung Homosexueller

## Mit einem simulierten „Massensterben" wurde der bisher 427 Aids-Opfer in Frankfurt gedacht

**1** Rund 1000 Menschen haben am Samstag gegen die Diskriminierung Homosexueller protestiert und an der Katharinenkirche mit einem „Die in" – einem simulierten Massensterben – an die 427 Aids-Opfer erinnert, die bislang in Frankfurt an den Folgen der Immunschwäche verstorben sind. Zugleich setzten sie sich für den Erhalt und den Ausbau des seit über einem Jahr bestehenden lesbischschwulen Kulturhauses ein. Mit dem zweieinhalbstündigen Protestmarsch durch die Innenstadt ging am Wochenende auch die lesbisch-schwule Kulturwoche zu Ende.

**2** Kurz vor 12 Uhr wurde der Demonstrationszug an der Hauptwache gestoppt. Etwa 400 Menschen legten sich auf die Straße und bedeckten sich mit weißen Krepptüchern, als die Glocken der Katharinenkirche läuteten – zum Gedenken an die Aids-Toten, als Erinnerung an „Erich, Holger, Peter, Gertrud" und alle anderen Verstorbenen. Denn es sei notwendig, wie ein Sprecher der Gruppe „Act Up" während der Trauerfeier sagte, „die Trauer öffentlich zu machen", um zu zeigen, daß über die an Aids Verstorbenen nicht länger geschwiegen werden dürfe: „Aids geht uns alle an."

**3** Eine knappe Viertelstunde später: Der Protestzug setzte sich weiter in Richtung Eschenheimer Turm in Bewegung. Nächste Station: Die Schäfergasse, wieder ein Ort des Gedenkens, diese künftige Stätte für das Mahnmal wider das Vergessen. Ein Monument gegen die Intoleranz und die Verachtung, das voraussichtlich Mitte nächsten Jahres entstehen und an die Verfolgung Homosexueller während der Nazi-Zeit erinnern soll.

**4** Schließlich betonte Herbert Gschwind, Sprecher der „Initiative Mahnmal Homosexuellenverfolgung", „ist es an der Zeit, uns das Denken und das Erinnern nicht länger verbieten zu lassen". Es bestehe „aller Grund, uns diese Geschichte wieder anzueignen". Mit der Zustimmung des Magistrats zu dem Projekt, erklärte Gschwind, sei „ein unüberhörbares und unübersehbares Zeichen gesetzt worden".

**5** Ein weiteres Indiz dafür, fand auch Stephan Grütering, daß „sich politisch schon etwas getan hat". Etwa, daß es möglich wurde, das lesbisch-schwule Kulturhaus einzurichten: „Das war unsere Ackerei", sagte der Organisator der Kulturwoche, „daß wir das kriegen". Denn gesehen werden müsse auch, „daß wir inzwischen ein Kulturveranstalter sind", eine feste Größe im kulturellen Leben der Stadt.

**6** Eine Woche lang brachten sie Theaterstücke auf die Bühne, lieferten Informationen über Lesben- und Schwulen-Projekte und unterhielten das Publikum mit Chansons. Für die Buchmesse im Herbst, kündigte Grütering an, werde die Vergabe des ersten Deutschen Schwulen-Buch-Preises vorbereitet.

**7** „Die Stadt", vermutete der Organisator, „ist sich der Einzigartigkeit des Kulturhauses gar nicht bewußt." Noch werde ignoriert, daß es „unser Ziel ist, keine Getto-Kultur zu machen", sich nicht zu verschließen: „Wir wollen uns öffnen, damit gegenseitige Vorurteile abgebaut werden."

**8** Deswegen es sei nötig, neben den beiden Stockwerken im Kulturhaus in der Klingerstraße weitere Räume zu bekommen. Nicht zuletzt, weil das ein Ort ist, „wo wir hingehören", ein Platz, „der zum schwulen Dreieck gehört".

**9** Durch das „Quartier der Subkultur" führte auch der Rundgang „durch die schwule Geschichte Frankfurts" am Samstagnachmittag: Am Gericht vorbei lenkte Christian Setzepfant den historischen Streifzug durch den Anlagenring zum „ehemaligen anderen Ufer", dem früheren Schwulenzentrum in der Mercatorstraße. Nach drei Stunden endete der Rundgang am Dominikanerkloster, denn die Dominikaner, meinte Setzepfant, „waren die miesesten Verfechter der Inquisition".

**A** Lesen Sie den Text, dann finden Sie, wie folgendes ausgedrückt wird:

1 through the town centre
2 as the bells rang out
3 one of the group's spokesmen
4 funeral service
5 started moving again
6 a sign not to be ignored or overlooked
7 they brought plays to the stage
8 unaware of the uniqueness of the art centre
9 it is our goal
10 so that prejudices are destroyed

**B** Nachdem Sie den Bericht noch einmal gelesen haben, stellen Sie die folgenden Überschriften und die numerierten Absätze passend zusammen:

| Überschrift | Absatz |
|---|---|
| **a** Offiziell erlaubt | |
| **b** Genug Platz hatten Sie am Anfang nicht! | |
| **c** Sie haben auch kulturelle Beiträge dargeboten! | |
| **d** Weg mit den Vorurteilen | |
| **e** Leichen auf der Straße! | |
| **f** Eine Reise durch die Geschichte | |
| **g** Unterhaltung ist auch ihr Ziel | |
| **h** Das Publikum sollte sehen, wie man unter Aids leidet | |
| **i** Das Erinnern an die Hitlerzeit | |

## 5.6

### Aids: Die Geißel unserer Zeit?

Vor einigen Jahren hörten wir, daß nur die sogenannten „Risiko-Kategorien", das heißt Homosexuelle, Fixer usw., sich vor Aids fürchten sollten. Jetzt ist die Lage ganz anders, da Aids die ganze Gesellschaft bedroht, wenn wir uns nicht in Acht nehmen. Lesen wir jetzt diese zwei Kurzberichte.

# Mehr Aidsopfer unter Frauen

Bis zum Ende dieses Jahrhunderts werden sich nach Ansicht eines Experten der Weltgesundheitsorganisation (WHO) mehr Frauen als Männer mit der tödlichen Immunschwächekrankheit Aids infiziert haben. Michael Merson, bei der WHO zuständig für die Aidsbekämpfung, erklärte gestern in Amsterdam, derzeit seien fast die Hälfte der eine Million Menschen, die sich in diesem Jahr infizierten, Frauen. „Im Jahr 2000 werden mehr als die Hälfte aller neuinfizierten Erwachsenen Frauen sein", sagte Merson.

Seine Schätzungen beruhen auf der Beobachtung, daß Frauen leichter als Männer bei heterosexuellen Kontakten angesteckt werden. Bei den homosexuellen Männern habe sich inzwischen „safer sex" durchgesetzt, etwa der Gebrauch von Kondomen. „Inzwischen wissen wir, was getan werden muß. Aber soziale Ungerechtigkeit, Diskriminierung und Gleichgültigkeit untergraben unsere Möglichkeiten, die wir durch unser Wissen haben und machen uns

verwundbarer für Aids", sagte Eka Esu-Williams, Präsidentin der Gesellschaft für Frauen und Aids in Afrika.

Merson sagte weiter, die Ausbreitung von Aids habe inzwischen auch die ländlichen Gebiete erreicht, nachdem die Seuche in ihrer Anfangszeit nur auf die großen Städte beschränkt gewesen sei. „Von der weltweiten Epidemie ist kein Gebiet und kein Land mehr ausgenommen", sagte Merson.

### Berliner Innensenator Lummer fordert:
## Zwangs-Aidstest für männliche Singles

Der CDU-Abgeordnete und frühere Berliner Innensenator Heinrich Lummer hat angesichts der steigenden Zahl von Aids-Infizierten auch zwangsweise Untersuchungen auf das Immunschwächevirus gefordert. Besonders betroffene Bevölkerungsgruppen sollten

„zunächst noch freiwillig" zu Aidstests aufgefordert werden, erklärte Lummer gestern in Bonn. Würde aber dieses „Angebot nicht in angemessenem Umfang genutzt", müsse „auch Zwang angewendet werden".

**A** Nachdem Sie den ersten Artikel sorgfältig gelesen haben, finden Sie das Englische für folgende Schlüsselvokabeln:

1 nach Ansicht eines Experten
2 tödlichen
3 infiziert
4 Schätzungen
5 Beobachtung
6 inzwischen
7 Ungerechtigkeit
8 Gesellschaft
9 Ausbreitung
10 die Seuche

**B** Lesen Sie jetzt die zwei Kurzberichte durch, entscheiden Sie dann, welche Behauptungen stimmen und welche nicht:

1 Es gibt schon mehr Aids-infizierte Frauen als Männer.
2 Herr Merson spricht als Privatperson.
3 Fast 500 000 Frauen sind schon infiziert worden.
4 Normalerweise werden Frauen leichter angesteckt.
5 Homosexuelle Männer haben schon etwas dazugelernt.
6 Frauen sollten sich mehr Sorgen über Aids machen.
7 Nur Stadtbewohner sind wirklich bedroht.
8 Laut Heinrich Lummer sollten alle Leute für Aids getestet werden.
9 So ein Testprogramm sollte zwangsweise durchgeführt werden.

**C** *Arbeit zu zweit: Sprechen*

Gebrauchen Sie das Material vom ersten Bericht, um dem Partner/der Partnerin zu erklären, warum Sie für oder gegen den Zwangs-Aidstest sind.

**D** Schreiben Sie jetzt Ihre Argumente auf (150 Wörter).

---

## ANWENDUNG *und* ERWEITERUNG

 **Zum Nachlesen:** 5.5 Ein Gedenktag in Frankfurt

 **Zum Nachschlagen:** Das Passiv; der Konjunktiv

 **Zum Wiederholen:** 1.1, 1.5, 2.6, 2.7, 2.10, 4.6, 4.7

 **Zum Üben**

In diesem Artikel kommen einige Sätze vor, in denen Sie sowohl das Passiv als auch den Konjunktiv (in der indirekten Rede) finden. Zum Beispiel: „. . . nicht länger geschwiegen werden dürfe".

1 Versuchen Sie, weitere Beispiele zu finden.
2 Schreiben Sie die folgenden Sätze so um, daß das Passiv und der Konjunktiv jedesmal vorkommen. Stellen Sie sich vor, daß die Sätze aus einem Interview mit einem Sprecher für eine Minderheit stammen.

*Beispiel*
„Mit der Zustimmung des Magistrats zu dem Projekt hat man ein unüberhörbares und unübersehbares Zeichen gesetzt," erklärte Gschwind.
Gschwind erklärte, mit der Zustimmung des Magistrats zu dem Projekt *sei* ein unüberhörbares und unübersehbares Zeichen *gesetzt worden.*

a „Man soll diese große Frage an die Gesellschaft öffentlich stellen," betonte er.
b „Nur durch Offenheit und Ehrlichkeit kann man ein solches Vorurteil abbauen," wiederholte er.
c „Wir bereiten die nächste Demonstration schon vor," versicherte er mir.
d „Man muß sofort ein Zentrum für Betroffene einrichten," forderte er.
e „Wir haben durch Argumentation und politisches Geschick schon viel erreicht," berichtete er stolz.
f „Man darf kein Zeichen von Intoleranz oder Aggression ignorieren," behauptete er entschlossen.
g „Was hat man in der Beziehung in anderen Ländern gemacht?" wollte er wissen.
h „Welche Gesetze hat man zum Schutz von Minderheiten schon verabschiedet?" fragte er.
i „Kann man eine Demonstration in jenem Land ohne weiteres organisieren?" fragte er dann zum Schluß.

---

## ANWENDUNG *und* ERWEITERUNG

 **Zum Nachlesen:**
5.5 Ein Gedenktag in Frankfurt
5.6 Aids: die Geißel unserer Zeit?

 **Zum Nachschlagen:** Der Genitiv

 **Zum Üben**

Lesen Sie diese drei Artikel noch einmal durch und finden Sie alle Stellen, wo der Genitiv gebraucht wird. Übersetzen Sie dann die folgenden kurzen Sätze ins Deutsche:

1 The persecution of many minorities is still a major problem.
2 During the investigation it became clear that he belonged to an extremist organisation.
3 The social history of Berlin is really fascinating.
4 Most people are not aware of the significance of this piece of news.
5 My daughter and her friends are protesting against discrimination against the handicapped.
6 They hope to distribute an information leaflet (*das Flugblatt*) at the end of next month.
7 We are gathering to commemorate the life of this great civil rights activist (*der Bürgerrechtler*).
8 The effects of his death are incalculable (*unabsehbar*).
9 Despite the bad weather the demonstration was a great success.
10 They certainly don't need to be ashamed of their efforts.
11 Drug abuse could be responsible for more than half of all crimes.
12 In the view of this expert we should offer the victims more help and support.
13 Many people are of another opinion.
14 What can we do in the face of such indifference?

# 5.7

## *Ihre menschliche Pflicht?*

Die ehemalige britische Premierministerin, Margaret Thatcher, hat gesagt, „Die Gesellschaft existiert nicht! Es gibt nur die Familie." Die meisten Leute sind aber anderer Meinung und sehen *die Gesellschaft* als die Gesamtheit der Familien und Einzelnen in einem Land. Nach diesem Begriff hätten wir alle eine gegenseitige Verantwortlichkeit füreinander. Hören wir in diesem Zusammenhang ein Gespräch zwischen einer Beraterin, Frau Irene, und Gerda D, die den Verdacht hat, ein Kind werde mißhandelt. Würden *Sie* sich hier verpflichtet fühlen, etwas zu tun?

**A** Hören Sie zuerst die mündliche Zeugenaussage von Gerda und machen Sie eine Liste von allen Punkten, die auf Mißhandlung deuten.

**B** Notieren Sie die Hauptpunkte von Frau Irenes Entgegnung.

**C** *Arbeit zu zweit: Rollenspiel*

Partner(in) A ist Beamte(r) bei einer Sozialeinrichtung. Partner(in) B ist ein(e) Nachbar(in), der/die glaubt, die Eltern in der Nachbarwohnung mißhandeln ihr Kind. Sie besprechen telefonisch, was zu tun ist, wobei B seine/ihre Beobachtungen über das Benehmen der Eltern und den Zustand des Kindes schildert.

# 5.8

## *„... aber den Vater will ich nicht mehr sehen."*

Es ist vielleicht ein wenig zu leicht, von „*Familien*" zu sprechen, besonders, wenn wir dabei *zwei Eltern* und *zwei Kinder* meinen. Das Leben ist gar nicht so einfach; in der Gesellschaft gibt es viele Familien, wo es nur einen einzelnen Elternteil gibt. Hören wir jetzt von jungen Frauen, die eine Schule für minderjährige Mütter besuchen, die von der Stadtgemeinde Hamburg getragen wird.

Diese jungen Frauen sind nur sechs von ca.70 minderjährigen Müttern, die jährlich an der Zweigstelle der staatlichen Schule für Ernährung und Hauswirtschaft in Hamburg ihren Haupt- oder Realschulabschluß machen (von links nach rechts):

**Katja** mit ihrem fast dreijährigen Sohn Marco: „Ich habe meine Mittlere Reife. Wenn ich nicht wußte, wohin mit Marco, konnte ich ihn sogar mitbringen."

**Sonja** mit ihrem 14 Monate alten Sohn Kevin: „Nach meinem Abschluß will ich Masseurin werden."

**Melanie**: „In unserer Schule ist man keine Nummer. Wenn ich Probleme habe, kann ich immer mit unserer Schulleiterin reden."

**Natalie** mit ihrer 13 Monate alten Tochter Larissa: „Auf meiner alten Schule war ich nicht erwünscht, ich sei eine Zumutung, sagten sie. Hier fühle ich mich wohl."

**Rosy** mit ihrer zehn Monate alten Tochter Christin-Nadine: „Ich kann mich sogar von der Schule beurlauben lassen, damit ich mehr Zeit für Christin habe."

**Sylwia** mit ihrem 18 Monate alten Sohn Daniel: „Mit dem Kind schaffe ich nicht das Abitur. Ich werde eine Lehre machen."

**A** Hören Sie die Sendung über junge Frauen mit Kindern und entscheiden Sie, welche Frauen die folgenden Sätze sagen würden:

1 Meine Verwandten sorgen für mein Kind.
2 Bis zur Geburt paßte mein Freund gut auf mich auf.
3 Er meinte, ich sei schuldig.
4 Ich kann alleine gut auskommen.
5 Meine Mutter paßt auf meinen Sohn auf, wenn ich in der Schule bin.
6 Er hat unser ganzes Geld für Alkohol ausgegeben.
7 Mein ehemaliger Freund ist 22 Jahre älter als ich.
8 Während der ersten fünf Monate wußte ich nicht, daß ich schwanger war.

**B** Hören Sie jetzt den Interviews noch einmal zu und entscheiden Sie, wie die Mütter ihre Schwierigkeiten gelöst haben. Setzen Sie die untenstehenden Satzhälften richtig zusammen. Entscheiden Sie auch, welche junge Mutter in jeder erwähnten Lage war.

1 An der früheren Schule wurde sie nicht akzeptiert
2 Sie ist nicht imstande, das Abi zu bestehen
3 Wenn sie niemanden hatte, der für ihr Kind sorgte
4 Wenn man Schwierigkeiten hat,
5 Sie hatte ihre Ausbildung nicht beendet;

a konnte sie es mit in die Schule nehmen
b jetzt wird sie aber bald ihren Abschluß haben und kann Masseurin werden.
c aber sie macht eine Lehre.
d kann man immer eine Ratgeberin ansprechen.
e aber sie fühlt sich wohl in der neuen Schule.

**C** Schreiben Sie eine Kurzfassung der verschiedenen Einstellungen der jungen Frauen (100–120 Wörter).

# 5.9

## *Eine gesamtdeutsche Gesellschaft?*

Zur Zeit der Wende in Deutschland mußten die Bürger eine Gesellschaft aus zwei verschiedenen Gesellschaften bilden. Für die Ostdeutschen, deren Bürgerrechte und Lebensstandards so eingeschränkt schienen, existierte und existiert noch das Gefühl, daß „*Gesellschaft*" zwei Interpretationen in Gesamtdeutschland habe. Wieviele Gesellschaften gibt es in Ihrem Land?

# Erste „Komitees für Gerechtigkeit" in Ostdeutschland gegründet

### In Dresden 200, in Berlin etwa 60 Teilnehmer / Organisationsform noch unklar / Diestel wünscht sich Ausschluß aus der CDU

Eine Woche nach dem offiziellen Gründungsaufruf haben sich am Wochenende in Ostdeutschland die ersten regionalen „Komitees für Gerechtigkeit" formiert. Mehr als 200 Menschen nahmen am Freitag abend an der Gründungsversammlung in Dresden teil. In Berlin-Marzahn schlossen sich am Samstag rund 60 Menschen zusammen. Beide Komitees sind lediglich lose organisierte Gruppen. Der CDU-Politiker und Mitinitiator der Ostbewegung, Peter-Michael Diestel, drohte allerdings die Gründung einer Ostpartei an, falls die Probleme in den neuen Ländern nicht schnell gelöst würden.

Bei den Gründungstreffen in Dresden und im Berliner Bezirk Marzahn sprach sich die überwältigende Mehrzahl der Teilnehmer gegen die Gründung einer Partei aus. In welcher Form sich die Komitees schließlich organisieren werden, blieb offen. Deutlich wurde bei beiden Versammlungen, daß vor allem die Themen Arbeitslosigkeit, Renten und Mieten die Teilnehmer bewegen.

In Dresden beschlossen die Kundgebungsteilnehmer, Arbeitsgruppen für Aktionen gegen Mieterhöhungen, für höhere Renten sowie gegen Arbeitslosigkeit zu bilden. Die meisten Anwesenden schrieben sich in entsprechende Listen ein. Die Mehrheit schloß sich auch dem Vorschlag des Versammlungsleiters Heiko Hilker an, ein Komitee im eigentlichen Sinne solle später gewählt werden. In Anlehnung an die früheren Montagsdemonstrationen der Bürgerbewegungen beschloß das Dresdener Komitee, die Tradition aufzugreifen und bei einer Freitags-

Demo „öffentlich mit der großen Politik in Bonn abzurechnen".

Das Berliner Komitee will nach den Worten von Sprecher Karl-Heinz Gensicke zunächst einen Aufruf verfassen, in dem alle Bewohner des Bezirks Marzahn zur Mitarbeit aufgerufen werden. Die Teilnehmer kamen den Angaben zufolge aus allen Altersklassen. „Lediglich die ganz Jungen bis 25 haben gefehlt", sagte Gensicke. Auch Mitglieder der Grünen, des Bündnisses 90 und der SPD nahmen nach seinen Angaben an der Veranstaltung teil.

Diestel sagte in einem Interview der Illustrierten *Bunte*, er fände es „toll", wenn man ihn aus der CDU ausschließen würde: „Ein besseres Podium für eine radikale Auseinandersetzung mit der maroden Politik meiner Partei kann es gar nicht geben." Zugleich drohte er damit, notfalls eine ostdeutsche Partei zu gründen.

Die Regierung von Bundeskanzler Helmut Kohl müsse endlich begreifen, daß die ostdeutschen Probleme gesamtdeutsche Probleme seien, meinte der letzte DDR-Innenminister. Anlaß für die Gründung der Komitees sei die Unzufriedenheit der Bevölkerung in den neuen Bundesländern gewesen. Wenn sich das deutsche Politiksystem nicht ändere, werde man Partei werden müssen, ob man wolle oder nicht. Die stellvertretende CDU-Vorsitzende Angela Merkel warnte die ostdeutschen Parteimitglieder vor aktiver Mitarbeit in den Komitees. Die Bundesfrauenministerin sagte in einem

Interview des *Sender Freies Berlin*, wer sich in dieser Bewegung mehr engagiere als in der eigenen Partei, habe das Recht auf weitere CDU-Mitgliedschaft verwirkt. Dies entschieden jedoch die Ortsverbände, Richtlinien der Bundespartei seien nicht notwendig.

Der brandenburgische Ministerpräsident Manfred Stolpe (SPD) forderte dagegen die großen Parteien auf, gelassener zu reagieren. Die Bewegung werde oft pauschal zu negativ dargestellt, sagte er im ARD-Fernsehen. Dabei werde verkannt, daß einige Persönlichkeiten nur „wie ein Barometer" Unzufriedenheit in der Bevölkerung gespürt hätten. Die Komitees seien eine Warnung an die Politiker, sich direkt den Sorgen der Menschen zuzuwenden.

| | |
|---|---|
| in Anlehnung an (+ Akk.) | *following, in imitation of* |
| marode | *clapped-out* |
| verwirken | *to forfeit* |
| gelassen | *calm, composed* |
| pauschal | *overall, indiscriminately* |
| verkennen | *to fail to recognise, misjudge* |

## A

Lesen Sie diesen Zeitungsbericht ein- oder zweimal durch, erklären Sie dann folgende Abkürzungen und Zahlen:

1 200
2 60
3 CDU
4 19. Juli
5 25
6 Bündnis 90
7 DDR
8 SPD

## B

Lesen Sie den Bericht noch einmal durch und erklären Sie in eigenen Worten die Sorgen der Ostdeutschen (70 Wörter).

## C *Arbeit zu zweit: Berichten*

Partner(in) A macht Notizen und erklärt den ersten Teil des Berichts dem Partner/der Partnerin B. Und umgekehrt für den zweiten Teil!

## D

Übersetzen Sie die folgende Bearbeitung von einigen Ideen im Bericht ins Deutsche:

*Will the Federal Government finally understand that the problems in East Germany have become serious dilemmas for the whole of Germany? The reason for founding the loosely organised "Committees for Justice" of which so much has been heard, was the dissatisfaction of those who live in the new federal states, a dissatisfaction centering on the areas of unemployment, pensions and rents. For the moment, the committees have said they are against forming political parties and prefer to function as a warning to the federal politicians to apply themselves wholeheartedly to the concerns of their fellow Germans everywhere in the country.*

---

### ANWENDUNG *und* ERWEITERUNG

**Zum Nachlesen:** 5.9 Eine gesamtdeutsche Gesellschaft?

**Zum Nachschlagen:** Bindewörter, Relativpronomen

**Zum Wiederholen:** 1.6, 3.13, 4.10

**Zum Üben**

Lesen Sie den Artikel noch einmal durch. Stellen Sie sich vor, daß Sie bei einer der Gründungsversammlungen als Reporter(in) anwesend waren. Sie haben die folgende Transkription von der Diskussion gemacht. Auf dem Weg zum Bahnhof ist Regenwasser in Ihre Tasche gelaufen und hat einige Wörter verwischt. Schreiben Sie die passenden Wörter in die Lücken, wie folgt:
(___) = Relativpronomen
___ = Bindewort

Bindewörter zur Auswahl:

| | | | | | | | |
|---|---|---|---|---|---|---|---|
| was | weil | welche | da | obwohl | oder | jedoch | ob |
| dann | daß (×4) | wer | wie | aber | sowie | | |

A „Guten Morgen, meine Damen und Herren. Ich freue mich sehr, ____ Sie alle heute gekommen sind. ____ wir alle schon wissen, haben die Ereignisse vom Herbst 1989 und das Zusammenwachsen der beiden deutschen Staaten viele gesellschaftliche Probleme mit sich gebracht, gerade für die Menschen, (____) in der ehemaligen DDR wohnen. ____ wir von Anfang an auf demokratischer Basis arbeiten wollen, lade ich Sie jetzt ein, Vorschläge zu machen, ____ Themen wir besprechen sollen."

B „Für mich ist es ganz klar. Als DDR-Bürger wußte man immer, ____ man ein Leben lang Arbeit hatte. ____ die West-Firmen, (____) hier einziehen, viele Versprechungen gemacht haben, gibt es eine Reihe von Leuten aus meinem Bekanntenkreis, (____) ihre Stelle verloren haben, und (____) es inzwischen sehr schlecht geht. Also sollen wir das Thema Arbeitslosigkeit besprechen."

C „Ich schließe mich dem Vorschlag an. Ich bin ____ auch der Meinung, ____ wir uns mit dem Thema Rente befassen sollten, (____) mit Arbeitslosigkeit ja eng verwandt ist. ____ keine Arbeit hat, kann natürlich keine Beiträge leisten. Außerdem möchte ich auch gerne wissen, ____ aus unseren Ersparnissen wird. Ich habe 10,000 Mark für meinen Lebensabend aufgespart. Weiß jemand, ____ ich dieses Geld ohne weiteres gegen D-Mark umtauschen kann?"

D „Das kann ich Ihnen leider nicht sagen. Ich bin mir ____ sicher, ____ die Mieten, (____) ja sowieso schon extrem hoch geworden sind, weiterhin steigen werden. Es gibt immer mehr Obdachlose. Häuser, in (____) solche Leute gut wohnen könnten, stehen leer, ____ Spekulanten sie aufgekauft haben. ____ die Häuser sind in die Hände von Eigentümern geraten, (____) relativ billige Wohnungen in teuere Appartements umbauen wollen."

A „____ schlage ich vor, Arbeitsgruppen für Aktionen gegen Mieterhöhungen, für gesicherte Renten ____ gegen Arbeitslosigkeit zu bilden."

# 5.10

## *Der Preis der Gesundheit*

Je mehr technische und medizinische Fortschritte wir machen, desto länger leben wir. Unsere Gesellschaft altert, was uns erhebliche Probleme macht, da die Staatskasse nur eine begrenzte Summe Geld hat. Was kann man tun? Wird es bald soweit kommen, daß wir die Menschen auswählen müssen, die eine bestimmte medizinische Behandlung erhalten?

**A** Notieren Sie die Schlüsselvokabeln im Bericht und schreiben Sie Ihre Reaktion auf die Lage (80 Wörter).

# „Das ist unverantwortlich"

**Das Gesetz, das am 1. Januar in Kraft tritt, begrenzt das Arzneimittelbudget eines Kassenarztes, egal, wie krank seine Patienten sind. Verschreibt ein Arzt zu teure Medikamente, werden ihm die Mehrkosten vom Honorar abgezogen**

Ich habe mir fest vorgenommen, Medikamente so weiter zu verschreiben wie bisher. Aber vielleicht klopft man auch mich weich", sagt Dr. Joachim Lehnert, 47, Facharzt für Lungen- und Bronchialheilkunde in einer Münchner Gemeinschaftspraxis für Innere Medizin.

Gemäß dem neuen Gesundheits-Strukturgesetz (GSG) von Bundesgesundheitsminister Horst Seehofer darf der Internist ab 1. Januar nur noch Rezepte für durchschnittlich 80 Mark pro Patient und pro Quartal ausstellen. Für alle anderen Fachrichtungen sind ähnliche Beschränkungen geplant. Sind's 15 Prozent mehr, müssen die niedergelassenen Mediziner mit einem Prüfverfahren der Kassenärztlichen Vereinigung rechnen und sich für die Überschreitung rechtfertigen. Sind's gar über 25 Prozent mehr, wird ihm alles, was darüber hinausgeht, vom Honorar abgezogen.

Nächtelang saß Lehnert schon an seinem Computer und rechnete hin und her: „Ich habe seit Jahren eine alte Dame in Behandlung. Sie leidet an verschiedenen schlimmen Krankheiten. Ihre Medikamente kosten im Quartal schon mehr als 1000 Mark. Die Mittel sind lebenswichtig; knapse ich da was weg, stirbt die Frau. Um sie weiter zu behandeln, muß ich mindestens neun Patienten finden, die kaum Medikamente nehmen müssen. Dann wäre ein Ausgleich da."

Zur Zeit kämpft der Mediziner noch darum, in eine Facharztgruppe mit höheren Verschreibungsgrenzen eingestuft zu werden. „Ich habe alles durchgespielt, bei sämtlichen gerade noch vertretbaren Sparmaßnahmen kommt unsere Praxis nicht unter 150 Mark pro Patient und Quartal. Wenn es nach Seehofer geht, müßten wir für 20 000 Mark im Quartal weniger verschreiben. Das können wir nicht verantworten."

Das Problem hängt mit Dr. Lehnerts Patienten zusammen. Er betreut viele chronisch Kranke wie Asthmatiker. Ein cortisonhaltiges Asthma-Spray kostet zum Beispiel schon 130 Mark und reicht bei sparsamstem Gebrauch etwa zwei Monate. Soll ein Asthmatiker, der mit seinen 130 Mark sowieso schon den Etat überzogen hat, dann im dritten Monat des Quartals ersticken?

Oder: Eine ambulante Tuberkulose-Behandlung kostet mindestens 1000 Mark pro Quartal. Und die Tb wird immer häufiger – Zuwanderer aus Bangladesch und Afrika bringen sie mit, Aids-Kranke stecken Gesunde damit an.

Über diese chronisch kranken und Langzeit-Patienten streiten sich die Ärzte. Niemand will sie haben, jeder will sie abschieben. Am einfachsten gelingt das, wenn die Patienten kurzerhand an einen Facharzt der „zuständigen" Spezialdisziplin überwiesen werden. Der muß dann zusehen, wie er sein Verschreibungskontingent organisiert. Lehnert: „Wer einen

Schwerkranken übernimmt, wird bestraft."

Viele Ärzte versuchen, ihren Etat einzuhalten, indem sie auf gleichwertige, aber billigere Medikamente ausweichen. So auch Lehnert: „Neulich verschrieb ich einem Patienten statt des bewährten Blutdruck-Senkers Adalat ein halb so teures Nachahmer-Präparat. Prompt rief der Mann bei seiner Krankenkasse an und beschwerte sich: Ich will mein Adalat wiederhaben. Die Kasse fühlte sich nicht verantwortlich. Ihr Arzt darf Ihnen alles verordnen, auch Adalat, meinte der Angestellte." Zähneknirschend schrieb Lehnert ein neues Rezept mit dem teuren Wunsch-Medikament.

**B**  Unten finden Sie Schlüsselausdrücke aus dem Bericht. Für jeden Ausdruck schreiben Sie auf deutsch, was damit gemeint ist.

1  aber vielleicht klopft man auch mich weich
2  und sich für die Überschreitung rechtfertigen
3  die Mittel sind lebenswichtig; knapse ich da was weg, stirbt die Frau
4  Ich habe alles durchgespielt
5  das können wir nicht verantworten
6  das Problem hängt mit Dr. Lehnerts Patienten zusammen
7  reicht bei sparsamstem Gebrauch etwa zwei Monate
8  Aids-Kranke stecken Gesunde damit an
9  wer einen Schwerkranken übernimmt, wird bestraft
10  ein halb so teures Nachahmer-Präparat

**C**  *Arbeit zu zweit: Rollenspiel*

Partner(in) A ist Patient(in) und Raucher(in). Er/sie hat Herzprobleme. Partner(in) B ist Herzspezialist(in) und soll A erklären, er/sie könne A nicht behandeln, wenn diese Person nicht auf ihre Zigaretten verzichtet.

**D**  Schreiben Sie eine Kurzfassung der Situation und nehmen Sie sie auf Kassette auf (140–150 Wörter).

# 5.11 📼

# *Die Angst vor dem Alleinsein*

Wenn wir noch eine Definition vom Wort „*Gesellschaft*" suchen, finden wir sie vielleicht in der Redensart „*jemandem Gesellschaft leisten*". Ist eine Gesellschaft wirklich eine *Gesellschaft*, wenn sich eine immer steigende Zahl ihrer Bürger alleine fühlt? Hören wir jetzt von einer Schauspielerin, Rosemarie Fendel, die über das Alleinsein spricht.

**A**  Nachdem Sie dem Gespräch gut zugehört haben, suchen Sie heraus, wie man folgendes auf deutsch sagt:

1  regularly plagued by fears of varying magnitude
2  are women more courageous?
3  that he arrived safely
4  involved in terrible accidents or other misfortunes
5  not necessarily disastrous
6  all creativity is actually born out of fear
7  from personal experience
8  I was her sole responsibility
9  I wanted to apologise
10  he should concern himself with his needy neighbours

**B**  Fassen Sie jede Antwort von Rosemarie Fendel kurz zusammen.

**C**  *Gruppenarbeit*

„Nur vor dem Alleinsein fürchte ich mich". Wovor fürchten *Sie* sich? Sprechen Sie mit Ihrem Partner/Ihrer Partnerin darüber und berichten Sie dann der Großgruppe, was Sie herausgefunden haben. Versuchen Sie, einander zu beraten!

# 5.12

## Gegensätze ziehen sich an

Stammen alle Briten von den Angeln und Sachsen und von den keltischen und französischen Völkern ab? Überhaupt nicht. Viele Briten haben Eltern, die aus Indien, Pakistan oder Afrika kamen und Deutschland hat jetzt viele Deutsche aus Gastarbeiterfamilien. Aus diesem Grund ist es kaum erstaunlich, daß soviele Leute Ehepartner einer anderen Rasse haben. Was für Vor- und Nachteile kann eine solche Partnerschaft haben?

**A** Welche Absatzhälften passen zusammen? Nachdem Sie den Artikel gelesen haben, setzen Sie die Absätze richtig zusammen.

**B** Nachdem Sie den Artikel nochmals gelesen haben, entscheiden Sie, welche Behauptungen im Text stehen, und welche nicht:

1 Seit 1946 haben sich rund 700,000 Frauen in der BRD einen ausländischen Partner gewählt.
2 Man weiß wirklich nicht wie und warum Gegensätze sich anziehen.
3 Warum sollte das nicht der Fall sein?
4 Die Attraktion hat mehr mit der Person selbst als mit ihrer Fremdheit zu tun.
5 Beatrice Hecht ist eine promovierte Ärztin.
6 Deutsche Männer scheinen heutzutage weniger liebevoll und aufmerksam zu sein als in der Vergangenheit.
7 Die Beziehungen zwischen Gegensätzen haben keine wirklich exotische Qualität.
8 Faszination kommt auch ins Spiel.

**C** *Arbeit zu zweit: Rollenspiel*

A möchte sich mit einem Ausländer/einer Ausländerin verheiraten; B rät ab oder zu.

*Brigitte-Redakteurin Andrea Tapfer, deren Lebensgefährte aus Kenya stammt, sprach mit Frauen über den Reiz einer Partnerschaft mit einem Ausländer.*

1 Rund eine Million Menschen bei uns genießen die Freuden einer internationalen Beziehung. Doppelt so viele Frauen wie Männer haben seit den Nachkriegsjahren in der Bundesrepublik einen ausländischen Partner gewählt.
2 Warum verlieben wir uns in jemand aus einem anderen Kulturkreis? Was rührte sich in der deutschen Ärztin, als sie sich in den Reiseleiter aus Zaïre verguckte? Wie verfiel die iranische Soziologin auf den deutschen Philosophen?
3 Warum nicht, mag man sagen und das Thema in kosmopolitischer Selbstverständlichkeit abhaken. Bleibt die Frage: Fliegt Barbara aus Bochum auf Ömer, weil er Ömer oder weil er Türke ist? Es kommt immer ein bißchen von beidem zusammen, meint die Bremer Sozialpädagogin Beatrice Hecht, die für ihre Doktorarbeit Dutzende von Paaren befragt und herausgefunden hat:
4 Signale: Der Mann ist draufgängerisch. Lebendig. Er insistiert. Ist liebevoll, aufmerksam, kümmert sich. Kurzum: er wirbt. „Die deutschen Männer machen das ja gar nicht mehr."
5 Und spannend ist das Spiel mit dem Exotischen! Die Kommunikationssignale des arabischen Urlaubsflirts sind eben längst nicht so leicht einzuordnen wie die des Gelsenkirchener Nachbarn. Die deutsche Ärztin erzählt über ihren zaïrischen Mann:
a . . . „Zum Zeitpunkt der Begegnung hat jeder eine ganz persönliche Entwicklungsgeschichte hinter sich, die ihn gerade dann für Signale eines ausländischen Partners empfänglich macht."
b . . . Am Anfang war die Faszination des ganz anderen sehr stark. Man hat sich vertraut machen müssen, es war aufregend. Männer, die ich gleich durchschauen konnte, haben mich nie interessiert."
c . . . Warum wählte die Bochumerin den Mann aus Istanbul? Und wieso funkte es zwischen der schwarzen Modeschöpferin und dem blassen Kölner Lehrer?
d . . . „Meiner hat sich ganz schön was einfallen lassen, bis er mich endlich bekam", sagt die deutsche Ehefrau eines Kolumbianers.
e . . . Nicht statistisch erfaßt sind die, die mit ihrem Partner in dessen Heimatland leben.

## ANWENDUNG *und* ERWEITERUNG

 **Zum Nachlesen:** 5.12 Gegensätze ziehen sich an

**Zum Nachschlagen:** Adjektive; Substantive

**Zum Wiederholen:** 1.4, 3.4, 3.8, 3.12, 4.4

**Zum Üben**

Wie nennt man einen Mann aus Kolumbia, eine Frau aus dem Iran oder jemanden aus Gelsenkirchen (ob männlich oder weiblich)?

**1** Mit Hilfe des Artikels, eines Wörterbuchs ggf. auch eines Atlas vervollständigen Sie die folgende Tabelle:

| Stadt | Land | Einwohner(in) | Adjektiv |
|---|---|---|---|
| Istanbul | | | |
| Teheran | | | |
| Gelsenkirchen | | | |
| Kinshasa | | | |
| Bogotá | | | |
| Tallinn | | | |
| Acapulco | | | |
| Auckland | | | |
| Bishop Auckland | | | |
| Tel Aviv | | | |

**2** Übersetzen Sie die folgende Geschichte ins Deutsche:

A German, an Israeli, an Iranian and an Estonian were sitting in the waiting room at a station. The German stood up, went out and spoke to a railway official, who came from Mexico. Fortunately the German spoke Spanish. He asked: "Is there a train going north in the next half hour?" "No," the official replied.

Then the Israeli asked another official, a man from Great Britain, whether there was a train going south. The latter also answered in the negative.

The Iranian and the Estonian discovered from a Turk and a woman from Zaire respectively that there were no trains going either east or west.

All four met up again and exchanged their findings. "Thank goodness!" they exclaimed. "It's safe to cross the railway line."

When they reached the opposite platform, a Columbian, who was standing there with a German woman, said quietly: "Why didn't they just use the bridge at the other end of the platform?"

# 5.13

## *Familien-Album türkisch/deutsch*

Zu Beginn des deutschen Wirtschaftswunders kamen viele Türken als Gastarbeiter in die BRD. Jetzt hat Deutschland eine ganze Generation von neuen Deutschen, deren Eltern Türken sind. Lesen wir jetzt einen Artikel über Deutsche und Türken, die in den zwei Kulturen zu Hause sind und deren Leben dadurch bereichert ist. Denken wir auch an unsere eigene Gesellschaft, wo ausländische Familien sich eingesiedelt haben und einen enormen Beitrag dazu geleistet haben. Eine Gesellschaft entwickelt sich ständig und wird durch neues Blut gestärkt.

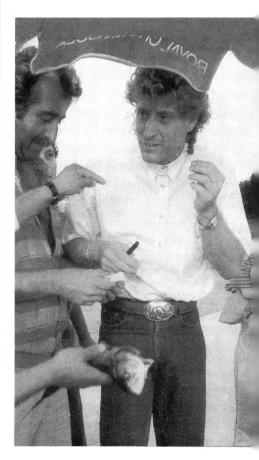

# Ich heiße Janine White und mein Vater ist Türke

Ich bin in einem kleinen Dorf im Schwarzwald aufgewachsen. Vom meinem vierten bis achten Lebensjahr habe ich in Ankara gelebt, bin dort auch zur Schule gegangen. Jetzt bin 25 Jahre alt und lebe mit meinem Mann Jack in Berlin. Ich spreche fließend Türkisch und Deutsch und fühle mich als Halbtürkin. Das Leben in Deutschland ist angenehmer und freier. Besonders für Frauen, die nach der Lehre des Korans schlechter gestellt sind als der Mann. Die Arbeitsmöglichkeiten, das soziale Netz und die politische Freiheit, sind Dinge, die in der Türkei nicht sehr weit entwickelt sind. Dafür sind die Türken freundlicher, hilfsbereiter und gastfreundlicher als die Deutschen. Ich schäme mich, was jetzt auf den Straßen passiert. Ausländerfeindlichkeit habe ich selbst noch nie am eigenen Leibe gespürt. Wahrscheinlich weil mein Vater Arzt ist und wir nie in Türken-Bezirken wie z.B. Kreuzberg in Berlin gelebt haben."

# Ich heiße Mehmet Scholl, bin Deutscher Vize-Meister, mein Vater ist Türke

Man bezeichnet mich immer als Türken. Aber ich bin in Deutschland aufgewachsen. Ich habe zwar einen türkischen Vater, aber fühle mich als Deutscher und habe auch keine türkischen Freunde oder Bekannte. Ich schäme mich für solche Jugendliche wie die, die in Solingen das Haus der türkischen Familie angezündet haben. Das sind keine Menschen, die Gewalt gegen harmlose und vor allem wehrlose Frauen und Kinder ausüben. Türken, die in Deutschland leben, sollen auch wie Deutsche behandelt werden."

# Ich bin Jupp Derwall, habe mehr Freunde in der Türkei als in Deutschland

Ich habe von 1987 bis 1991 in Istanbul gelebt und dort den Club Galatasaray trainiert. Jetzt bin ich so eine Art Botschafter zwischen deutschen und türkischen Fußballern. Ich hoffe, daß dadurch die Vorurteile gegeneinander abgebaut werden. Für mich ist die Türkei so eine Art zweite Heimat geworden. Ich telefoniere mehrmals wöchentlich mit Istanbul. Dort habe ich inzwischen mehr Freunde als in Deutschland. Und darauf bin ich stolz."

# Ich, Harald Juhnke, esse sehr gerne Döner Kebab

Die Türken gehören zu Berlin wie der Korn zur Molle. Deshalb wird Berlin auch Klein-Istanbul genannt. Für mich gibt es keinen Unterschied zwischen Ausländern und Deutschen – schon allein, weil ich mit einer Halbchinesin verheiratet bin. Mein neuester Film „Hase und Igel" beschäftigt sich auch mit dem Ausländerproblem. Ich spiele einen alten Rentner, der sich um eine Familie aus der Türkei kümmert. Die jüngste Tochter muß operiert werden, aber die Familie hat kein Geld. Darum versuche ich für sie einen Kredit aufzunehmen. Allerdings werde ich vom Banker um das Geld beschissen und raube deshalb am Schluß seine Bank aus."

# Kalli Feldkamp: Die Türkei ist meine neue Heimat

Zum Glück kommen immer mehr Deutsche hierher in die Türkei und können sich selbst ein Bild von der Gastfreundlichkeit und der Herzlichkeit der Leute und von der Schönheit des Landes machen. Mir ist es manchmal peinlich, wie wohlwollend ich hier trotz der Schandtaten meiner Landsleute aufgenommen werde. Hoffentlich leidet die Freundschaft zwischen Deutschen und Türken, die gerade durch den Sport gefördert wurde, nicht unter den Attentaten und Parolen von Neonazis."

# Edzard Reuter flüchtete mit seinem Vater vor den Nazis in die Türkei

Nazi-Deutschland 1935. Edzard Reuter ist 7 Jahre alt, als sein Vater zum 2. Mal verhaftet wird. Er ist Sozialdemokrat. Die Reuters flüchten im Orient-Expreß. Ihr Land der Hoffnung heißt Türkei. Vater Ernst arbeitet in Ankara für den türk. Staatserneuerer Atatürk. Sohn Edzard bekommt eine humanistische Ausbildung, lernt von der türkischen Lebensart (z. B. Geduld, Verständnis). „Ein Glücksfall", sagt der Daimler-Konzernchef später über diese Zeit. Mit 18, nach 11 Jahren Jugend in der Türkei, kommt Edzard Reuter zurück nach Deutschland.

# Ich, Norbert Blüm, war Gastarbeiter in der Türkei

Mit 21 tourte ich als Pfadfinder quer durch Europa. Das war 1956. Ich jobbte erst in Griechenland als Bauarbeiter und Kellner, dann zwei Monate lang bei einem Kunstschmied in Ankara. Als Gastarbeiter sozusagen. Ich habe sogar an der Fertigstellung des großen Kronleuchters in der dortigen Staatsoper mitgewirkt. Der Schmiedemeister mochte mich wohl. Der wollte mich gar nicht mehr gehen lassen. Schloß mich im Haus ein. Ich machte mich dann über das oberste Stockwerk davon."

# Toni Schumacher: „Die Türken haben mich auf Händen getragen"

In der Türkei habe ich mich wie im Paradies gefühlt. Von 1988 bis 1991 habe ich für Fenerbahce Istanbul im Tor gestanden, war sogar Mannschaftskapitän. Nirgendwo auf der Welt habe ich großherzigere Menschen kennengelernt als in der Türkei. Ich liebe diese Menschen, die mich so freundlich aufgenommen haben. Die drei Jahre in diesem Land waren die schönsten in meinem Leben. Der Abschied von Istanbul ist mir schwergefallen. Bei meinem letzten Spiel hatten die Fans mein Tor mit Blumen ausgelegt und die Pfosten mit Girlanden geschmückt."

## Ich bin „Yasemin", habe meinen deutschen Freund geheiratet

Das ist Ayşe Romey, das Mädchen, das alle als „Yasemin" kennen. In diesem Film von Hark Bohm spielt sie ein anatolisches Mädchen, das ihren deutschen Freund nicht sehen darf. Gefangen in einem Netz aus Traditionen und strenger Moral. Ayşe Romey hat eine türkische Mutter, wuchs in Amerika, der Türkei und Deutschland auf und ist in München verheiratet mit einem Deutschen.

## Ich heiße Yilmaz Karahasan, bin Vorstandsmitglied der IG-Metall

Der erste Ausländer auf dem Chefsessel einer deutschen Gewerkschaft: Yilmaz Karahasan, 55, IG-Metall-Vorstandsmitglied. Ca.170 000 Gehalt/Jahr. Sagte nach seiner Wahl: „Höchste Zeit, daß auch einer von uns ganz oben mitredet." Als er vor 35 Jahren das Kohlerevier Zonguldak am Schwarzen Meer verließ, weinte seine Mutter. Bei Siemens fand er schnell Arbeit und Freunde, erzählte ihnen in der Kneipe von seinem Land. „Sehe ich heute die Bilder des Hasses, werde ich sehr traurig."

## Ich bin Ilyas Yilmaz, Chefarzt einer deutschen Frauenklinik

Ich kam mit einem Koffer nach Deutschland, aus Kirsehir bei Ankara. Das war vor 17 Jahren. Als ich im Rheinland ankam, war gerade Karneval. Den ersten Abend tanzte ich durch. Wenn ich heute in die Türkei zurückginge, dann hätte ich Heimweh nach Deutschland. Ich habe hier meinen Facharzt für Gynäkologie gemacht und eine eigene Klinik bei Düsseldorf eröffnet. Meine Frau ist Deutsche. Ich habe als Ausländer hier nie Probleme gehabt. Oft denke ich an den Dichter Hikmet. Er sagt: „Die Menschen müßten miteinander leben wie die Bäume im Wald."

**A** Lesen Sie den Artikel schnell durch, und entscheiden Sie, welche drei Personen auf den Fotos erscheinen.

**B** Finden Sie in den persönlichen Kommentaren die wichtigsten positiven Behauptungen, die beweisen, wie das Leben der Einzelnen sich durch den Kontakt mit der anderen Gesellschaft bereichert hat.

**C** *Arbeit zu zweit: Berichten*

Nehmen Sie einen der längeren Kommentare, der Sie besonders interessiert und nachdem Sie einige Notizen gemacht haben, erklären Sie ihn auf englisch Ihrem Partner/Ihrer Partnerin.

**D** Bilden Sie passende Sätze aus folgenden Wortgruppen:

1 Janine    Leben    Türkei    frei
2 Mehmet    sich    Deutscher    Türke
3 Jupp    sieht    Botschafter    zwischen Türken
4 Harald    Rentner    Film    ausraubt
5 Norbert    gegenteilig    handelt Gastarbeiter
6 Ayşe    Hauptrolle    Hark    gespielt

**ANWENDUNG *und* ERWEITERUNG**

 **Zum Nachlesen:** 5.13 Familien-Album türkisch/deutsch

 **Zum Nachschlagen:** Adjektive, Adverbien

 **Zum Wiederholen:** 1.4, 3.4, 3.8, 5.12

**Zum Üben**

## 5.14

### Arbeit in der türkisch/deutschen Gemeinschaft

Im Fernsehen wird uns oft ein düsteres Bild der Gesellschaft vermittelt. Ermunternde Nachrichten existieren aber auch in Hülle und Fülle, wie wir schon in dieser Einheit gesehen haben. Lesen wir jetzt einen *Prima*-Bericht über eine äußerst positive Initiative in Berlin, wo man Familien mit behinderten Kindern Beistand leistet.

Folgende Sätze wurden dem Text entnommen und ein wenig umgeschrieben. Fügen Sie den Adjektiven die passenden Endungen hinzu. Vergessen Sie nicht: Adverbien brauchen keine Endungen!

1 Hier in Deutschland kann ich ein angenehmer__ und freier__ Leben führen.

2 Wo denkt man sozialer_ – in der Türkei oder in Deutschland?

3 Ihr fließend__ Deutsch ist wirklich beachtenswert.

4 Nirgendwo auf der Welt findest du gastfreundlicher_ Menschen als hier.

5 Die schlechter_ gestellt__ hier sind zweifelsohne die Frauen.

6 Er erwartet seinen wöchentlich__ Anruf aus Istanbul.

7 In seinem neuest__ Film beschäftigt er sich mit der Ausländerproblematik.

8 Die Leute, die angepöbelt bzw. angegriffen werden, sind oft harmlos_ und wehrlos_.

9 Alle lachen einen freundlich_ an und haben Zeit, ein freundlich__ Wort mit einem zu wechseln.

10 Ich habe noch nie die Gesellschaft großherziger__ Menschen genossen.

# Es ist ein langer Weg der kleinen Schritte

*Fast 140 000 Türken leben in Berlin. PRIMA-Leserin Susanne Breithaupt hat im Zentrum türkischen Lebens, in Kreuzberg, eine einzigartige Beratungsstelle aufgebaut: für Familien mit behinderten Kindern*

**B**erlin-Kreuzberg. Ein tristes Haus im Hinterhof. Oben, im fünften Stock des ____ Fabrikgebäudes, hat Susanne Breithaupt ein Büro ergattert. Mehr ____ als Zimmer. Aber immerhin. „Es hat mich viele Monate gekostet, es zu bekommen." Susanne lacht, wenn sie von den Anfängen erzählt. „Ich bin da ziemlich blauäugig 'rangegangen." Blauäugigkeit gepaart mit ungeheurem Durchsetzungswillen: bei Susanne Breithaupt eine hochexplosive Mischung, die auch bei den Behörden zündete.

99

Sie kriegte, was sie wollte – eben jenes Winzbüro und einen Job, den es vorher noch nie gegeben hat: Susanne Breithaupt berät ausländische Eltern, die ein behindertes Kind haben, macht sie mit den sozialen ____ in Berlin bekannt, organisiert Selbsthilfegruppen, schafft Kontakte zu und zwischen Ämtern, Schulen und Kindergärten. Ein Großteil „ihrer" Familien sind türkische Migranten („Wanderer"). „Diese Bezeichnung trifft viel mehr zu als das Wort ausländische Gastarbeiter", sagt Susanne mit ____.

## Mit 40 gekündigt und noch mal ganz neu angefangen

Wieso gerade diese Aufgabe? Alles sei eher Zufall gewesen, sagt sie, zumindest als es anfing. Das war so um ihren 40. Geburtstag herum, als die Heilpädagogin Susanne Breithaupt mit dem Gedanken spielte: Könnte ich nicht auch noch was anderes machen? Sie kündigte und war erst einmal „glücklich arbeitslos", wie sie es nennt, hatte den Kopf frei für neue Ideen. Und die hingen mit der Ausländerbeauftragten des Berliner Senats, Barbara John, zusammen. „Ich habe diese Frau einfach ____, wie souverän sie ihre schwierige Aufgabe bewältigt. Ich wollte sie mal kennenlernen, habe um einen Termin für ein Gespräch gebeten." Den bekam sie. „Aber eine freie Stelle haben wir nicht für Sie", dämpfte die Sekretärin mögliche Erwartungen. Keine freie Stelle, doch einen Job hatte sie nach diesem Gespräch schon in der Tasche – eine dreimonatige unbezahlte Hospitanz im Büro der Ausländerbeauftragten.
In diesen drei Monaten sperrte Susanne Augen und Ohren auf. „Wer", so fragte sie eines Tages, „kümmert sich eigentlich um behinderte Kinder von Migranten und um ihre Familien?" ____, war die Antwort. Für Susanne war das Antwort genug. Ein paar Wochen später hatte sie eine neue Aufgabe. Sie verfaßte im Auftrag des Senats eine Ratgeber-Broschüre in Deutsch und Türkisch. Die Broschüre war fertig, für Susanne Breithaupt hat es aber damals erst angefangen. „Durch diese Arbeit habe ich zum ersten Mal richtig Kontakt mit türkischen Familien bekommen." Und sie hat gesehen, wie schwer die sich mit einem behinderten Kind tun. Ein Grund, warum viele Familien – vorwiegend Moslems – in diesem Punkt so schwer ansprechbar sind: Sie nehmen

körperliche oder geistige Behinderung letztlich als etwas Gottgewolltes hin. Das heißt aber auch: Sie lehnen oft Maßnahmen ab, die eine Verbesserung für das Kind mit sich bringen würden.
Hier aufzuklären, zu ermutigen, zu helfen – das hatte sich Susanne Breithaupt in den Kopf ____. Ihre Idee fand Zustimmung, aber Geld für das Projekt konnte keiner locker machen. Also wieder eine ____ für Susannes Kampfgeist. Getreu ihrer Devise „Agieren, nicht lamentieren", krempelte sie erneut die Ärmel hoch. „Ich bin einfach auf die Suche gegangen nach Leuten, die mich haben wollten. Nach langem Gerenne bin ich dann hier gelandet."
Hier, das ist das alte Fabrikgebäude, in dem eine ganze Reihe von Projekten für und von ausländischen Mitbürgern untergebracht sind. So auch die „Berliner Gesellschaft türkischer Mediziner e.V.", die ihr ein paar Quadratmeter Raum abgetreten hat. Susanne füllte 'zig Formulare aus, rannte von Amtsstube zu Amtsstube und stand dem Sachbearbeiter beim Arbeitsamt ständig auf den ____, bis er nach drei Wochen sein Okay gab. Für eine ABM-Stelle* (vom Arbeitsamt bezahlt), ein Jahr mit Verlängerung um ein weiteres.

## Der gute Wille allein reichte ganz und gar nicht

Für Susanne war das lediglich ein Etappenziel. Zwar hatte sie nun einen Schreibtisch, einen Null-Mark-Etat, einen Job mit Monatseinkommen, aber – sie hatte noch keine Klienten.
Sie lacht. „Ich habe gedacht, ich muß nur mit meinem Wissen und meinem Willen antreten und alle machen die Arme auf und sagen: wunderbar! Jetzt lassen wir uns von dir helfen, und dann können wir uns später selber helfen!" Ein ____. So freundlich sie auch bei den türkischen Familien aufgenommen wurde, so deutlich wurde ihr auch klar gemacht, daß dort andere, eigene Spielregeln ____. Und die erste heißt „Yavas, yavas, langsam, langsam", die zweite „Inschallah, wenn es Allah gefällt". Es ging zäh. Sehr zäh. Und ganz anders als gedacht.
„Ich habe ganz schnell gemerkt, daß ich bei vielen Familien meinen europäischen Kopf zu Hause lassen muß." Und so schluckte sie in den ersten Wochen auch erst einmal brav alles

'runter, den Schafskäse zum Frühstück, wenn sie Hausbesuche machte, die Berge von süßem Gebäck, die laute türkische Musik, den ____ Fernseher, die zeitraubenden freundlichen Vor-Gespräche über das Wetter oder die Gesundheit der Großmutter, das chronische Zuspätkommen ihrer Klienten.

## Schlimm: Von Deutschen als „Türkenhure" beschimpft

Sie ist dabei immer ____ geworden. „Ich habe kapiert, daß ich diejenige bin, die sich anpaßt, daß ich damit aber keinen Schritt weiterkomme." Einen Mittelweg finden, das war's, Entgegenkommen von beiden Seiten.
Es war ein schwieriger Lernprozeß, gibt Susanne zu. „Aber auch ein großes Geschenk an mich." Sie hat unter den türkischen Menschen ____ Freunde gefunden. Sie lernte nein zu sagen, wenn falsche Forderungen an sie gestellt werden („ich kann z.B. keine Wohnungen vermitteln"), lernte damit fertig zu werden, daß ihre Hilfe auch mal rundweg abgelehnt wird. Mußte aber auch lernen, mit ____ umzugehen. „Türkenhure" hat neulich jemand auf ihr Fahrrad geschmiert. Und ein Jugendlicher aus einer „ihrer" Familien ist zusammengeschlagen worden. Weil er Türke ist. „Das tut weh", sagt sie, und ihre großen Augen werden ganz dunkel.
Es tut ihr doppelt weh, wenn sie an die ____ denkt, die ihr die Familien entgegenbringen, und auch den Respekt der Männer, die sie voll anerkennen. Das liegt, so meint sie, auch daran, daß sie ihre Ernsthaftigkeit damit beweist, daß sie schon mehrmals in die Türkei reiste und auch schon ganz leidlich türkisch spricht.
Wovon sie träumt, ist eine Ladenwohnung, die im Gegensatz zu ihrem jetzigen Büro behindertengerecht eingerichtet ist. Im Moment fehlt es allerdings nicht nur an Geld, an Raum, an Sponsoren, sondern an konkreten Zukunftsaussichten. Findet sie kein neuer Arbeitgeber, muß Susanne Breithaupt ihr Büro zumachen. Da in Berlin ____ nichts zu holen ist, hat sie ihre Fühler nach Geldern aus dem Sozialfonds der EG ausgestreckt. Noch ist nichts geklärt. Ihre türkischen Freunde warten zuversichtlich-gelassen ab. Inschallah! Doch niemand kommt an Susannes Dickkopf vorbei – auch nicht die Brüsseler Behörden.

*ABM = Arbeitsbeschaffungsmaßnahme, *job creation scheme*

---

**A** Im Text haben wir einige Schlüsselwörter nicht ausgefüllt. Finden Sie im Kästchen die treffenden Wörter:

| | | |
|---|---|---|
| Trugschluß | gesetzt | Nachdruck |
| Verletzungen | finanziell | Herausforderung |
| laufenden | unzufriedener | enge |
| Wertschätzung | Niemand | herrschen |
| Zehen | ehemaligen | Einrichtungen |
| Schlauch | bewundert | |

**B** Schreiben Sie die optimistischen Punkte im Bericht auf.

**C** Schreiben Sie und nehmen Sie auf Kassette eine Kurzfassung der Leistungen in dieser Beratungsstelle auf (150–170 Wörter).

**ANWENDUNG *und* ERWEITERUNG**

 **Zum Nachlesen:** 5.14 Arbeit in der türkisch/deutschen Gemeinschaft

 **Zum Nachschlagen:** Verben

 **Zum Wiederholen:** 1.1, 1.12, 2.7, 3.8, 4.8

**Zum Üben**

Vervollständigen Sie diesen Bericht, den Susanne über ihre Arbeit schrieb, indem Sie jedes Verb in der jeweils richtigen Form einfügen:

Als ich das Kind zum ersten Mal sah, (tun) er mir wirklich leid. Es (sein) ein kleiner Junge, ungefähr 4 Jahre alt, der von Geburt an schwer behindert (sein). Er (können) gar nicht (gehen), (müssen) also die ganze Zeit im Rollstuhl (sitzen). Aber er (haben) so ein freundliches, freches Lächeln, das (können) man gar nicht (beschreiben). Ich (lernen) bald, daß seine Eltern große Schwierigkeiten (haben), denn sie (sein) alle beide seit einiger Zeit arbeitslos und (müssen) sich außerdem um vier weitere Kinder (kümmern). In der Wohnung (herrschen) jedoch – ich (mögen) fast (sagen), erstaunlicherweise – große Lebensfreude. Alle Kinder (scheinen) glücklich zu (sein) und die Eltern (bleiben) immer optimistisch, egal, was (passieren). Nachdem ich mich ausführlich über den gesundheitlichen Zustand ihres Sohnes (informieren), (setzen) ich mich sofort mit verschiedenen Krankenhäusern in Verbindung. Mir (gelingen) es bei meinem ersten Anruf einen hervorragenden Chirurgen zu (erreichen), der mir (versprechen), den Jungen zu (untersuchen). Zwei Wochen später (operieren [Passiv]) der Junge, und zwar mit großem Erfolg.

# 5.15

## *Ziba: Eine Perserin in Hamburg*

Wie wir bereits gesehen haben, leisten Ausländer einen erheblichen Beitrag zur deutschen Gesellschaft. Ziba aus der Iran ist in der BRD Ärztin geworden und hat sich ein glückliches Leben in Hamburg aufgebaut. Eine gesunde Gesellschaft gibt den Einwanderern die Gelegenheit, sich in ihrem neuen Land zurechtzufinden. Bevor Sie den Artikel lesen, überlegen Sie, in welcher Hinsicht das Leben für Ziba in Deutschland anders als das im Iran ist.

# „In meiner Heimat muß ich meine Eltern siezen"

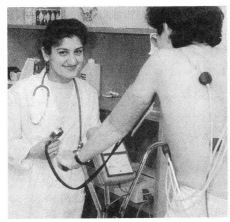

**1** Die Panik kam mitten im Examen. „Im Iran müssen alle Mediziner fünf Jahre für den Staat auf dem Land arbeiten." Für Ziba C.(32) aus Teheran eine grauenhafte Vorstellung. „Als Frau auf dem Land ist man im Iran total allein. Du darfst nicht ausgehen, wirst immer schräg angeguckt, wenn du noch nicht verheiratet bist."

**2** Sie sah nur einen Ausweg: Raus aus dem Land. „Alles mußte sehr schnell gehen. Medizin-Studenten dürfen das Land eigentlich nicht verlassen. Nach dem Examen stehen ihre Namen auf Listen, die am Flughafen kontrolliert werden." Ihr Name stand noch nicht drauf. „Das war mein Glück."

**3** Seit 1984 lebt sie nun in Deutschland. Heute arbeitet sie als Ärztin in Hamburg und ist sogar mit einem Deutschen verheiratet. Für Berend (28), einen Maschinenbau-Ingenieur, hat sie sich selbst entschieden. Im Iran wäre das undenkbar.

**4** Ziba: „Kein Mädchen darf dort mit einem Mann ausgehen. Ehen werden von Bekannten und Verwandten vermittelt. Sie berichten von ledigen Männern, die heiraten wollen. Diese stellen sich dann mit ihrer Familie vor. Es gibt nur ein Treffen zwischen Männern und Frauen. Dabei entscheiden die Eltern, ob geheiratet wird oder nicht. Die Kinder müssen sich fügen."

### Flirten ist für Frauen verboten

**5** Im Iran haben die Kinder mehr Respekt vor ihren Eltern als in Deutschland. Zu Hause dürfen sie nicht laut sprechen. Ziba: „Wir duzen unsere Eltern nicht, wir siezen sie." Entscheidungen der Eltern werden ohne jeden Widerspruch akzeptiert.

**6** Schon kleine Mädchen im Iran lernen, möglichst schweigsam zu sein. Wenn sie gefragt werden, dürfen sie nicht selbst antworten. „Das machen die Eltern für sie. Das ist auch bei erwachsenen Frauen noch so."

**7** Nach der islamischen Revolution ist das Leben der Frauen noch schwieriger geworden – streng nach den Regeln des Koran. „Wenn eine Frau im Iran unverschleiert auf die Straße geht, wird sie festgenommen und sogar ausgepeitscht." Flirten ist für Frauen verboten, Fremdgehen kommt einem Todesurteil gleich. Scheidungen sind im Iran die Ausnahme. Für Iraner ist die Ehe genauso wichtig wie der Zusammenhalt der Familie.

**8** Auch wenn Großfamilien selten geworden sind, der Kontakt der Familienmitglieder untereinander ist sehr eng, Fürsorge Pflicht. Ziba: „Altersheime gibt es im Iran nicht. Wer alt ist, wird von der Familie versorgt."

**9** Die ersten zwei Jahre in Deutschland hat Ziba sich an die Weisungen des Koran gehalten. „Wir mußten zu Hause viel beten. Ich hatte Angst, daß ich in die Hölle komme, wenn ich nicht genügend bete, mich nicht an die Gesetze des Islam halte." Nur langsam gewöhnte sie sich an ihr neues Leben in München. „Ich konnte alleine ausgehen, traf Leute, ohne meine Eltern vorher um Erlaubnis zu fragen." Doch es gab auch Dinge, die sie bis heute nicht versteht. „Im Englischen Garten sah ich im Sommer viele nackte Menschen. So etwas hatte ich noch nie gesehen."

**10** Nach vier Jahren zog Ziba von München nach Kiel. Sie nahm Deutsch-Unterricht, erhielt die Zulassung für die Uni, begann Medizin zu studieren. Ihren Lebensunterhalt verdiente sie mit Gelegenheits-Jobs. „Ich stand auch am Fließband. Wer im Iran studiert, muß nicht nebenbei arbeiten."

### Mutter drängte: „Heirate endlich"

**11** Im internationalen Studenten-wohnheim fand sie ein Zimmer. Dort lernte sie auch Berend C. kennen. „Als ich meiner Mutter am Telefon von ihm erzählte, sagte sie immer: Das geht nicht. Du darfst keinen Freund haben. Wann heiratet ihr endlich?" Nach der Hochzeit änderte sich die Meinung ihrer Eltern. Ziba: „Sie waren ganz stolz. Auch Freunde bewunderten mich: Oh, ein Deutscher."

**12** In diesem Jahr war sie mit ihrem Mann zu Besuch in ihrer Heimat. „Alle staunten über ihn, weil er im Haushalt hilft. Im Iran würde nie ein Mann abwaschen oder einen Tisch abräumen."

**13** Im Iran leben möchte sie nicht mehr. Ziba: „Mit den Menschen im Iran verstehe ich mich überhaupt nicht. Ihre Welt ist jetzt eine andere als meine. Ich kann nicht mehr zurück." Sie hat überlegt, die deutsche Staatsangehörigkeit anzunehmen. Noch aber ist sie unschlüssig. Denn: „Ich fühle mich nicht als Deutsche. In mir ist etwas aus beiden Ländern."

**14** Schlechte Erfahrung als Ausländerin in Deutschland? Ziba: „Nur wenige. Als ich während meines Studiums Nachtwachen machte, waren einige Schwestern eklig zu mir. Sie nahmen mich überhaupt nicht ernst. Aber damit wurde ich fertig. Jetzt arbeite ich bei einem Internisten. Und alle Leute sind sehr, sehr nett zu mir. Deshalb will ich auch in Deutschland bleiben und hier als Ärztin arbeiten."

**A** Wählen Sie zehn Wörter aus dem Text aus, die Sie noch nicht kennen und schlagen Sie ihre Bedeutung im Wörterbuch nach. Vergleichen Sie mit einem Partner das, was Sie herausgefunden haben.

**B** Lesen Sie den Artikel über Ziba noch einmal durch und entscheiden Sie, welche Überschriften und Absätze zusammenpassen:

| *Überschrift* | *Absatz* |
|---|---|
| **a** Sie mußte entkommen! | |
| **b** Keine Stimme bei der Wahl des Bräutigams | |
| **c** Die Küche – das ist Frauensache! | |
| **d** Gespräche mit Eltern sind sehr formell | |
| **e** Eine ekelhafte Aussicht! | |
| **f** Aufopfernd war sie | |
| **g** Unser Land ist ihr Leben | |
| **h** Kein Ausgang ohne Schleier | |
| **i** Sie konnte den Entschluß selbst treffen | |
| **j** Deutsche werden oder nicht? | |

**C** *Arbeit zu zweit: Sprechen*

Diskutieren Sie zu zweit Zibas Leistungen. Kennen Sie solche Beispiele in Ihrem eigenen Land?

**D** Beschreiben Sie Zibas Persönlichkeit und nehmen Sie Ihre Beschreibung auf Kassette auf.

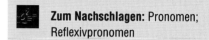
**ANWENDUNG *und* ERWEITERUNG**

**Zum Nachlesen:** 5.15 Ziba: Eine Perserin in Hamburg

**Zum Nachschlagen:** Pronomen; Reflexivpronomen

**Zum Wiederholen:** 1.4, 1.8, 2.3, 2.8

**Zum Üben**

Vervollständigen Sie den folgenden Dialog, indem Sie in jede Lücke ein passendes Pronomen bzw. Reflexivpronomen einfügen:

**A** Hast du Peter gesehen? Ich wollte ____ versichern, daß ich die Eltern seiner Frau vom Flughafen abholen werde.

**B** Das ist sehr nett von ____. Kannst du ____ vorstellen, wie das für ____ sein wird? Zum ersten Mal in einem fremden Land!

**A** Ja, das stimmt. Aber wenn die Leute so flexibel sind wie ihre Tochter, werden ____ ____ sicherlich sehr schnell an ____ gewöhnen.

**B** Da gebe ich ____ Recht. Ganz am Anfang, als sie ____ noch stark an ihre alten Sitten gehalten hat, habe ich ____ öfter gefragt, ob das zwischen ____ gut gehen kann. Doch sie hat ____ im Laufe der Zeit ziemlich geändert.

**A** Er ____ ja auch! Aber ich freue ____, daß ich ____ mit ____ nach wie vor so gut verstehe. Es ist auch toll, daß sie ____ für ____ entschieden hat. Er war relativ lange allein gewesen.

**B** Beeil ____ jetzt! Sonst kommst du zu spät zum Flughafen.

**A** Wie soll ich ____ den Leuten vorstellen? Ich kann ihre Sprache gar nicht.

**B** Du mußt ____ im Auto etwas einfallen lassen!

# 5.16

## *„Skinhead? – Nein, Chemotherapie!"*

Zum Schluß überlegen wir, wie die Gesellschaft ihre Schwerkranken und Schwerbehinderte schont. Auch hier können wir keine leichte Antwort erwarten. Lesen Sie diesen Bericht über einige junge Schwerkranke in Deutschland. Würden Sie eine(n) kranke(n) Klassenkameraden/in mit Takt und Mitgefühl behandeln können?

# Magische Formel

### Schwerkranke und behinderte Jugendliche berichten vom Überlebenskampf.

Sie spürt oft diese Blicke, und dann überlegt sie, ob sie hinrennen soll und einfach fragen: „Warum glotzt ihr so?" Sie kennt das, wenn wildfremde Menschen plötzlich im Täschchen kramen und ihr Geld in die Hand drücken wollen oder einen Schokoriegel, weil sie endlich kapiert haben, was los ist mit der jungen Frau.

Sie hat sich an den Schreibtisch gesetzt und ihre Wut aufgeschrieben über diese Ignoranten: „Einstichstellen überall – Fixerin!? – Nein, Bluttransfusionen! Kleine Pupillen – drogensüchtig!? – Nein, Morphin gegen die Schmerzen! Keine Haare auf dem Kopf – Skinhead!? – Nein, Chemotherapie!" Bea ist 26 und hat Krebs und lebt seit 8 Jahren damit.

Solche Geschichten will keiner hören. Es sind häßliche Wörter, die da vorkommen, „Tumor" und „Metastase" und „Knochenmarktransplantation". Ein paar Jugendliche, die schwer krank oder schwer behindert sind, haben sie trotzdem erzählt, ohne Pathos, manchmal mit Härte und ziemlich direkt: „Lebenskandidaten" haben sie ihr Buch genannt, das

jetzt in einem kleinen Tübinger Verlag erscheint*.

Silke zum Beispiel: Sie war 21 und kam aus der Klinik – man hatte ihr ein neues Herz und eine neue Lunge eingepflanzt; jahrelang hatte sie im Rollstuhl gesessen, die Sauerstoffmaske aufs Gesicht gedrückt, weil sie an schwerer Bronchiolitis litt und keine Luft bekam. Als sie dann nach der Operation zum erstenmal wieder in die Schule durfte, standen die Leute rum und guckten blöd, und einige „schlossen Wetten ab, wie lange ich noch leben werde".

Eltern, Verwandte, Freunde sind selten so brutal. Aber wie sie sich benehmen, ist oft noch unerträglicher: diese fürsorgliche Verschwiegenheit, das ängstliche Leugnen; die Ärzte, die sich um die Wahrheit schummeln. „Immer, wenn ihr mir aufmunternde Worte sagt", schreibt Bea in einem ihrer Gedichte, „und euer Blick mir ausweicht, spüre ich, wie ihr lügt."

Sie benehmen sich, als ob die Wörter töten könnten und nicht diese Krankheit, die den Körper zerstört. Noch immer, sagt Dietrich Niethammer, der Chef der Tübinger Kinderklinik, glauben Mediziner an das Credo, das Goethes Arzt Christoph Wilhelm von Hufeland vor 200 Jahren verkündet hat: „Wer den Tod nennt, gibt den Tod." Als wäre die Diagnose schuld, als wäre sie eine magische Formel, die das Sterben beschwört.

---

\* Monika Quack-Klemm u.a. (Hrsg.): „Lebenskandidaten". Attempto Verlag, Tübingen.

## A

Nachdem Sie den Text sorgfältig gelesen haben, finden Sie das Gegenteil von:

1 wegseht
2 nicht verstanden
3 schöne
4 frisch und gesund
5 intelligent
6 Feinde
7 sympathisch
8 unbekümmerte
9 die Wahrheit sagt
10 wiederbeleben

## B

Lesen Sie den Bericht wieder durch und entscheiden Sie dann, welche Satzteile zusammenpassen:

1 Viele Fremde sind verlegen,
2 Durch Ignorante
3 Mit achtzehn Jahren hat Bea gefunden,
4 *Tumor, Metastase, Knochenmarktransplantation* sind Worte,
5 Silke mußte jahrelang
6 Das Benehmen von Eltern und Verwandten kann
7 Das Wort *Tod*
8 Schwerkranke Leute ziehen

a auf eine neue Operation warten.
b daß sie Krebs hatte.
c direkte Blicke vor.
d die wir häßlich finden.
e wenn sie Bea sehen.
f tötet nicht.
g gerät sie in Wut.
h sehr schwer zu ertragen sein.

## C *Arbeit zu zweit: Rollenspiel*

Zwei Freunde diskutieren, wie sie einen Freund ermutigen können, der sich einer Chemotherapie unterziehen muß.

## D

Übersetzen Sie die folgende Bearbeitung von einigen Ideen im Text ins Deutsche:

*Bea, Silke and other seriously ill friends have related their experiences without sentimentality in a book which they have called* Candidates for Life. *Although they have to put up with difficulties like frequent blood-transfusions and hair-loss through chemotherapy, the people close to them are often as much of a problem as the illness itself. They have found that relations and friends have often behaved in a more unbearable fashion than strangers, through their consideration and discretion and their anxious hedging around the truth, as if the word "death" were a spell which would call up death itself.*

## ANWENDUNG *und* ERWEITERUNG

 **Zum Nachlesen:** 5.15 Ziba: Eine Perserin in Hamburg
5.16 „Skinhead? – Nein, Chemotherapie!"

 **Zum Nachschlagen:** Bindewörter – „wer"

 **Zum Wiederholen:** 3.13, 4.10, 5.9

 **Zum Üben**

Im Text 5.16 wird Goethes Arzt zitiert: „Wer den Tod nennt, gibt den Tod." Finden Sie die zwei weiteren „Wersätze", die im Text über Ziba vorkommen.

Ordnen Sie jedem Satz in Gruppe A den passenden Satz in Gruppe B zu. Schreiben Sie neue Sätze aus, die durch das Wort „wer" verbunden sind. Der Inhalt der Sätze bezieht sich auf die beiden Texte.

*Beispiel*
Man ist alt; man wird von der Familie versorgt
Wer alt ist, wird von der Familie versorgt.

*Gruppe A*
**1** man geht im Irak fremd
**2** man ist Mediziner
**3** man betet nicht viel
**4** man wird gefragt
**5** man geht unverschleiert auf die Straße
**6** man ist mit dem Studium fertig
**7** man hat eine Glatze
**8** man bekommt Chemotherapie
**9** man hat einen schwerkranken Verwandten

*Gruppe B*
**a** man wird angepöbelt und angegriffen
**b** man verliert leider die Haare
**c** man hat Angst, daß man in die Hölle kommt
**d** man kann sich manchmal ganz ungeschickt verhalten
**e** man darf nicht selbst antworten
**f** man kann hingerichtet werden
**g** man ist nicht unbedingt Skinhead
**h** man darf das Land nicht verlassen
**i** man arbeitet fünf Jahre auf dem Lande

## ANWENDUNG *und* ERWEITERUNG

 **Zum Nachlesen:** 5.16 „Skinhead? – Nein, Chemotherapie!"

 **Zum Nachschlagen:** Das Personalpronomen

 **Zum Wiederholen:** 1.4, 1.8, 2.3, 2.8

 **Zum Üben**

Beachten Sie:
Statt des Possessivums wird oft das Personalpronomen im Dativ benutzt. Das folgende Beispiel wurde dem Text 5.16 entnommen:
Sie kennt das, wenn wildfremde Menschen . . . und **ihr** Geld in die Hand drücken.
(. . . they press money into **her** hand)
**1** Übersetzen Sie die folgenden Sätze ins Englische:
  **a** Sie sah ihm tief in die Augen.
  **b** Ich habe mir in die Hand geschnitten.
  **c** Das Buch lege ich ihr ins Fach.
  **d** Ich bin gerade dabei, ihm die Haare zu waschen.
  **e** Ihm wurde vor drei Tagen eine neue Niere eingepflanzt.
**2** Übersetzen Sie diese Sätze ins Deutsche:
  **a** Her eyes avoided me.
  **b** The snowball hit my back.
  **c** My grandmother always used to put a sweet into my hand before we left.
  **d** Are you cleaning your teeth or combing your hair?
  **e** I dislocated my toe during the game.

# 5.17

## *Synthese*

**A** Nehmen Sie diese Einheit zu Hilfe und schreiben Sie eine Analyse der gesellschaftlichen Probleme in Deutschland (350–400 Wörter).

**B** Machen Sie einen schriftlichen Vergleich von der Gesellschaft in Deutschland/Österreich/ der Schweiz mit der Gesellschaft in Ihrem eigenen Land (350–400 Wörter).

**C** Bereiten Sie schriftlich eine Analyse von einigen Fällen/Problemen und Lösungen vor, die wir in der Einheit angesprochen haben, und nehmen Sie diese Analyse auf Kassette auf (2–3 Minuten).

# Geschäft ist Geschäft

In *Geschäft ist Geschäft* erweitern wir Ihre Kenntnisse der Arbeitswelt in Deutschland, damit Sie eine genauere Vorstellung der deutschen Verhältnisse haben und vielleicht um Ihnen zu helfen, sich auf Ihre eigene Arbeit in einem deutschprachigen Land vorzubereiten. Als Sprungbrett fangen wir mit diesem Selbsttest an, der Ihnen zeigen wird, wie praktisch Sie veranlagt sind und ob Sie mit Geld umgehen können.

## 6.1

*Testen Sie sich selbst*

## Können Sie gut mit Geld umgehen?

Der richtige Umgang mit Geld ist eine Kunst für sich. Nicht verschwenderisch sein, aber auch nicht geizig, sich mit dem Geld Lebensgenuß gönnen, aber auch an morgen denken – das will gelernt sein. Können Sie das? Unser Test wird es Ihnen sagen. Bitte pro Frage nur je eine Antwort

**2.** Was halten Sie davon, etwas Geld in dieses Edelmetall anzulegen?
a)  Nichts. Es bringt ja keine Zinsen ....0
b)  Finde ich gut. Man sollte möglichst viel Gold besitzen ..........................1
c)  Es ist sehr gut, etwas Gold als Sicherheit zu haben........................5

Punkte 2

**3.** Dieses Bild zeigt in Ihren Augen vor allem . . .
a)  . . . einen Weg, wie man schnell reich werden kann ..........................0
b)  . . . eine Möglichkeit, sich gelegentlich zu amüsieren..............5
c)  . . . einen todsicheren Weg, sich zu ruinieren ........................2

Punkte 3

Gesamtpunkte A

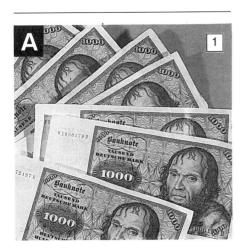

**1.** Welcher Satz geht Ihnen bei diesem Anblick am ehesten durch den Kopf?
a)  Geld allein macht nicht glücklich ....0
b)  Ohne Geld ist alles nichts..............5
c)  Nur die Reichen haben wirklich etwas vom Leben ..........................1

Punkte 1

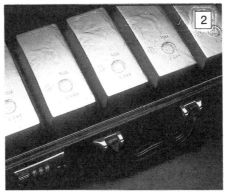

**B**

**1.** Haben Sie öfter mal Ebbe in der Kasse, ohne zu wissen, warum?
a)  Ja...............................................0
b)  Ebbe ja – aber ich kenne den Grund ..........................................2
c)  Nein ...........................................5

Punkte 1

## 2. Sie gewinnen eine Million im Lotto. Was tun Sie mit dem Geld?

a) Ich sehe zu, daß ich es schnell vermehre. ....................................0

b) Ich lege es möglichst sicher an – und profitiere vom Zinsertrag ........5

c) Ich erfülle mir erst einmal ein paar tolle Wünsche – und dann sehe ich weiter ...............................................2

| Punkte 2 | |
|----------|--|

## 3. Welchen Zweck erfüllt in Ihren Augen das Geld vor allem?

a) Daß man sich damit finanzielle Sicherheiten schafft.......................3

b) Daß man damit viel Spaß im Leben hat .................................................0

c) Daß man sowohl etwas Geld zurücklegt als auch in seine Lebensfreude investiert .................5

| Punkte 3 | |
|----------|--|

## 4. Sie haben die Wahl zwischen einer neuen oder einer antiken, doppelt so teuren Vitrine. Wofür entscheiden Sie sich, wenn Ihr Geld eher knapp ist?

a) Für die neue Vitrine ........................0

b) Fürs antike Stück–ohne zu zögern...2

c) Ich würde versuchen, wenn's irgend geht, mir das alte Stück zu holen ...5

| Punkte 4 | |
|----------|--|

| Gesamtpunkte B | |
|----------------|--|

## Ihre Punktzahl

| Punkte A | |
|----------|--|
| Punkte B | |
| Gesamtpunktzahl | |

## A

Lesen Sie den Test durch, füllen Sie ihn dann aus, ohne mit Ihren Kameraden bzw. Kameradinnen darüber zu sprechen.

## B *Arbeit zu zweit: Sprechen*

1 Raten Sie, was für Antworten Ihr(e) Nachbar(in) geschrieben hat.

2 Analysieren Sie Ihre Ergebnisse gemeinsam mit Hilfe der Auflösung.

## IHR TESTERGEBNIS
## 0-15 Punkte

● Der richtige Umgang mit Geld ist für Sie ein Buch mit sieben Siegeln. In manchen Dingen sind Sie verschwenderisch, in anderen viel zu geizig. Sie finden einfach keine klare Linie. Das liegt vielleicht daran, daß Sie noch nie richtig darüber nachgedacht haben, was Geld für Sie bedeutet. Statt dessen geben Sie sich Stimmungen hin, handeln ganz impulsiv.

● Sobald Sie erkennen, daß Ihr Umgang mit Geld Ihre Einstellung zum Leben ausdrückt, werden Sie ein wichtiges Stück weiter sein. Dann können Sie erkennen, wo Sie Fehler machen. Wenn Sie nämlich genau wissen, was Sie im Leben wollen, wird Ihnen von selbst klar werden, welche Rolle das Geld zu spielen hat. Und dann wird Ihnen der Umgang mit Ihren Finanzen keine Probleme mehr bereiten.

## 16-20 Punkte

● In Gelddingen verlassen Sie sich völlig auf Ihre Eingebung und Ihr Gefühl. Und erstaunlich oft liegen Sie damit auch richtig. Ins Schwimmen kommen Sie nur dann, wenn Sie dem Urteil irgendwelcher Ratgeber blind vertrauen. Dann wissen Sie plötzlich nicht mehr, welche Vorgehensweise richtig ist. Sollen Sie auf Sicherheit gehen? Ihr Geld investieren? Oder aber mehr auf Lebensgenuß setzen?

● Kein Wunder, daß Sie bei diesen wichtigen Fragen ins Schwanken kommen. Denn niemand kann Ihnen sagen, welche Prioritäten Sie in Ihrem Leben setzen sollen. Das müssen Sie schon selber tun. Ein Tip: Gehen Sie mit Geld so um, daß Sie persönlich zufrieden sind und gut schlafen können.

## 21-35 Punkte

● Sie wissen, daß es nicht nur darauf ankommt, wieviel Geld man ausgibt, sondern wofür man es verwendet. Dank dieser einfachen Erkenntnis haben Sie bereits den goldenen Schlüssel für den richtigen Umgang mit Geld gefunden. Es geht Ihnen nur darum, Ihre Finanzen so zu verwalten, wie Sie es persönlich gut finden. Wie andere darüber denken, ist für Sie zweitrangig, ja sogar uninteressant. Denn Geld ist für Sie nichts weiter als ein Mittel, Ihr Leben nach eigenem Geschmack zu gestalten.

● Hut ab vor Ihrer Entschlossenheit und Ihrem Mut, sich in dieser wichtigen Angelegenheit nicht von Fremden hereinreden zu lassen. Trotzdem sollten Sie ab und zu ruhig zuhören, was andere zu diesem Thema zu sagen haben. Auch das gehört zum richtigen Umgang mit Geld!

## C

Schreiben Sie das auf, was der Test über Sie und Ihren Geschäftssinn beweist und sagen Sie, inwieweit Sie mit der Einschätzung einverstanden sind.

## ANWENDUNG *und* ERWEITERUNG

**Zum Nachlesen:** 6.1 Testen Sie sich selbst

**Zum Nachschlagen:** Reflexivpronomen

**Zum Üben**

Suchen Sie alle Beispiele des Reflexivpronomens (Akkusativ und Dativ) heraus, die in diesem Test vorkommen. Vervollständigen Sie dann den folgenden Dialog, indem Sie die jeweils richtige Form des Reflexivpronomens einfügen.

1 Als ich einmal im Lotto gewann, habe ich ____ doch einen gewissen Luxus gegönnt.

2 Welche Wünsche hast du ____ denn erfüllt?

1 Ich bin zum Beispiel öfter mal ins Kabarett gegangen, wo ich ____ immer köstlich amüsiert habe.

2 Warst du auch im Kasino?

1 Nein, da war ich nicht. Ich habe nämlich keine Lust, ____ auf die Art zu ruinieren. Wie du weißt, ist der Umgang mit Geld eine Kunst für ____, und ich bin ____ nicht allzu sicher, daß ich diese Kunst beherrsche!

2 Schon vor Jahren habe ich ____ überzeugen können, daß du ein sehr vorsichtiger Mensch bist, was finanzielle Angelegenheiten angeht, und daß man ____ absolut auf dich verlassen kann.

1 Ich bedanke ____ für das Kompliment, aber ich glaube, du solltest ____ mal mit meinem Vater unterhalten. Er würde ____ sicherlich über meine Unfähigkeit mit Geld umzugehen ausführlich auslassen. Er ist Bankier und hat ____ mit meinem Lebensstil immer noch nicht abgefunden.

# 6.2

## „Business ist der Sex von heute"

Es ist klar, daß „Business" für viele Leute einen gewissen Glanz hat. Unter solchen Menschen sind die Streber, die sich nach der Yuppie-Welt sehnen. Aber für die meisten Geschäftsleute ist die Realität nicht so, sondern eher eine harte Welt, deren Glanz schnell verschwindet. Hören wir jetzt von einem Weltstar des Kinos, Diane Keaton, die eindeutige Meinungen zum Thema Geschäftswelt hat.

*Pampers statt Profit: In „Baby Boom" wandelt sich Diane Keaton vom Yuppie zur Mutti.*

**A** Hören Sie dem Interview ein- oder zweimal zu, finden Sie dann heraus, wie man folgende Ideen auf deutsch geäußert hat:

1 clearly
2 exactly (the same way) as for . . .
3 Do you think that, too?
4 partly
5 A lot simply hangs on . . .
6 is rife amongst
7 For me it's a question of . . .
8 That doesn't sound at all . . .
9 Are you actually attracted by . . . ?
10 life in the country
11 What fascinates you about it?
12 in order to make his mark
13 an easy proof

**B** Machen Sie eine Liste aller Punkte des Gesprächs, die mit der Geschäftswelt zu tun haben.

## C *Arbeit zu zweit: Berichten*

Partner(in) A faßt auf englisch den kleinen Lesetext 1 für Partner(in) B zusammen. Mit Lesetext 2 machen Sie es umgekehrt.

> **1** Wadenlanger, karierter Rock, eine rote Seidenblume am weißen Blusenkragen und ein eng tailliertes Jäckchen: so kommt Diane Keaton überpünktlich zum Interview ins Hotel Ritz-Carlton, unweit ihrer eigenen Wohnung am Central Park. Eine angenehme Überraschung in der Metropole von Stars und Verspätungen. „Es geht mir wunderbar, denn ich komme gerade vom Zahnarzt", plaudert sie vergnügt und behauptet: „In letzter Zeit gehe ich so oft zu ihm, daß wir schon fast eine Liebesbeziehung haben." Ihre braune Hornbrille mit den schwarzen Gläsern behält sie auf, aber ihr quirliges Temperament versteckt sie nicht. Ihre Gesten sind lebhaft und schnell; kaum ein Gedanke, ein Satz, zu dem ihr nicht auch ein Scherz einfällt.

## D *Arbeit zu zweit: Rollenspiel*

Partner(in) A will Yuppie werden. Partner(in) B sucht eine alternative Gesellschaft, in der niemand persönliches Hab und Gut besitzt. Sie können die Meinung des anderen nicht verstehen, aber Sie tun Ihr Bestes, sich gegenseitig zu überzeugen.

> **2 DIANE KEATON** – für viele ist sie immer noch „Annie Hall", jenes schüchterne, verängstigte Mädchen, das in Woody Allens Film „Der Stadtneurotiker" in viel zu weiten Männerklamotten durch New York stromert. Die Rolle der „Annie Hall" brachte ihr 1977 den Oscar ein. Geboren wurde Diane Keaton im Januar 1946 in Los Angeles. Ihr Vater war Sozialarbeiter, und das Elend der Straße war ihr vertrauter als der Glamour der Hollywood-Studios. Star-Allüren sind ihr fremd. Daß sie trotz Pressescheu nicht nur in den Feuilletons, sondern auch in den Klatschspalten regelmäßig auftaucht, verdankt sie ihrem Liebesleben: Woody Allen (mit dem sie acht Filme drehte), Warren Beatty und Al Pacino hießen die Männer an ihrer Seite. Jetzt läuft ihr neuer Film in den deutschen Kinos an: „Baby Boom". Diane Keaton spielt darin die Yuppie-Top-Geschäftsfrau J. C. Wiatt, im Büro „Tiger Lady" genannt, die plötzlich eine überraschende Erbschaft macht. Die Erbschaft heißt „Elizabeth" und schafft ungewohnte Probleme: Babynahrung statt Bilanzen, Pampers statt Profit. Mit dem Baby flüchtet J. C. Wiatt aufs Land. Aber einmal Yuppie, immer Yuppie: Angesichts der vielen Äpfel im Garten erfindet sie den Designer-Apfelbrei. Natürlich wird das ein Superhit. Und da wie zufällig noch Sam Shepard als schmucker Dorf-Veterinär aufgetaucht, steht dem Happy-End auf der Leinwand nichts entgegen.

---

## ANWENDUNG *und* ERWEITERUNG

 **Zum Nachlesen:** 6.2 „Business ist der Sex von heute"

 **Zum Nachschlagen:** Pronomen, Possessivum

 **Zum Wiederholen:** 1.4, 1.8, 2.3, 2.8, 5.16

 **Zum Üben**

Das Wort ihr (ihre, ihren usw.) kommt einige Male in diesem Lesetext vor. Suchen Sie die Stellen heraus. Übersetzen Sie dann die folgenden Sätze ins Deutsche.

1 My office is not far from our house.
2 I like your new spectacles. You look very efficient.
3 What has become of your famous bubbly temperament?
4 You can see from her gestures that she's suffering from stress.
5 I hope my hard work will bring me a bonus.
6 We are familiar with this kind of work.
7 The idea of working abroad was wholly alien to her.
8 I owe my successful career to my German teacher.
9 Their new project sounds most interesting.

# 6.3

## *Die schrillen Verführer*

Worin besteht die Attraktion der Werbung? Wir haben schon von einem Weltstar gehört, der sich nicht so leicht von der Geschäftswelt blenden läßt. Aber wie steht es mit der Industrie? Lesen wir jetzt diesen Artikel aus *Brigitte*, der Fragen wie Manipulation und Gehirnwäsche durch Werbe-Spots in Betracht zieht.

Nie war sie so witzig wie heute: Kinowerbung ist ein Szene-Hit. Mit kessen Sprüchen, flotten Storys und heißen Bildern hat sich das lästige Vorprogramm in spannendste Unterhaltung verwandelt.

Auf dem Weg zur Spitze: Der verblüffende „Audi"-Spot gewann erste Preise bei Festivals in Cannes, New York, Berlin.

Der ehemalige französische Staatspräsident François Mitterand wurde einmal gefragt, was ihn außer Politik und Literatur noch interessiere. Die Antwort: „Werbe-Spots!" Voll im Trend, der Präsident! Denn was da heutzutage über Leinwände und Mattscheiben flimmert, ist so witzig, so schrill, daß sich selbst ausgebuffte Cineasten verwundert die Augen reiben. Beispiel Test für „Afri-Cola": ein uraltes Werbe-Klischee, in dem eine „Testperson" natürlich immer den richtigen Kaffee, Joghurt oder Weichspüler herausfindet. Nur: hier sind es Affen, die den Affen machen. Und das müde Klischee wird zur witzigen Persiflage. O-Ton: „Afri-Cola. Da wird man wieder Mensch." Die Agentur MSH, Bozell und Jacobs aus Düsseldorf, erhielt dafür vor kurzem eine Auszeichnung vom renommierten Art Directors Club.

Beispiel „Audi": Der Wagen startet, der Weg wird steiler, die Kamera zieht auf. „Audi" hat die Spitze der Skisprungschanze erreicht. Einen „Goldenen Löwen" in Cannes, eine „Clio" in New York und eine „Berliner Klappe" gewann die Agentur Team/BBDO aus Düsseldorf für diesen Spitzen-Spot.

Mini-Dramen, Mini-Komödien, Mini-Actionfilme: Wozu manche Filmregisseure 90 Minuten brauchen, zeigen Werbe-Spots

in 90 Sekunden. Offenbar mit Erfolg. Während die Gesamtwirtschaft vergeblich den Aufschwung probt, ist das Kartell der „geheimen Verführer" beim dreifachen Salto. Mehr als 18 Milliarden Mark haben alle Medien zusammen 1987 durch Werbung kassiert. Der große Gewinner mit über 21 Prozent Zuwachs war die Kinowerbung. Früher lästiges Übel, dem man sich durch gut getimte Verspätung entzog, ist Werbung heute Teil des Unterhaltungsprogramms, das kaum jemand freiwillig verpaßt.

Daß sich Kino-Fans zu Werbe-Fans mausern, hat einen einfachen Grund: Spielfilm und Reklame-Spot haben häufig die gleiche Machart und die gleichen Macher. Eine Garde anerkannter Regisseure, von Fellini über Godard und Jarmusch bis zu Scott und Zeffirelli, hat ihre Lust an der Werbung entdeckt. Federico Fellini („Campari"): „Ich habe Werbe-Spots gemacht, weil mich die Aufgabe stimuliert hat, eine Geschichte in 30 oder 60 Sekunden zu erzählen."

### Von Fellini bis Zeffirelli: Spielfilmregisseure drehen Werbefilme

„Geheime Verführer" hat der amerikanische Soziologe Vance Packard Anfang der 60er Jahre die Werbebranche genannt und vor

Manipulation und Gehirnwäsche gewarnt. Heute hat man der Werbung ihre subtilen Methoden verziehen; selbst Gesundheitsministerin Rita Süssmuth setzt auf die „verführerische" Wirkung ihrer Anti-Aids-Spots. Unverzeihlich ist nur noch eines: die Verbreitung von Langeweile. Vor allem die deutschen Werbemacher tun sich teilweise noch schwer mit dem neuen Trend. Manche Fernseh-Spots sehen aus wie Werbung für eingeschlafene Füße. Konstantin Jacobi, Hamburger Agenturchef und Jungstar der Branche, hat eine einfache Erklärung: „96 Prozent der Bundesbürger halten Humor für wichtig, die restlichen vier Prozent sind Werbefachleute." Und Altstar Michael Schirner, Chef der Düsseldorfer Agentur GGK, sekundiert: „Jede gute Werbekampagne braucht ironische Distanz, sonst ist sie unglaubwürdig ... 90 Prozent der Werbung ist peinlich."

Werbung als Information – das ist out, seit die Produkte austauschbar geworden sind. Daß ein Waschmittel weiß wäscht, eine Zahnpasta vor Karies schützt, ein Kaffee aromatisch schmeckt, solche Botschaften bringen nur noch eins: das große Gähnen. Vor einigen Jahren sind clevere Werber auf eine andere Art von Produktversprechen gekommen: Ob „Duft der großen weiten Welt", „Geschmack von Freiheit und Abenteuer" oder nackte Blondinen auf überdimensionalen japanischen Kassettenrecordern („... diese Geräte haben mit Mädchen manches gemeinsam: handlich, immer wieder bespielbar und stets bereit") – die Kampagnen versprechen: raus aus dem Alltagstrott, rein in die Welt der harten Fäuste und der weichen Brüste. Haushaltsartikel, überwiegend von Frauen gekauft, versprechen dagegen vor allem gesunde Kinder und zufriedene Ehemänner. Auch diese zweite Art der Werbung liegt schon nicht mehr im Trend, meint der Zürcher Agenturchef Jean Etienne Aebi.

Werbung der dritten Art baut auf Suggestion: Die Botschaft wird nicht ausgesprochen, die Phantasie ist gefragt. Wenn es dem Hubschrauber-Piloten gelingt, den Lokführer des Inter-Dschungel-Expreß vor einer Elefantenherde zu warnen, und er sich nach dramatischem Rettungswerk genüßlich eine „Camel" ansteckt, dann weiß der Zuschauer: „Camel"-Raucher sind Abenteurer mit der Lunge auf dem rechten Fleck. Wie ich. Worte sind da überflüssig.

Werbung der vierten Art geht noch weiter: Ein „Citroën" startet auf einem Flugzeugträger; ein atemberaubender Flug übers Wasser, dann landet er auf einem überraschend auftauchenden Unterseeboot. Keine Informationen, keine psychologischen Versprechungen, statt dessen: Action pur. Diese Werbung verspricht kein Erlebnis, sie ist Erlebnis. Im Moment des Zeigens wird der Zuschauer bedient mit dem, was ihm am wichtigsten ist: Unterhaltung. „You have to entertain, to sell" (Man muß unterhalten, um zu verkaufen) – dieser Slogan des Chicagoer Werbegurus Joe Sedelmaier wurde zum Glaubensbekenntnis der Branche. „Wer so tolle Werbung macht", soll der Zuschauer denken, „den muß ich unterstützen." Wenn Tina Turner auf der „Pepsi"-Bühne röhrt, dann hofft man auf die Treue der Kids: „Wenn mein Star das Zeug trinkt, trink ich's auch." Einfach, aber wirkungsvoll. Wie wirkungsvoll, das könnte ein Testverfahren zeigen, das seit einiger Zeit in Haßloch bei Ludwigshafen ausprobiert wird. Bisher waren Untersuchungen über den Kaufeffekt von Fernsehwerbung zeitraubend, teuer und unsicher. Und für die Werbung selbst galt jahrelang die Branchen-Weisheit: „Die Hälfte ist rausgeschmissenes Geld, wir wissen nur nicht, welche Hälfte."

**A** Nachdem Sie den Artikel gelesen haben, füllen Sie folgende Tabelle passend aus:

| Substantiv | Adjektiv | Verb |
|---|---|---|
| Politik | witzig<br>müde | |
| Auszeichnung<br>Film | | brauchen<br>kassieren |
| Manipulation<br>Verbreitung | anerkannt | |
| | peinlich<br>austauschbar | meinen<br>bauen |
| Phantasie | genüßlich | ausprobieren |

**B** Nachdem Sie den Artikel nochmals gelesen haben, entscheiden Sie: Was ist hier richtig? Was ist hier falsch?

|  | ✓ | ✗ |
|---|---|---|
| 1 Die Werbung im Kino und im Fernsehen interessierte François Mitterand fast mehr als Politik | | |
| 2 Die „Afri-Cola"-Werbung wurde vom Art Directors Club ausgezeichnet | | |
| 3 Werbe-Spots im Kino haben noch mehr Erfolg als jene im Fernsehen | | |
| 4 Das Publikum hat seine Meinung über die Kinowerbung geändert | | |
| 5 Heutzutage kümmern wir uns weniger um die Gefahr in den Werbespots als im Zeitalter von Vance Packard | | |
| 6 Laut Text soll Werbung ausschließlich informieren | | |
| 7 Die moderne Werbung erlaubt uns, dem Alltag zu entfliehen | | |
| 8 Bei Werbung der vierten Art sagt das Bild alles | | |
| 9 Jetzt weiß man genau, wofür man sein Werbegeld ausgibt | | |

**C** Schreiben Sie eine Kurzfassung des Artikels (200 Wörter).

**D** Übersetzen Sie diese Bearbeitung einiger Ideen im Text ins Deutsche:

*Cinema fans have changed into fans of the commercial for one simple reason. A generation ago, in contrast to today, feature films and short commercials did not have the same methods and makers at all. What has also changed is our attitude to advertising itself. Thirty years ago, today's advertising would have been viewed as brain-washing, with its subtle methods and seductive effects, which we nowadays accept, even if the researchers remain uncertain of the actual effect of TV and cinema advertising on people's spending habits.*

**109**

## ANWENDUNG *und* ERWEITERUNG

 **Zum Nachlesen:** 6.3 Die schrillen Verführer

 **Zum Nachschlagen:** Bindewörter (inklusive Relativpronomen)

 **Zum Wiederholen:** 1.6, 3.13, 4.10, 5.9, 5.15, 5.16

 **Zum Üben**

Im ersten Absatz dieses Artikels kommen eine ganze Reihe von Bindewörtern vor. Vervollständigen Sie die folgenden Sätze, indem Sie die Teile kombinieren, die auf englisch gedruckten Wörter ins Deutsche übersetzen, und die notwendigen Änderungen in der Wortstellung machen.

1 Der Affe trinkt ein Glas Cola/(which) ich bewundere gerade im Fernsehen
2 Ich frage mich oft/(whether) Werbung bewirkt überhaupt etwas
3 (While) du bist im Supermarkt/du könntest vielleicht eine Packung von dem Waschpulver mitbringen/(which) macht alles hundertprozentig sauber
4 Diese Werbung ist so spannend/(that) ich muß das Produkt unbedingt ausprobieren
5 (Although) ich bin überzeugter Nichtraucher/ich finde manche Spots für Zigarren ganz unterhaltsam
6 Ich weiß nie/(which) Eis schmeckt wirklich am besten
7 (If) du fragtest mich/(what) ich soll von deinem neuen Auto halten/ich würde sagen/(that) du wärest von der tollen Werbung übermäßig beeinflußt worden
8 Er hat tatsächlich fast alles gekauft/(that) er hat gestern in der Werbezeitschrift gesehen
9 Ich kann solchen Angeboten nicht widerstehen/(for) wir hatten früher nicht so viel Geld

# 6.4

## *„Die Denke muß sich ändern"*

Bis jetzt haben wir von Illusionen und Träumen gelesen und gehört, die den Eindruck vermitteln könnten, daß die Geschäftswelt eine Traumwelt wäre. Aber wie ist die wirkliche Welt des Geschäfts und der Arbeit? Hören wir zunächst von Bundesbahnchef Heinz Dürr, einem sehr prominenten Geschäftsführer. Der Titel des Gesprächs selbst vermittelt Ihnen eine Vorstellung vom Abgrund zwischen Schein und Sein – *„Die Denke muß sich ändern"*.

**A** Hören Sie dem ersten Teil des Interviews ein- oder zweimal zu und füllen Sie die Lücken in der untenstehenden Transkription:

Bundesbahnchef Heinz Dürr über die Probleme seines Unternehmens und die Bonner Verkehrspolitik

**Frage:** Herr Dürr, mit der Übernahme des Präsidentenpostens bei der ____ wurden Sie Staatsdiener. Wie fühlt sich ein Unternehmer und Manager, wenn er bei ____ eines neuen Jobs erstmals einen Eid leisten muß?
**Dürr:** Das ist schon ein ____ Gefühl, eine ganz neue Erfahrung.
**Frage:** Sie haben natürlich nicht geschworen, die Schulden der Bahn ____ und das Unternehmen in die Gewinnzone zu bringen?
**Dürr:** Ich habe den vorgesehenen Eid geleistet, also meine Kraft dem Wohle des deutschen Volkes zu ____, seinen Nutzen zu mehren, Schaden von ihm ____, die Gesetze zu wahren und gegen jedermann gerecht zu sein. Aber durch diese Eidesformel wurde ich sofort auf etwas ____, das ganz gewiß das eigentliche Problem der Bahn ist.

**Frage:** Nämlich?
**Dürr:** Nach Artikel 87 Grundgesetz ist die Bahn eine ____, und nach Paragraph 28 Bundesbahngesetz ist sie ein Wirtschaftsunternehmen, bei dem die ____ die Ausgaben einschließlich der erforderlichen Rückstellungen decken müssen. Welches Gesetz muß ich denn nun ____? Dieses Dilemma muß beendet werden.
**Frage:** Sie wollen kein Behördenleiter sein?
**Dürr:** Ich nicht. Davon verstehe ich nichts. Der ____ muß entscheiden, was die Bahn sein soll, Behörde oder Unternehmen. Ich kann alle Probleme und alle Schwächen der Bahn auf dieses ____ zurückführen.
**Frage:** Da Sie kein Behördenleiter sein wollen, muß wohl das Grundgesetz ____ werden.

**B** Hören Sie jetzt dem zweiten Teil des Gesprächs zu und entscheiden Sie, wer folgende Behauptungen geäußert hat:

| | Interviewer | Dürr |
|---|---|---|
| 1 Das Unternehmen braucht neue Investitionen. | | |
| 2 Es gibt zuviele Bahnbeamten. | | |
| 3 Bonn ist nicht die Ursache aller Probleme. | | |
| 4 Man hätte eine bessere Verkehrspolitik wählen sollen. | | |
| 5 Die Kunden sind problematischer als die Bahn selbst. | | |
| 6 Die Schaffner haben es schwer. | | |
| 7 Diese neigen dazu, abzuschalten. | | |
| 8 Man fängt an zu verstehen, warum die Züge nicht mehr pünktlich sind. | | |
| 9 In gewissen Orten besteht ein Mangel an rollendem Material und an Personal. | | |

**C** Machen Sie eine Liste aller erwähnten Probleme und Lösungen.

**Dürr:** Die Bahn muß ein Wirtschaftsunternehmen werden, was sie ____ zu Anfang auch war. Das geht ohne Grundgesetzänderung nicht. Bisher hat sich der Eigentümer der Bahn um diese Entscheidung ____ .
**Frage:** Und wenn er es weiterhin tut?
**Dürr:** In der Koalitionsvereinbarung steht, daß der Artikel 87 Grundgesetz ____ werden soll. Und das muß schnell geschehen. Meine Gespräche mit vielen Politikern haben gezeigt, daß die Bereitschaft dazu da ist. So wie ____ kann's nicht weitergehen. Bis zur Jahrhundertwende müßte der Bund nach ____ Planungen für die Deutsche Eisenbahn – ____ Reichsbahn – 400 Milliarden Mark aufbringen. Ich glaube nicht, daß sich der Staat das erlauben kann.

# 6.5

## *30 Millionen suchen eine Stelle*

Vergessen wir nicht den Durchschnittsbürger/ die Durchschnittsbürgerin. Wie leicht ist es, Arbeit zu finden? In schwierigen Zeiten ist die zunehmende Anzahl von Arbeitslosen das erste Symptom einer wirtschaftlichen Krise. Lesen Sie jetzt diesen Bericht über die Arbeitsmärkte in den Industriestaaten.

# Die Aussichten für die Arbeitsmärkte bleiben düster

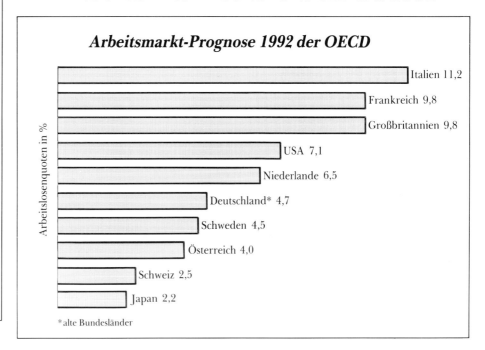

**Arbeitsmarkt-Prognose 1992 der OECD**

Arbeitslosenquoten in %

Italien 11,2
Frankreich 9,8
Großbritannien 9,8
USA 7,1
Niederlande 6,5
Deutschland* 4,7
Schweden 4,5
Österreich 4,0
Schweiz 2,5
Japan 2,2

*alte Bundesländer

1 Die Zahl der Arbeitslosen wird in den westlichen Industriestaaten in diesem Jahr um rund 5,5 Millionen zunehmen. In Westeuropa, Nordamerika, Japan und Australien werden nächstes Jahr damit knapp 30 Mill. Menschen arbeitslos sein.

2 Diese Prognose macht die Organisation für Wirtschaftliche Zusammenarbeit und Entwicklung (OECD) in ihrem jetzt vorgelegten Bericht über die Perspektiven des Arbeitsmarktes. Die Organisation weist darauf hin, daß es seit 1983 offiziell nicht mehr so viele Arbeitslose gegeben hat wie 1992. Das Jahr 1983 hält den Arbeitslosenrekord. Damals gab es 31 Mill. Beschäftigungssuchende.

3 Auf kurze Sicht ist keine wesentliche Besserung am Arbeitsmarkt zu erwarten, wie aus dem OECD-Bericht hervorgeht. Die OECD erwartet zwar, daß die Zahl der Arbeitslosen auf 29,4 Mill. zurückgeht, aber dabei wird vorausgesetzt, daß die Konjunkturflaute, insbesondere durch eine Belebung der US-Konjunktur, überwunden wird.

4 Immerhin scheint sich die Zunahme der Arbeitslosigkeit bereits in diesem Jahr zu verlangsamen. Allerdings hat auch die gute Konjunktur in den achtziger Jahren das Arbeitslosenproblem keineswegs aus der Welt geschafft. Die Zahl der Arbeitslosen war 1990, als der Boom zu Ende ging, „wesentlich höher" als 1979. Die OECD folgert daraus, daß das Arbeitslosenproblem im wesentlichen ein „strukturelles Problem" ist und deshalb nicht mit globalen Konjunkturmaßnahmen gelöst werden kann.

5 Die Arbeitslosen werden in den westlichen Industriestaaten in diesem Jahr rund 7,5 Prozent der aktiven Bevölkerung ausmachen, betont die OECD. Diese Quote

**111**

entspricht der Arbeitslosenquote in Nordamerika, die (USA und Kanada zusammengenommen) 7,4 Prozent beträgt. In Europa werden zum Teil erheblich höhere Arbeitslosenquoten verzeichnet.

6 So erwartet Frankreich 1992 eine Arbeitslosenquote von 9,8 (Vorjahr: 9,4) Prozent. Auf dem gleichen Niveau liegt Großbritannien mit 9,8 (8,3) Prozent. Besonders hoch ist die Arbeitslosigkeit in einigen südeuropäischen Staaten. So kommt Spanien in diesem Jahr auf eine Arbeitslosenquote von 16,1 (16,3) Prozent und Italien von 11,2 (11) Prozent.

7 Für Deutschland gibt die OECD eine Quote von 4,7 (4,3) Prozent an. Diese Zahl betrifft jedoch ausschließlich Westdeutschland und hat insofern weder für die Arbeitsmarktentwicklung in der Bundesrepublik noch für den internationalen Vergleich viel Aussagekraft.

8 Im Gegensatz zu den Vorjahren scheint es kaum noch Branchen zu geben, die von der Arbeitslosigkeit verschont bleiben. Zwar gehen nach wie vor die meisten Arbeitsplätze in der Industrie verloren, aber die jüngste Entwicklung macht jedoch laut OECD deutlich, daß auch der Dienstleistungsbereich unter der Entwicklung zu leiden hat.

9 Die Arbeitsplätze im Finanzwesen und in den Banken sowie die nichthandwerklichen Arbeitsplätze ganz allgemein wurden von der Arbeitslosigkeit stärker betroffen als in der Vergangenheit, stellt die OECD fest. Dagegen hat die selbständige Arbeit in den westlichen Industriestaaten deutlich zugenommen. Darin spiegeln sich nach Ansicht der OECD nicht nur die Schwierigkeiten auf dem Arbeitsmarkt, sondern ein höheres Unternehmerbewußtsein wider. Zur Bekämpfung der Arbeitslosigkeit hält die OECD eine Strukturreform des Arbeitsmarktes für notwendig. Diese Reform müsse unverzüglich angepackt werden.

## A

Nachdem Sie den Bericht gründlich gelesen haben, stellen Sie die numerierten Absätze und Überschriften passend zusammen:

a Alle Industrien sind betroffen
b Die Arbeitslosigkeit wächst nicht so schnell
c Die Arbeitslosigkeit nimmt zu!
d Mehr selbständige Erwerbstätige
e Keine Statistik für die neuen Bundesländer
f Kurzfristig – keine wirkliche Erleichterung
g Franzosen und Briten gleichgestellt
h Mehr Arbeitslose im Westen als in den Vereinigten Staaten
i Fast so schlimm wie im Rekordjahr!

| Überschrift | Absatz |
|---|---|
|  |  |
|  |  |
|  |  |

## B

Erklären Sie folgende Ziffern aus dem Text in eigenen Worten:

1 30 000 000
2 5 500 000
3 31 000 000
4 29 400 000
5 1990
6 rund 7,5%
7 7,4%
8 9,8%
9 11,2%
10 4,7 (4,3)%

## C *Arbeit zu zweit: Berichten*

Sie arbeiten in einem Finanzbüro in der Hauptstadt Ihres Landes. Erklären Sie dem Partner/der Partnerin die erste/zweite Hälfte des Artikels auf englisch, nachdem Sie einige Notizen gemacht haben.

---

## ANWENDUNG *und* ERWEITERUNG

**Zum Nachlesen:** 6.5 30 Millionen suchen eine Stelle

**Zum Nachschlagen:** Trennbare und untrennbare Verben

**Zum Wiederholen:** 1.12, 4.3/4.4

**Zum Üben**

1 Lesen Sie die ersten beiden Absätze dieses Artikels noch einmal durch. Suchen Sie die Verben heraus, die die folgenden Bedeutungen haben:
a to assume, presuppose *voraussetzen*
b to emerge (from) *hervorgehen*
c to expect
d to go down – *zurückgehen*
e to increase
f to overcome
g to point (to)

2 Vervollständigen Sie die folgenden Sätze, indem Sie jeweils eins der oben angegebenen Verben in der richtigen Form einfügen:

a Infolge der schlechten Konjunktur ____ die Zahl von Firmen, die in Konkurs gehen, leider weiter ____.
b Wenn wir von der neuen Politik des Wirtschaftsministers nicht so viel ____ hätten, wäre unsere Enttäuschung jetzt nicht so groß. *(disappointment)*
c Die Firmen, die die schwierigen Zeiten ____ haben, können auf eine bessere Zukunft hoffen. *(vorausgesagt)*
d In der Marktwirtschaft wird ____, daß Unternehmer bereit sind, gewisse Risiken einzugehen.
e Erfolgreiche Manager ____ oft ____ ____, daß in ihren Firmen eine gut funktionierende Partnerschaft zwischen Führungskräften und Arbeitern besteht.
f Der Wirtschaftsexperte sagte, es *gehe* aus diesen Statistiken ganz klar *hervor*, daß mit dem Aufschwung in kürzester Zeit zu rechnen sei. *(competition)*
g Durch die Konkurrenz von fernöstlichen Firmen hat der Marktanteil von vielen deutschen Großkonzernen angefangen, in den letzten Jahren drastisch ____. *(zurückgegangen)*

# 6.6

## *Der schwierige Start in der neuen Firma*

Bei der Arbeit ist das Leben durchaus nicht kinderleicht, besonders nicht am Anfang, wie man im nächsten Artikel beschreibt. Was für Lehren stehen darin?

# Wie Sie die Probezeit erfolgreich überstehen

„In dieser Abteilung werde ich erst mal gründlich aufräumen", schimpfte Henning Pähls, als die geforderten technischen Zeichnungen auch am dritten Tag noch immer nicht auf seinem Schreibtisch lagen. Dabei hatte sich der gerade eingestellte, energische Bauleiter einer Hamburger Bauträgergesellschaft für die erste Zeit viel vorgenommen.

Doch von Tag zu Tag schnitten ihn die neuen Kollegen, mauerten immer mehr und meldeten sich schließlich reihenweise krank.

Zwei Monate sah sich der Chef des Unternehmens dieses Problem an und machte dann einen drastischen Schnitt: Er kündigte dem 33jährigen Pähls zum Ende des dritten Monats und sah sich nach einem anderen Bauleiter um.

Eine fast alltägliche Situation. Ob Arbeiter oder Angestellte, Führungskräfte oder einfache Mitarbeiter: Die ersten Wochen und Monate in einer neuen Firma sind für Chef und Personal konfliktbeladen und oft die schwersten Zeiten des Berufslebens.

„Mindestens 50 Prozent aller Arbeitsverhältnisse werden im Verlauf der Probezeit wieder beendet", weiß Klaus Behnsen, der Geschäftsführer der „VA-Akademie für Führen und Verkaufen" im hessischen Sulzbach. Dabei wird auf beiden Seiten viel Porzellan zerschlagen.

Was viele Personalleiter und Vorgesetzte falsch machen: Sie berücksichtigen nicht, daß die Probezeit für beide Seiten gilt. Besonders gesuchte Fachkräfte sind heute viel wählerischer und geben sich nicht allein mit einem hohen Gehalt zufrieden.

Die Entlassung kurz nach der Einstellung ist aber ein harter, kostspieliger Schlag. Denn bei mittleren Führungskräften, so haben Personalexperten errechnet,

## Es wird teuer, wenn der Neue wieder geht

addieren sich die Fehlinvestitionen in den wieder abgewanderten Neuling und zusätzlich in die Suche nach einem Ersatzmann auf eineinhalb Jahresgehälter. Selbst im Handwerk liegen die Kosten hoch: 30 000 bis 100 000 Mark, je nachdem ob ein neuer Geselle oder ein Meister rasch wieder das Handtuch wirft.

Unternehmen wie Digital Equipment GmbH (DEC) oder die ebenfalls in München ansässige

## Keine Schonzeit für junge Führungskräfte

Bayerische Hypotheken- und Wechselbank AG haben daher ein ausgefeiltes Einarbeitungsprogramm für jeden Neuling entwickelt.

Bei DEC stellt man zum Beispiel jedem Neuen einen sogenannten Paten zur Seite. Der gibt nicht nur fachlichen Rat, sondern greift auch bei persönlichen Problemen mal unter die Arme. Wunder wirken oft kleine Gesten. Bei der Drägerwerk AG in Lübeck bekommt jeder Anfänger am ersten Tag einen bunten Blumenstrauß auf den Tisch gestellt.

„Die jungen Führungskräfte haben keine Schonzeit", hat der Eschborner Unternehmensberater Gundolf Kühn

einmal formuliert. Doch das gilt im Grunde für jeden Neuling. Daher sollte man die wichtigsten Fettnäpfchen umgehen.

Welche Dinge ganz häufig falsch gemacht werden: „Der größte Fehler ist die mangelnde Bereitschaft, mit den neuen Mitarbeitern offene Gespräche zu führen", weiß der Personalexperte von Kienbaum & Partner, Ernst Heilgenthal, aus seiner Beratungspraxis. Als Gründe dafür nennt er „Unsicherheit, Angst, Gleichgültigkeit und mangelnde Zeit". Die Stunden dafür sollte man sich aber unbedingt nehmen. Wenn die Konflikte erst da sind, braucht man noch viel länger und vor allem noch viel mehr Energie, um sie wieder zu bereinigen.

**A** Lesen Sie den Artikel durch und notieren Sie alle Vokabeln zum Thema Arbeit.

**B** Machen Sie eine Liste aller erwähnten Probleme und Initiativen.

**C** Schreiben Sie eine englische Kurzfassung des Artikels (200 Wörter).

**D** Beschreiben Sie einen imaginären Anfang in einem neuen Beruf, sei er katastrophal, phantastisch, erfolgreich, amüsant oder eine Mischung aus diesen und anderen Kategorien (300–400 Wörter). Benutzen Sie Ideen und Ausdrücke aus dem Artikel, wenn Sie wollen.

## ANWENDUNG *und* ERWEITERUNG

 **Zum Nachlesen:** 6.6 Der schwierige Start in der neuen Firma

 **Zum Nachschlagen:** Adjektiv als Substantiv

 **Zum Üben**

In diesem Text kommen die beiden Wörter „Angestellte" und „Vorgesetzte" vor. Die Wörter beschreiben nicht nur ein Arbeitsverhältnis, sondern sie sind auch alle beide Adjektive, die als Substantive benutzt werden. Wie passen die Wörter in die folgenden Sätze?

1 Einem guten V_____ liegen die Interessen der A_____ immer am Herzen.

2 Manche A_____ behaupten, daß sie mit einer weiblichen V_____ besser zurechtkommen als mit einem männlichen.

3 Der Unternehmensberater stellte allen A_____ die folgende Frage: „Was halten Sie für die wichtigsten Eigenschaften eines guten V_____?"

4 Der V_____, mit dem ich mich am besten verstehe, ist ein ehemaliger A_____ dieser Firma.

5 Alle A_____ haben Geld gesammelt, um diesem sehr beliebten V_____ ein großes Abschiedsgeschenk zu kaufen.

6 Die Meinungen V_____ wie A_____ sind in einer guten Firma gefragt.

7 Früher war es so, daß A_____ und V_____ in unterschiedlichen Kantinen essen mußten.

# 6.7

## *Der perfekte Vorgesetzte*

Man kann dem neuen Personal den Anfang sehr erleichtern, wenn man Rücksicht auf die Anfänger bzw. Anfängerinnen nimmt. Wir geben Ihnen jetzt einige goldene Regeln dafür. Unten sehen Sie acht Regeln, deren Enden fehlen. Lesen Sie die Liste durch, und entscheiden Sie, welches Ende zu welchem Anfang paßt. Dann hören Sie der Kassette zu, um Ihre Lösung nachzuprüfen.

### ACHT GOLDENE REGELN FÜR CHEFS

1 Halten Sie nach der Vertragsunterzeichnung Kontakt mit dem künftigen Mitarbeiter, . . .

2 Arbeitsplatz gut ausstatten und ein kleines Geschenk . . .

3 Machen Sie den Neuling den Vorgesetzten, . . .

4 Erstellen Sie zusammen mit Ihrem neuen Mitarbeiter einen Einarbeitungsplan . . .

5 Übergeben Sie eine Liste mit sämtlichen wichtigen Gesprächspartnern, . . .

6 Benennen Sie einen Paten für die fachliche und . . .

7 Gemeinsam Arbeitsziele festlegen und sie . . .

8 Niemanden bis zum letzten Tag der Probezeit zappeln lassen . . .

a Dabei lernen Sie auch dessen Pläne und Zielvorstellungen besser kennen.

b Sagen Sie guten Leuten so rasch wie möglich die endgültige Übernahme zu.

c auch wenn er erst Wochen später mit seiner Arbeit beginnt.

d bei einem späteren Gespräch überprüfen.

e wie Mitarbeitern, Kunden und Lieferanten (mit Telefonnummer).

f Mitarbeitern und dem Betriebsrat bekannt.

g persönliche Beratung sowie Lösung von Problemen.

h oder einen Blumenstrauß auf den Tisch stellen.

## ANWENDUNG *und* ERWEITERUNG

 **Zum Nachlesen:** 6.7 Der perfekte Vorgesetzte

 **Zum Nachschlagen:** Der Imperativ

 **Zum Wiederholen:** 3.4

 **Zum Üben**

**1** Sehen Sie sich die „goldenen Regeln" noch einmal an. Versuchen Sie jetzt, acht Regeln für neue Angestellte zusammenzustellen. Schreiben Sie zuerst die folgenden Verben in der „Sie-Form" des Imperativs aus:

**a** abwarten

**b** sich bekanntmachen

**c** kennenlernen

**d** kritisieren

**e** reden

**f** sein

**g** teilnehmen

**h** zögern

**2** Verbinden Sie die Verben im Imperativ mit dem jeweils passenden Satzteil unten, um die Regeln zu bilden:

**a** ... nicht, um Hilfe zu bitten

**b** ... mit Ihren neuen Kollegen und Kolleginnen so oft wie möglich

**c** ... die Kunden so schnell wie möglich ...

**d** ... mit der Hierarchie des Büros ...

**e** ... an Freizeitaktivitäten, die von der Firma organisiert werden, ...

**f** ... einige Zeit ..., bevor Sie gravierende Änderungen vorschlagen

**g** ... Ihren neuen Chef nicht gleich am ersten Tag

**h** ... immer höflich, aber nicht unterwürfig

# 6.8

## *Umsteigen und einsteigen!*

Aber was soll man tun, wenn man mit seinem Beruf unzufrieden ist? Lesen Sie im folgenden Seminar-Material, wie man sich „aktiv bewerben" kann und worauf man bei der Stellensuche unbedingt achten muß, damit man nicht vom Regen in die Traufe kommt.

**A** Nachdem Sie das Seminar-Material gelesen haben und bevor Sie die anderen Übungen versuchen, füllen Sie die Lücken im Text mit den untenstehenden Wörtern:

| | | | | |
|---|---|---|---|---|
| Fähigkeiten | zutage | beruflich | bisherigen | Leute |
| Branchen | besonders | sprachlich | bewußt | persönliches |
| organisieren | umfangreichen | eigene | fachliches | |
| | kontrolliere | Beispiel | | |

**● Was kann ich alles?**

Vor jeder Umorientierung steht erst mal die Bestandsaufnahme: Was können Sie ____ gut? Welches theoretische Wissen wurde an Ihren ____ Arbeitsstellen verlangt? Welche praktischen Fertigkeiten? Was davon könnten Sie auch in anderen Bereichen oder Branchen verwenden? Im BRIGITTE-Seminar erarbeiten Sie Ihr ____ „Stärkenprofil" – und

das können Sie selbst auch einmal aufschreiben: Listen Sie auf, was Sie in Beruf und Freizeit alles tun, wie Sie es tun, wofür Sie verantwortlich sind. Z. B.: „Ich ____ die Buchführung, kaufe selbständig neue Produkte für das Sortiment ein, kann Termine für mehrere ____ koordinieren." Daraus ersehen Sie Ihre Fähigkeiten – und möglicherweise Ansatzpunkte für einen anderen Beruf.

Eine Sekretärin des Abteilungsleiters kann zum ____ zur Vertriebsassistentin aufsteigen und in den Außendienst gehen, wenn sie sich bisher immer schon durch ____ Spezialwissen und gute Kundenkontakte hervorgetan hat. Eine Mechanikerin, die ihren Meisterbrief hat, kann ihre ____ Werkstatt eröffnen, wenn sie Organisation und Kostenkalkulation beherrscht. Eine ____ versierte Werbetexterin könnte auch für Zeitungen schreiben.

Doris Hartmann: „Bei der Bestandsaufnahme kommen oft Talente und Erfahrungen ____, die Frauen ganz vergessen hatten oder die sie für selbstverständlich nehmen. Aber jede muß sich erst einmal ihrer Stärken ____ werden, um sie auch gut darstellen zu können." Wenn Sie einmal Ihre persönlichen Stärken aufgeschrieben haben, sehen Sie Ihre ____ in jedem Fall viel klarer.

**● Was will ich?**

Trainerin Doris Hartmann warnt davor, sich „irgendeine Stelle" zu suchen. „Sie können gut ____, aber wollen Sie das auch in einem Atomkraftwerk tun?" fragt sie provokant. Im Seminar werden deshalb – mit Hilfe eines ____ Fragebogens – grundsätzliche Werte und Einstellungen der Teilnehmerinnen geklärt, so daß jede für sich besser einschätzen kann, was sie will, für welche Jobs und ____ sie geeignet wäre. „Erst die Verbindung vom eigenen Stärkenprofil mit dem Wissen darüber, was sie überhaupt will, verschafft einer Frau Klarheit über das, was sie ____ kann", so Doris Hartmann.

**B** Bilden Sie aus den folgenden Wortgruppen Sätze, die den Sinn des Textes widerspiegeln:

**1** Seminar ermutigen Fertigkeiten denken
**2** sollten Ansatzpunkte Beruf einsehen
**3** Auftrag Trainerin helfen einschätzen
**4** muß Anstrengungen Lieblingsarbeitsplatz finden
**5** gibt Grundmuster Schreibens Bewerberinnen
**6** Brief Bewerberin klar passen

**C** Schreiben Sie eine Kurzfassung des Artikels (120 Wörter).

---

## ANWENDUNG *und* ERWEITERUNG

 **Zum Nachlesen:** 6.8 Umsteigen und einsteigen!

 **Zum Nachschlagen:** Fragewörter

 **Zum Üben**

Suchen Sie die Fragewörter, die im ersten Absatz dieses Artikels vorkommen, heraus.
Folgende Fragen stammen aus einem Vorstellungsgespräch. Welche Fragewörter fehlen?

**1** Wo liegen Ihre Stärken, Ihrer Meinung nach?
**2** An welch Universität haben Sie studiert?
**3** Wo haben Sie unser Inserat gesehen?
**4** Wieso haben Sie sich eigentlich Ihre hervorragenden Computerkenntnisse angeeignet?
**5** Warum haben Sie als angehender Ingenieur einen Kurs über arabische Literatur belegt?
**6** Mit wem möchten Sie an diesem Projekt arbeiten?
**7** Seit wann haben Sie sich so sehr für dieses Gebiet interessiert?
**8** Aus welchem Grund möchten Sie unbedingt im Ausland arbeiten?
**9** Wen hätten Sie gern als Gruppenleiter?
**10** Unter wessen Leitung haben Sie bei der anderen Firma gearbeitet?
**11** Sie haben promoviert. Worüber haben Sie Ihre Dissertation geschrieben?
**12** Mit welchen Ergebnissen können wir von Ihnen in den ersten sechs Monaten rechnen?
**13** Wie stellen Sie sich Ihre Arbeit bei uns eigentlich vor?
**14** Was für berufliche Ambitionen haben Sie?
**15** An wen können wir uns wenden, falls wir noch eine Referenz brauchen?

---

## 6.9

# *Erfolgreiches Bewerben*

Trainerin Doris Hartmann gibt jetzt weitere Ratschläge für Leute, die die Stelle wechseln möchten.

## So schreiben Sie Ihre beste Bewerbung:

*Ihr Brief sollte niemals anonym an die Firma X gerichtet werden, sondern einen konkreten Ansprechpartner haben. Nach der Anrede benennen Sie ein Problem der Firma, bei dessen Lösung Sie helfen können. Etwa die Bewerbung einer Tierarzthelferin: „Tierärzte müssen nicht nur kranken Tieren helfen, sie sind auch Ansprechpartner für Tierhalter, die durch die Krankheit ihres Tieres verunsichert sind. Hier kommt es auf eine vertrauenerweckende Praxis-Atmosphäre an." Dann bieten Sie Ihre Lösung an, beschreiben, wie Sie handeln und helfen wollen.*

*Eine Schiffahrtskauffrau, die aus dem Reederei-Bereich herausmöchte, bewirbt sich für die Transportabteilung eines Großunternehmens, um dort später in eine andere Abteilung (Vertrieb, Marketing) wechseln zu können: „Ihre internationalen Kunden wünschen oft spezielle Lieferfristen und Terms. Die bestellten Produkte müssen schnell, zuverlässig und kostengünstig transportiert werden. Dabei möchte ich Sie tatkräftig unterstützen, indem ich für Sie kostengünstig disponiere, Frachtpapiere EDV-gestützt kontiere und verbuche." Es folgen eine kurze Selbstdarstellung und das Angebot, eine vollständige Bewerbung zu schicken, wenn Interesse vorhanden ist. Eine auf die Firma zugeschnittene Bewerbung kann Ihr zukünftiger Chef besser einordnen als den allgemeinen Satz: „Hiermit bewerbe ich mich um eine Stelle als . . ." Der Brief endet mit einer Aufforderung wie „Höre ich von Ihnen? Ich freue mich auf Ihren Anruf!" und sollte auf keinen Fall länger als eine Seite sein.*

**A** Lesen Sie die Bewerbungstips, kritisieren Sie dann den folgenden Brief von Benno, einem Kandidaten, der sich nach einer Stelle als Briefleser in einem Magazinbüro sehnt. Finden Sie soviele Fehler wie möglich, machen Sie eine Liste davon und erklären Sie diese Fehler. Wenn Sie für das Magazin arbeiteten, würden Sie Theo anstellen?

**B** *Arbeit zu zweit: Sprechen*

Vergleichen Sie Ihre Liste mit Ihrem Partner/Ihrer Partnerin. Besprechen Sie dann die Fehler in der Großgruppe und machen Sie eine Gesamtliste.

**C** *Arbeit zu zweit: Schreiben*

Korrigieren Sie Bennos „Brief", zuerst mündlich, dann schriftlich.

**D** Lesen Sie nochmals die Vorschläge von Doris Hartmann, schreiben Sie dann eine Bewerbung an eine Firma für eine Stelle, die Sie interessiert (200 Wörter).

**E** *Arbeit zu zweit: Rollenspiel*

Partner(in) A ist Bewerber(in), Partner(in) B ist Chef(in) bei der gewünschten Firma. A und B diskutieren die Hauptpunkte im Bewerbungsschreiben.

Liebe(r) Herr/Frau Büroleiter(in),
    Ich bewerbe mich um die Stelle. Ich lese gern Briefe. Meine Tante hat bei Ihnen in der Küche gearbeitet, und es hat ihr sehr ~~kaka~~ gut gefallen. Ich bin 19 Jahre alt und habe meine Abschlußprüfungen gut bestanden. Informatik find' ich super!
    Ich bin mittelgroß, gesund und fit, wie meine Eltern. Mein Vater hat für Kaiserslautern Fußball gespielt, und er bleibt immer auf der Höhe — ich auch! Ich spiele lieber Handball. Meine Hobbys sind Lesen und Briefesammeln, und natürlich geh' ich gern in die Disko! Ich habe einige Wettbewerbe im Diskotanz gewonnen, das heißt, ich und meine Partnerin. Wir sind gute Freunde und sind dabei, eine gemeinsame Wohnung zu suchen. Wenn ich die Stelle kriege, könnten Sie uns vielleicht helfen, ein Zuhause zu finden? Bei den Eltern ist es immer peinlich!
    Wieviel Geld verdiene ich monatlich? Und was muß ich im Büro tun, von den Briefen abgesehen? Man kann nicht seine ganze Zeit mit Briefelesen zubringen. Ich würde gern den Kaffee zubereiten und das Fotokopieren erledigen. Falls Sie mich anrufen möchten, gebe ich Ihnen meine Nummer: 2166-09 4799. Danke.
        Alles Gute!
        Benno.
        (Benno Gernegroß)

# 6.10

## *Fremd in Deutschland*

Wenn man Ausländer ist, sieht man die Arbeits- und Geschäftswelt mit anderen Augen, weil es soviele Hindernisse gibt, die für die Einheimischen nicht gelten. Lesen wir jetzt „Fremd in Deutschland", wo man dieses Thema untersucht. Fragen Sie sich, wie die Lage in Ihrem eigenen Land ist.

**Was erleben Fremde in Deutschland? Machen sie gute oder schlechte Erfahrungen? Wird der Wohnort in Deutschland zur neuen Heimat? All diese Fragen sollten Schüler beim Schülerwettbewerb der Körber-Stiftung (Hamburg) „Fremd in Deutschland" beantworten. 654 Jungen und Mädchen aus 40 Ländern haben Beiträge zu diesem Thema geschickt. Sie schildern eigene Erfahrungen oder berichten von Verwandten und Bekannten, die in Deutschland gelebt haben. Bundespräsident Richard von Weizsäcker verlieh jetzt den Gewinnern in Berlin Preise. Einige interessante Beiträge möchten wir Euch in Ausschnitten vorstellen.**

*Einen ersten Preis bekam Berberoglu Paraschos (21 Jahre) aus Griechenland. Auf 115 Seiten hat der Student seine Familiengeschichte geschildert. Berberoglu wurde in Stuttgart geboren und kehrte mit 13 Jahren nach Griechenland zurück. Im folgenden Abschnitt schildert er die Ankunft und Arbeit seiner Eltern in Deutschland.*

Menschen, unzählige Menschen. Züge, Koffer, Werbungen an den Wänden. Deutsche, Ausländer. Die Züge pfeifen. Dunst, Kälte. Ein Mann mit einer Zigarette im Mund und einem Koffer in der Hand bewegt sich dem Bahnhofausgang entgegen – zum Unbekannten. Der Bahnhof – groß, mächtig, kalt, schweigender Zeuge fast hundert Jahre lang. Es war mein Vater vor 28 Jahren im Hauptbahnhof von Stuttgart. In der ersten Zeit nach seiner Ankunft in Deutschland lebte mein Vater in einer Herberge, die den Griechen als „Markakis" bekannt war. Sie wurde so genannt, weil eine Übernachtung nur 1 DM kostete. Sie diente den Übersiedlern als Unterkunft, bis diese ein besseres Heim ausfindig machten. Die Übersiedler suchten meistens billige Unterkünfte, um auf diese Weise Geld zu sparen. Ein Weg, der ihnen – so meinten sie – erlauben würde, in kürzerer Zeit in ihr Vaterland zurückzukehren. Zwei Jahre später, im Jahre 1960, siedelte auch meine Mutter in die Bundesrepublik über. Die Arbeit meiner Eltern war in all den Jahren

ihres Aufenthaltes in der Bundesrepublik ein Bestandteil ihres Lebens. Mein Vater hat zwei Jahrzehnte im gleichen Unternehmen gearbeitet. Er war und ist an diese Firma gebunden. Auch seine Arbeitgeber waren seine Freunde. Es wäre aber auch ein Fehler zu glauben, daß das Arbeiten in der Bundesrepublik ein Spiel war. Die Arbeit in all den Jahren war ermüdend und die Monotonie der Fließbandarbeit eine harte Wirklichkeit.

*Murat Pileuncli ist türkischer Staatsangehöriger. Im folgenden Aufsatz erzählt er von einem wichtigen Ereignis in seinem Leben.*

Schon als ich klein war, machte es mir Spaß, Basketballspiele von den Profis aus Amerika anzuschauen. Dann meldete ich mich in einem Basketballverein an. Damals war ich erst 12 Jahre alt, aber schon 1,75 m groß. Nach 2 Jahren in unserer Liga wurde ich sogar Wurfkönig. Eines Tages, als ich nach Hause kam, lag auf meinem Schreibtisch ein Brief vom Bayerischen Basketball Verband. Im Brief stand: „Es wird ein Lehrgang für die Nordbayerische Auswahl veranstaltet. 30 Basketballspieler sind eingeladen. Davon werden nur 12 Spieler angenommen." Ich war begeistert. Es war schon immer mein Traum, in einer Auswahlmannschaft zu spielen. Nun gab es nur noch eins für mich: Basketball. Fast jeden Tag trainierte ich. Ich konnte mich kaum noch im Schulunterricht konzentrieren. Die Tage vergingen schnell. Dann kam der wichtige Tag. Früh um 5 Uhr stand ich auf, machte mein Frühstück, und um 6.30 Uhr ging ich aus dem Haus. Ich war sehr nervös, als ob ein Frosch in meinem Magen herumhüpfen würde. Mit diesen Gefühlen betrat ich die Turnhalle. Obwohl sich die meisten Spieler kannten, waren sie jetzt fremd miteinander. Sie waren Konkurrenten. In der Turnhalle wärmten sich die Spieler auf. Plötzlich schrillte ein Pfeifenlaut durch die Halle. Alle schauten auf die Trainer. Wir mußten uns sofort in einer Reihe aufstellen, und das Training begann. Obwohl das Training ziemlich schwer war, wurde ich überhaupt nicht müde. Mein Ehrgeiz, in die Auswahlmannschaft zu kommen, steigerte sich immer mehr. Das Training dauerte sechs Stunden. Dann warfen wir uns erschöpft auf den Boden. Mindestens eine halbe Stunde saßen wir so da. Endlich kamen die Trainer in die Halle und nannten die Spieler, die in der Mannschaft mitspielen durften. Unter den 12 Namen wurde auch meiner vorgelesen. Ich konnte es kaum fassen, ich hatte es geschafft. Ich war glücklich, denn meine Träume hatten sich erfüllt. Nun wurden die Geburtsdaten, Adressen Telefonnummern usw. aufgeschrieben. Jetzt war ich an der Reihe. Ich beantwortete die Fragen des Trainers. Als ich jedoch sagte, daß ich die türkische Staatsangehörigkeit hätte, hörte der Trainer auf zu schreiben. Er sagte: „Es tut mir leid. Wir nehmen keine Ausländer." Das war ein großer Schock für mich. Ich wußte nicht, was ich sagen sollte. Meine Träume waren auf einmal weggewischt. Plötzlich wurde mir bewußt, daß Aussehen, Sprache und Kultur nicht wichtig sind. Ich hatte mich bisher noch nie wie ein Ausländer gefühlt. Für mich war Deutschland immer meine Heimat, denn ich war hier geboren. Aber jetzt fühlte ich mich wie ein Ausländer, und das wird so bleiben.

***Lorelie P. Quimbo lebt auf den Philippinen. In ihrer Geschichte beschreibt sie die Deutschland-Erfahrungen von Veronica, einer Bekannten.***

Augsburg, am 5. November 1971. Veronica Villegas, 27, ging am Leonhardsberg entlang, als ein alter Mann sie fragte: „Kommen Sie aus Vietnam?" Dank der strengen Sprachübungen beim Goethe-Institut konnte sie antworten: „Nein. Ich komme von den Philippinen." An diesem frostigen Herbsttag klapperten Veronicas Zähne. Sie war kaum eine Woche in Deutschland, und schon schien die Kälte unerträglich. Sie wünschte sich die Wärme ihrer Heimat. Aber im Inneren wußte sie, nach was sie sich wirklich sehnte: nach einem Ort, in dem sie nicht mit einer Vietnamesin verwechselt wird. Während ihres zweijährigen Aufenthaltes in Augsburg hat man sie oft gefragt, ob sie aus Japan, Korea, China oder Thailand komme. Niemand erkannte, daß sie eine Philippina ist. Veronica besuchte in Deutschland Vorlesungen und Sitzungen. Dadurch lernte sie viele Leute kennen. Sie wurde als Ehrengast in die Heime von Familien und Einzelpersonen eingeladen. Als sich die Freundschaften vertieften, fühlte sie sich immer weniger wie eine Fremde. 1973 kehrte sie auf die Philippinen zurück. Da war Deutschland zu ihrer zweiten Heimat geworden.

Eine der wichtigsten Folgen ihres Aufenthaltes war ihre Wiedergeburt als Philippina. Solange sie Sauerkraut und Würste schmeckte, Bach und Beethoven hörte, sich über den Zauber des Schwarzwaldes wunderte, entdeckte sie ihre philippinischen Wurzeln wieder. Heute, siebzehn Jahre, nachdem sie mit einer Vietnamesin verwechselt wurde, kann sie nur Dankbarkeit fühlen. Sie ist dankbar, daß sie anders ist, und vor allem, daß sie eine Philippina ist.

## A
Nachdem Sie den Artikel gelesen haben, füllen Sie folgende Tabelle aus:

| Substantiv | Adjektiv | Verb |
|---|---|---|
| Abschnitt | mächtig schweigend | |
| Übersiedler Unternehmen | ermüdend begeistert | |
| Training | | konzentrieren |
| Schock | | erschöpfen |
| Zauber | | vertiefen |
| | anders | |

## B
Lesen Sie „Fremd in Deutschland" nochmals durch und machen Sie eine Liste von allen Enttäuschungen und Glücksfällen.

## C *Arbeit zu zweit*

**1** Entscheiden Sie, wessen Geschichte Sie am meisten beeindruckt hat, und erklären Sie dem Partner/der Partnerin warum. Nützliche Redewendungen:

> Imponierend habe ich gefunden, daß ...
> *I found it impressive that ...*
> Ich hatte viel Mitleid mit ... *I had a lot of sympathy with ...*
> Sie hat es mir verständlich gemacht
> *She got through to me*
> Wir haben die gleiche Wellenlänge
> *We're on the same wavelength*
> Das läßt mich kalt *That leaves me cold*
> Das ist eine schöne Bescherung! *That's a fine state of affairs!*
> Dem Schlechten sind auch gute Seiten abzugewinnen *Every cloud has a silver lining*

**2** Formulieren Sie die Ideen Ihres Partners/Ihrer Partnerin aus.
**3** Besprechen Sie diese in der Großgruppe.

## D
Übersetzen Sie den letzten Abschnitt von Lorelies Geschichte (ab „Niemand erkannte ...") ins Englische.

## ANWENDUNG *und* ERWEITERUNG

 **Zum Nachlesen:** 6.10 Fremd in Deutschland

 **Zum Nachschlagen:** Adjektive mit dem Dativ

 **Zum Wiederholen:** 4.2, 5.3

 **Zum Üben**

**1** Lesen Sie den Text von Berberoglu Paraschos noch einmal durch. Suchen Sie den Satz heraus, in dem ein Adjektiv mit dem Dativ vorkommt.

**2** Mit Hilfe der Wörter im Kästchen übersetzen Sie die folgenden Sätze ins Deutsche:

| | |
|---|---|
| ähnlich | gewachsen |
| angemessen | recht |
| behilflich | schuldig |
| bekannt | überlegen |
| fremd | unverständlich |

**a** This hostel is known to the Greek workers as "Markakis".
**b** His new colleagues were very helpful to him.
**c** That strategy is fine by me.
**d** Such technological advances are quite alien to our older employees.
**e** His annual report was completely incomprehensible to the shareholders.
**f** Our firm is certainly up to the challenges of the coming years.
**g** The union owes its members an explanation.
**h** Are these investments appropriate to the size of the firm?
**i** Your boss is very similar to my brother.
**j** This office building is far superior to the old one.

# 6.11

## Einer, der sich nicht wegschicken läßt

Ab und zu begegnet man einem Menschen, für den die Arbeit zu einer Art Mission geworden ist und dessen Phantasie, Mut und Beharrlichkeit uns inspirieren können. So ein Mensch ist Regisseur Tevfik Baser. Lesen wir, was er mit seinem Film „40 m² Deutschland" geleistet hat.

---

*Alle prophezeiten einen Flop, aber der Regisseur Tevfik Baser hatte mit seinem Film „40 m² Deutschland" schlagartig Erfolg. Für den Türken mit dem deutschen Paß und dem Kopf voller Geschichten sind Schwierigkeiten dazu da, überwunden zu werden. Sein zweiter Spielfilm kommt jetzt ins Fernsehen.*

■ Daß er mal Filme machen würde, ____ er früher nie gedacht. Filme? Regie führen? So was machen Männer wie Fellini oder Antonioni. Aber er, Tevfik Baser aus Eskisehir, der kleinen Industriestadt im ____ Anatolien? Doch dann, plötzlich, war er nicht nur Regisseur, sondern auch noch ein erfolgreicher. Shooting-Star, sagt die Szene dazu, aber er sieht das anders: „Nur ein ____ Erfolg. Bisher. Nicht ich bin bekannt, sondern meine Filme."
Zwei Spielfilme hat Tevfik Baser (sprich: Bascher), ein Türke in Hamburg, bisher gemacht, „40 m² Deutschland" und „Abschied vom falschen Paradies". Furore machte vor allem der erste, die Geschichte des türkischen ____ Turna und Dursun, das gefangen in Angst, Konvention und Einsamkeit in der kleinen Zweizimmerwohnung in einem ____ Hinterhof scheitert. Ein kleiner Film, low budget, finanziert vom Hamburger Filmhaus. Ein Kammerspiel auf 40 ____, mit türkischen Schauspielern, in türkischer Sprache, ohne Happy-End. Die Sprache der Worte steht zurück hinter der ____ der Gesichter, der Bewegungen, der Körper, von Licht und Schatten. Bilder, die die Seele mehr treffen als Worte. Ein Film, den zuerst niemand ____ und dann niemand zeigen wollte. Ganz hervorragend, hörte er von allen Seiten, aber leider, wer will so was sehen? Absolut keine ____.
Und? „Geh' ich eben zum Festival nach Cannes, habe ich gesagt, und alle haben gelacht. Aber ich hab' den Film unter meinen Arm genommen und bin in den Saal gegangen, in dem die Vorauswahl ____. Gehen Sie raus! sagten die Leute, dies ist eine geschlossene Gesellschaft. Sie müssen uns Ihren Beitrag schicken. Aber ich ließ mich nicht ____: Nein, dieser Film ist türkisch, und ich habe eine Freundin zum ____ mitgebracht, gucken Sie sich das an. Da haben die auch gelacht, aber den Film angeguckt, paar Fragen gestellt – und so kam er ____ Cannes und wurde prämiert. War nichts als blinder Mut."
Neun Preise hat „40 m² Deutschland" bekommen, darunter den Silbernen Leopard („Gott sei Dank, der goldene ist noch ____") im italienischen Locarno und den Bundesfilmpreis. Das war vor ein paar Jahren, inzwischen ist der Film, der keine Chance hatte, in fast allen europäischen Ländern im Kino und Fernsehen gezeigt worden.

---

**A** Nachdem Sie den Artikel gelesen haben, füllen Sie die Lücken im Text, indem Sie Wörter aus dem Kästchen zu Hilfe nehmen:

| |
|---|
| stattfand   nach   hätte   Quadratmetern   häßlicher   finanzieren   Sprache   Ehepaares   Übersetzen   Chance   Hamburger   türkischen   wegschicken   kleiner |

**B** Machen Sie eine Liste aller Punkte im Artikel, die Tevfiks Erfolg erklären.

---

**C** Übersetzen Sie diese Bearbeitung von einigen Ideen im Artikel ins Deutsche:

*Tevfik Baser had never thought that he would one day make films. Yet, a young husband and father, he is already a famous film-maker, on account of "40 m²", a short, low-budget film, which at first no one would finance, and which seemed to have no chance at all. Everybody had laughed, when Tevfik said he would go to the Cannes Festival with his film, but he found a way into this closed society and won his first prize. Since then, his film has won a further eight prizes and been shown everywhere.*

---

### ANWENDUNG *und* ERWEITERUNG

 **Zum Nachlesen:** 6.11 Einer, der sich nicht wegschicken läßt

 **Zum Nachschlagen:** Modalhilfsverben

 **Zum Wiederholen:** 1.5, 4.11

**Zum Üben**

**1** Im Laufe dieses Artikels wird erzählt, wie sich Tevfik Baser als junger Mann seine Zukunft vorstellte:
„Eigentlich hatte er nach dem Abitur in seiner Heimatstadt Grafikdesign studieren wollen."
Dies ist ein relativ seltenes Beispiel eines Modalhilfsverbs im Plusquamperfekt Indikativ. Es kommt jedoch öfter vor, daß ein Modalhilfsverb im Plusquamperfekt Konjunktiv erscheint, um folgendes zum Ausdruck zu bringen (sehen Sie sich die Tabelle an und vervollständigen Sie sie):

| | |
|---|---|
| I would have been allowed to do that | ich hätte das machen dürfen |
| I could have done that | |
| I would have liked to do that | |
| I really ought to have done that | |
| I should have done that | |
| I would have wanted to do that | |

**2** Füllen Sie die Lücken in diesem Dialog aus, indem Sie das jeweils vorgegebene Modalhilfsverb einfügen. Entscheiden Sie, welche Zeit am besten paßt!

**A** Du (sollen) ab und zu mal ausgehen, weißt du!

**B** Ich (müssen) immer meine Hausaufgaben machen.

**A** Aber du (können) gestern abend ins Theater gehen, anstatt fernzusehen.

**B** Ich (müssen) aber wirklich meine Hausaufgaben in der Zeit machen.

**A** Und warum hast du sie nicht gemacht?

**B** Ich (wollen) die Sendung unbedingt sehen.

**A** Du hast mir früher gesagt, daß du sie nicht (mögen).

**B** Ich dachte, gerade diese Folge (können) interessant sein. Hinterher habe ich mir geschworen, mir nie wieder solchen Quatsch anzusehen. Man (dürfen) sie nie senden.

**A** Was (mögen) du heute abend machen? Du (können) mit Hans und mir ins Kino gehen. Wir (wollen) den neuen Film von Tefvik Baser sehen. Er (sollen) wirklich prima sein.

**B** (müssen) ich mich wiederholen? Ich (können) nicht mit, denn ich (müssen) meine Arbeit erledigen. Ich glaube, du bist taub!

**A** Das (können) gar nicht sein. Ich höre, wie ein Auto vor dem Haus hält. Hans (müssen) schon angekommen sein. Er (können) das Büro sicherlich früher als sonst verlassen. Ich gehe jetzt. Du (können) auf keinen Fall sagen, daß ich nicht versucht habe, dich zu überreden. Tschüs!

**B** Ach! Diese Arbeit (müssen) wohl bis morgen warten. Ich komme mit!

# H*istorisch gesehen*

**G**eschichte und Mythos und besonders die Mischung von beiden können äußerst spannend sein, wie wir im Artikel über das Atlantisrätsel lesen werden. Später in der Einheit werden wir Geschichte als die Erzählung vom Leben der durchschnittlichen, normalen Leute betrachten, aber am Anfang genießen wir diesen Hauch von Phantasie.

## 7.1

### *Das Rätsel um Atlantis wird gelöst*

Lesen wir zuerst über den Archäologen aus dem Ruhrgebiet, der den Mythos um die versunkene Insel entzaubert hat und vielleicht auch dazu beigetragen hat, die Sage von der Stadt Troja weiter zu enträtseln.

*Dr. Zangger mit Satelliten-Aufnahme von der Troja-Ebene: Sie ist von Kanälen durchzogen. Die gleichen Kanäle gab es auch in Atlantis*

*Dr. Eberhard Zangger bei der Arbeit vor Ort. Mit Hilfe von großen Bohrern werden jahrhundertealte Ablagerungen und Erdschichten zu Tage gefördert. Anschließend wird alles mit Computern wissenschaftlich ausgewertet*

**E**s kam ein schlimmer Tag und eine schlimme Nacht, da eure ganze Streitmacht mit einem Male in der Erde versank. Und ebenso versank auch die Insel Atlantis im Meer und verschwand darin."

An dieser Stelle endet der griechische Philosoph Plato (428 bis 348 v. Chr.) mit dem ersten Teil seiner Atlantis-Erzählung. Eine uralte Geschichte, die sein Vorfahre Solon schon zwei Jahrhunderte zuvor von Priestern aus dem ägyptischen Sais gehört hatte. Auf Solons Bericht bezieht sich auch Plato. Detailgenau beschreibt er Atlantis als Militärmacht und Hochkultur auf einer riesigen Insel, auf der Überfluß herrschte (goldene Tempel, silberne Fußböden). Die vor rund 11 500 Jahren „degenerierte" und schließlich von Krieg und Naturgewalten zerstört wurde.

Ein Mythos, der immer wieder die Fantasie beflügelte. Wo liegt der versunkene Kontinent? In Nordafrika wurde gesucht. Auf den Bahamas, den Azoren und bei Helgoland. Andere Theorien sprechen von Spanien oder Santorin. Jetzt löste ein deutscher Wissenschaftler endgültig das Rätsel ums sagenumwobene Eiland: Dr. Eberhard Zangger, 34. Ein Geo-Archäologe aus Kamen, der heute in der Schweiz lebt und Ausgrabungsprojekte in Ägypten, Zypern und Griechenland betreut. Seine sensationelle Entdeckung: **Atlantis war Troja!** Jene Stadt, die einst – nach Odysseus' List mit dem hölzernen Pferd – von 100 000 Griechen dem Erdboden gleichgemacht wurde...

Wie kam Zangger zu dieser faszinierenden Theorie? „Durch Zufall", sagt er. „Ich habe bei meinen Untersuchungen in Griechenland festgestellt, daß es dort große

Überschwemmungen gegeben hat, ausgelöst durch Erdbeben. Der Beginn des Untergangs einer hohen Kultur." Zangger weiter: „Das erinnerte mich an den Plato-Text. Den habe ich mir dann vorgenommen." Von Streitwagen und Bronze-Waffen berichtet Plato in seiner Atlantis-Geschichte. Von einer hohen Kultur und ihren Gegnern, den Athenern. Und er berichtet von dem Krieg zwischen den beiden. Zangger: „Da habe ich mir überlegt: Wenn es in der Bronzezeit eine solche Kultur gab, die mit den Griechen Krieg führte, dann konnte es nur Troja sein! Dieser Gedanke war in dem Moment für mich so überraschend, daß ich dachte, er knirscht in meinem Kopf!" Der Wissenschaftler verglich daraufhin die örtliche geologische Beschreibung mit der von Troja. Und er verglich Platos Textstellen mit denen von Homers „Ilias". Nach und nach fügte sich das Puzzle zusammen. Das Ergebnis von Zanggers Vergleich Atlantis/Troja ist verblüffend:

▶ Atlantis _____ über 1200 Schiffe. Die trojanische Seemacht (nach Homer) über 1185

▶ Die Atlanter hatten Messing. Diese Legierung gab es in der Antike nur an einem _____ : bei Edremit, 80 km südöstlich von Troja

▶ Plato berichtet von einem für den Mittelmeerraum _____ „starken Nordwind". Am Eingang zum Schwarzen Meer gibt es solche Windverhältnisse.

▶ Atlantis hatte eine kalte und eine warme Quelle. Auch Troja. Homer berichtet von zwei Brunnen, einer „wie _____ Feuer", der andere „kalt wie der _____ ".

▶ Plato gibt den _____ des Stadtzentrums mit „fünf Stadien" an. Der trojanische Palast hat exakt die _____ Größe.

Auch beim Umland (um den Palast) auffallende Parallelen _____ Platos Atlantis-Beschreibung und Troja. Vor allem, was Kanäle, Wasserstraßen und Hafenbecken _____ :

▶ Der Hauptkanal vom Meer zum Palast in Atlantis: „50 Stadien" (9 km) lang. Die _____ der Besik-Bucht vor Troja bis zur Königsburg: 9 km!

▶ Der Felsdurchbruch zum Meer hatte in Atlantis eine _____ von „100 Fuß". Ein Felsspalt vor Trojas Küste _____ .

▶ Die Atlanter bauten ihre Schiffe in tiefen Höhlen, die sie in den Fels trieben und _____ . Troja-Entdecker Heinrich Schliemann fand solche Höhlen.

Können solche Übereinstimmungen nur Zufall sein? Dr. Zangger, der seine Forschungen in seinem Buch „Atlantis – Eine Legende wird entziffert" (Droemer Knaur) zusammenfaßt, glaubt nicht an Zufall. Denn er hat noch einige Beweise mehr. Zum Beispiel, daß sich sowohl Atlanter als auch Trojer intensiv mit Pferdezucht beschäftigten. Daß Trojerkönig Priamos schon in der frühen Literatur als Nachkomme der Atlanter bezeichnet wurde. Auch auf die Fragen, warum Atlantis als Insel bezeichnet wurde und warum der Untergang auf ca. 9 500 v. Ch.

datiert wurde, hat Zangger eine Antwort: „Plato beziehungsweise Solon hatten ihr Wissen von ägyptischen Priestern. Die bezeichneten die gesamte Ägäis als Insel. Und zur Zeitrechnung: Die Ägypter hatten den Mondkalender. Wenn man mit einem Divisor umrechnet, kommt man automatisch auf das 13.–12. Jahrhundert vor Christus."

Thesen, die jetzt erst exakt bewiesen werden müssen. „Aber wenigstens ein Anfang ist gemacht", so Zangger, der bereits in einem Atemzug mit Schliemann genannt wird. Lob und Anerkennung von vielen Kollegen aus aller Welt. Gab es auch Kritik? „Ja natürlich. Vor allem von Altphilologen. Die ärgern sich, daß sich ein Naturwissenschaftler in die Interpretation antiker Texte eingemischt hat." Vielleicht ärgern sie sich auch nur, daß der Mythos vom sagenhaften Atlantis nun für immer zerstört ist. Daß die Welt um einen Traum ärmer ist ... ∎

---

| | |
|---|---|
| der Streitwagen | *chariot* |
| das Messing | *brass* |
| die Legierung | *alloy* |
| lodernd | *blazing* |
| der Durchmesser | *diameter* |
| das Hafenbecken | *dock, harbour* |
| der Felsdurchbruch | *crevice, gap in the rocks* |
| die Höhle | *cave* |
| entziffern | *to decipher* |
| die Ablagerung | *deposit* |
| auswerten | *to analyse* |

---

**A** Finden Sie im Text alle Vokabeln, die mit der Archäologie zu tun haben.

**B** Erklären Sie in eigenen Worten die Rollen von folgenden Personen in der Geschichte:

1 Plato 4 Heinrich Schliemann
2 Solon 5 Priamos
3 Eberhard Zangger 6 Joachim Gottschalk

**C** Hören Sie jetzt Zanggers Vergleich zwischen Atlantis und Troja gut zu und füllen Sie die Lücken im Artikel.

**D** *Arbeit zu zweit*

1 Besprechen Sie den Artikel auf deutsch mit einem Partner/einer Partnerin und arbeiten Sie eine schriftliche Kurzfassung gemeinsam aus (200–250 Wörter).

2 Nehmen Sie diese Kurzfassung auf Kassette auf.

---

## ANWENDUNG *und* ERWEITERUNG

 **Zum Nachlesen:** 7.1 Das Rätsel um Atlantis wird gelöst

 **Zum Nachschlagen:** Das Demonstrativum; Pronomen; Adjektive

 **Zum Wiederholen:** 1.4, 1.8, 2.3, 2.8, 3.4, 3.8, 4.10, 5.12, 5.13, 5.16, 6.2

 **Zum Üben**

**1** Möglichst ohne nachzuschlagen, versuchen Sie, die folgenden Wörter zu deklinieren: dieser, jeder, jener, solcher, welcher.

**2** Vervollständigen Sie diesen Dialog, indem Sie das jeweils passende Wort von der oben angegebenen Liste in jede Lücke einfügen. Den kursiv gedruckten Adjektiven sollen Sie auch die jeweils richtige Endung zufügen.

**Karl:** _____ *berühmt_* Wissenschaftler behauptet, Atlantis sei Troja gewesen.

**Hans:** Und was hältst du von einer _____ Theorie?

**K:** Seine Argumente sind ganz überzeugend. In _____ Artikel werden viele Ähnlichkeiten zwischen _____ *beid_* Städten aufgelistet.

**H:** _____ denn?

**K:** Zum Beispiel verfügte _____ der *beid_* Städte über mehr als 1000 Schiffe.

**H:** Hat nicht _____ Seemacht zu der Zeit eine _____ *groß_* Flotte gehabt?

**K:** Das kann ich dir nicht sagen. Aber es gibt noch mehr. Es soll in Atlantis eine kalte und eine warme Quelle gegeben haben. In Troja haben sich tatsächlich zwei _____ Quellen befunden. Außerdem beträgt die Entfernung von _____ Stadt bis zum Meer 9 km.

**H:** Und wie sind die Reaktionen unter den Wissenschaftlern?

**K:** Es gibt _____ und _____ . Doch im allgemeinen sind sie positiv, glaube ich. Der Verfasser _____ Artikels bereut es aber, daß „die Welt um einen Traum ärmer ist".

# 7.2

## Teilung, Einheit: Das Gesetz

Wie ist das deutsche Volk entstanden? Wie sieht seine Geschichte aus? In dieser Einheit werden wir viel über die Geschichte der „kleinen Leute" lesen und hören. Aber lesen Sie zuerst folgende Chronik großer Ereignisse.

**Vor mehr als tausend Jahren verbanden sich fünf Stämme an Rhein, Donau und Elbe zu einer Nation. Seither haben die Deutschen wie kein anderes Volk immer wieder Trennung und Vereinigung erlebt**

Das älteste Schriftstück, in dem der Begriff „deutsch" vorkommt, stammt aus der Feder eines Bischofs von Amiens. Im Jahr 786 berichtete er Papst Hadrian I., die Beschlüsse einer Synode kurz zuvor seien sowohl lateinisch als auch „theodisce" verlesen worden.

Das Volk, das nach diesem Wort später den Namen erhielt, bestand damals aus fünf miteinander verfeindeten Stämmen: den Franken am Rhein, den Schwaben und Bayern im Voralpenland, den Thüringern im Mittelgebirge und den Sachsen in den Ebenen des Nordens.

Nur blutiger Gewalt gelang es, die Stammesgebiete zu einem Reich zusammenzufügen. Zwischen der zentralen Macht der Kaiser und den peripheren Kräften in den einzelnen Landesteilen aber herrschte fortan jahrhundertelang der innere Zusammenhalt einer Zentrifuge.

Kein anderes Volk lebte in seiner Geschichte so oft auf geteilten Territorien wie das deutsche. Kein anderes auch sehnte sich wohl stärker nach dem gemeinsamen Vaterland. Ein Ringen zwischen Patriotismus und Partikularismus ließ in der deutschen Geschichte Einheit und Teilung wechseln wie Ebbe und Flut.

Als erster formte im 9. Jahrhundert ein Enkel Karls des Großen aus dem Ostteil des zerfallenden Frankenreichs ein eigenes politisches Gebilde. Er hieß Ludwig und wurde später „der Deutsche" genannt.

Im Jahr 911 wählten ostfränkische Große in Forchheim dann zum ersten Mal einen Mann aus den eigenen Reihen zum Herrscher Ostfrankens. Aber Konrad I., kein Karolinger mehr, konnte den Stammesherzögen nicht seinen Willen aufzwingen. Auch sein Nachfolger Heinrich I. hatte als König des seit 919 sogenannten „Regnum Teutonicum" gegen innere wie gegen äußere Feinde zu fechten. Erst Otto der Große vollendete das Einigungswerk. Seine Kaiserkrönung am 2. Februar 962 etablierte das Heilige Römische Reich Deutscher Nation.

Im Hochmittelalter beanspruchten deutsche Kaiser in der Art antiker Cäsaren absolute Autorität in weltlichen wie in kirchlichen Fragen. Gegen sie wirkte unablässig eine Opposition nach mehr Selbständigkeit strebender Fürsten. Bürgerkriege wie der

zwischen Staufern und Welfen gefährdeten die gerade geborene deutsche Nation, bis Luthers Reformation und der Dreißigjährige Krieg die Zentralmacht endgültig zerbrachen.

Der Westfälische Friede vom 24. Oktober 1648 kittete lediglich notdürftig den gläsernen Traum vom Reich aller Deutschen. Unter einem nur noch nominellen Kaisertum bildeten bald mehr als 300 souveräne Staaten mit eigenen Armeen, Gesetzen und Währungen ein in der Weltgeschichte einzigartiges Puzzle von Privatreichen eifersüchtig auf ihre Privilegien

pochender Potentaten. An den 436 Kilometern Sächsischer Saale von der Quelle bis zur Mündung etwa hatten reisende Händler elfmal Zoll zu bezahlen – auch im allerkleinsten Kleinstaat Reuß-Greiz, der aus zwei Städtchen und 72 Dörfern mit zusammen kaum 40 000 Bürgern bestand.

Das konfuse Konglomerat der deutschen Duodez-Despotien widersprach dem Ordnungs- und weckte den Erwerbssinn des französischen Welteroberers. Im Juli 1806 schlossen sich sechzehn deutsche Fürsten unter dem Protektorat Napoleons in einem Rheinbund zusammen. Daraufhin legte der Habsburger Franz II. am 6. August die deutsche Kaiserkrone nieder. Das Heilige Römische Reich Deutscher Nation war nach fast tausend Jahren untergegangen, zerstückelt, geteilt.

Aus der Konkursmasse blieben Preußen und Österreich zurück, die nun mit England und Rußland gegen den großen kleinen Korsen kämpften. Ihr Sieg entfachte patriotische Begeisterung in deutschen Landen. Am 8. Juni 1815 formierten sich 41 souveräne Fürsten und Städte zum Deutschen Bund.

Doch die nur auf Mehrung eigener Macht ausgerichtete Politik der Monarchen versperrte dem Einigungsstreben den Weg. Weder zu einem einheitlichen Maß- und Münzwesen noch zu gemeinsamem Post-, Justiz- oder gar Militärwesen mochten sie sich entschließen.

Aber der Boden war bereitet und die Saat ging auf: im März 1832, fünf Tage nach Goethes Tod, demonstrierten 30 000 Bürger, Handwerker und Bauern auf der Ruine des Hambacher Schlosses für Einheit und Freiheit. Der zwei Jahre danach gegründete Deutsche Zollverein umfaßte 18 Staaten mit 425 023 Quadratkilometern – mehr als Deutschland 1990 – und 23 Millionen Menschen. 1841 schrieb Hoffmann von Fallersleben auf Helgoland sein Deutschlandlied: „Einigkeit und Recht und Freiheit".

Den Durchbruch brachte die bürgerliche Revolution des Jahres 1848. Eine Nationalversammlung in der Frankfurter Paulskirche verabschiedete die Verfassung für ein kleindeutsches Kaiserreich mit einem föderalen Zweikammersystem. Den Thron sollte Preußens König Friedrich Wilhelm IV. besteigen, doch der Kandidat wies die Werber barsch ab: Die ihm angebotene Krone sei ein „Reif, aus Dreck und Lettern gebacken" und trage den „Ludergeruch der Revolution".

Danach schlug Militär die Bürgermacht blutig nieder. Aber der Traum von der Einheit blieb in den Köpfen. Bismarck nutzte die Stimmung für die Verwirklichung seiner Vision einer preußisch geführten deutschen Weltmacht. Er schuf das zweite deutsche Reich.

Am 18. Februar 1871, nach dem Sieg über Frankreich, wurde der Bruder des zehn Jahre zuvor kinderlos verstorbenen Revolutionsgegners Friedrich Wilhelm IV. im Spiegelsaal von Versailles als Wilhelm I. zum deutschen Kaiser proklamiert.

Es war eine schwere Geburt: der 73jährige Monarch hatte sich bis zuletzt geweigert, „Deutscher Kaiser" zu heißen – das sei, so polterte der Preuße, der Titel eines „Charaktermajors", nur ein Name ohne besondere Rechte und Macht. Wilhelm I. wollte lieber „Kaiser von Deutschland" heißen. Doch das war für die Fürsten unannehmbar. Des Herrschers Schwiegersohn, der Großherzog von Baden, umging das Problem, indem er bei der Zeremonie ein Hoch auf „Kaiser Wilhelm" ausbrachte. „Das Reich ist gemacht", seufzte Bismarck erleichtert, „und der Kaiser auch." Zum ersten Kaiserreich der Deutschen hatten noch Böhmen und Burgund, die Lombardei und Sizilien, als Folge zeitweiliger Lehensverhältnisse sogar England, Polen und Ungarn, Armenien und Jerusalem gehört; unter dem Barbarossasohn Heinrich VI. reichte es vom Tweed bis zum Tigris.

Das zweite Kaiserreich stieg mit 60 Millionen Einwohnern (1905) auf 540 777 Quadratkilometern zur führenden Wirtschaftsmacht des Kontinents auf. Doch schon nach weniger als einem halben Jahrhundert ging es im Ersten Weltkrieg zugrunde.

Im Frieden von Versailles verlor Deutschland Westpreußen, Elsaß, Lothringen und alle Kolonien: Der kurze Traum von neuer deutscher Weltmacht war vorbei. Am 9. November 1918 dankte Kaiser Wilhelm II. ab. Schon drei Stunden später rief der Sozialdemokrat Philipp Scheidemann in Berlin die Republik aus. Neue Teilung oder Absplitterung drohte.

Mit Hilfe des preußisch geprägten Offizierskorps und der kaiserlichen Beamtenschaft rettete Reichspräsident Friedrich Ebert die Einheit des Reichs. Nicht Separatismus, sondern neuer Nationalismus sollte die erste Republik der Deutschen zerstören: 1933 wurde Adolf Hitler Reichskanzler.

Seine Diktatur begann mit Erfolgen. 1935 kehrte das Saargebiet zu Deutschland zurück, 1936 besetzte die Wehrmacht das entmilitarisierte Rheinland, 1938 meldete der geborene Österreicher Hitler „vor der Geschichte nunmehr den Eintritt meiner Heimat in das Deutsche Reich" und gliederte Memel- und Sudetenland ein. 1939 marschierten seine Truppen erst in Böhmen und Mähren, dann auch in Polen ein. Der Zweite Weltkrieg begann: In seinen Feuerstürmen ging das dritte Reich der Deutschen unter.

Die Sieger legten den Besiegten Sühne auf: Die Ostgebiete, ein Viertel des Reichsgebiets, fielen an Polen und die Sowjetunion. Der Rest wurde in vier Besatzungszonen unterteilt, aus denen 1949 zwei Staaten entstanden: Die feindlichen Brüder Bundesrepublik und DDR. Die Preambel des Grundgesetzes des freien Deutschland im Westen schloß mit dem Satz: „Das gesamte deutsche Volk bleibt aufgefordert, in freier Selbstbestimmung die Einheit und Freiheit Deutschlands zu vollenden." 40 Jahre versuchte das DDR Regime die Teilung durch Gewalt zu erhalten. Doch 1990 jagte das Volk die Kommunisten davon; die DDR trat der Bundesrepublik bei. Nun leben die Deutschen wieder in Einheit.

| | | | |
|---|---|---|---|
| das Ringen | *struggling, fighting* | zerstückeln | *to break up into pieces* |
| kitten | *to cement together* | barsch | *curt, abrupt* |
| die Währung | *currency* | die Lehensverhältnisse | *situation with regard to fiefdoms* |
| pochen | *to knock, thump; insist on something* | die Sühne | *atonement, reparations* |
| der Erwerbssinn | *acquisitive or business sense* | | |

**A** Nachdem Sie den Artikel gelesen haben, erklären Sie in eigenen Worten folgende Ziffern, Daten und Zahlen aus dem Text:

1  911
2  2. Februar 962
3  41
4  30 000
5  73
6  1933
7  1990

**B** Lesen Sie „Teilung, Einheit: Das Gesetz" noch einmal durch und entscheiden Sie, welche Behauptungen richtig und welche falsch sind:

| | ✓ | ✗ |
|---|---|---|
| 1 Die Geschichte des deutschen Volkes ist die Geschichte von tausend Jahren Trennung und Vereinigung. | | |
| 2 Das erste eigene politische Gebilde aus dem Ostteil des zerfallenden Frankenreiches wurde im Jahr 786 geformt. | | |
| 3 Im Mittelalter regierten die Kaiser wie die Römer. | | |
| 4 Napoleon spielte eine Rolle bei der Vereinigung der deutschen Völker. | | |
| 5 Am Ende des Krieges mit Frankreich im neunzehnten Jahrhundert wurde der neue deutsche Kaiser im berühmtesten französischen Château proklamiert. | | |
| 6 Das zweite Kaiserreich dauerte von 1871 bis 1918. | | |
| 7 Der Zweite Weltkrieg begann mit dem Angriff auf Böhmen. | | |
| 8 1949 gab es zwei deutsche Staaten. | | |

**C** Schreiben Sie eine Kurzfassung dieser Analyse der Teilung und Einheit des deutschen Volkes (350–400 Wörter).

# Eine Frau auf einsamem Höhenflug

## Die ARD zeigt einen TV-Zweiteiler über die Fliegerin Elly Beinhorn-Rosemeyer

**Begrüßung mit Blumen: Elly Beinhorn 1931 auf dem Flugplatz Aspern bei Wien.**

1 Sie hob ab zum einsamen Höhenflug und war, so Randy Crott, „in den dreißiger Jahren umjubelter als jeder Filmstar". Zusammen mit Peter Sommer porträtierte die TV-Autorin „Elly Beinhorn – Fliegerin"

2 Ihre erste große Reise über den Wolken endete mit einer Bruchlandung. Als die inzwischen 85jährige Wahl-Münchnerin 1931 eine offene Klemm 26 von Westafrika

3 Nach vier Tagen tauchte die Wüsten-Wanderin wider Willen in Timbuktu auf. Was ihr „mehr Schlagzeilen brachte als die vorbildlichste Flugleistung". Und startete schon bald wieder durch. In insgesamt rund

4 Zwischendurch erlebte die Himmelsstürmerin, die alle ihre Touren allein plante und durchführte, ein kurzes irdisches Glück mit Bernd Rosemeyer. Der Rennfahrer verunglückte anderthalb Jahre ☛

---

## ANWENDUNG und ERWEITERUNG

 **Zum Nachlesen:** 7.2 Teilung, Einheit: Das Gesetz

**Zum Nachschlagen:** Partizipien

**Zum Wiederholen:** 2.2, 2.9

**Zum Üben**

Schreiben Sie die folgenden Sätze so um, daß statt eines Relativsatzes ein Partizip als Adjektiv vorkommt. Die Lösungen zu einigen Sätzen finden Sie im Text.

*Beispiel*
Mit Hilfe des Offizierkorps, das preußisch geprägt war, rettete Reichspräsident Friedrich Ebert die Einheit des Reichs.
Mit Hilfe des preußisch geprägten Offizierkorps rettete Reichspräsident Friedrich Ebert die Einheit des Reichs.

1 Friedrich Wilhelm IV. wollte den Thron nicht besteigen, denn die Krone, die ihm angeboten wurde, sei ein „Reif, aus Dreck und Lettern gebacken".
2 Die mehr als 300 souveränen Staaten bildeten ein einzigartiges Puzzle von Privatreichen von Potentaten, die eifersüchtig auf ihre Privilegien pochten.
3 Gegen sie wirkte eine Opposition von Fürsten, die nach mehr Selbständigkeit strebten.
4 Der Bruder des Revolutionsgegners, der 20 Jahre zuvor verstorben war, wurde zum deutschen Kaiser proklamiert.
5 Die Politik, die nur auf Mehrung eigener Macht ausgerichtet war, versperrte dem Einigungsstreben den Weg.
6 In den Stammesgebieten, die nach blutiger Gewalt zu einem Reich zusammengefügt wurden, herrschte jahrhundertelang der Zusammenhalt einer Zentrifuge.
7 Viele hatten ihre Hoffnungen auf die Bürgermacht, die vom Militär blutig niedergeschlagen wurde, gesetzt.
8 Mit 425 023 Quadratkilometern war die Fläche des deutschen Zollvereins, der im Jahre 1832 gegründet wurde, größer als die Fläche Deutschlands im Jahre 1990.
9 Elfmal mußte Zoll von Händlern, die an den 436 Kilometern der Saale reisten, bezahlt werden.
10 Die Truppen, die 1939 in Böhmen, Mähren und Polen einmarschierten, lösten den 2. Weltkrieg aus.

# 7.3

## *Die Luftwandlerin*

Die Geschichte hat nicht nur mit königlichen Personen zu tun. In unserem Jahrhundert haben auch die schlichten Bürger einen großen Beitrag zur zeitgenössischen Geschichte geleistet, wie zum Beispiel Elly Beinhorn, die berühmte Fliegerin.

**A** Lesen Sie den kurzen Artikel „Eine Frau auf einsamem Höhenflug", und stellen Sie die Absatzhälften richtig zusammen.

**5** Elly Beinhorn nahm bis zum 73. Lebensjahr an Flug-Rallyes und anderen Wettbewerben teil, dann gab sie ihre Lizenz freiwillig ab. Aber auch mit festem Boden unter den Füßen war die jetzt vierfache Großmutter aktiv: als Vortragsreisende, Autorin von

**a** nach der Hochzeit im Juli 1936 tödlich. Bei der „Liebe ihres Lebens", erzählt Randy Crott, „hat sich die ansonsten starke Frau gerne untergeordnet".

**b** 5500 Stunden am Steuerknüppel stellte die „Luftwandlerin" (Beinhorn) einige Rekorde auf. Mit einer Messerschmitt 108 beispielsweise flog sie an einem Tag nach Asien und zurück. Doch Hauptmotive waren immer Abenteuerlust und Fernweh.

**c** 14 Büchern, Journalistin – und mit der Kamera. Der TV-Zweiteiler bringt bisher unveröffentlichte Ausschnitte aus Filmen, die die Pilotin aus Passion in den 30er, 40er und 50er Jahren selbst gedreht hat. Und zeigt sie an ihrem Lieblings-Platz: am Steuerknüppel einer offenen Klemm.

**d** gen Europa steuerte, landete sie im Sahara-Sand. Suchtrupps machten sich auf den Weg – ohne Erfolg.

**e** (30. Juli und 5. August, jeweils um 15.30 Uhr in der ARD), eine „Frau, die man erst erobern muß. Dann aber ist sie bereit zu Offenheit, ist herzlich, bescheiden und humorvoll".

*Elly Beinhorn heute: eine immer noch aktive Frau.*

**B** Nachdem Sie den Artikel noch einmal gelesen haben, finden Sie im Text das Gegenteil von folgenden Vokabeln:

1 geschmäht
2 aufgeben
3 Versagen
4 versteckte sich
5 Heimweh
6 Pech
7 Scheidung
8 widerwillig
9 passiv
10 Passagierin

**C** *Arbeit zu zweit*

Es ist 1936. Bereiten Sie mit Ihrem Partner/Ihrer Partnerin einen Radiobericht (2 Minuten) vor, worin Sie die Erfolge und die Tragödie von Elly Beinhorn beschreiben. Nehmen Sie diesen Bericht auf Kassette auf.

---

## ANWENDUNG *und* ERWEITERUNG

 **Zum Nachlesen:** 7.3 Die Luftwandlerin

**Zum Nachschlagen:** Trennbare und untrennbare Verben

**Zum Wiederholen:** 1.12, 4.3/4.4, 6.5

**Zum Üben**

**1** Suchen Sie die Verben in diesem Text heraus, die die folgenden Bedeutungen haben:
   **a** to take off (x2)
   **b** to conquer
   **c** to appear, surface
   **d** to set (a record)
   **e** to experience
   **f** to carry out
   **g** to have a crash
   **h** to subordinate oneself
   **i** to take part in
   **j** to relinquish

**2** Vervollständigen Sie die folgenden Sätze, indem Sie jeweils eins der oben angegebenen Verben in jede Lücke einfügen. Die passende Zeit entnehmen Sie dem Sinn des Satzes.
   **a** Nach vier Tagen waren die Suchtrupps dabei, aufzugeben, als die Fliegerin in Timbuktu ____.
   **b** Was diese Frau sich vornimmt, ____ sie immer ____.
   **c** In einer halben Stunde wird sie in ihr Flugzeug einsteigen und noch einmal ____.
   **d** Obwohl sie schon einige Rekorde ____ ____, ist dies nicht ihr Hauptmotiv.
   **e** Angst davor zu ____, spürte sie schon manchmal. Aber sie versuchte immer das Risiko auf ein Minimum zu reduzieren.
   **f** Sie schätzte ihre Unabhängigkeit sehr und ____ sich zeit ihres Lebens nur einem Menschen ____.
   **g** Als junge Frau wäre es für sie undenkbar gewesen, ihre Lizenz ____. Später jedoch, nachdem sie so viel ____ und an so vielen Abenteuern ____ ____, war es kein Problem mehr.

# 7.4

## Gesucht: Die neuen Beatles

Menschen machen Geschichte und in der Musik haben sicherlich die Beatles Geschichte gemacht. Einer der Beatles, Paul McCartney, hat eine Beatles-Schule für den hoffnungsvollen Nachwuchs gegründet. Lesen Sie weiter. Vielleicht werden auch Sie einmal diese Schule besuchen!

Paul McCartney baut eine Schule für Popstars.
Standort: Liverpool, Heimat der Beatles

**E**s geht um einen zweistelligen Millionen-Mark-Umsatz, wenn Paul McCartney, 51, in diesen Tagen vor ausverkauften Hallen spielt. Als wäre dies dem wohlhabenden Popmusiker nicht genug, legt ein Betrieb der deutschen Hifi-Industrie noch einen beachtlichen Betrag drauf: Grundig läßt sich das Engagement als Sponsor der Welt-Tournee des Ex-Beatles 2,5 Millionen Mark kosten. Empfänger des Entgelts für Nennung auf Plakaten etc. ist nicht der Künstler (wie bei Sponsorverträgen, z. B. Pepsi/Michael Jackson, üblich), sondern eine neue Schule:

McCartney verpflichtete Grundig zur Teilfinanzierung seines „Liverpool Institute For Performing Arts", einer Musik-Universität in der Heimatstadt der Beatles. 500 Studenten sollen dann nicht nur in den schönen Künsten der Hitparade unterrichtet, sondern auch auf das harte Geschäft eines angehenden Popstars vorbereitet werden. Nebenfächer: Bühne, Management, Verträge. Unterstützung sagten zu: Tina Turner, Eddie Murphy und die Queen (finanziell). Der erste Fall, in dem ein Star seine Sponsormillionen nicht verheimlichen muß.

**A** Nachdem Sie den Bericht gelesen haben, tragen Sie alle passende Einzelheiten (in eigenen Worten) in die Tabelle ein:

| |
|---|
| **1**<br>Einkommensquellen<br>für Paul McCartney<br><div align="right">(2 Punkte)</div> |
| **2**<br>Das neue Unternehmen<br><div align="right">(2 Punkte)</div> |
| **3**<br>Unterrichtsangebot<br><div align="right">(5 Punkte)</div> |

**B** *Arbeit zu zweit: Berichten*

Partner(in) A bereitet eine englische Zusammenfassung der ersten Hälfte des Berichts vor und erzählt sie Partner(in) B. Partner(in) B macht das gleiche mit der zweiten Hälfte.

**C** Machen Sie eine schriftliche Kurzfassung des Berichts (60 Wörter).

# 7.5

## Wer Deutschland verändert hat – und wie!

In der Nachkriegszeit hat die BRD viele Fortschritte gemacht, teils, weil die Deutschen fleißig gearbeitet haben, um alles nachzuholen und wiedergutzumachen, und teils, weil sie meistens von starken, weitblickenden Politikern regiert worden sind. Diesen Prozeß hat man als „Wirtschaftswunder" bezeichnet.

**A** Hier haben wir die Bilder von sechs Bundeskanzlern, die zu diesem Wirtschaftswunder beigetragen haben. Lesen Sie die Kommentare über die Kanzler und entscheiden Sie, welche Fotos und Kommentare zusammenpassen.

## Sie haben uns regiert . . .

**1949–
1963**

Holte die
Kriegsgefangenen
zurück: Konrad
Adenauer

**1**

**1963–
1966**

Brachte uns das
Wirtschaftswunder:
Ludwig Erhard

**2**

**1966–
1969**

War erster Kanzler
einer großen
Koalition: Kurt-
Georg Kiesinger

**3** ☞

## 1969–1974

Versuchte, den „kalten Krieg" zu beenden: Willy Brandt

**4**

## 1974–1982

Führte uns durch schwierige Jahre: Helmut Schmidt

**5**

## Seit 1982

Schaffte die deutsche Wiedervereinigung: Helmut Kohl

**6**

**B** Wie sich das Leben verändert hat! Wie finden Sie die drei Fotopaare? Hier sehen wir deutlich, wie die Presse uns Geschichte und auch unsere eigene Geschichte nahebringt.

1 Besprechen Sie die sechs Fotos mit Ihrem Partner/Ihrer Partnerin und vergleichen Sie die Eindrücke von vor 40 Jahren und heute. Wann würden Sie lieber leben, damals oder heute?

2 Hören Sie die Kommentare, schreiben Sie sie aus, und entscheiden Sie, welcher Kommentar zu welchem Foto paßt.

# 7.6

## *Namen der 60er*

Wieviel wissen wir von anderen Jahrzehnten, insbesondere von jenen, in denen unsere Eltern jung waren? Kennen Sie Namen wie Schweitzer, JFK, Churchill, Brandt, Martin Luther King, zum Beispiel?

1 Sprinter, läuft als erster Mensch der Welt die 100 m in 10,0 Sek (**21. 6. 60** in Zürich) und gewinnt zweimal Olympia-Gold (100 m, Staffel) in Rom (**1. 9. 60**)

2 Film- und Bühnenstar („Auf der Reeperbahn nachts um halb eins"), stirbt am **24. 7. 60**.

3 Schriftsteller („Der alte Mann und das Meer"), erschießt sich am **2. 7. 61**. Grund: Depressionen.

4 Rennfahrer-As, rast am **10. 9. 61** beim Grand Prix von Monza in den Tod.

5 Eiskunstlauf-Traumpaar, werden **2. 3. 62** im Genfer Eispalast Europameister.

6 Regisseur und Schauspieler („Mephisto"): Tod durch innere Blutungen in Manila (**7. 10. 63**).

7 US-Präsident: Am **22. 11. 63** 3 Schüsse in Dallas/Texas. Die offizielle Todeszeit: 20.22 Uhr. Als Mörder wird Lee Harvey Oswald verhaftet.

8 Dschungelarzt von Lambarene, stirbt mit 90 am **4. 9. 65**.

9 Englischer Kriegspremier, stirbt hochbetagt (91) am **24. 11. 65**. Lebensmotto: „No sports".

10 Playboy, heiratet am **14. 7. 66** Filmstar Brigitte Bardot.

11 Erster Kanzler der Bundesrepublik, Mitbegründer der CDU, stirbt am **19. 4. 67**.

12 Farbiger US-Bürgerrechtler, wird am **4. 4. 68** in Memphis erschossen.

13 Verbietet seinen Gläubigen die Pille (**24. 7. 68**).

14 Kirchenerneuerer, stirbt am **3. 6. 69** an Gewebewucherungen. „Ich füge mich Gott".

15 Wird am **21. 10. 69** erster sozialdemokratischer Kanzler der Bundesrepublik.

a John F. Kennedy
b Willy Brandt
c Sir Winston Churchill
d Albert Schweitzer

e Papst Paul VI
f Hans Albers
g Konrad Adenauer
h Armin Hary
i Ernest Hemingway
j Martin Luther King
k Graf Berghe von Trips
l Papst Johannes XXIII
m Gustav Gründgens
n Gunther Sachs
o Marika Kilius/Hans Jürgen Bäumler

● ● ● ● ● ● ● ● ● ● ● ● ● ●

**A** Wer hat was gemacht? Welcher Name paßt zu welchem Kommentar? Stellen Sie Namen und Kommentare passend zusammen.

**B** Übersetzen Sie alle Kommentare ins Englische.

---

## ANWENDUNG *und* ERWEITERUNG

**Zum Nachlesen:** 7.6 Namen der 60er

**Zum Nachschlagen:** Das Imperfekt; Bindewörter (Relativsätze)

**Zum Wiederholen:** 1.1, 2.7, 3.13, 4.8, 4.10, 5.9, 5.15, 5.16, 6.3

**Zum Üben**

Aus den verschiedenen Kommentaren, die Sie im Artikel „Namen der 60er" gelesen haben, stellen Sie einen Beitrag für eine Radiosendung zusammen. Verbinden Sie dabei die kurzen Angaben mit Bindewörtern und setzen Sie die Verben ins Imperfekt um. Sie könnten anfangen, wie folgt:
„Am 21. Juli 1960 **lief** der Sprinter Armin Hary als erster Mensch der Welt die 100 m in 10,0 Sekunden. Außerdem **gewann** er zwei Goldmedaillen bei den Olympischen Spielen in Rom, und zwar über 100 m und im Staffellauf."

# 7.7

## *Eine umstrittene Witwe*

Im letzten Auszug haben wir zwei oder drei Zeilen über Willy Brandt gelesen. Das genügt kaum für einen Kämpfer für die Menschenrechte wie diesen. Lesen wir jetzt diesen Artikel über seine Witwe, um sie und ihn besser kennenzulernen.

### Wie ist das, wenn man von Beginn einer Liebe an weiß, daß man eines Tages junge Witwe sein wird? Plant man sein Leben anders? Brigitte Seebacher-Brandt hat schon immer klare Ziele gehabt. Jetzt ist sie Hüterin von Willy Brandts Nachlaß. Was ihr nicht jeder gönnt. Sie wird ihn verteidigen

**B**rigitte Seebacher-Brandt ist 46, als ihr Mann Willy Brandt mit 78 Jahren stirbt. Sie ist in Bonn, der Großküche der Gerüchte, eine umstrittene Frau. Diese 32 Jahre Altersunterschied. Vor allem aber die Tatsache, daß Brandt vor 12 Jahren, als er zu ihr zog, Rut Brandt verließ, seine Ehefrau für 33 Jahre, die Mutter seiner drei Söhne, die sehr beliebte, ehemalige First Lady der Bundesrepublik, haben Leute damals wie heute vermuten lassen, daß Brigitte Willy nicht nur Liebe, sondern auch seinen Tod mit in ihren eigenen Lebensplan einbezogen habe. Liebe ja, Berechnung auch?

Sicher weiß man, wenn man einen so viel älteren Mann liebt, in der Tiefe des Herzens, daß man eines Tages eine junge Witwe sein wird. Auch lebt man, wenn man eine Persönlichkeit der Zeitgeschichte liebt, nicht nur mit ihm, sondern gleichermaßen auch mit einem Denkmal. Und man kann sich quasi darauf verlassen, daß dieses Denkmal unsterblich ist. Daß man nach seinem Tod von dieser Unsterblichkeit sogar leben kann, gut leben kann.

Brigitte Seebacher-Brandt ist in diesen Tagen sehr traurig. Witwe zu werden ist ein schmerzlicher Vorgang. Witwe zu sein ist aber auch eine Berufung, ja ein Beruf. Eine späte Liebe wie die zwischen der Publizistin und dem Friedensnobelpreisträger.

Beziehungen wie diese haben schon viele starke Witwen-Persönlichkeiten geboren.

Nina Kandinsky zum Beispiel, die den Nachlaß ihres Mannes, des großen Malers Wassily Kandinsky, mit Leidenschaft verwaltete. Oder die gute Jelena Boner, die trotz ihrer Krankheit nicht müde wird, die Botschaft ihres Mannes Andrej Sacharow zu verkünden. Oder Marta Feuchtwanger, die ihrem Lionel zu Lebzeiten stets sein liebes kleines Frauchen war und die sich nach seinem Tod als eine kompetente, erstklassige Literaturwissenschaftlerin entpuppte.

Brigitte Brandt, die Witwe, ist in der Reihe solcher Frauen zu sehen. Sie hat zweifelsohne die Klasse, das Vermächtnis eines Willy Brandt, das persönliche, das politische, das historische Erbe zu verwalten. Sie wird dafür sorgen, daß er, der große Sozialdemokrat, der Denker und Friedensmensch, nicht nur nicht in Vergessenheit gerät, sie wird seinen Ruhm mehren, wie gute tüchtige Witwen das zu tun pflegen. Das ist Brigitte Brandts neue Aufgabe, sie ist am Ziel. Dies wird ihr auch Neid und Mißgunst, sicher bei einigen Genossen und ganz sicher bei einigen Freunden der Ära Rut und Willy Brandt, einhandeln.

Gilt Brigitte Seebacher-Brandt doch in Bonn, dem Dorf der unvermuteten Karrieren, als geradezu perfekte Karrieristin.

Die Bremerin hatte sich früh, mit Mitte 20,

in Berlin einen Namen gemacht. SPD-Mitglied seit 1965, studiert sie Geschichte und Germanistik, wird Journalistin. Und gilt als entzückendst mädchenhaft, fragil, hochintelligent, unterhaltsam und besonders zielstrebig. Daß sie ältere Herren mag und dies eifrig erwidert wird, hat sich unter den reiferen Genossen schnell herumgesprochen. Gefördert vom späteren Staatssekretär Wolters, dann von dem damaligen Regierenden Bürgermeister Schütz, brilliert sie als Chefredakteurin der SPD-Zeitung „Berliner Stimme". Später wendet sie sich dem Stellvertretenden Parteivorsitzenden Koschnik zu und macht weiter Karriere.

1978 wechselt sie von Berlin nach Bonn, in die Parteizentrale, in die Pressestelle des Vorstands. Es wird, sie mag es geahnt haben, die Schlüsselposition ihres Lebens. Sie ist jetzt ganz in der Nähe von Willy Brandt, reist mit ihm, entwirft ihm Reden. Die Umstände sind besonders günstig. Er, nach 30 Jahren Ehe ein gleichgültiger Ehemann, ein tief enttäuschter Ex-Kanzler, der zurücktreten mußte, ein 64jähriger auf der Suche nach einem Stückchen Jugend. Er verliebt sich in sie. Sie ist es schon. Sie wird schließlich seine persönliche Referentin.

---

**A** Lesen Sie den Text noch einmal durch. Wie wurden folgende Ideen ausgedrückt? (Vorsicht! Die Beispiele sind in keiner bestimmten Reihenfolge.)

**1** . . . and this is heartily reciprocated
**2** . . . and who emerged after his death as an authoritative, first-rate literary researcher.
**3** . . . that this monument is immortal
**4** . . . when he moved in with her
**5** She is a controversial woman in Bonn, the hot-bed of gossip.
**6** . . . as good, capable widows are known to do
**7** . . . searching for a fragment of youth
**8** . . . and is considered most delightfully . . .
**9** . . . she might have realised it
**10** Being widowed is a painful process

**B** Lesen Sie den Artikel noch einmal durch, und entscheiden Sie, welche Behauptungen im Text stehen und welche nicht:

|  | ✓ | ✗ |
|---|---|---|
| **1** Willy und Brigitte waren 33 Jahre lang verheiratet. | | |
| **2** Wenn der Ehemann so viel älter ist, muß die Frau mit seinem frühen Tod rechnen. | | |
| **3** Willy Brandt hat einen Nobelpreis bekommen. | | |
| **4** Brigitte hat nichts mit Nina Kandinsky und Jelena Boner gemeinsam. | | |
| **5** Einige alte Freunde von Willys erster Frau mißbilligen Brigittes Benehmen. | | |
| **6** Brigitte gehört nicht derselben politischen Partei an wie ihr verstorbener Ehemann. | | |
| **7** Sie war keine bemerkenswerte junge Dame. | | |
| **8** Willy Brandt trat vom Kanzleramt gezwungenermaßen zurück. | | |

**C** *Arbeit zu zweit: Rollenspiel*

Personen A und B sind Brigitte Brandt und ihr(e) Interviewer(in). Brigitte beantwortet Fragen über ihre Jugend, ihre Karriere in der SPD, ihr Leben mit Willy, und ihr Leben seit seinem Tod.

**D** *Arbeit zu zweit: Schreiben*

**1** Schreiben Sie zu zweit ein imaginäres Gespräch zwischen Willy und Brigitte, die sich im „Himmel" wiedersehen.
**2** Nehmen Sie Ihr Gespräch auf Kassette auf.

## ANWENDUNG *und* ERWEITERUNG

 **Zum Nachlesen:** 7.7 Eine umstrittene Witwe

**Zum Nachschlagen:** Verben mit Präpositionen; Nebensätze

**Zum Wiederholen:** 2.8, 2.12, 4.2

**Zum Üben**

**1** Möglichst ohne den Text noch einmal durchzulesen, vervollständigen Sie die folgenden Sätze:

**a** Mann kann sich quasi __ verlassen, (that this monument is immortal).

**b** Sie wird __ sorgen, (that he is not forgotten).

**2** Prüfen Sie, ob Sie passende Lösungen gefunden haben. Dann machen Sie mit diesen Sätzen weiter:

**a** Bist du __ einverstanden, (that we'll meet tomorrow)?

**b** Er freut sich __, (that they've found a common solution).

**c** Sie hat __ bestanden, (that we all go to her house).

**d** Das mangelnde Interesse liegt __, (that we didn't talk about it enough).

**e** Wir sollen uns alle __ schützen, (that anybody hears us).

**f** Es handelt sich __, (that we believe in this message).

**g** Wir kämpfen schon seit Jahren __, (that this factory is closed down).

**h** Ich sehne mich __, (that you invite me out for dinner).

**i** Sie haben sich schon lange __ unterhalten, (whether their children should go to France in the summer or not).

**j** Ich rechnete nicht __, (that you would arrive so early).

# 7.8

## *Deutschland im Jahre 1952*

Wie sah das deutsche Massenblatt, die BILD-Zeitung, zu Anfang aus?

**A** Lesen Sie diese Artikel aus dem Jahre 1952 schnell durch, und entscheiden Sie, welche Titel und Nachrichten zusammenpassen.

---

**United Press**
London, 24. Juni
Israel hat von der französischen Regierung 300 britische Jagdflugzeuge gekauft. Der „Daily Express" schreibt dazu, daß England die Maschinen nach Kriegsschluß für 720 DM pro Stück an Frankreich abgetreten hat. Die Baukosten betrugen 240 000 Mark pro Flugzeug.

---

## *Unter uns Frauen*

### Untertassen über Norwegen

**Eigener Bericht**
Oslo, 24. Juni
„Fliegende Untertassen" wurden über Südnorwegen gesichtet. Auch vom Flekkefjord melden Beobachter das Auftauchen dieser rätselhaften Erscheinungen.
Alle Augenzeugen schildern die „Fliegenden Untertassen" als „silberfarbene Gebilde mit einem kleinen Schweif". Die Erscheinung dauerte nur wenige Sekunden.

---

**Associated Press**
Bonn, 24. Juni
Es besteht eine gewisse Hoffnung, daß die Entlassung der 650 deutschen Kriegsgefangenen und Zivilinternierten aus Rußland einen Auftakt zu weiteren Entlassungen darstellt, erklärte das Deutsche Rote Kreuz.

---

## Aus zweiter Hand    Nobel entschädigt

---

## Ins „Bild" gesetzt: Jonny

**Eigener Bericht**
Gafsa, 24 Juni
Eine Bombe wurde beim Bahnhof Gafsa auf die Terrasse eines Cafés geworfen. Fünf Personen fanden den Tod. Am Grab griff eine bewaffnete Bande einen Polizeiposten an.

---

**Associated Press**
Berlin, 24. Juni
Vier West-Berliner Bauern, deren Weideland durch die sowjetzonalen Sperrmaßnahmen verlorenging, haben von der britischen Luftwaffe neue Weiden erhalten.

---

## Attentate in Tunis

Jonny heißt er. Wohl 50 Jahre alt. Eigentlich wollte er zur See. Aber da kam was dazwischen. Später war es eben zu spät. Also hockte er am Hafen und machte „in Gelegenheit". In der Rocktasche immer eine Zeitung. „Mensch, wenn ich Zeitung lese, bin ich wie auf hoher See." Oder wenn die Mädchen vorbeistrichen. „Meine Braut", grinste er und strich die Zeitung glatt. So ist es eben gekommen, daß er nun an der Ecke steht und seine Braut im Arm hat. Mal kommt der Wind von drüben, mal von hier. Mal kocht die Sonne den Asphalt. Mal pladdert es bis in die Nacht. Jonny hält wie ein Torwächter. Auch die Weißkittel von der Polizei stehen nicht härter im Verkehr. Jonny weiß, was los ist. Bonn und Washington, Molotow und Ali Khan, und daß die Ingrid Bergman Zwillinge hat … Er kennt sich aus. Seine feste Stimme gehört zum Konzert der Straße. Das hupt und knattert. Das quietscht und kreischt. Jonnys Stimme dringt durch. Wo Jonny steht, da ist das Leben. Einer von den großen treuen Helden der Straßenhändler, die sich hinstellen ins Wetter, in den Lärm, in den Verkehr – für ihre Zeitung. Für IHRE Zeitung!

☞

# Hoffnung für Kriegsgefangene

Sehen Sie, da hat sich etwas geändert!

Zur Zeit unserer Großmütter sprach man viel von der verheirateten Frau. Sie hatte Affären, sie kam ins gefährliche Alter, sie war das Traumbild der jungen Leute. Wurde sie geschieden, dann bekam sie eine pikante Note oder wurde gar zur lustigen Witwe.

Das war vorgestern. Und Hunderte von Dichtern und Schriftstellern beschrieben sie.

Heute ist das anders. Heute wird viel vom verheirateten Mann gesprochen. Am besten vom Mann mit grauen Schläfen.

Er ist das Traumbild der jungen Mädchen, und er beherrscht alle Reklamezeichnungen. Er hat so viele Chancen. Es gibt so viele Frauen ohne Mann und ohne Kind. Und ohne jede Chance, beides zu bekommen.

Und dann: es muß etwas Reifes, Interessantes und Hintergründiges sein. Sie glauben, das wäre nicht so? Dann horchen Sie herum in Ihrer Bekanntschaft.

Von der verheirateten Frau und ihren Problemen wird nichts mehr gesprochen. Heute sind wir beim verheirateten Mann angelangt. Und hoffentlich werden wir morgen wieder beim Normalen angelangt sein. Das heißt: bei jungen Menschen, die sich lieben, und älteren, die eine gute Ehe führen.

**B** Lesen Sie den Text „Unter uns Frauen" noch einmal durch. Übersetzen Sie diesen Text ins Englische. Was halten Sie von „dem besonderen Stil" dieses Artikels?

**C** Jetzt haben Sie die Gelegenheit, sich gehenzulassen! Sie sind Journalist(in) bei der BILD-Zeitung. Schreiben Sie die „Unter uns Frauen" Spalte vom heutigen Blickpunkt aus (220–240 Wörter).

## ANWENDUNG *und* ERWEITERUNG

 **Zum Nachlesen:** 7.8 Deutschland im Jahre 1952

**Zum Nachschlagen:** Substantive

**Zum Wiederholen:** 3.12, 4.4, 5.12

**Zum Üben**

Lesen Sie den Artikel „Unter uns Frauen" noch einmal durch. Konzentrieren Sie sich dabei inbesondere auf die Substantive, die darin vorkommen. Vervollständigen Sie dann den folgenden Dialog, indem Sie jedes in Klammern gedruckte Adjektiv in ein Substantiv umsetzen:

**A** Was findest du eigentlich an dem (klein) da?

**B** Er macht immer etwas (außerordentlich).

**A** Ich weiß nicht, was er mit dir vorhat. Ich ahne nichts (gut).

**B** Ich glaube, du bist eifersüchtig!

**A** Unsinn! Hoffentlich fällt dir etwas weniger (gehässig) bald ein!

**B** OK. Es tut mir leid. Ich gehe mit ihm aus, weil ich schon immer einen Hang zu „etwas (reif), (interessant) und (hintergründig)" hatte. Außerdem wäre ein „(normal)" für mich etwas ganz (langweilig).

**A** Einen „(normal)" gibt es heute nicht mehr! Aber du könntest trotzdem einen (besser) finden als den da!

**B** Leider weißt du noch nicht, was für ein (originell) das ist.

## ANWENDUNG *und* ERWEITERUNG

 **Zum Nachlesen:** 7.8 Deutschland im Jahre 1952

 **Zum Nachschlagen:** Das Passiv

 **Zum Wiederholen:** 1.5, 2.10, 4.6, 5.5

 **Zum Üben**

Folgende Sätze wurden den Artikeln entnommen. Setzen Sie sie ins Passiv um. (Beachten Sie: das jeweils betroffene Verb ist unterstrichen.)

1 Alle Augenzeugen schildern die „Fliegenden Untertassen" als „silberfarbene Gebilde mit einem kleinen Schweif".

2 Es besteht eine gewisse Hoffnung, daß die Entlassung der 650 Kriegsgefangenen und Zivilinternierten aus Rußland einen Auftakt zu weiteren Entlassungen darstellt.

3 Der „Daily Express" schreibt dazu, daß England die Maschinen nach Kriegsschluß für 720 DM pro Stück an Frankreich abgetreten hat.

4 Am Grab griff eine bewaffnete Bande einen Polizeiposten an.

5 Hunderte von Dichtern und Schriftstellern beschrieben sie [die Frau].

# 7.9

## *Die Schandmauer*

Kein Überblick der deutschen Geschichte des 20. Jahrhunderts wäre ohne einen Kommentar über die schändliche Berliner Mauer vollkommen. Sie hat fast dreißig Jahre lang gestanden und hat Deutsche von Deutschen zwangsweise und gewaltsam getrennt.

In der Bernauer Straße wurde der Mauerbau noch ein wenig direkter erlebt als anderswo in der Stadt. Fast 2000 Menschen wurden am 24. September 1961, sechs Wochen nach der **Abriegelung** Ost-Berlins, aus ihren Wohnungen, die direkt an der Grenze zu West-Berlin lagen, vertrieben. Über 50 Hauseingänge, 37 Läden und 1253 Fenster wurden **zugemauert**. Später, als die Grenze verbreitert und perfektioniert wurde, wurden die längst verwaisten Häuser **gesprengt**. Fotos berichten von menschlichen Tragödien: Ein weinendes Elternpaar läßt einen Blumenstrauß als Hochzeitsgruß an einer Wäscheleine auf den Bürgersteig herab, das Trottoir war schon West-Berliner Gebiet. Auf Leitern stehen Menschen und winken mit weißen Taschentüchern zu den für lange Jahre **unerreichbar** gewordenen Nachbarn im Osten herüber. Hier starb Ida Sieckmann am 22. August 1961 beim **Fluchtsprung** aus dem dritten Stock ihrer Wohnung. Sie war die erste **Mauertote**. Kreuze an der Bernauer erinnern an all die anderen, die in den Folgejahren hier ihre Flucht mit dem Leben bezahlen mußten. In der Bernauer Straße gelang aber auch 54 Menschen die spektakuläre Flucht durch einen Tunnel, den Fluchthelfer in wochenlanger Arbeit gegraben hatten.

„Der **Trennungsprozeß** des Stadtkörpers war eine brutale Operation", schreibt Pfarrer Manfred Fischer von der West-Berliner Versöhnungsgemeinde, die im Schatten der Mauer lag und auf die tödliche Grenze blickte. Noch 1985 wurde die **Versöhnungskirche** gesprengt. Sie lag mitten im Grenzstreifen und störte das **Schußfeld** der Grenztruppen.

Geht es nach Manfred Fischer, soll rund um die 200 Meter Restmauer die Vergangenheit wieder auferstehen. Der Pfarrer unterstützt den Plan des Deutschen Historischen Museums, genau an dieser Stelle eine Mauer-**Gedenkstätte** einzurichten. Die paar verbliebenen Meter des Grenzwalls stehen inzwischen unter **Denkmalschutz**. Geplant ist, die perfide Grenzanlage bis ins Detail „mit Panzersperren, Lichtanlagen, elektronischen Signalanlagen, Wachtturm, Grenztrabi und Motorrad" zu rekonstruieren. Doch viele Betroffene vor Ort, die immerhin 28 Jahre mit dem Ding vor ihren Fenstern und Balkons leben mußten, sind dagegen.

Pfarrer Fischer hat inzwischen Post aus NRW bekommen. In einem Brief stärkt ein Mann aus Düsseldorf dem Pfarrer den Rücken: „Ich sehe eine Verpflichtung darin, daß unsere ermordeten Mitbürger der **Willkürherrschaft** der DDR-Regierung nicht in **Vergessenheit** geraten." Der Briefschreiber kennt die Bernauer Straße. Er wurde im Oktober 1961 bei einem Fluchtversuch angeschossen und ist seitdem **querschnittsgelähmt**.

**A** Welche der im Text hervorgehobenen Schlüsselvokabeln haben die folgenden Bedeutungen?

1 firing line
2 blown up
3 unattainable/inaccessible
4 walled up
5 church of reconciliation
6 wall death
7 oblivion
8 sealing/cordoning off
9 paraplegic
10 memorial
11 protection of historical monuments
12 escape leap
13 process of division
14 tyrannical rule

**B** Die folgenden Punkte werden alle im Artikel erwähnt. Aber in welcher Reihenfolge?

1 Ein Gotteshaus wurde zerstört.
2 Auf keinen Fall darf man die schreckliche Zeit vergessen.
3 Es gab einen großen erfolgreichen Fluchtversuch.
4 Viele Menschen verloren ihre Wohnungen.
5 Ein Stück Mauer soll wahrheitsgetreu nachgebildet werden.
6 Viele Familiendramen spielten sich ab.
7 Einige Leute wollen nicht direkt an die Mauer erinnert werden.

**C**

1 Mit Hilfe der unten angegebenen Stichwörter bereiten Sie einen Mini-Vortrag über die Ereignisse in der Bernauer Straße vor (Dauer: 3–4 Minuten).

> 24. September 1961

> Blumenstrauß an Wäscheleine

> weiße Taschentücher

> erste Mauertote

> Tunnelbau

> Versöhnungskirche

> 200 Meter Restmauer

> Post aus Nordrhein-Westfalen

2 Machen Sie eine Aufnahme von Ihrem Mini-Vortrag auf Kassette.

# 7.10

## *Interview mit Richard von Weizsäcker*

Die Geschichte hat uns gelehrt, Freiheit und Demokratie sind nicht selbstverständlich. Hören wir jetzt von einem berühmten und hochgeachteten Bundespräsidenten, Richard von Weizsäcker, der sich wie andere Deutsche gegen die Menschenfeindlichkeit und für Freiheit und Demokratie engagiert.

**E**in klarer Wintermorgen. Sonne auf dem Rauhreifrasen. Die klassizistische Fassade der Villa Hammerschmidt am ____ des Rheins strahlt noch weißer als sonst. Vornehme Ruhe in der lichten Empfangshalle. Ganz leise nur die dezente Melodie der Schritte über Marmor, Orientteppiche und Holzparkett. Kaffee im Kaminzimmer mit Zimtsternen und Vanillekipferl. Der Hausherr, Bundespräsident Richard von Weizsäcker, ____ im schwarz gepolsterten Empire-Sessel und blickt auf ein Porträt, ____ von Nolde. Das Bild mag er. Und der frühe Kandinsky an der Wand amüsiert ihn. Es sei ein „bayerischer Misthaufen", erklärt der Hausherr ____. Die Villa Hammerschmidt bewohnt er seit acht Jahren. Damals wurde der CDU-Politiker Richard von Weizsäcker ____ zum Bundespräsidenten gewählt.

FRAGE: Herr Bundespräsident, welche Zeitungsmeldung hat Sie heute morgen ganz besonders ____?

VON WEIZSÄCKER: Die Berichte über den Einsatz von UN-Soldaten in Somalia. Waffenschutz ist sicher notwendig, um dort ____ humanitäre Hilfe zu leisten. Das darf aber nicht darüber hinwegtäuschen, daß die Waffen des Landes nicht aus Somalia stammen. Wer hat den ____ durch Waffenlieferungen unterstützt? Wer verdient also an beidem – am Bürgerkrieg und an seiner Bekämpfung? Das sind ____, die mich heute bewegt haben.

FRAGE: Sind das Themen, die Sie auch mit Ihrer Familie, Ihren Kindern diskutieren?

VON WEIZSÄCKER: Mit meinen Kindern, ich habe drei Söhne und eine Tochter, spreche ich ____ vor allem über ein Thema: über die Lage in Deutschland, über die Initiativen gegen Ausländerfeindlichkeit, Gewalt und Rechtsextremismus. Ich habe während meiner ganzen achtjährigen ____ als Bundespräsident nie zuvor in so selbstverständlicher Weise sofort dasselbe Thema mit meinen Kindern gehabt. Sie ____ sich alle sehr rege an Aktivitäten von „unten". Mein Sohn Robert ist Volkswirt und Professor an der Universität in Halle, Andreas ist Bildhauer in München. Der Jüngste, Fritz, arbeitet zur Zeit im Ausland und berichtet ____. Meine Tochter Beatrice, die in Berlin lebt, war bei der großen Demonstration am 8. November in Berlin irgendwo unter den 350 000 Leuten, und ich stand auf der Bühne. Von den Aktionen der Autonomen, die mit Eiern warfen, ____ sie erst aus Fernsehbildern und den Kommentaren, die aufs Ganze gesehen einfach irreführend waren. Meine Tochter ____ später, wir müßten auf verschiedenen Veranstaltungen gewesen sein.

---

**A** Hören Sie dem ersten Teil des Interviews mit Richard von Weizsäcker gut zu und füllen Sie die Lücken im Text aus.

**B** Übersetzen Sie die Sätze, die Sie vollständigt haben, ins Englische.

**C** Hören Sie sich den zweiten Teil des Hörtexts ein-, zwei-, oder dreimal an und entscheiden Sie, ob folgende Behauptungen im Interview stehen oder nicht:

|  | ✓ | ✗ |
|---|---|---|
| **1** Von Weizsäcker hoffte auf eine friedliche Demonstration. |  |  |
| **2** Rechtsradikale bedrohen den Frieden nicht. |  |  |
| **3** Die Linksradikalen hatten völliges Chaos verursacht. |  |  |
| **4** Durch die letzten Ereignisse ist die schweigende Mehrheit aufgewacht. |  |  |
| **5** Demonstrationen haben keinen nützlichen Zweck. |  |  |
| **6** Die schweigende Mehrheit ist fremdenfeindlich. |  |  |
| **7** Die Bundesdeutschen können nicht alles der Regierung überlassen. |  |  |

**D** Wie sagte man in dieser zweiten Hälfte des Gesprächs . . . ?

**1** I'd hoped for everything to go off peacefully.
**2** Fate can sometimes follow strange paths.
**3** a whole number of signs
**4** even when hundreds of thousands come out on to the streets
**5** you can't limit yourself to . . .
**6** It's not written down in the constitution.

ANWENDUNG *und* ERWEITERUNG

# 7.11

**Zum Hören:** 7.10 Interview mit Richard von Weizsäcker

**Zum Nachschlagen;** Pronomen; das Possessivum

**Zum Wiederholen:** 1.4, 1.8, 2.3, 2.8, 5.16, 6.2, 7.1

**Zum Üben**

Hören Sie sich die Kassette noch einmal an. Vervollständigen Sie dann die untenstehende Zusammenfassung der Antworten Weizsäckers, indem Sie die jeweils passende Form des Personal-, Reflexiv-, oder Relativpronomens bzw. des Possessivums einfügen.

Momentan unterhält _____ Bundespräsident von Weizsäcker mit _____ Kindern hauptsächlich über die Themen Ausländerfeindlichkeit, Gewalt und Rechtsextremismus.
Während _____ ganzen Amtszeit hat _____ nie zuvor sofort dasselbe Thema mit _____ gemeinsam gehabt.
_____ vier Kinder, _____ ganz diverse Berufe und Wohnorte haben, beteiligen _____ alle an Aktivitäten gegen Intoleranz und Haß.
Seitdem es während einer Demonstration, _____ in Berlin stattgefunden hat, und an _____ sowohl von Weizsäcker als auch _____ Tochter teilgenommen hat, zu Auseinandersetzungen kam, wird _____ die schweigende Mehrheit endlich wieder _____ Pflichten bewußt.
Laut Weizsäcker können wir _____ nicht mehr darauf beschränken zu sagen, daß die Regierung alle Probleme, _____ in der Gesellschaft auftauchen, ohne _____ aktives Engagement lösen soll. _____ Aufgabe ist es, einen Teil der Verantwortung selbst zu tragen.

## *Bill Clinton über die Wiedervereinigung*

Seit dem Zweiten Weltkrieg haben die Deutschen viel erreicht. Doch hätte es anders sein können; nach der sogenannten „Stunde Null" wurde Deutschland wieder aufgebaut, wie Sie in dieser Einheit gesehen haben. Der amerikanische Präsident Bill Clinton spricht in diesem Interview über die Wiedervereinigung, und ihre Lehren für die Amerikaner.

### „Deutschland kann stolz auf sich sein"

**F**lughafen Flint/Michigan. Wahlkampf-Stop. Ein 20-Stunden-Tag ist zu Ende. Trotzdem ist Bill Clinton noch immer hellwach.

**FRAGE:** Wie sehen Sie die Deutschen: als Partner, auf den man zählen kann? Oder als Bedrohung?

**CLINTON:** Die Vereinigung Deutschlands war ein großer Erfolg am Ende des kalten Krieges. Etwas, das wir im Westen viele Jahre angestrebt haben. Die Vereinigten Staaten und Deutschland bleiben starke Partner. Ich freue mich darauf, an dieser Partnerschaft zu arbeiten, und – zusammen mit anderen – den Herausforderungen, insbesondere in Osteuropa, zu begegnen. Wir brauchen neue Formen der konstruktiven Zusammenarbeit, die widerspiegeln, welche Interessen wir teilen und was wir von der Verantwortung übernehmen können, die Deutschland auf seinen Schultern trägt.

**FRAGE:** Ist Deutschland reif genug, seine Probleme zu meistern?

**CLINTON:** Absolut. Deutschlands Demokratie ist eine der großen Errungenschaften des letzten halben Jahrhunderts. Wir erkennen an, daß die Vereinigung neue Belastungen für die Deutschen mit sich bringt. Aber ich habe volles Vertrauen in die Stärke des deutschen Volkes, die Probleme anzugehen, die mit einem derart immensen Unternehmen wie dem Wiederaufbau der schlecht entwickelten Osthälfte des Landes verbunden sind.

**FRAGE:** Ihr Regierungsprogramm nimmt auch Anleihen in Deutschland. Lernen die Amerikaner zur Abwechslung jetzt mal etwas von uns?

**CLINTON:** Ich denke, daß die Vereinigten Staaten und Deutschland eine ganze Menge voneinander lernen können. Deutschland kann mit Recht stolz auf seine Errungenschaften sein, speziell im Bereich Bildungswesen, Berufsausbildung und Gesundheitswesen.

**FRAGE:** Und wann kommen Sie selbst nach Deutschland?

**CLINTON:** Sehr schnell. Ich komme sobald wie möglich nach der Wahl.

**FRAGE:** Falls Sie gewinnen ...

**CLINTON:** ... Ich werde gewinnen.

**FRAGE:** Man bezeichnet Sie als „den neuen Kennedy". Warum eigentlich?

**CLINTON:** John F. Kennedys politisches Engagement trifft im amerikanischen Volk auf Widerhall. Und es ist eine der größten Tragödien unserer Geschichte, daß er nur eine so kurze Zeit Präsident war. Die Aufgaben heute sind andere, aber ich hoffe, daß Senator Gore und ich dieselbe Energie, dasselbe Selbstvertrauen und dieselbe Hoffnung auf die Zukunft unseres Landes entwickeln, wie Präsident Kennedy vor über 30 Jahren.

**A** Unten haben wir das Gegenteil von bestimmten Wörtern oder Satzteilen im Text aufgeschrieben. Lesen Sie den Text gut durch, und wählen Sie den Ausdruck, der zu jedem „Gegenteil" paßt.

1 die Spaltung
2 todmüde
3 Partner
4 Fehlschlag
5 ich fürchte mich davor
6 auf die Verantwortung verzichten können
7 unerfahren
8 mir mangelt das Zutrauen
9 kann beschämt sein
10 Komödien

**B** Lesen Sie den Text noch einmal durch und finden Sie all die positiven Sachen, die Herr Clinton erwähnt.

# 7.12

## *Synthese*

**A** Hören Sie einem Interview mit Catharina Oppitz, einer Schülerin aus Bayern, zu.

1 Transkribieren Sie von „So, inwiefern hast du die Wende…" bis zu „… in die Marktwirtschaft umzusetzen."
2 Würden Sie Catharinas Einstellung zur Wende als positiv oder negativ beschreiben? Erklären Sie mündlich und schriftlich, warum Sie Ihrer Meinung sind.

**B** Halten Sie vor der Großgruppe einen Minivortrag (400–600 Wörter), den Sie im voraus schriftlich vorbereitet und auf Kassette aufgenommen haben. Ihr Thema: wie Sie die deutsche Geschichte der letzten Zeit sehen und wie Sie Deutschland mit Ihrem eigenen Land vergleichen würden.

**C** Schreiben Sie einen Aufsatz (350–400 Wörter), worin Sie versuchen, die Zukunft für Deutschland und für Ihr eigenes Land vorauszusagen.

---

## ANWENDUNG *und* ERWEITERUNG

**Zum Nachlesen:** 7.11 Bill Clinton über die Wiedervereinigung

**Zum Nachschlagen:** Die Gegenwart; der Infinitiv; der Konjunktiv

**Zum Wiederholen:** 1.1, 2.6, 2.7, 4.7, 5.5

**Zum Üben**

1 Die folgenden Sätze wurden Clintons Antworten entnommen. Vervollständigen Sie sie, möglichst ohne das Interview noch einmal durchzulesen, indem Sie ein passendes Verb entweder in der Gegenwart oder im Infinitiv einfügen.
  a Deutschlands Demokratie _____ eine der großen Errungenschaften des letzten halben Jahrhunderts.
  b Ich _____ mich darauf, an der Partnerschaft zwischen den Vereinigten Staaten und Deutschland zu _____.
  c Ich _____ an, daß die Vereinigung neue Belastungen für die Deutschen mit sich _____.
  d Ich _____ volles Vertrauen in die Stärke des deutschen Volkes, die Probleme _____, die mit der Vereinigung verbunden _____.
  e Deutschland _____ mit Recht auf seine Errungenschaften stolz _____.
  f Ich _____ sobald wie möglich nach Deutschland.
  g John F. Kennedys politisches Engagement _____ im amerikanischen Volk auf Widerhall.
2 Stellen Sie sich vor, Sie sind der Journalist/die Journalistin, der/die das Interview mit Clinton geführt hat. Schreiben Sie einen Bericht, in dem jeder der oben angegebenen Sätze vorkommt, und zwar in der indirekten Rede (Achtung – Konjunktiv!). Sie könnten so beginnen:
    Am Anfang des Interviews betonte Clinton seine Hochachtung vor Deutschlands Demokratie. Sie *sei* eine der großen Errungenschaften des letzten halben Jahrhunderts.

---

# 7.13

## *Das Ende des Kommunismus*

Die Gelehrten sind darüber einig: die Wiedervereinigung Deutschlands hat zum Untergang des Kommunismus beigetragen. Am Ende unseres Kursus ist es vielleicht angebracht, einen Auszug aus einem Leitartikel vom *Spiegel* aufzunehmen, der vom Ende des Kommunismus spricht und andere wichtige Themen der Gegenwart und der nahen Zukunft erwähnt. Geschichte ist nicht nur der Spiegel der Vergangenheit, sondern auch der Wegweiser zur Zukunft. Wir wünschen Ihnen allen viel Erfolg, Gesundheit, ein langes Leben, und eine saubere, freie Welt!

> Das Ende des Kommunismus hat die Menschheit bislang nicht menschlicher, geschweige denn glückseliger gemacht. Kurz vor der Jahrtausendwende, so scheint es vielmehr, beginnt eine Epoche, in der die Welt neu geordnet werden muß. Schon hat der Nationalismus vormals mächtige Staaten gesprengt, die Gentechnik sich aberwitzig an die Verbesserung der Schöpfung gemacht. Fragen über Fragen sind zu beantworten, etwa ob der Kapitalismus die endgültige Wirtschaftsordnung sein kann.

Übersetzen Sie den *Spiegel*-Auszug ins Englische.

Die Bundesrepublik Deutschland wurde 1949 als „demokratischer, parlamentarischer und sozialer Staat" gegründet. Im selben Jahr entstand auf dem Gebiet der sowjetischen Besatzungszone nach kommunistischem Muster die Deutsche Demokratische Republik.

Bis zur Vereinigung der beiden deutschen Staaten bestand die Bundesrepublik aus elf Bundesländern: Baden-Württemberg, Bayern, Bremen, Hamburg, Hessen, Niedersachsen, Nordrhein-Westfalen, Rheinland-Pfalz, Saarland, Schleswig-Holstein, und Berlin (West). Durch die Vereinigung Deutschlands am 3. Oktober 1990 kamen fünf „neue" Länder (die ehemalige DDR) dazu: Brandenburg, Mecklenburg-Vorpommern, Sachsen, Sachsen-Anhalt und Thüringen.

Was die Verwaltung und die Gesetzgebung anbelangt, gelten der Bund und die einzelnen Länder als Staaten mit eigener Staatsgewalt, wobei der Bundestag letzten Endes machtvoller ist als die Landtage. *Bundesgesetz bricht Landesgesetz*, lautet das leitende Prinzip.

Im allgemeinen ist der Bund für die Bereiche zuständig, die nur einheitlich geregelt werden können, beispielsweise Außenpolitik, Verteidigung, Währung, Grenzschutz, Post. Von den Ländern werden unter anderem Justiz, Polizei, Unterricht und das Gesundheitswesen verwaltet. Die Verantwortung für Finanzangelegenheiten wird vom Bund und den Ländern geteilt.

Leipzig, Thema dieses Dossiers, war die zweitgrößte Stadt der DDR und befindet sich jetzt im Bundesland Sachsen. Sie ist eine historische Stadt, die Handel, Industrie und Kunst bekannt gemacht haben. Wie Sie vielleicht schon wissen, spielten die mutigen Bewohner eine entscheidende Rolle während der „friedlichen Revolution" im Jahr 1989.

# LEIPZIG
## EINBLICKE IN EINE DEUTSCHE STADT

• LEIPZIG

DOSSIER LEIPZIG

## EINBLICK 1

# Einladung nach Leipzig

Lesen wir zuerst einmal diesen Brief von einem Geschäftsmann, der vor kurzem nach Leipzig gezogen ist und hofft, seine Begeisterung für die Stadt seinen englischen Arbeitskollegen zu vermitteln.

---

**Günther und Giselher GmbH.**

**WORMS, PASSAU & LEIPZIG**

An
K. C. Chaucer and Associates
Miller House
Trottley
U.K.

Liebe Kolleginnen und Kollegen

ich sitze hier in meinem nagelneuen Büro in der Leipziger Stadtmitte. Mir gefällt es sehr gut hier. Da unsere Räume sich in der 3. Etage befinden, und zwar direkt am Marktplatz, kann ich einen wunderschönen Blick auf das alte Rathaus genießen. Sie kennen sicherlich den „Faust" von Goethe. Also, Auerbachs Keller ist hier gleich um die Ecke. Ich habe gestern zum ersten Mal dort zu Mittag gegessen. Es hat wirklich ausgezeichnet geschmeckt! Abends weiß ich nie, wo ich hingehen soll, ob ins Gewandhaus, in die Oper, in eine Kabarettvorstellung oder einfach in eine gemütliche Kneipe.

Ich hoffe, daß ich meine Begeisterung für die Stadt an Sie weitergeben kann, denn ich würde mich freuen, wenn wir unsere Zusammenarbeit hier in Leipzig fortsetzen könnten. Ich lade Sie deshalb zum Besuch nach Leipzig herzlich ein. Alle Unkosten werden natürlich von uns übernommen. Sie brauchen mir nur mitzuteilen, wann Sie kommen wollen, und für wie lange.

Damit Sie sich schon vorher mit der Stadt ein wenig vertraut machen können, lege ich Ihnen einige Informationen bei.

Mit besten Grüßen,

Siegfried Dankwart

## Zur Stadt

Leipzig zählt 515 000 Einwohner. Die Länge der Stadtgrenze beläuft sich auf 82,5 km, die Größe der Stadt auf 141,3 km². Für eine Großstadt ist damit Leipzig ungewöhnlich kleinflächig.

Leipzig ist ein wichtiger Eisenbahnknotenpunkt und über die Autobahnen mit Halle, Dresden, Berlin und Erfurt verbunden. Der nächstgelegene Flugplatz befindet sich in Schkeuditz.

Bedeutsame Flüsse fehlen, Weiße Elster, Parthe und Pleiße bilden im Stadtgebiet zusammen ein Netz von 84 km.

Der 1952 verstaatlichte Stadtwald wurde durch den Kohleabbau von 2 700 ha auf 1 022 ha reduziert. Auf einen Einwohner kommen rund 19 m² Wald, in Dresden sind es vergleichsweise 297 m². Insgesamt entfallen auf jeden Einwohner etwa 60 m² Grünfläche, das sind 60% des staatlich festgelegten Minimums. Durch Rekultivierung sollen im stadtnahen Raum bis zur Jahrhundertwende 2 230 ha Wald gewonnen werden, aber kurzfristig kann mit der Bergbaufolgelandschaft als grüner Lunge kaum gerechnet werden; Bäume wachsen langsam. Bedeutungsvoll für die Naherholung ist die Nutzung der Restlöcher von Tagebauen als Strandbad. Ein Beispiel dafür bietet der Kulkwitzer See.

Seit Jahrhunderten ist Leipzig ein Mittelpunkt im internationalen Handel. Die jährlich stattfindenden Messen brachten der Stadt Weltgeltung ein. In 15 Messehäusern der Innenstadt stehen 110 000 m² Ausstellungsfläche zur Verfügung, auf dem Messegelände weitere 160 000 m² sowie 80 000 m² Freifläche.

**A** Nachdem Sie den Text gelesen haben, füllen Sie diese Tabelle aus:

| | |
|---|---|
| Einwohnerzahl | |
| Umfang der Stadt | |
| Gesamtfläche der Stadt | |
| Jetzige Größe des Stadtwaldes | |
| Künftige Größe des Stadtwaldes | |
| Verhältnis Einwohner: Wald (m²) | |
| Verhältnis Einwohner: Grünfläche (m²) | |
| Größe der Messeanlagen: | |
| **1** in der Innenstadt | |
| **2** auf dem Messegelände (überdacht) | |
| **3** auf dem Messegelände (Freifläche) | |

**B** Stellen Sie sich vor, Sie arbeiten für die Firma K. C. Chaucer. Ihr(e) Chef(in) würde sehr gern geschäftliche Beziehungen zu dieser Leipziger Firma aufbauen. Er/Sie zeigt Ihnen diese Informationen und bittet Sie, sie auf englisch zusammenzufassen. Dabei sollten Sie folgende Aspekte hervorheben:
1 Verkehrsverbindungen
2 Naherholung und Grünflächen
3 Messeeinrichtungen

# EINBLICK 2

# Wichtige Gebäude in Leipzig

Wie jede Großstadt hat Leipzig eine Reihe von Gebäuden, die von großer Bedeutung sind. Unter anderem befinden sich in Leipzig zwei Rathäuser, der ehemalige Reichsgerichtshof, der größte Sackbahnhof Europas, eine Universität, weltberühmte Konzertsäle, ein Teil der deutschen Bücherei, ein riesiges Denkmal und schöne Kirchen.

Es werden Ihnen jetzt drei von diesen Gebäuden vorgestellt.

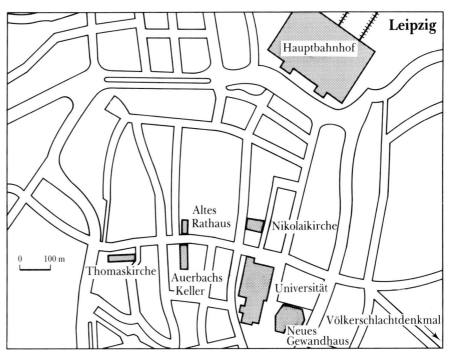

## DAS ALTE RATHAUS ZU LEIPZIG

Inmitten der Messestadt, am historischen Markt, liegt das Alte Rathaus – das bekannteste und schönste historische Gebäude der Stadt, ein stolzes Bauwerk der deutschen Renaissance.

In seiner Architektur verbindet es in charakteristischer Weise mittelalterliches Erbe mit der neuen Baugesinnung, die von der italienischen Renaissancebaukunst im 16. Jahrhundert nach dem deutschen Norden strömte. Der Betrachter erkennt in der Marktansicht sehr deutlich die Eigentümlichkeiten dieses Bauwerkes: Die sehr breite, relativ niedrige Fassade, mit einem Turm, der nicht zentral sondern seitlich im Gebäude verlagert liegt.

Das Erdgeschoß blieb dem Kleinhandel vorbehalten, für den Kaufgewölbe gebaut wurden. Damit ordnete sich das Rathaus in Handel und Wirtschaft des aufstrebenden Bürgertums ein. Die Zeit der mittelalterlichen Kirchenbauten war vorüber. Die bürgerliche Klasse suchte ihren baukünstlerischen

Ausdruck in weltlichen Bauten des städtischen Gemeinwesens. Das Rathaus war dabei die vornehmste Repräsentation der Stadt.

Als der Rathausbau beschlossen wurde, besaß die Stadt rund 10 000 Einwohner. Der Bau ging sehr rasch vonstatten. Am 11. Februar 1556 wurde der Grundstein gelegt, und im November des gleichen Jahres war der Bau schon fertig, so daß „viele Messebesucher, die bei voriger Messe den Anfang des Baues gesehen hatten, in der Herbstmesse mit Verwunderung und Staunen aufschauten".

Lesen Sie den Text. Wie sagt man folgendes auf deutsch?

1 took place very quickly
2 a proud construction
3 in a characteristic manner
4 the finest means of representation
5 the community
6 looked up in amazement
7 the best known building
8 the characteristics
9 in the view from the market
10 displaced to the side
11 the corner stone was laid
12 in secular buildings
13 mediaeval inheritance
14 was reserved for small businesses

**Rathaus, heutiger Zustand**

## DIE THOMASKIRCHE

Hören wir ein Interview mit einem Küster der Thomaskirche. Während Sie dem Interview zuhören, ordnen Sie den Daten die passenden „Interessanten Ereignisse" zu.

| | |
|---|---|
| 2.12.1409 | (a) Schäden am Turm durch Brandbomben |
| 14.9.1477 | (b) Einführung der Reformation in Leipzig durch Martin Luther |
| 25.5.1539 | (c) Während der sog. Völkerschlacht ist die Thomaskirche Lazarett |
| 1723–50 | (d) Gründung der Universität Leipzig im Thomaskloster |
| 12.5.1789 | (e) Einweihung des Bachdenkmals von Carl Seffner |
| 1806 | (f) Mozart spielt auf der Orgel der Thomaskirche |
| 1813/14 | (g) Renovation der Thomaskirche |
| 4.4.1841 | (h) Aufführung von Bachs Matthäuspassion durch Felix Mendelssohn-Bartholdy |
| 1908 | (i) Älteste Glocke „Gloriosa" gegossen |
| 1917 | (j) Beginn der Außenrenovation |
| 4.12.1943 | (k) Nutzung der Thomaskirche als Munitionslager durch napoleonische Truppen |
| 1961–64 | (l) Tätigkeit von J. S. Bach an der Thomaskirche |
| 1991 | (m) Der letzte Türmer verläßt die Wohnung auf dem Thomasturm |

## DAS VÖLKERSCHLACHTDENKMAL

Zur Hundertjahrfeier der Völkerschlacht wurde 1913 das Völkerschlachtdenkmal eingeweiht. Die 91 m hohe Steinpyramide gehört zu den weltweit bekannten Monumentalbauten. Die Bauzeit betrug 15 Jahre (1898/1913). Auf seiten der Verbündeten fielen in der Schlacht 22 000 Russen, 16 000 Preußen, 14 000 Österreicher und 300 Schweden. Das Denkmal sollte der Bedeutung der Schlacht entsprechen und fiel dementsprechend gewaltig aus. Die bebaute Grundfläche beläuft sich auf 5 400 m². 26 500 Granit-Blöcke (je 1 200 kg) aus Beucha mußten gebrochen, behauen und gesetzt werden. Das Gesamtgewicht des Denkmals wird auf 300 000 t geschätzt. Die unmittelbaren Baukosten beliefen sich auf 6 Mill. Mark und wurden vom deutschen Volk durch Sammlungen aufgebracht. Für Kraft und Sieg der Völker steht der Erzengel Michael im Zentrum des 60 m breiten Schlachtreliefs. Die zwölf Krieger rings um die Krone, 14 m hoch, symbolisieren die Verteidigungsbereitschaft. Am Hauptsims steht: „18. Oktober 1813".

Lesen Sie den Text über dieses riesige Denkmal, das zur Erinnerung an die siegreiche Schlacht der Verbündeten über Napoleon errichtet wurde. Beantworten Sie dann die folgenden Fragen:

1 Wie lange dauerte es, das Denkmal zu bauen?
2 Wie groß ist das Denkmal?
3 Wann wurde es eingeweiht?
4 Welche Völker gehörten den Verbündeten an?
5 Aus welchem Grund wurde das Denkmal so riesig?
6 Wie wurden die Baukosten des Denkmals gedeckt?
7 Was ist die symbolische Bedeutung der verschiedenen Gestalten am Denkmal?
8 Warum steht das Datum „18. Oktober 1813" am Hauptsims?

Lesen Sie die Texte über die drei Gebäude noch einmal durch. Machen Sie die folgenden Aufgaben:

**A** Welches Gebäude:

**1** ist eine Erinnerungsstätte?
**2** war ein Beweis für die wachsende Macht des Bürgertums?
**3** wurde innerhalb von einem Jahr gebaut?
**4** hat während der Völkerschlacht eine wichtige Rolle gespielt?
**5** schließt mehrere kleine Geschäfte ein?
**6** wurde kurz nach der Vereinigung Deutschlands renoviert?
**7** steht direkt am Marktplatz?
**8** hat das deutsche Volk gestiftet?
**9** war und ist die Werkstätte bekannter Musiker?
**10** ist aus baukünstlerischer Sicht mit Italien verbunden?

**B** Suchen Sie sich eins der Gebäude aus. Machen Sie Notizen (bis 50 Wörter) über das Gebäude, wobei Sie insbesondere folgende Aspekte berücksichtigen:

– Geschichte
– Architektur
– Bedeutung des Gebäudes für die Stadt Leipzig.

Nehmen Sie Ihre Notizen zu Hilfe und halten Sie einen kleinen Vortrag über das von Ihnen gewählte Gebäude. Machen Sie eine Aufnahme davon auf Kassette!

## EINBLICK 3

# Wichtige Persönlich- keiten

Im Laufe der Zeit sind viele bedeutende Akademiker, Künstler, Musiker, Schriftsteller, Geistliche und andere in Leipzig zuhause gewesen. Zu den wichtigsten Menschen, die sich hier aufgehalten haben, gehören zweifelsohne Johann Sebastian Bach, Johann Wolfgang von Goethe und Kurt Masur.

## JOHANN SEBASTIAN BACH

Leipziger Abende . . . viele, Besucher und auch Einheimische, verbringen sie mit den Musen. Das ist alte Leipziger Tradition. Inzwischen, in mehr als 500 Jahren, haben die Leipziger ihrer Stadt einen weiteren wohlklingenden Namen ersungen und erspielt: Musikstadt. Einen besonderen Anteil daran hat Johann Sebastian Bach, der 27 Jahre, von 1723 bis 1750, als Kantor an der Leipziger Thomaskirche wirkte. Bach scheint das musische Klima der weltoffenen Messestadt gut bekommen zu sein; hier entstanden zahlreiche seiner Kantaten und Motetten, und hier schrieb er die meisten Oratorien und Passionen. Nach dem Tode Bachs im Jahre 1750 wurde es allerdings ruhig um das Werk des Meisters. Erst Felix Mendelssohn-Bartholdy entdeckte die Musik Johann Sebastian Bachs wieder. Mendelssohn, einer der berühmtesten aller Gewandhauskapellmeister, war 1835 nach Leipzig berufen worden. Mit viel Geduld und Eifer setzte er sich dafür ein, daß Bach den ihm gebührenden Platz im Musikleben erhielt.

Wie sagt man folgendes im Text?
**1** Leute, die an einem bestimmten Ort wohnen
**2** melodischen
**3** . . . tätig war
**4** behagt zu haben
**5** wurden . . . ins Leben gerufen
**6** interessierte man sich nicht mehr für . . .
**7** Begeisterung
**8** . . . , dessen er würdig war

**141**

Der Verfasser folgendes Textes erzählt von einem lustigen Zwischenfall im Leben Bachs.

*In der Thomaskirche leitete Bach einmal die Probe für eine Kantate. Das Gotteshaus war dicht gefüllt. An einer bestimmten Stelle setzte der Chor nicht richtig ein, obwohl dieser Part bereits mehrmals geübt worden war. Schließlich langte es dem Dirigenten und er rief mit donnernder Stimme: „Der Chor fällt ein!"*
*Seine Worte wirkten unbeschreiblich. Kopflos, in vollster Panik stürzten Sänger und Zuhörer zu den Türen und aus der Kirche. Sie wollten dem vermeintlichen, angekündigten Gebäudeeinsturz lebendigen Leibes entgehen. Nur Bach blieb zurück, inmitten umherfliegender Notenblätter, umgestürzter Pulte, Bänke und Stühle. Für einen Moment war er fassungslos und erst nach und nach begriff er, was er mit seinen Worten angerichtet hatte. Schallend lachte er über das Mißverständnis.*

**A** Ordnen Sie die folgenden Sätze so, daß das Ereignis wahrheitsgetreu geschildert wird:

1 Er befahl dem Chor zu singen.
2 Er amüsierte sich sehr.
3 Bach wurde ungeduldig.
4 Der Chor verpaßte einen Einsatz.
5 Dann begriff er langsam, was passiert war.
6 Zunächst konnte Bach die Wirkung seiner Worte gar nicht verstehen.
7 Alle Leute rannten sofort aus der Kirche hinaus.
8 Es fand eines Tages eine Chorprobe in der Thomaskirche statt.
9 Es wurde ihm nämlich klar, daß alle Anwesenden seine Worte mißverstanden hatten.
10 Viele Leute hörten zu.

**B** Das Mißverständnis im Original ist auf die Worte „Der Chor fällt ein!" zurückzuführen. Erklären Sie einem Freund/einer Freundin, der/die kein Deutsch spricht, wie das Mißverständnis zustandegekommen ist.

## GOETHE IN LEIPZIG

Johann Wolfgang Goethe (1749–1832), den viele für den bedeutendsten Dichter der deutschen Sprache halten, verbrachte knapp drei Jahre in Leipzig. Im Jahre 1765, als er erst 16 war, wurde er von seinem Vater dorthin geschickt, um an der Universität zu studieren. Obwohl er selber aus einer großen Stadt (Frankfurt am Main) stammte, konnte der junge Goethe den Versuchungen, die ihm das Leben in der Handels- und Kunstmetropole bereitete, nicht widerstehen. Er vernachlässigte sein Studium und genoß stattdessen die Gesellschaft in den Leipziger Studentenlokalen. Im Jahre 1768 wurde er infolge seines ausschweifenden Lebenswandels krank. Er kehrte zu seiner Familie nach Frankfurt zurück.

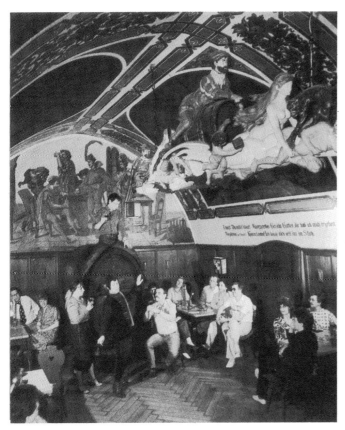

Viele Jahre später, als Goethe an seinem Meisterwerk *Faust* schrieb, erinnerte er sich an die Leipziger Zeit. Die Handlung des folgenden Auszugs findet in Auerbachs Keller statt, einem Lokal, das noch heute existiert.

FAUST *und* MEPHISTOPHELES *treten auf.*

MEPHISTOPHELES. Ich muß dich nun *vor allen Dingen*
  In lustige Gesellschaft bringen,
  Damit du siehst, *wie leicht sich's leben läßt.*
  Dem Volke hier wird jeder Tag ein Fest.
  *Mit wenig Witz* und viel Behagen
  Dreht jeder sich *im engen Zirkeltanz,*
  Wie junge Katzen mit dem Schwanz.
  Wenn sie nicht über Kopfweh klagen,
  So lang der Wirt nur weiter *borgt,*
  Sind sie vergnügt und unbesorgt.

BRANDER. Die kommen eben von der Reise,
  Man sieht's an ihrer *wunderlichen Weise*;
  Sie sind nicht eine Stunde hier.

FROSCH.
  *Wahrhaftig,* du hast recht! Mein Leipzig lob ich mir!
  Es ist ein klein Paris, und bildet seine Leute.

SIEBEL. Für was *siehst du die Fremden an*?

FROSCH. Laß mich nur gehn! Bei einem vollen Glase
  *Zieh ich, wie einen Kinderzahn,*
  *Den Burschen leicht die Würmer aus der Nase.*
  Sie scheinen mir aus einem edlen Haus,
  Sie sehen stolz und unzufrieden aus.

BRANDER. Marktschreier sind's gewiß, ich wette!

ALTMAYER. Vielleicht.

FROSCH. Gib acht, *ich schraube sie!*

MEPHISTOPHELES *(zu Faust).*
  Den Teufel *spürt das Völkchen nie,*
  Und wenn er *sie beim Kragen hätte.*

**A** Welche der unten gedruckten Ausdrücke haben die gleiche Bedeutung wie die kursiv gedruckten Worte im Text?

1 hältst du die Fremden
2 Geld ausleiht
3 direkt hinter ihnen stehen würde
4 im ständig drehenden Kreis
5 ohne geistige Anstrengung
6 finde ich ganz leicht heraus, wer diese Menschen sind und woher sie kommen
7 was für ein unkompliziertes Leben man führen kann
8 merken die Leute
9 seltsamen Erscheinung
10 ich hole es aus ihnen heraus
11 vor allem
12 in der Tat

**B** Fassen Sie den Inhalt des Auszugs mit Ihren eigenen Worten zusammen. Beantworten Sie dabei die folgenden Fragen:

1 Was scheinen Faust und Mephistopheles gerade gemacht zu haben?
2 Wo und in welchem Zustand befinden sich Brander, Frosch, Siebel und Altmayer?
3 Wie sind die Worte „Mein Leipzig lob ich mir!/Es ist ein klein Paris und bildet seine Leute" Ihrer Meinung nach zu verstehen?
4 Welche Aufgabe stellt sich Frosch gegen Ende des Auszugs?
5 Was bedeutet Mephistopheles' letzte Bemerkung?

**C** Verteilen Sie die Rollen in der Gruppe. Lesen Sie den Auszug vor. Machen Sie eventuell eine Aufnahme auf Kassette.

## KURT MASUR

Vor und während der Wende hat der renommierte Dirigent Kurt Masur eine wichtige Rolle gespielt. Seit der Wende ist er nicht nur in Leipzig sondern auch in New York tätig, und zwar mit großem Erfolg.

**A** Hören Sie sich diesen Radiobericht über ein Galakonzert der New York Philharmonics unter der Leitung Masurs an.

*Erster Teil*

Füllen Sie die Lücken in der Transkription der ersten Hälfte des Berichts aus:

Zum ____ Mal hat Kurt Masur am ____ ein Galakonzert der New York Philharmonics zur ____ der neuen Saison gegeben, und der Triumph mit ____ Beifall überraschte niemanden mehr: Der Hüne aus Ostdeutschland, der ____ zwei Jahren als „Dirigent aus der Kälte" ____ wurde, ist in der größten Stadt ____ USA und im renommiertesten Orchester der Vereinigten Staaten ____ zu Hause.

*Zweiter Teil*

Der zweite Teil des Berichts besteht aus den folgenden Satzteilen. Machen Sie Ihr Buch zu. Hören Sie sich den Bericht an. Dann machen Sie Ihr Buch wieder auf und versuchen Sie, die Satzteile in die richtige Reihenfolge zu bringen.

**1** in einer Mischung aus Verehrung und Ironie.
**2** galt seinen amerikanischen Verehrern als Sakrileg.
**3** „Managing Director" des Orchesters,
**4** Masur vom Pult herunterzuholen und in die Villa Hammerschmidt zu verpflanzen,
**5** dem Publikum als „Präsident Masur" vorgestellt worden –
**6** daß die Menschen in seinem Heimatland offensichtlich der Machtspiele der Politiker müde seien.
**7** Er selbst kann die Episode nur mit der bitteren Bemerkung erklären,
**8** Bei den Proben war er von Deborah Borda,
**9** Daß die Deutschen in Erwägung gezogen hatten,

**B** Übersetzen Sie die beiden Teile des Berichts ins Englische.

# Leipzig als Messestadt

Leipzig liegt an der Schnittstelle von großen europäischen Handelswegen und ist seit mehreren Jahrhunderten als Handels- und Messestadt bekannt.

Im Jahre 1497 erhielt Leipzig das Messeprivileg von Kaiser Maximilian I, was der Stadt äußerst günstige Handelsbedingungen sicherte. Seitdem finden alle paar Monate große Messen hier statt.

Inzwischen stehen Ausstellern ein riesiges Messegelände im Süden der Stadt, das Anfang dieses Jahrhunderts gegründet wurde, sowie große Räumlichkeiten im Stadtkern zur Verfügung. Auch in der DDR-Zeit hat die Leipziger Messe eine wichtige Rolle gespielt. Sie förderte den Handel zwischen Ost und West.

Heutzutage gibt es nach der Einführung der freien Marktwirtschaft mehr Messen denn je.

Lesen Sie die folgenden Artikel über zwei Leipziger Messen.

# Gesucht: Leipzigs bester Koch

**a** Leipzig – Vom Broilerbräter bis zur Spülmaschine für Großküchen – 400 Aussteller präsentieren auf der „Gastronomie" bis zum kommenden Sonnabend das Neueste im Gastgewerbe.

**b** Der Renner in Halle 5: eine Maschine für Minidonuts (amerikanisches Gebäck, Durchmesser 5 Zentimeter), Kosten: 19 800 Mark.

**c** Doch auch für die Anhänger historischer Küchen gibt's hier viel zu sehen. Der Förderkreis des Deutschen Gewerbemuseums Leipzig zeigt Kaffeemaschinen von 1900, alte Tischtuchpressen, Wurstaufschnittmaschinen aus den 20ern.

**d** Kulinarischer Höhepunkt: Die Köche vom Hotel Maritim Astoria, vom Ratskeller Eilenburg, vom Kurparkhotel Kassel, vom Natusch-Fischereihafen-Restaurant in Bremerhaven und vom Hotel Seelust in Cuxhaven-Duhnen kochen auf der Gastronomie für den „Leipziger Preis der Köche" um die Wette.

# 181 Aussteller präsentieren die aktuellen Kollektionen

Katrin Huß aus Leipzig hatte gestern bereits einige Modelle der neuesten Schuhmode in der Hand. Im Ringmessehaus werden ab Sonnabend drei Tage während der „Schuh modern" 181 Aussteller, darunter 141 Schuhproduzenten, ihre jüngsten Kollektionen für Frühjahr und Sommer 1994 präsentieren. Im Inland standen 1992 über 388 Millionen Paar Schuhe für den Verkauf zur Verfügung.

## „Schuh modern" hat schon ihren vierten Auftritt

**e** Auf Schritt und Tritt kann man im Leipziger Ringmessehaus bei der 4. Fachmesse „Schuh modern" vom 25. bis 27. September die aktuellen Kollektionen von Produzenten aus acht Ländern bewundern. Außerdem sind unter den 181 Ausstellern 28 Anbieter von Schuhschmuck, Gürteln, Taschen, Kleinlederwaren und Strümpfen vertreten.

**f** Die Vororder für die Frühjahrs- und Sommersaison des kommenden Jahres stehen im Mittelpunkt dieser internationalen Fachmesse. Täglich drei Modenschauen mit Aussteller-Kollektionen sollen den Fachbesuchern die Entscheidung erleichtern.

**g** Erneut will die Messegesellschaft mit speziellen Seminaren vor allem hiesigen Fachhändlern helfen, sich am Markt zu behaupten. Nach Informationen von Rita Sparschuh von der Industrie- und Handelskammer zu Leipzig haben es die ostdeutschen Facheinzelhändler gegenüber großen Filialisten und horrenden Ladenmieten immer schwerer.

**A** Lesen Sie die zwei Artikel. Schreiben Sie alle Vokabeln auf, die man in die folgenden Kategorien einordnen kann:
1 Gastgewerbe
2 Schuh- und Ledermode
3 Messebetrieb (im allgemeinen)

**B** Welche Überschrift paßt am besten zu welchem Absatz?
1 Küchen in der Geschichte
2 Ostdeutsche Ladenbesitzer verdrängt
3 Nicht nur Schuhe
4 Großer Kochwettbewerb
5 Köstlichkeiten aus den Staaten
6 Schuhe auf dem Laufsteg
7 Gastronomische Vielfalt

**C** *Arbeit zu zweit*
Sie waren auf einer der zwei Messen. Erzählen Sie Ihrem Partner/Ihrer Partnerin, was Sie gesehen haben und was Sie davon gehalten haben. Bringen Sie so viel Phantasie in Ihr Rollenspiel wie möglich! Tauschen Sie dann die Rollen und sprechen Sie über die andere Messe.

**D** Schreiben Sie einen Brief an die Leipziger Messegesellschaft, in dem Sie sich als Vertreter(in) einer britischen Firma vorstellen, die ihre Produkte (Kartoffelchips) auf der nächsten „Gastronomie" ausstellen möchte. Sie sollen folgendes mitteilen:

– Informationen über das Produkt (Geschmacksrichtungen usw.)
– die Vorstellungen der Firma bezüglich Personal (z.B. ob Dolmetscher oder andere Kräfte gebraucht werden)
– die Größe der erwünschten Ausstellungsfläche
– eine kurze Beschreibung des Ausstellungsstands (eventuell mit Skizze)

Sie sollen natürlich auch nach den Kosten des Vorhabens fragen.

# Die Wende in Leipzig

Erinnern wir uns jetzt an die dramatischen Ereignisse im Jahr 1989 zurück. Ohne das Engagement und den Mut vieler Leipziger wäre dieses Kapitel der deutschen Geschichte vielleicht ganz anders ausgegangen.

## WARUM KAM ES GERADE IN LEIPZIG ZU DIESEN GROSSEN PROTESTEN?

Diese Frage wird jetzt von sechs Leipzigern beantwortet.

**A** Hören Sie den Beiträgen von (a) Bernd-Lutz Lange, (b) Maria Schöntal, (c) Frau Leitner und (d) Gerd Schuster gut zu und entscheiden Sie, wer die folgenden Bemerkungen macht:
1 Alles Wertvolle wurde immer nach Berlin geschickt.
2 Die Anwesenheit westlicher Journalisten war sehr wichtig.
3 Man freute sich, Ausländer kennenzulernen und deren Sprachen zu sprechen.
4 Während der Messezeit vermieteten viele Familien ihre Wohnung an ausländische Gäste, um etwas Geld zu verdienen.
5 Zwei Mädchen, deren Namen nicht bekannt sind, waren die mutigsten von allen.
6 In der Provinz hatte sich eine Wut der Hauptstadt gegenüber entwickelt.
7 Viele Leipziger trafen sich regelmäßig in einer bestimmten Kirche und beteten für Frieden.
8 Alle, die an den Demonstrationen teilnahmen, freuten sich sehr, Berichte darüber im Westfernsehen zu sehen.

**B** Hören Sie sich den Beitrag von Bernd-Lutz Lange noch einmal an. Machen Sie eine Transkription davon!

**C** Lesen Sie nun die Antworten von Rainer Eppelmann und Heide Lindberg. Füllen Sie die Lücken in den Texten. Folgende Wörter stehen Ihnen zur Verfügung:

> ungeheuer  unglaubliche  Wurzel
> Schneeballeffekt  vorher
> Unzufriedene  bestimmten
> öffentlichen  Ansinnen  Leuten
> können  veranstalten

**Rainer Eppelmann** Wenn man danach fragt, was ist denn die ____ dieser Demonstrationen in Leipzig gewesen, dann kommen Sie auf die Friedensgebete, die regelmäßig zu einem ____ Tag, montags, immer wieder durchgeführt worden sind, wo mal eine ganze Reihe von ____ war, dann hat's Zeiten gegeben, wo es weniger wurden, dann wuchs die Zahl wieder, und dann wuchs sie ____ schnell. Wenn ich das richtig sehe, hat es das zu diesem Zeitpunkt in keiner anderen Großstadt der DDR gegeben, also in Berlin zum Beispiel nicht. Das ist so ein Treffpunkt gewesen, bei dem sich Klagende, ____, Ausreisewillige, Empörte getroffen haben, und die Zahl ist eben immer größer geworden, und irgendwann war das der ____.

**Heide Lindberg** Die Chefs dieser Stadt waren wirklich in ganz besonderer Art und Weise größenwahnsinnig. Das Turn- und Sportfest und das ____, die Olympiade in Leipzig ____ zu wollen, man hat also gezweifelt, daß das jemals möglich wäre, mit zwei ____ Toiletten in Leipzig, man hätte das also niemals meistern können, und es waren ständig diese Extreme, einerseits dieser ____ Anspruch, andererseits die realen Möglichkeiten, sonntags keine normale Tasse Kaffee in Leipzig trinken zu ____, oder mit vier Menschen in der Stadt, ohne sich ____ lange Gedanken machen zu müssen, ein Essen einnehmen zu können, das war alles nicht möglich.

**D** Mit einem Partner/einer Partnerin fassen Sie die sechs Gründe für die Proteste in Leipzig, die Sie gerade erfahren haben, zuerst mündlich und dann schriftlich zusammen.

## DIE BEDEUTUNG DER UNIVERSITÄTSKIRCHE

Ein weiterer Grund für die Proteste in Leipzig, der oft angegeben wird, ist die Sprengung der bei den Leipzigern sehr beliebten Universitätskirche im Jahr 1968. Diese Kirche hat über die Jahrhunderte hinweg in der Leipziger Innenstadt gestanden, ist von mehreren Kriegen, sogar von den Luftangriffen des Zweiten Weltkriegs verschont geblieben, bis die Parteifunktionäre der SED erklärten, die Kirche stehe ihren Plänen im Wege.

Lesen Sie hierzu die Worte von dem Leipziger Kabarettisten Bernd-Lutz Lange:

„Aber für mich ist letztendlich der Grund, daß Leipzig entscheidend gewesen ist bei dieser revolutionären Phase in der DDR, die späte Rache der Leipziger für die Universitätskirche. Das haben die Leipziger nie überwunden, daß man ihnen diese schöne Kirche genommen hat, oder diese Ignoranz von irgendwelchen Funktionären, die gesagt haben, an einem Karl-Marx-Platz kann keine Kirche stehen, und die dieses historische Bauwerk gesprengt haben. Überall kam das immer wieder zum Vorschein, welche Barbarei das war. Das haben die Leipziger nie verziehen. Darum hat die Revolution hier gewonnen."

Übersetzen Sie diesen Beitrag ins Englische.

## WIE LIEFEN DIE PROTESTE IN LEIPZIG AB?

Im Laufe der Zeit wurden die Proteste in Leipzig immer lauter und immer dringender. Die Montagsdemonstrationen zogen immer mehr Menschen an, bis es soweit war, daß am 9. Oktober 1989, die Sicherheitskräfte des Staates und die unbewaffneten Demonstranten einander gegenüberstanden. Kurz davor hatten die schrecklichen Ereignisse auf dem Platz des himmlischen Friedens in Peking stattgefunden. Lesen Sie den Beitrag einer Frau, die – wie viele andere – nicht bezweifelte, daß auch in Leipzig auf das Volk geschossen werden könnte.

Welche Emotionen werden darin geschildert? Mit welchen Worten wird jede Emotion zum Ausdruck gebracht? Ordnen Sie jedem Teil des Beitrags die passende Beschreibung zu.

a „An dem 9. Oktober haben wir uns zu Hause von den Kindern verabschiedet und haben uns gesagt: Also, wir wissen jetzt nicht, wie's weitergeht.

b Wir gehen aber.

c Es war eine ganz schreckliche Situation, ja, diese Kinder da und mein Mann.

d Es hätte wirklich alles passieren können.

e Es war aber so unerträglich hier gewesen, daß kein anderer Weg übrigblieb.

f Und die Kraft, die man hatte, war so groß, das war das Tolle daran. Ja, es war so ein tolles Gefühl, das kann man gar nicht beschreiben.

g Die Angst war da, wir haben furchtbare Angst gehabt. Alle.

h Aber es war der einzige Weg."

**Beschreibungen**

1 Sehr starker Wille, am Ort des Geschehens dabei zu sein
2 Völlige Akzeptanz einer schicksalschweren Entscheidung
3 Entschlossenheit
4 Seelische Stärke, Freude
5 Angst vor den möglichen Ergebnissen des Tages
6 Sehr große Sorgen
7 Bange um die Familie
8 Unsicherheit, was die Zukunft betrifft

# PROTESTE VOR DER NIKOLAIKIRCHE

Über die Rolle der Nikolaikirche in der Wende haben Sie schon etwas gehört bzw. gelesen. In diesem Beitrag erzählt Pfarrer Christian Führer von der Nikolaikirche, wie er den 9. Oktober erlebt hat.

Ich habe eigentlich immer gehofft und hatte auch *das Zutrauen*, daß es nicht zum Schießen kommt. Dieses Zutrauen war aber sehr gering geworden, als wir schon während des Friedensgebetes draußen *diese schrecklichen Lautwellen* hörten. Ich wußte allerdings, was sie bedeuten, meistens wurde gerufen: „Schämt euch was!" Diese Lautwellen kamen immer, wenn Menschen *verhaftet wurden*. Und es ging schon während des Friedensgebetes los, und da kam noch einmal ein schwieriger Punkt für mich, wo ich dachte, *es könnte noch umkippen*. Als ich dann aber raus kam und die Menschen sah – und ich

sagte: „Geht noch ein bißchen zur Seite, hier wollen noch 2400 Leute auf die Straße raus, wir wollen alle mit euch zusammen sein", und die Leute *geduldig herübergingen* und wir tatsächlich alle raus auf den Platz konnten, da hatte ich gedacht, es könnte gutgehen, so wie bisher schon das Schrecklichste vermieden wurde. Dann war der Moment gekommen, als die Menschen auf die Polizisten und *Kampfgruppenangehörigen* zugingen und erste Worte *laut wurden*: „Ihr seid keine Konterrevolutionäre", und wir gesagt haben: „Redet mit uns", *„schließt euch an"*. Also dieser Ruf und diese

großen Massen von Menschen, da war eigentlich deutlich: Was sollten diese Polizeikräfte, selbst wenn es 5000 oder 8000 oder 10 000 gewesen wären, gegen die 70 000 ausrichten?
So kam auch ein Stück Hoffnung dazu, *daß die Vernunft siegt*, daß das nur *schiefgehen* kann, wenn hier brutale Gewalt *angewendet wird*. Ich hatte ja vorher in Gesprächen mit Polizeioffizieren und *den Vertretern für Inneres* immer wieder gesagt: „Das Problem *ist nicht mit Gewalt zu lösen*. Es werden immer mehr Menschen, Sie werden dann immer mehr Polizisten auf die Straße stellen müssen, wie stellen Sie sich das vor? Wer soll *den Wettlauf* gewinnen? Wollen Sie eines Tages in Leipzig nur noch Polizisten und Demonstranten haben? Das ist unmöglich, Sie müssen das *auf andere Weise* lösen, hören Sie auf uns, wir haben nur das Beispiel des Wortes und des eigenen Beispiels und die Gewaltlosigkeit. Wenden auch Sie keine Gewalt an."

**A** Welche der kursiv gedruckten Worte und Ausdrücke haben die folgenden Bedeutungen?
1 became audible
2 were arrested
3 can't be solved with violence
4 the confidence
5 in other ways
6 the members of the special units
7 these terrible waves of noise
8 go wrong
9 the race
10 with the representatives of the ministry of the interior
11 join us
12 it could still go sour
13 is used
14 patiently moved over
15 that reason will prevail

**B** Im ersten Absatz des Beitrags beschreibt Pfarrer Führer die wechselnden Gefühle, die er im Laufe jenes Tages hatte.

– Wann hat er Angst gespürt?
– Wann hat er Zutrauen und Hoffnung gespürt?

**C** Lesen Sie den zweiten Absatz. Erklären Sie mit Ihren eigenen Worten, wie er versucht hat, die Obrigkeiten dazu zu überreden, keine Gewalt anzuwenden.

## EINBLICK 6

# Die Stasi in Leipzig

Wie die Menschen überall in der ehemaligen DDR haben die Leipziger im Schatten des Ministeriums für Staatssicherheit (im Volksmund „Stasi" genannt) gelebt. Natürlich waren Freiheitsbewußte sowie Bürgerrechtler darauf bedacht, die Leipziger Stasi-Zentrale, das sogenannte „Runde Eck", direkt nach der Wende in ihren Besitz zu nehmen, um das Ausmaß und die Art der Tätigkeit dieser Organisation in der Stadt Leipzig genau feststellen zu können.

Hören wir jetzt ein Gespräch mit einem Leipziger, der selbst an der Besetzung der Leipziger Staatssicherheit teilnahm.

**A** Folgende Worte bzw. Ausdrücke kommen im Gespräch vor. Wie kann man sie auf deutsch anders sagen?

**1** unter Waffen stehen
**2** die Aktenvernichtung
**3** ein wesentlicher Gesichtspunkt
**4** wirksam werden
**5** bestrebt sein
**6** verdutzt
**7** es ist nicht abzusehen
**8** hohe Wellen schlagen
**9** die Anweisung
**10** das Vorgehen

**B** Hören Sie sich das Gespräch noch einmal an. Sind die folgenden Aussagen über den Inhalt des Gesprächs richtig oder falsch? Korrigieren Sie die falschen Aussagen.

**1** Die Besetzer in Erfurt sind gescheitert.
**2** Arnold zweifelte, ob viele Leipziger sich für eine Besetzung engagieren würden.
**3** Die Besetzung fand an einem Montag statt.
**4** Die Besetzer wollten auf jeden Fall auf Gewalttätigkeiten verzichten.
**5** Die Besetzer wußten nicht, ob die Stasi, Polizei oder Armee auf sie schießen würden.
**6** In erster Linie wollten die Besetzer die Stasi-Akten sichern.
**7** Die Besetzer waren sich jedoch sicher, daß die Stasi viele Akten schon vernichtet hatte.
**8** Die Stasi war von der Besetzung völlig überrascht.
**9** Der Erfolg mit den ultimativen Forderungen war nicht allein der Besetzung der Staatssicherheit zu verdanken.

**C** Fassen Sie das, was Sie über die Besetzung der Leipziger Stasi gehört haben, zusammen, indem Sie von den Wörtern und Ausdrücken, die Sie für Übung A nachgeschlagen haben, Gebrauch machen.

## EINBLICK 7

# Leipzig nach der Wende

Viele Leipziger haben sich 1989 sehr für die Revolution eingesetzt und sind dabei gewisse Risiken eingegangen. Jetzt müssen wir uns die Frage stellen: Wie hat sich das Leben eigentlich für diese Menschen nach der Wende verändert?

### STADT OHNE PLAN

Zu den ersten, die nach der Wende nach Leipzig kamen, zählten die Geschäftsleute. Lesen Sie über ein riesiges Einkaufszentrum, das mit erstaunlicher Schnelligkeit ungefähr 20 Kilometer von Leipzig aus dem Boden schoß.

**A** Finden Sie die Wörter im Artikel, die eine ähnliche Bedeutung wie die folgenden haben:
(Die Wörter kommen hier in ihrer Grundform und in der richtigen Reihenfolge vor. Wie müßte man sie ändern, um sie in den Artikel einzufügen?)

1 passieren
2 momentan
3 tätig
4 verjagen
5 drehen
6 unendlich
7 verkaufsoffen
8 in Kauf
9 innerhalb
10 Verbrauch
11 Feld
12 zweistöckig
13 eintönig
14 herumbummeln
15 Verbraucher

**B** Nachdem Sie den Artikel durchgelesen haben, schreiben Sie die folgenden Sätze zu Ende:

1 Die Leipziger Innenstadt mißt nur…
2 Bulldozer und Maurer sieht man nicht nur…
3 Es gibt immer eine riesige Autoschlange…
4 Bis zu zwei Stunden kann an langen…
5 In der Nähe des Schkeuditzer Autobahnkreuzes befindet sich…
6 An dieser Stelle haben Investoren aus Westdeutschland gleich nach der Vereinigung…
7 Alle Geschäfte sehen gleich aus: sie sind…
8 Die Geschäfte heißen…
9 Das Aussehen der Geschäfte gibt einem das Gefühl,…
10 Weil sie nicht in der Stadt sind, sind die Menschen, die den Saale-Park besuchen,…

---

Leipzig ist nicht mehr zu erkennen, und die Bürger fragen sich, was mit ihrer Stadt geschieht. Das nur 600 mal 800 Meter messende Geviert der Innenstadt ist derzeit Deutschlands größte Baustelle. Aber auch überall in den Quartieren außerhalb des Promenadenrings sind Bulldozer und Maurerkolonnen aktiv.

Die Leipziger werden aus ihrer Innenstadt vertrieben. Wohin sie sich wenden, ist zu sehen, wenn sich eine endlose Autoschlange über die Bundesstraße 181 stadtauswärts schiebt. Die Fahrt aus der Stadt zum zwanzig Kilometer entfernten Schkeuditzer Autobahnkreuz kann an langen Samstagen zwei Stunden dauern. Für die Attraktion, die dort wartet, nehmen die Leipziger die Staustrapaze gern auf sich: Deutschlands größtes Einkaufszentrum, der Saale-Park.

Gleich nach der Vereinigung haben westdeutsche Investoren dort binnen weniger Monate eine Wild-West-Stadt des Konsums auf die Äcker gesetzt. Zweigeschossige, uniforme Kuben, entlang einer 300 Meter langen Einkaufsmeile aufgereiht. Hinter grellen Fassaden Horten, Jean Pascale, C&A, McPaper, Toys-R-Us. Dreifarbiger Granit auf dem Boden und Ornamentbänder aus poliertem schwarzen Marmor spiegeln vor, man könne hier flanieren. Die Menschen aber, die sich hierher begeben, sind nur noch Konsumenten, keine Bürger mehr – dazu fehlt die Stadt.

**C** *Arbeit zu zweit*

Partner A versucht, Partner B zu überzeugen, daß es vorteilhafter ist, in der Stadtmitte einkaufen zu gehen als in einem Einkaufszentrum wie dem Saale-Park. Partner B setzt sich für das Einkaufszentrum ein.

**D**

1 Fragen Sie ungefähr zehn Freunde, wo sie am liebsten einkaufen. Fassen Sie die Ergebnisse zusammen und analysieren Sie sie.
2 Schreiben Sie einen Artikel, in dem Sie dafür plädieren, daß man lieber in kleinen Geschäften als in großen Einkaufszentren einkaufen soll (200–250 Worte).

## „VIELES IST EINFACH ZU SCHNELL GEGANGEN"

Im folgenden Interview wird eine Angehörige der Partei BÜNDNIS 90–GRÜNEN in Leipzig, Petra Fuchs, über ihre Meinung zu den veränderten Lebensumständen im vereinigten Deutschland gefragt.

**1**

Die Partei wurde nach dem deutschen Parteiengesetz in Zwickau gegründet. Somit durften wir an ____(a) teilnehmen und auch in den Bundestag gewählt werden. Bestandteile der Partei sind ehemalige ____(b) und -bewegungen, z.B. Neues Forum, die Grünen, Demokratie Jetzt, Initiative für Frieden und Menschenrechte, Unabhängiger Frauenverband usw.

**2**

Im ____(c) ist eben alles politisch. Ich habe zum Beispiel als Fotografin gearbeitet und Bilder gemacht, anhand derer ich versucht habe, den Arbeitern in Betrieben klar zu machen, wie schlecht ihre ____(d) waren. Dadurch ist es mir gelungen, wie anderen auch, die kleinsten Verbesserungen durchzusetzen.

**3**

Ich muß ehrlich sagen, daß ich mich nicht so bedrängt fühlte, wie heutzutage manchmal der Fall ist. Ich habe meine Stasiakte nicht angefordert und ich habe keine ____(e) über meine Freunde. Man wußte, die Stasi hörte bei Telefongesprächen mit und man hat sie begrüßt. Man hatte keine ständige ____(f). Man lebte mit denen.

**4**

Unsere Partei ist: sozial/ humanistisch und ökologisch. Unter anderem beschäftigen wir uns mit der Ausländerfrage, der ____(g) der Frau und der Demokratisierung der Medien. Wir versuchen den Bürgern zu ihren ____(h) zu verhelfen. Das Volk ist träge – man hat Geld, Auto und Haus. Die Bürger sind nicht mehr in der Lage, sich zu helfen.

**5**

Es ist mächtig-gewaltig. Hier leben die Leute im Moment im ____(i); nach dem Motto „ich kaufe, also bin ich". Die Medien spielen auch eine große Rolle: Es ist so, daß die Industrie die Politik bestimmt und nicht umgekehrt. Der Parlamentarismus, den wir jetzt haben, ist fürchterlicher und zwingender als die ____(j), die wir vorher hatten. Wir sind klein und machtlos. Wir reagieren – wir agieren nicht. Man geht unter.

**6**

Wenn man die Braunkohle wegschaffen würde, dann würde man ganze Gebiete verarmen lassen. Die Arbeitslosigkeit würde drastisch ansteigen. Es könnte eine soziale ____(k) geben. Trotzdem müßte der Hausbrand von Braunkohlen sofort eingestellt werden und in alle Wohnungen Zentralheizung eingebaut werden. Für eine gründliche ____(l) der Umwelt fehlt es überall an Geld. Die Westindustrie macht auch oft nicht mit. Zum Beispiel wären wir für das 30/80/100 Konzept bezüglich des Tempolimits. Aber die Autohersteller wollen das nicht.

**7**

Vieles ist einfach zu schnell gegangen. Im Gegensatz zum langsamen ____(m) von Betrieben in der BRD nach dem 2. Weltkrieg hat man hier zu viel zu schnell erwartet. Manche Tiptopfirmen sind einfach kaputtgemacht worden. Was die Zukunft betrifft, bin ich sehr pessimistisch. Wir sind zu schwach. Es gibt einen großen ____(n) unter uns.

**A** Lesen Sie die Antworten. Finden Sie die fehlenden Wörter im Kästchen unten.

| | |
|---|---|
| **1** | Arbeitsbedingungen |
| **2** | Gleichberechtigung |
| **3** | Wahlen |
| **4** | Saubermachung |
| **5** | Verdacht |
| **6** | Konsumrausch |
| **7** | Verschleiß |
| **8** | Bürgerinitiativen |
| **9** | Angst |
| **10** | Diktatur |
| **11** | Rechten |
| **12** | Explosion |
| **13** | Leben |
| **14** | Aufbau |

**B** Ordnen Sie jeder Antwort die passende Frage zu:

**a** Wurden Sie persönlich von der Stasi verfolgt?

**b** Was halten Sie vom Einfluß der westlichen Politik und Politiker?

**c** Wie kam Ihre Partei zustande?

**d** Wie versuchen Sie, die Probleme der Umwelt zu lösen?

**e** Inwiefern waren Sie vor der Wende politisch tätig?

**f** Was sind Ihre allgemeinen Eindrücke von den Entwicklungen, die in Ihrem ehemaligen Land stattfinden?

**g** Was sind die wichtigsten Bestandteile des Programms Ihrer Partei?

**C** Übersetzen Sie diese Zusammenfassung des Interviews ins Deutsche:

*The major constituent parts of our party are former citizens' pressure groups. We believe that everything in life is political. We endeavour to make it plain to all citizens that they should involve themselves with questions such as equal opportunities for women, the democratisation of the media and environmental protection. But it is also our task to assist people to achieve their rights.*

*We are suffering from the influence of Western firms which are enormously powerful and unfortunately determine the politics here. For example we would be in favour of the introduction of the 30/80/100 concept for speed limits to protect the environment, but the car manufacturers won't go along with it.*

# „LEIPZIG WIRD EINE SCHÖNE STADT WERDEN"

Anna ist Schülerin in Leipzig und spricht über ihre Eindrücke vom Leben in der Stadt seit der Wende.

**A** Hören Sie sich das Interview an und füllen Sie die Lücken in den folgenden Zusammenfassungen von Annas Antworten.

**1** Die ____ in Leipzig sind sehr positiv. Alles wird neu gemacht, ____ und gebaut und alte Gebäude werden vor dem ____ geschützt, was zu DDR-Zeiten wenig gemacht wurde. Es ist lebenswerter geworden, weil es bessere Kneipen gibt. Man kann kaufen, was man will, auch wenn es vielleicht ein ____ ist. Man hat schon mehr ____ jetzt in Leipzig.

**2** Leipzig wird eine schöne Stadt werden. Und zwar im ____ Bereich vor allen Dingen. Vom Aussehen wird's auch sehr schön werden. Es wird ____ bleiben und somit auch viele Touristen und Investoren und Industrie ____. Keine Primärindustrie, die so stark umweltverschmutzend ist, sondern mehr ____ Industrie. Leipzig als Industriestandort war ja schon immer sehr bekannt, auch in Ostdeutschland, und es wird auf alle ____ so bleiben. Aber es wird sich auch in anderen Bereichen viel tun.

**B** Hören Sie sich das Interview mit Anna noch einmal an und lesen Sie das Interview mit Petra Fuchs noch einmal durch. Welche Person sagt folgendes? Kreuzen Sie passend an.

| | Petra | Anna | Petra und Anna |
|---|---|---|---|
| **1** Leipzig und die DDR haben sich zum Schlechteren verändert. | | | |
| **2** Man kann in Leipzig jetzt viel mehr machen als früher. | | | |
| **3** Man kann Probleme mit der Umwelt nur lösen, indem man Probleme in der Gesellschaft verursacht. | | | |
| **4** Die Industrie spielt eine negative Rolle in der Entwicklung Leipzigs. | | | |
| **5** Die Industrie trägt wahrscheinlich zur positiven Entwicklung Leipzigs bei. | | | |
| **6** Viele Leipziger sind momentan konsumsüchtig. | | | |
| **7** Die Rechte der Bürger werden von den Volksvertretern nicht beachtet. | | | |
| **8** Das Stadtbild Leipzigs wird immer vielseitiger und interessanter. | | | |
| **9** In der DDR hat man sich kaum um den Zustand der Gebäude gekümmert. | | | |
| **10** Insgesamt passiert in Leipzig sehr viel. | | | |
| **11** Das Volk hat keine Lust mehr, für sich selbst zu denken. | | | |
| **12** Das kulturelle Angebot wird noch größer | | | |

**C** *Arbeit zu dritt*

A möchte Leipzig besuchen und will vorher etwas über die Stadt erfahren. B, der/die die Meinungen von Petra Fuchs vertritt, versucht A von seinem/ihrem Vorhaben abzubringen. C, der/die die Meinungen von Anna vertritt, versucht A zum Besuch zu ermutigen.

# Eine Stadtgeschichte in Bildern

Die Einheit über Leipzig werden wir mit einem filmischen Rückblick abrunden. Jedes Jahr findet in Leipzig eine Dokumentarfilmwoche statt. Einmal wurde die Woche der Gastgeberstadt selbst gewidmet.

## Die Leipziger Dokfilmwoche würdigt ihre Gastgeberin

Mehr als 200 Filme wurden recherchiert und gesichtet, 50 schließlich in das Programm aufgenommen. Messe, Kultur, Sport und Politik stecken in etwa den thematischen Rahmen ab. So wird eine Stadtgeschichte in Bildern geboten, die mehr als 80 Jahre umfaßt – von kurzen Aufnahmen des Jahrmarktes in Lindenau von 1910 bis hin zum Leipzig der Nachwendezeit. Zu sehen ist diese Rückschau im Kino im Grassizentrum. Eröffnet wird sie mit einem Film über das Kriegsende 1945 in Leipzig, an dem Christian Klemke und Manfred Köhler noch arbeiten. In den acht Veranstaltungen präsentiert sich die sächsische Handels- und Kulturmetropole quer durch die Zeiten. Aufnahmen vom Bau des Völkerschlachtdenkmals und vom Reichsgericht, dem Schauplatz der Kriegsverbrecherprozesse nach dem Ersten Weltkrieg, gehören dazu wie auch Bilder von Parteitagen und Kundgebungen der KPD, der SPD und der NSDAP, die Einblicke in die politischen Auseinandersetzungen am Ende der Weimarer Republik geben. Amateurfilme aus den dreißiger und vierziger Jahren ergänzen das offizielle Bild um wesentliche Aspekte. Die westdeutsche Produktion „Mitteldeutsches Tagebuch. Mein Leipzig lob ich mir" aus dem Jahr 1956 vermittelt unter anderem Impressionen vom Alltag, den DDR-Filme weitgehend aussparten.

Den Festivalgästen wie auch den Einheimischen bietet sich Leipzig in diesem Jahr von der Leinwand herab also aus gänzlich unbekannter, zumindest ungewohnter Perspektive.

**A** Finden Sie das Gegenteil von den folgenden Wörtern im Artikel (alle Wörter erscheinen hier in der Grundform):

1 die Vorschau
2 der Abriß
3 vertraut
4 beenden
5 genau
6 die Übereinstimmung
7 ursprünglich
8 begrenzt
9 zu Beginn
10 weniger

**B** Beantworten Sie die folgenden Fragen:

1 Wieviele Filme werden während der Woche gezeigt?
2 Was sind die Hauptthemen der Filme, die gezeigt werden?
3 Was ist das Thema des ältesten Films?
4 Wo werden die Filme gezeigt?
5 Worum geht es im ersten Film, der gezeigt wird?
6 Warum werden das Völkerschlachtdenkmal und das Reichsgericht erwähnt?
7 Was gibt dem Zuschauer Einblicke in die politischen Auseinandersetzungen am Ende der Weimarer Republik?
8 Was für Filme ergänzen das offizielle Bild?
9 Warum könnte der Film „Mitteldeutsches Tagebuch. Mein Leipzig lob ich mir" von großer historischer Bedeutung sein?

**C** Suchen Sie sich einen Aspekt des Lebens in Leipzig aus, der Sie besonders interessiert hat. Schreiben Sie den Text für einen kurzen Dokumentarfilm (ca. 3 Minuten) über diesen Aspekt. Nehmen Sie Ihren Text (eventuell mit passender Musik, Interviews usw.) auf Kassette auf.

# Synthese

Stellen Sie Ihr eigenes Dossier über eine Stadt in einem der deutschsprachigen Länder zusammen.

Mögliche Informationsquellen:
• Das Fremdenverkehrsbüro der von Ihnen gewählten Stadt
• Das Goethe Institut (50 Princes Gate, London SW7 2PG)
• Partnerstädte bzw. -schulen

# Grammatik

## 1 Satzbau (Wortstellung)

### 1.1 Die Grundregel

Das konjugierte Verb befindet sich an zweiter Stelle im Satz (was aber nicht unbedingt bedeutet, daß es das zweite Wort ist).

| | | |
|---|---|---|
| Ich | **spiele** | selten Schach. |
| Meine Freunde und ich | **gehen** | oft ins Kino. |
| Lady Thatcher | **war** | jahrelang Premierministerin. |
| Die Familie Schmidt | **ist** | in Urlaub gefahren. |

Diese Regel gilt auch, wenn ein anderer Satzteil an die erste Stelle gerückt wird, um betont zu werden. Dann müssen das Subjekt und das Verb ihre Stellen wechseln (Inversion).

**Ich fahre** doch nicht nach München.
Nach München **fahre ich** (Inversion) doch nicht.

### 1.2 Fragen

#### 1.2.1

Bei Fragen **ohne** Fragewort (**was, wo, wer**, usw.) tritt das konjugierte Verb an die erste Stelle.

**Hast** du eine Schwester?
**Wohnt** sie tatsächlich in Spanien?

#### 1.2.2

Bei Fragen **mit** Fragewort gilt die oben genannte Regel (1.1).

Was **trinkst** du normalerweise zum Frühstück?
Wann **macht** er endlich seine Hausaufgaben?

### 1.3 Die Reihenfolge innerhalb eines Satzes

Innerhalb eines Satzes müssen die Fragen **wann**, **wie** (oder **mit wem**) **wo** (**wohin**, **woher**) in dieser Reihenfolge beantwortet werden.

| | wann? | wie? | wohin? |
|---|---|---|---|
| Heidi fährt | am Samstag | mit der S-Bahn | nach Pasing. |

### 1.4 Dativ und Akkusativ

Wenn sowohl der Dativ als auch der Akkusativ in einem Satz vorkommen, sind die folgenden Regeln zu beachten:

| | Pronomen (Akk.) | + | Pronomen (Dat.) |
|---|---|---|---|
| Gib | es | | ihm |

| | Substantiv (Dat.) | + | Substantiv (Akk.) |
|---|---|---|---|
| Gib | dem Mann | | das Buch |

| | Pronomen (Akk.) | + | Substantiv (Dat.) |
|---|---|---|---|
| Gib | es | | dem Mann |

| | Pronomen (Dat.) | + | Substantiv (Akk.) |
|---|---|---|---|
| Gib | ihm | | das Buch |

### 1.5 Der Infinitiv und das Partizip Perfekt

Der Infinitiv und das Partizip Perfekt befinden sich meistens am Ende eines Hauptsatzes.

Wir sollen die Umwelt **schützen**.
Sie hat mir schon mehrmals **geholfen**.

**Beachten Sie:**

Es muß in der Nacht viel **geregnet haben**.    *It must have rained a lot in the night.*

## 1.6 *Nebensätze*

### 1.6.1

Das konjugierte Verb tritt immer an letzte Stelle eines Nebensatzes. Nebensätze fangen mit Wörtern an wie: **als**, **weil**, **obwohl**, **daß** usw. (Lesen Sie unter 8.2.1 darüber nach.)

Er ist dick, **weil** er immer Schokolade **ißt**.
Sie gewann, **obwohl** sie kaum trainiert **hatte**.

**Beachten Sie!** In der gesprochenen Sprache kommt die folgende Variante nach **weil** und **obwohl** manchmal vor:

Ich bin nicht mitgegangen, weil ich **hatte** keine Lust, mich nochmal umzuziehen.
Franz will Tennis spielen, obwohl er **sollte** sich eigentlich ausruhen.

Besonders in der schriftlichen Sprache sollte man diese falsche Wortstellung vermeiden.

### 1.6.2

Wenn der ganze Satz mit einem Nebensatz anfängt und der Nebensatz also an erste Stelle tritt, müssen das Verb und das Subjekt des Hauptsatzes die Stellen wechseln (1.1).

Weil er immer Schokolade ißt, **ist** er dick.
Obwohl sie kaum trainiert hatte, **gewann** sie.

### 1.6.3

Eine besondere Regel gilt, wenn ein Satz wie dieser:

„Wir hätten früher mit Peter sprechen sollen."
*We should have spoken to Peter earlier.*

zum Nebensatz wird, und zwar ist die Wortstellung wie folgt:

„Sie sagte, daß wir früher mit Peter **hätten sprechen sollen**."
*She said we should have spoken to Peter earlier.*

**Weitere Beispiele:**

Ich weiß schon darüber Bescheid, weil ich mir den Katalog **habe kommen lassen**.
*I already know about that because I've had the catalogue sent to me.*
Sie fährt mit dem Zug, obwohl sie eigentlich mit mir **hätte mitfahren können**.
*She's coming by train although she could actually have come with me.*

## 1.7 *Bindewörter*

### 1.7.1

Wenn zwei Sätze mit den Wörtern **aber**, **denn**, **oder**, **und** miteinander verbunden werden, haben diese keinen Einfluß auf die Wortstellung.

Sein Wecker klingelt um 7 Uhr, **und** er steht sofort auf.
Ich wohne in der Stadt, **aber** es gefällt mir nicht.
Wir bleiben hier, **denn** er hat uns darum gebeten.
Sie sieht fern, **oder** sie hört Radio.

### 1.7.2

Wenn Bindewörter wie **dann**, **danach**, **anschließend** usw. gebraucht werden, findet eine Inversion statt.

Sie trank ihren Kaffee aus, **dann verließ sie** das Haus. **Dann ging sie** zur Bushaltestelle. **Anschließend fuhr sie** zur Arbeit.

## 1.8 *„Nicht"*

### 1.8.1

Wenn man einen ganzen Satz negieren will, steht **nicht**

- direkt vor dem Partizip Perfekt:
  Petra hat gestern nicht angerufen.
  *Petra didn't phone yesterday.*

- direkt vor dem Infinitiv:
  Der Kellner will den Wein nicht ausschenken.
  *The waiter won't pour the wine.*

- direkt vor dem trennbaren Präfix:
  Setz den Hut bloß nicht auf!
  *Don't put that hat on!*

- direkt vor dem prädikativen Adjektiv:
  Dieses Sofa war nicht teuer.
  *This sofa wasn't expensive.*

- (wenn keine von diesen im Satz vorkommen)
  am Ende des Satzes:
  Hans spielt heute nicht.
  *Hans isn't playing today.*

### 1.8.2

Wenn man einen bestimmten Teil eines Satzes negieren will, steht **nicht** direkt vor dem entsprechenden Satzteil

**Beispiele:**

Nicht Gabi hat mich angelächelt (sondern Angelika).
*It wasn't Gabi who smiled at me (it was Angelika).*
Wir werden nicht Rotwein dazu trinken (sondern Weißwein).
*We won't be drinking red wine with it (but white wine).*
Meine Freunde kommen nicht morgen an (sondern am Freitag).
*My friends aren't arriving tomorrow (but on Friday).*

### 1.8.3

Um die Negation eines Satzes zu betonen, gibt es die folgende Möglichkeit:

Dieses Bier trinke ich nicht. (Inversion)
*I don't drink this beer.*
Um die Zeit fahren wir nicht.
*We're not travelling at that time.*
So viel Geschmack hat er nicht.
*He hasn't got that much taste.*

# 2 *Deklination*

## 2.1 *Die Fälle*

In der deutschen Sprache gibt es vier Fälle:

* den Nominativ
* den Akkusativ
* den Genitiv
* den Dativ

Im allgemeinen spielen Fälle folgende Rollen:

### 2.1.1

**Der Nominativ:**
* nennt **das Subjekt** eines Satzes.
  **Der Zug** fuhr sehr langsam.
  **Mein Hund** schläft immer auf dem Sofa.

### 2.1.2

**Der Akkusativ:**
* nennt **das direkte Objekt** eines Satzes.
  Ich habe **einen Apfel** gegessen.
  Petra sah **ihn** gestern.
  (Um *"there is/are"* auszudrücken, sagt man normalerweise **es gibt**.
  Danach steht immer das Akkusativobjekt: In seiner Tasche gibt es
  ein**en** Apfel und ein**en** Haustürschlüssel.)

* hängt von einer Präposition ab.
  Dieser Anruf ist für **dich**.
  Wir gehen morgen **ins** (in das) Kino.

* gibt einen bestimmten Zeitpunkt an.
  nächst**en** Sommer; letzt**en** Montag; de**n** 5. August

### 2.1.3

**Der Genitiv:**
* nennt den Besitzer von etwas oder deutet auf Zugehörigkeit hin.
  Das Buch **meines Vaters** liegt auf dem Tisch.
  Die Namen **unserer Freunde** sind Marie und Hanno.

* hängt von einer Präposition ab.
  Wir wohnen nördlich **des Stadtzentrums**.
  Sie sind wegen **des schlechten Wetters** zu Hause geblieben.

* kommt in einigen festen Ausdrücken vor.
  ein**es** Tag**es**; nacht**s**; gut**er** Dinge; ander**er** Meinung

* nennt das Objekt einiger Verben (wirkt meistens etwas altmodisch).
  An diesem Tag gedenken wir **des Toten**.

* wird allerdings im Laufe der Zeit immer weniger gebraucht.
  Stattdessen benutzt man **von + Dativ**, um auf Besitz oder
  Zugehörigkeit hinzudeuten. Nach **trotz**, **während**, usw. kommt oft
  der Dativ vor.

### 2.1.4

**Der Dativ:**
* nennt das indirekte Objekt eines Satzes.
  Gib **mir** das Buch, bitte.
  Sie schenkte **ihrer Mutter** eine
  Flasche Parfüm.

* hängt von einer Präposition ab.
  Ich arbeite **seit einem Jahr** hier.
  Sie gingen aus **dem Haus** hinaus.
  Wir sind mit **mehreren**
  **Freunden** in Urlaub gefahren.

* nennt das Objekt einiger Verben, zum Beispiel:

| | |
|---|---|
| begegnen | *to meet, encounter* |
| danken | *to thank* |
| folgen | *to follow* |
| gehören | *to belong* |
| geschehen | *to happen* |
| helfen | *to help* |
| passieren | *to happen* |
| schmecken | *to taste* |
| widerstehen | *to resist* |

Der Polizist folgte **dem Dieb** ins Geschäft.
Kann ich **Ihnen** helfen?
Ich danke **dir** recht herzlich.
Wir begegneten **ihr** auf der Straße.

* nennt das Objekt einiger unpersönlicher Verben (siehe 10.21.2)

### 2.1.5

**Apposition:**
Man muß darauf achten, daß in einem Beisatz der richtige Fall
vorkommt.

**Zum Beispiel**
Wenn man die folgenden Sätze verbinden will, gibt es zwei
Möglichkeiten:
  Ich sprach mit Christoph. [**Dat.**]
  Christoph ist ein netter junger Mann. [**Nom.**]

* Relativsatz

Ich sprach mit Christoph, der ein netter junger Mann ist.
       [**Dat.**]      [**Nom.**]

* Beisatz (Apposition)

Ich sprach mit Christoph, einem netten jungen Mann.
       [**Dat.**]      [**Dat.**]

# 2.2 *Der bestimmte Artikel* (the)

|  | **Mask.** | **Fem.** | **Neut.** | **Pl.** |
|---|---|---|---|---|
| **Nom.** | **der** Mann | **die** Frau | **das** Ding | **die** Leute |
| **Akk.** | **den** Mann | **die** Frau | **das** Ding | **die** Leute |
| **Gen.** | **des** Mann(e)s | **der** Frau | **des** Ding(e)s | **der** Leute |
| **Dat.** | **dem** Mann(e) | **der** Frau | **dem** Ding(e) | **den** Leuten |

**Beachten Sie:**

Ähnlich dekliniert werden:

| dieser | *this* |
|---|---|
| jeder | *each, every* |
| jener | *that* |
| welcher | *which* |

und nur im Plural:

| alle | *all* |
|---|---|
| einige | *some, a few* |
| mehrere | *several* |
| solche | *such* |

## 2.2.1

Der bestimmte Artikel wird wie folgt benutzt:

- wenn man auf etwas Bekanntes hindeuten will:
  Das große Haus in der Hauptstraße.
  *The big house in the main street.*

- bei Gefühlen und anderen abstrakten Substantiven:
  Die Liebe ist doch etwas Wunderschönes!
  *Love is a wonderful thing!*
  Der Neid spielte eine entscheidende Rolle.
  *Envy played a decisive part.*

- vor den Namen von Ozeanen, Meeren, Seen, Flüssen, einigen Ländern, Straßen, Plätzen, Bergen, wichtigen Gebäuden usw.:
  Heute nachmittag gehen wir zum Trafalgar Square.
  *We're going to Trafalgar Square this afternoon.*
  In welches Land reisen Sie lieber: die Türkei oder die Schweiz?
  *Which country do you prefer to visit: Turkey or Switzerland?*
  Die Bonner Straße ist zur Zeit eine Riesenbaustelle.
  *Bonn Street is an enormous building site at the moment.*

- vor Körperteilen und Kleidungsstücken, wenn diese dem Subjekt des Satzes gehören und ohne Adjektiv vorkommen:
  Ich habe mir fast das Bein gebrochen.
  *I nearly broke my leg.*
  Zieh dir den Pullover aus.
  *Take your pullover off.*

- vor Zeitangaben und den Bezeichnungen von Mahlzeiten:
  Im Mai fährt er immer nach Spanien.
  *He always goes to Spain in May.*
  Nach dem Mittagessen legt sie sich hin.
  *She has a lie down after lunch.*

- bei einigen festen Ausdrücken:
  Meine Tochter geht zur Universität.
  *My daughter goes to university.*
  Was macht ihr heute in der Schule?
  *What are you doing at school today?*
  Am Samstag fahren wir mit der Straßenbahn in die Stadt.
  *On Saturday we're going to town by tram.*

- manchmal (nur) in der gesprochenen Sprache vor Vornamen:
  Hast du den Jens heute gesehen?
  *Have you seen Jens today?*
  Ich gehe mit der Claudia ins Kino.
  *I'm going to the cinema with Claudia.*

## 2.2.2

Manchmal wird das Substantiv gleichzeitig dekliniert (die **n-Deklination**).

|  | **Sing.** | **Pl.** |
|---|---|---|
| **Nom.** | der Bauer | die Baue**rn** |
| **Akk.** | den Baue**rn** | die Baue**rn** |
| **Gen.** | des Baue**rn** | der Baue**rn** |
| **Dat.** | dem Baue**rn** | den Baue**rn** |

Mit einer Ausnahme sind diese Substantive alle maskulin und gehören den folgenden Gruppen an:

**Gruppe 1**

| der Bauer | *the farmer* |
|---|---|
| der Herr | *the gentleman* |
| der Mensch | *the person* |
| der Nachbar | *the neighbour* |

**Gruppe 2**

| der Bote | *the messenger* |
|---|---|
| der Genosse | *the comrade* |
| der Geselle | *the apprentice* |
| der Junge | *the boy* |
| der Kollege | *the colleague* |
| der Kunde | *the customer* |
| der Deutsche | *the German* |
| der Franzose | *the Frenchman* |
| der Schotte | *the Scotsman* |
| der Affe | *the ape* |
| der Hase | *the hare, rabbit* |
| der Löwe | *the lion* |

**Gruppe 3**

| der Diamant | *the diamond* |
|---|---|
| der Patient | *the patient* |
| der Polizist | *the policeman* |
| der Präsident | *the president* |
| der Student | *the student* |

**Gruppe 4**

| der Friede | *the peace* |
|---|---|
| der Gedanke | *the thought* |
| der Glaube | *the belief* |
| der Name | *the name* |

(Die Substantive der Gruppe 4 haben im Genitiv Singular die Endung **-ns**)

**Die Ausnahme:**

|      | Sing.       | Pl.         |
|------|-------------|-------------|
| Nom. | das Herz    | die Herzen  |
| Akk. | das Herz    | die Herzen  |
| Gen. | des Herzens | der Herzen  |
| Dat. | dem Herzen  | den Herzen  |

## 2.3 *Der unbestimmte Artikel* (a, an)

|      | Mask.          | Fem.        | Neut.        |
|------|----------------|-------------|--------------|
| Nom. | ein Hund       | eine Katze  | ein Pferd    |
| Akk. | einen Hund     | eine Katze  | ein Pferd    |
| Gen. | eines Hundes   | einer Katze | eines Pferd(e)s |
| Dat. | einem Hund     | einer Katze | einem Pferd  |

**Beachten Sie:**

- Es gibt keine Pluralform des unbestimmten Artikels.

- Bei Beruf, Nationalität oder Konfession wird der unbestimmte Artikel *nicht* benutzt.
    Frau Tändli ist Sportlehrerin.
    Arnold Schwarzenegger ist Österreicher.
    Gundula ist Buddhistin.

### 2.3.1
Diese Wörter werden wie der unbestimmte Artikel dekliniert:

- Der negative Artikel (*no, not a, not any*)

|      | Mask.           | Fem.          | Neut.             | Pl.            |
|------|-----------------|---------------|-------------------|----------------|
| Nom. | kein Hund       | keine Katze   | kein Pferd        | keine Tische   |
| Akk. | keinen Hund     | keine Katze   | kein Pferd        | keine Tische   |
| Gen. | keines Hundes   | keiner Katze  | keines Pferd(e)s  | keiner Tische  |
| Dat. | keinem Hund     | keiner Katze  | keinem Pferd      | keinen Tischen |

- Das Possessivum

| mein        | *my*                                      |
|-------------|-------------------------------------------|
| dein        | *your* (informal singular)                |
| sein        | *his, one's, its*                         |
| ihr         | *her, its*                                |
| unser       | *our*                                     |
| euer (eure) | *your* (informal plural)                  |
| Ihr         | *your* (formal, polite; singular and plural) |
| ihr         | *their*                                   |

# 3  *Das Substantiv*

Alle Substantive im Deutschen werden „großgeschrieben" (d.h. sie fangen mit einem großen Buchstaben an).

## 3.1 *Geschlecht*

Alle Substantive haben ein Geschlecht: Maskulinum (der), Femininum (die), Neutrum (das).

### 3.1.1

**Maskulinum**

- Männliche Personen und Berufe:
    der Schüler, der Schauspieler

- Tage, Monate, Jahreszeiten, Himmelsrichtungen:
    der Sonntag, der September, der Winter, der Süden

- Substantive, die von einem Verb abgeleitet sind, und die keine Endung anhängen:
    der Besuch (besuchen), der Ausblick (blicken), der Sprung (springen)

- Viele Substantive der folgenden Typen:
    | **-er**   | der Körp**er**      |
    |-----------|---------------------|
    | **-ling** | der Lehr**ling**    |
    | **-ig**   | der Kön**ig**       |
    | **-or**   | der Reakt**or**     |
    | **-en**   | der Reg**en**       |
    | **-us**   | der Kommunism**us**  |

### 3.1.2

**Femininum**

- weibliche Personen und Berufe:
    die Mutter, die Lehrerin

- Substantive, die von einem Verb abgeleitet sind, und die ein **t** anhängen:
    die Sucht (suchen), die Arbeit (arbeiten), die Tat (tun), die Fahrt (fahren)

- die Namen der meisten Flüsse:
    die Themse, die Elbe, die Donau (aber **der** Rhein)

**159**

- die Namen vieler Bäume:
  die Eiche, die Fichte, die Buche

- viele Substantive der folgenden Typen:

| | |
|---|---|
| **-a** | die Mens**a** |
| **-e** | die Reis**e** |
| **-ei** | die Töpfer**ei** |
| **-heit** | die Schön**heit** |
| **-ie** | die Euphor**ie** |
| **-ik** | die Phys**ik** |
| **-ion** | die Nat**ion** |
| **-keit** | die Freundlich**keit** |
| **-schaft** | die Meister**schaft** |
| **-tät** | die Majes**tät** |
| **-ung** | die Üb**ung** |

### 3.1.3

**Neutrum**

- die Namen der Kontinente, der meisten Städte und der meisten Länder:
  das verregnete Manchester, das vereinigte Deutschland

- die Verkleinerungsformen **-lein** und **-chen**:
  das Fräu**lein**, das Mäd**chen**

- Substantive der folgenden Typen:

| | |
|---|---|
| **-ent** | das Pergam**ent** |
| **-um** | das Zentr**um** |

- Verben im Infinitiv, die als Substantiv benutzt werden:
  das Rennen, das Erstaunen

- das Gerundium (vergleichbar mit der *-ing* Form im Englischen):

| | |
|---|---|
| **Das Mitnehmen** von alkoholischen Getränken ist untersagt. | *Bringing alcoholic drinks is prohibited.* |
| Ich habe den Dieb **beim Einbrechen** ertappt. | *I caught the thief as he was breaking in.* |

### 3.1.4

Einige Wörter können verschiedene Geschlechter haben:

| | |
|---|---|
| der Band | *volume (of book)* |
| die Band | *(musical) band* |
| das Band | *ribbon, tape* |
| der Gehalt | *content, capacity* |
| das Gehalt | *salary* |
| der Kiefer | *jaw* |
| die Kiefer | *pine-tree* |
| der Laster | *lorry* |
| das Laster | *vice* |
| der Mangel | *lack, shortage* |
| die Mangel | *mangle* |
| der See | *lake* |
| die See | *sea* |
| die Steuer | *tax* |
| das Steuer | *helm, rudder* |
| der Tor | *fool* |
| das Tor | *gate, goal* |

## 3.2 *Der Plural*

Die Pluralformen im Deutschen sind oft unregelmäßig, obwohl es einige Richtlinien und Faustregeln gibt. Am besten lernt man den Plural, wenn man das Wort selbst lernt.

### 3.2.1

Plural mit **-e**. Aus **a**, **o**, **u** wird **ä**, **ö**, **ü**. Gilt für maskuline und feminine Substantive.

| | |
|---|---|
| der Markt | die M**ä**rkt**e** |
| die Wand | die W**ä**nd**e** |
| der Duft | die D**ü**ft**e** |

### 3.2.2

Plural mit **-e**. Die Buchstaben **a**, **o**, **u** bleiben unverändert. Gilt für maskuline, feminine und neutrale Substantive.

| | |
|---|---|
| der Tag | die Tag**e** |
| der Ruf | die Ruf**e** |
| das Brot | die Brot**e** |

### 3.2.3

Plural **ohne Endung**. Aus **a**, **o**, **u** wird **ä**, **ö**, **ü**. Gilt für Substantive mit den Endungen **-el**, **-en**, **-er**.

| | |
|---|---|
| der Apfel | die **Ä**pfel |
| die Tochter | die T**ö**chter |
| der Ofen | die **Ö**fen |

### 3.2.4

Im Plural unverändertes Substantiv. Gilt für maskuline und neutrale Substantive mit den Endungen **-el**, **-en**, **-er**, **-chen**, **-lein**.

| | |
|---|---|
| der Bäcker | die Bäcker |
| das Fenster | die Fenster |
| der Engel | die Engel |

### 3.2.5

Plural mit **-er**. Aus **a**, **o**, **u** wird **ä**, **ö**, **ü**. Gilt für neutrale und einige maskuline Substantive.

| | |
|---|---|
| der Wald | die W**ä**ld**er** |
| das Haus | die H**ä**us**er** |
| das Schloß | die Schl**ö**ss**er** |

### 3.2.6

Plural mit **-(e)n**. Gilt für die meisten femininen Substantive und für Substantive der schwachen Deklination (der -n Deklination, siehe 2. 2. 2.)

| | |
|---|---|
| der Herr | die Herr**en** |
| die Freundschaft | die Freundschaft**en** |
| die Hoffnung | die Hoffnung**en** |
| das Hemd | die Hemd**en** |

### 3.2.7

Plural mit **-s**. Gilt für viele Fremdwörter und Kurzformen.

| | |
|---|---|
| der Park | die Park**s** |
| die Oma | die Oma**s** |
| das Hobby | die Hobby**s** |
| das Taxi | die Taxi**s** |

## 3.3 *Andere Bemerkungen*

### 3.3.1

Vorsicht! Manche Wörter sind im Deutschen Singular und im Englischen Plural:

| | |
|---|---|
| die Brille | *spectacles, glasses* |
| das Feuerwerk | *fireworks* |
| die Hose | *trousers* |
| der Inhalt | *contents* |
| die Kaserne | *barracks* |
| die Polizei | *police* |
| die Schere | *scissors* |
| die Statistik | *statistics* |
| die Treppe | *stairs* |
| die Umgebung | *surroundings* |
| das Werk | *works, factory* |

### 3.3.2

Manche Wörter kommen häufiger im Plural vor als im Singular:

| | |
|---|---|
| die Daten | *data* |
| die Informationen | *information* |
| die Nachrichten | *news* |
| die Zinsen | *interest (on savings etc.)* |

Vorsicht bei:

| | |
|---|---|
| Ostern | *Easter* |
| Pfingsten | *Whitsun* |
| Weihnachten | *Christmas* |

Als Subjekt sind diese Wörter Singular; sonst sind sie Plural.

Weihnachten war eine schöne Zeit für uns.
*Christmas was a very pleasant time for us.*
Wir hatten sehr schöne Weihnachten.
*We had a very pleasant Christmas.*

### 3.3.3

Einige Substantive existieren nur im Plural.

| | |
|---|---|
| die Eltern | (der Elternteil) |
| die Ferien | (der Ferientag) |
| die Leute | (der Mann/ die Frau) |
| die Möbel | (das Möbelstück) |

### 3.3.4

Bei einem zusammengesetzten Substantiv setzt man nur das letzte Wort in den Plural.

| | |
|---|---|
| der Stadtplan | die Stadt**pläne** |
| die Autobahn | die Auto**bahnen** |
| das Rathaus | die Rat**häuser** |

### 3.3.5

Einige Substantive haben eine besondere Pluralform:

| | | |
|---|---|---|
| der Atem | die Atemzüge | *breath* |
| die Furcht | die Befürchtungen | *fear* |
| der Luxus | die Luxusartikel | *luxury* |
| der Saal | die Säle | *hall* |
| das Spielzeug | die Spielsachen | *toy* |
| der Tod | die Todesfälle | *death* |
| das Versprechen | die Versprechungen | *promise* |

### 3.3.6

Bei Mengenangaben, die nach einer Zahl stehen, wird *nur im Femininum* die Pluralform benutzt.

| **Singular** | **Plural** |
|---|---|
| der Sack | die Säcke |
| ein Sack Pfirsiche | zwei Sack Pfirsiche |
| der Grad | die Grade |
| ein Grad Celsius | Hundert Grad Celsius |
| das Glas | die Gläser |
| ein Glas Limo | drei Glas Limo |
| das Paar | die Paare |
| ein Paar Schuhe | fünf Paar Schuhe |

Aber:

| | |
|---|---|
| eine Flasche Bier | zwei Flaschen Bier |
| eine Tüte Bonbons | zwei Tüten Bonbons |

Beachten Sie: **die Mark** ist eine Ausnahme.

Wieviel Geld hast du dabei?  Fünf Mark.

# 4 Pronomen

Da ein Pronomen die Rolle eines Substantivs (= eines Nomens) übernimmt, werden Pronomen dekliniert.

## 4.1 Das Personalpronomen

|               | Nom. | Akk. | Gen.  | Dat.  |
|---------------|------|------|-------|-------|
| 1. Pers. Sing. | ich  | mich | meiner | mir  |
| 2. Pers.       | du   | dich | deiner | dir  |
| 3. Pers.       | er   | ihn  | seiner | ihm  |
|                | sie  | sie  | ihrer  | ihr  |
|                | es   | es   | seiner | ihm  |
| 1. Pers. Pl.   | wir  | uns  | unser  | uns  |
| 2. Pers.       | ihr  | euch | euer   | euch |
|                | Sie  | Sie  | Ihrer  | Ihnen |
| 3. Pers.       | sie  | sie  | ihrer  | ihnen |

### Beachten Sie:

- Der Genitiv des Personalpronomens wird selten benutzt.

- In der dritten Person benutzt man das maskuline, das feminine oder das neutrale Pronomen, je nachdem, in welchem Geschlecht das ersetzte Substantiv steht.

  Der Tisch ist sehr schön. Ich möchte **ihn** kaufen.
  Die Katze war hungrig. Ich habe **ihr** etwas zu essen gegeben.
  Das Buch ist recht alt. **Es** ist teuer.

- Man sagt **Sie** zu Leuten (man siezt Leute), die über 16 sind, wenn man nicht abgemacht hat, daß man **du** sagt.

  Man sagt **du** zu Leuten (man duzt Leute), die
  – unter 16 sind;
  – Familienmitglieder oder gute Freunde sind;
  – Studenten sind, wenn man auch Student ist;
  – über 16 sind, wenn man es abgemacht hat.

  Man sagt auch **du**, wenn man Tiere (oder Gott) anspricht.
  **Ihr, euch** usw. ist die Pluralform von **du, dich** usw.
  Wenn man einen Brief schreibt, schreibt man **Du, Dich, Ihr, Euch** usw. groß.
     Wenn man nicht weiß, wie man eine Person ansprechen soll, sagt man lieber **Sie**.

## 4.2 Das Indefinitpronomen

### 4.2.1

#### „Man"

Das Indefinitpronomen **man** entspricht dem englischen Pronomen *one* = *you/someone/people*. Es hat drei Formen:

| Nom. | man   |
|------|-------|
| Akk. | einen |
| Dat. | einem |

- Mit **man** kann eine unbestimmte Person gemeint sein:
  Das hier ist ein sehr gutes Restaurant. **Man** geht gern dorthin, weil die Kellner sich sehr um **einen** kümmern und das Essen **einem** immer schmeckt.

- **Man** kann auch eine Mehrheit oder viele Menschen bezeichnen:
  In Deutschland ißt man abends kalt.                  *In Germany people/they have a cold meal in the evenings.*

- **Man** kann auch das Passiv ersetzen:
  Man gibt die Daten in den Computer ein.                  *You key the data into the computer.*

### 4.2.2

#### „Einer, eine, ein(e)s"

Das Indefinitpronomen **einer, eine, ein(e)s** entspricht dem englischen *one (of)*.

|      | Mask.  | Fem.  | Neut.    |
|------|--------|-------|----------|
| Nom. | einer  | eine  | ein(e)s  |
| Akk. | einen  | eine  | ein(e)s  |
| Dat. | einem  | einer | einem    |

**Einer** meiner besten Schüler möchte Deutsch studieren.
Ich habe drei schöne Brötchen. Möchtest du **eins** (davon)?

#### Beachten Sie:

Wenn man die Mehrzahl bildet, muß man **welche** nehmen.
Zum Beispiel:
  Hier oben soll es Wildschweine geben. Ja! Da sehe ich **welche**.

### 4.2.3

#### „Jemand"

Das Indefinitpronomen **jemand** bedeutet *someone, somebody*.

| Nom. | jemand      |
|------|-------------|
| Akk. | jemand(en)  |
| Gen. | jemandes    |
| Dat. | jemand(em)  |

Ich sehe **jemand(en)** hinter der Hecke.
Hast du schon von **jemand(em)** gehört?

### 4.2.4

#### „Etwas"

Das Wort **etwas** hat die gleiche Bedeutung wie das englische Wort *something*. **Etwas** wird nicht dekliniert.
  **Etwas** wird gleich passieren.
  Hat sie inzwischen **etwas** vom ihm gehört?

Das Wort **etwas** kann auch mit einem Adjektiv verbunden werden, wie z.B.:

| | |
|---|---|
| etwas **N**eues | *something new* |
| etwas **B**esseres | *something better* |
| etwas **S**chönes | *something beautiful* |

Vorsicht bei:

| | |
|---|---|
| etwas **a**nderes | *something else* |

## 4.3 *Das negative Pronomen*

### 4.3.1

**„Keiner, keine, keins"**

Das negative Pronomen **keiner**, **keine**, **keins** bedeutet *none, not one, not any*.

| | Mask. | Fem. | Neut. | Pl. |
|---|---|---|---|---|
| **Nom.** | keiner | keine | keins | keine |
| **Akk.** | keinen | keine | keins | keine |
| **Dat.** | keinem | keiner | keinem | keinen |

(Der Genitiv wird kaum gebraucht.)

Haben Sie eigentlich ein Auto? Nein, ich habe **keins**.
Bis jetzt habe ich mich mit **keinem** deiner Freunde unterhalten.

### 4.3.2

**„Niemand"**

Das negative Pronomen **niemand** bedeutet im Englischen *no-one, nobody*.

| | |
|---|---|
| **Nom.** | niemand |
| **Akk.** | niemand(en) |
| **Gen.** | niemandes |
| **Dat.** | niemand(em) |

Wir haben eine Fete organisiert, aber **niemand** ist gekommen.
Er ist so schlecht gelaunt, daß er mit **niemand(em)** zurechtkommt.

### 4.3.3

**„Nichts"**

Das Pronomen **nichts** hat die gleiche Bedeutung wie *nothing* im Englischen. Wie das Wort **etwas** wird das Wort **nichts** nicht dekliniert.

| | |
|---|---|
| Nichts gefällt ihm. | *Nothing pleases him.* |
| Das kostet nichts. | *That costs nothing.* |
| Sie haben mit nichts angefangen. | *They started with nothing.* |

Wie das Wort **etwas** kann **nichts** auch mit einem Adjektiv verbunden werden:

| | |
|---|---|
| Nichts Besonderes | *Nothing special* |
| Hast du nichts Besseres zu tun? | *Have you nothing better to do?* |

## 4.4 *Das Possessivpronomen*

Dieses wird wie das negative Pronomen **keiner**, **keine**, **keins** dekliniert (siehe 4.3.1 oben) und hat folgende Bedeutungen:

| | |
|---|---|
| meiner, meine, meins | *mine* |
| deiner, deine, deins | *yours* |
| seiner, seine, seins | *his* |
| ihrer, ihre, ihrs | *hers* |
| unserer, unsere, unsers | *ours* |
| eurer, eu(e)re, euers | |
| Ihrer, Ihre, Ihrs | *yours* |
| ihrer, ihre, ihrs | *theirs* |

| | |
|---|---|
| Ist das mein Bier oder **deins**? | *Is that my beer or yours?* |
| War es sein Fehler oder **ihrer**? | *Was it his mistake or hers?* |

## 4.5 *Das Interrogativpronomen*

### 4.5.1

**„Wer"**

Das Wort **wer** wird dekliniert und hat im Englischen folgende Bedeutungen:

| | | |
|---|---|---|
| **Nom.** | wer | *who* |
| **Akk.** | wen (oft mit Präposition) | *whom* |
| **Gen.** | wessen | *whose* |
| **Dat.** | wem (oft mit Präposition) | *whom* |

| | |
|---|---|
| **Wer** hat dir das gegeben? | *Who gave you that?* |
| **Wem** schenkst du das? | *Who are you giving that to? (To whom …)* |
| Gegen **wen** spielt deine Mannschaft heute? | *Who are your team playing today? (Against whom …)* |
| **Wessen** Stift ist das? | *Whose pen is that?* |

**Beachten Sie:**

Mit **wessen** Auto bist du gekommen? *Whose car did you come in?*

### 4.5.2

**„Was"**

Das Interrogativpronomen **was** (*what*) wird nicht dekliniert.

| | |
|---|---|
| **Was** (Nom.) war das? | *What was that?* |
| **Was** (Akk.) habt ihr gestern gemacht? | *What did you do yesterday?* |

**aber**

| | |
|---|---|
| **Womit** hat er die Küche geputzt? (Statt „mit was") | *What did he clean the kitchen with?* |
| **Woraus** besteht dieser Teig? (Statt „aus was") | *What does this dough consist of?* |

### 4.5.3

**„Welcher, welche, welches"**

Wenn man die Frage *which one(s)?* stellen will, benutzt man das Pronomen **welcher**, **welche**, **welches**. Es wird wie folgt dekliniert:

| | Mask. | Fem. | Neut. | Pl. |
|---|---|---|---|---|
| **Nom.** | welche**r** | welche | welche**s** | welche |
| **Akk.** | welche**n** | welche | welche**s** | welche |
| **Dat.** | welche**m** | welche**r** | welche**m** | welche**n** |

(Der Genitiv ist nicht gebräuchlich.)

| | |
|---|---|
| **Welcher** von ihnen ist es? | *Which one of them is it?* |
| **Welche** hast du gekauft? | *Which ones did you buy?* |

## 4.6 *Das Relativpronomen*

Mit dem Relativpronomen wird ein Relativsatz eingeleitet. Der Relativsatz definiert eine Person oder einen Gegenstand genauer.

### 4.6.1

**„Der, die, das"**
Man benutzt **der**, **die**, **das**, um *who(m)*, *that* oder *which* auszudrücken. Die Deklination sieht wie folgt aus:

|       | Mask.  | Fem.  | Neut.  | Pl.   |
|-------|--------|-------|--------|-------|
| **Nom.** | der    | die   | das    | die   |
| **Akk.** | den    | die   | das    | die   |
| **Gen.** | dessen | deren | dessen | deren |
| **Dat.** | dem    | der   | dem    | denen |

- Das Relativpronomen stimmt mit dem davorstehenden Substantiv überein, z.B.:
  Hast du **den Hund** gesehen, **der** mich gebissen hat?
  | (den Hund | = Maskulinum, Singular, Akkusativ |
  | der | = Maskulinum, Singular **aber** Nominativ) |

  **Die Frau**, **deren** Hut du gefunden hast, ist meine Mutter.
  | (die Frau | = Femininum, Singular, Nominativ |
  | deren | = Femininum, Singular **aber** Genitiv) |

  Wir folgten **den Leuten**, **die** er beschrieben hat.
  | (den Leuten | = Plural, Dativ |
  | die | = Plural **aber** Akkusativ) |

  **Das Haus**, vor **dem** ihr steht, ist sehr alt.
  | (das Haus | = Neutrum, Singular, Nominativ |
  | dem | = Neutrum, Singular **aber** Dativ) |
- Der Genitiv des Personalpronomens kann mit einer Präposition benutzt werden:
  Die Frau, **mit deren** Mann du Fußball spielst, ist meine Schwester.
  *The woman, with whose husband you play football, is my sister.*

### 4.6.2

**„Was"**
Das Wort **was** hat als Relativpronomen vier Funktionen:

- Es deutet auf ein Indefinitpronomen:
  Er sagte mir **alles**, **was** er wußte.   *He told me everything he knew.*
- Es deutet auf ein Adjektiv im Superlativ, das als Substantiv gebraucht wird:
  Das ist das Beste, **was** wir haben.   *That's the best we have.*
- Es deutet auf den ganzen Hauptsatz:
  Wir fahren bald in Urlaub, **was** wir für sehr sinnvoll halten.   *We're soon going on holiday, which we think is a very good idea.*
- Es übersetzt das Englische *what/that which*:
  **Das**, **was** er sagt, ist sehr vernünftig   *What he's saying is very sensible.*

### 4.6.3

**„Wo"**
Das Relativpronomen **wo** hat zwei Hauptfunktionen:

- Es bezieht sich auf einen Ort:
  Buxtehude, **wo** die Hunde mit den Schwänzen bellen, ist eine hübsche, kleine Stadt.
- Es kann zusammen mit einer Präposition benutzt werden, wenn der Nebensatz sich auf den ganzen Hauptsatz bezieht:
  Im Sommer fahren wir nach Amerika, **worauf** wir uns freuen.   *We're going to America in the summer, which we are very much looking forward to.*

# 5  *Deklination der Adjektive*

**Beachten Sie:**
Das Adjektiv wird nicht dekliniert, wenn es auf das Substantiv folgt (d.h. prädikativ benutzt wird).
Das **kalte** [dekliniert] Wasser im **großen** [dekliniert] Schwimmbad ist **herrlich** [nicht dekliniert]!

## 5.1 *Die schwache Deklination*

Diese wird zusammen mit dem bestimmten Artikel (der, die, das) oder mit Wörtern, die wie der bestimmte Artikel dekliniert werden (z.B. das Demonstrativum), verwendet.

|          | Mask.              | Fem.             | Neut.                | Pl.                 |
|----------|--------------------|------------------|----------------------|---------------------|
| **Nom.** | der klein**e** Mann | die klein**e** Frau | das klein**e** Pferd   | die klein**en** Tische |
| **Akk.** | den klein**en** Mann | die klein**e** Frau | das klein**e** Pferd   | die klein**en** Tische |
| **Gen.** | des klein**en** Mannes | der klein**en** Frau | des klein**en** Pferdes | der klein**en** Tische |
| **Dat.** | dem klein**en** Mann | der klein**en** Frau | dem klein**en** Pferd  | den klein**en** Tischen |

## 5.2 *Die gemischte Deklination*

Diese wird zusammen mit dem unbestimmten Artikel (ein, eine, ein), dem negativen Artikel (kein, keine, kein) oder dem Possessivum (mein, dein, sein usw.) verwendet.

|  | Mask. | Fem. | Neut. | Pl. |
|---|---|---|---|---|
| Nom. | ein klein**er** Mann | eine klein**e** Frau | ein klein**es** Pferd | meine klein**en** Fische |
| Akk. | einen klein**en** Mann | eine klein**e** Frau | ein klein**es** Pferd | meine klein**en** Fische |
| Gen. | eines klein**en** Mannes | einer klein**en** Frau | eines klein**en** Pferdes | meiner klein**en** Fische |
| Dat. | einem klein**en** Mann | einer klein**en** Frau | einem klein**en** Pferd | meinen klein**en** Fischen |

## 5.3 *Die starke Deklination*

Diese wird verwendet, wenn das Substantiv keinen Artikel o.ä. bei sich hat.
   Sie wird auch im Plural nach **einige**, **etliche**, **manche**, **mehrere**, **viele**, **wenige** verwendet.

|  | Mask. | Fem. | Neut. | Pl. |
|---|---|---|---|---|
| Nom. | klein**er** Mann | klein**e** Frau | klein**es** Pferd | klein**e** Fische |
| Akk. | klein**en** Mann | klein**e** Frau | klein**es** Pferd | klein**e** Fische |
| Gen. | klein**en** Mannes | klein**er** Frau | klein**en** Pferdes | klein**er** Fische |
| Dat. | klein**em** Mann | klein**er** Frau | klein**em** Pferd | klein**en** Fischen |

**Beachten Sie**, was mit dem Wort **alle** passiert:
   alle normalen Menschen (normalen = schwache Deklination)
**aber:**
   alle diese normalen Menschen (diese = starke Deklination, normalen = schwache Deklination)
   alle meine guten Freunde (meine = starke Deklination, guten = schwache Deklination)

## 5.4 *Das Demonstrativum*

Diese Wörter deuten auf bestimmte Personen oder Gegenstände hin.

### 5.4.1

**Dieser** (*this*); **jener** (*that*); **jeder** (*every*) werden folgendermaßen dekliniert:

|  | Mask. | Fem. | Neut. | Pl. |
|---|---|---|---|---|
| Nom. | dies**er** Mann | dies**e** Frau | dies**es** Pferd | dies**e** Fische |
| Akk. | dies**en** Mann | dies**e** Frau | dies**es** Pferd | dies**e** Fische |
| Gen. | dies**es** Mannes | dies**er** Frau | dies**es** Pferdes | dies**er** Fische |
| Dat. | dies**em** Mann | dies**er** Frau | dies**em** Pferd | dies**en** Fischen |

### 5.4.2

**Derjenige, der** (*the one who*); **derselbe** (*the self-same*) werden wie folgt dekliniert:

|  | Mask. | Fem. | Neut. | Pl. |
|---|---|---|---|---|
| Nom. | der**selbe** Mann | die**selbe** Frau | das**selbe** Pferd | die**selben** Fische |
| Akk. | den**selben** Mann | die**selbe** Frau | das**selbe** Pferd | die**selben** Fische |
| Gen. | des**selben** Mannes | der**selben** Frau | des**selben** Pferdes | der**selben** Fische |
| Dat. | dem**selben** Mann | der**selben** Frau | dem**selben** Pferd | den**selben** Fischen |

Das ist **derjenige, mit dem** ich mich gestern getroffen habe.    *That's the one (man) I met yesterday.*
Sie trägt **denselben** Pullover seit vier Wochen.    *She's been wearing the same pullover for four weeks.*

## 5.5 *Das Possessivum*

Dieses teilt uns mit, wem etwas gehört. Zu jedem Personalpronomen (4.1) gehört ein Possessivum.

| | |
|---|---|
| ich | mein |
| du | dein |
| er | sein |
| sie | ihr |
| es | sein |
| wir | unser |
| ihr | euer (eure usw.) |
| Sie | Ihr |
| sie | ihr |

Für die Deklination, siehe 2.3.1.

## 5.6 *Fragewörter*

### 5.6.1

**„Welcher"**

Das Wort **welcher** bedeutet *which* und wird wie **dieser** dekliniert.

**Welche** Ansichtskarte gefällt dir besser?    *Which postcard do you prefer?*

Über **welches** Thema schreiben Sie?    *Which topic are you writing about?*

### 5.6.2

**„Was für ein"**

Um zu sagen *what sort of*, sagt man **was für ein** oder **was für**. Das Wort **ein** wird wie der unbestimmte Artikel dekliniert.

In **was für ein** Restaurant gehen wir?    *What sort of restaurant are we going to?*

**Was für** Musik wurde gespielt?    *What sort of music was played?*

**Mit was für einem** Auto fahren sie?    *What sort of car are they travelling in?*

## 5.7 *Steigerung der Adjektive*

### 5.7.1

**Grundschema**

| Positiv | Komparativ | Superlativ |
|---|---|---|
| schön | schön**er** | **der** schön**ste**<br>**am** schön**sten** |
| bequem | bequem**er** | **der** bequem**ste**<br>**am** bequem**sten** |
| sicher | sicher**er** | **der** sicher**ste**<br>**am** sicher**sten** |

Die **am – Form** des Superlativs wird verwendet, wenn der Superlativ kein Substantiv bei sich hat:

Der Porsche ist **der schönste** Wagen.

Der Porsche ist **am schönsten**.

Ansonsten gelten dieselben Regeln für die Endungen von Adjektiven im Komparativ und im Superlativ wie für die Endungen von Adjektiven im Positiv.

Petra hat **einen guten** Mann geheiratet.

Heidi hat **einen besseren** Mann geheiratet.

Maria hat **den besten** Mann geheiratet.

### 5.7.2

Besondere Formen des Komparativs und des Superlativs:

- Aus **a o u** wird im Komparativ und Superlativ oft **ä ö ü**.

| | | |
|---|---|---|
| arm | ärmer | der ärmste<br>am ärmsten |
| groß | größer | der größte<br>am größten |
| kurz | kürzer | der kürzeste<br>am kürzesten |

*Andere Beispiele:*
alt, arg, hart, kalt, lang, nah, scharf, schwach, schwarz, stark, warm, grob, dumm, gesund, jung, klug

- unregelmäßige Formen

| | | |
|---|---|---|
| gut | besser | der beste<br>am besten |
| hoch | höher | der höchste<br>am höchsten |
| nah | näher | der nächste<br>am nächsten |
| viel | mehr | das meiste<br>die meisten<br>am meisten |

- Vorsicht auch bei

| | | |
|---|---|---|
| dunkel | dunkl**er** | der dunkel**ste**<br>am dunkel**sten** |
| teuer | teu**er** | der teuer**ste**<br>am teuer**sten** |

### 5.7.3

Wie vergleicht man?

- Für einen Vergleich gibt es folgende Möglichkeiten:

Die Ostsee ist **größer als** der Bodensee    *...bigger than ...*

Die Ostsee ist **nicht so** groß **wie** der Pazifik    *...not as big as ...*

- Wenn man zwei Vergleiche gleichzeitig machen will, gibt es folgende Möglichkeiten:

**Je** größer, **desto** besser.    *The bigger, the better*

**Je** kleiner, **um** so billiger.    *The smaller, the cheaper*

- Wenn man einen Komparativ betonen will, kann man folgendes schreiben:

Sie ist **noch** intelligenter als ich dachte. *(even more ...)*

Die Waren in diesem Geschäft werden **immer** teurer. *(more and more ...)*

## 5.7.4

Zusammen mit dem Superlativ wird oft der Genitiv verwendet:
Ben Nevis ist der **höchste** Berg **Schottlands**.
*Ben Nevis is the highest mountain in Scotland.*

## 5.8 *Adjektive als Substantive*

Das Adjektiv kann als Substantiv benutzt werden, vor allem wenn sonst nur ein Wort wie„Mann", „Frau", „Person" usw. hinter dem Adjektiv stehen würde. In diesem Fall wird das Adjektiv großgeschrieben und natürlich auch dekliniert.
*Beispiele:*

| **Statt:** | **sagt man:** |
|---|---|
| der blinde Mann | der Blinde |
| eine arbeitslose Frau | eine Arbeitslose |
| er lebt mit den armen Menschen | er lebt mit den Armen |

Siehe auch:  der/die Verwandte *relative*
der/die Bekannte *acquaintance*
der/die Kranke *invalid*
der/die Deutsche *German*
der/die Fremde *stranger*
der/die Reisende *traveller*

## 5.9 *Adjektive mit Präpositionen*

Viele Adjektive im Deutschen führen eine bestimmte Präposition mit sich. (Siehe hierzu auch Verben mit Präpositionen 10.23)

**Beispiele:**

| | | |
|---|---|---|
| beteiligt an | + Dat. | *involved in* |
| interessiert an | + Dat. | *interested in* |
| | | |
| neugierig auf | + Akk. | *curious about* |
| stolz auf | + Akk. | *proud of* |
| | | |
| dankbar für | + Akk. | *grateful for* |
| verantwortlich für | + Akk. | *responsible for* |
| | | |
| verliebt in | + Akk. | *in love with* |
| | | |
| bekannt mit | + Dat. | *acquainted with* |
| einverstanden mit | + Dat. | *in agreement with* |
| fertig mit | + Dat. | *finished with* |
| verheiratet mit | + Dat. | *married to* |
| verlobt mit | + Dat. | *engaged to* |
| verwandt mit | + Dat. | *related to* |
| zufrieden mit | + Dat. | *satisfied with* |
| | | |
| süchtig nach | + Dat. | *addicted to* |
| | | |
| froh über | + Akk. | *happy about* |
| | | |
| abhängig von | + Dat. | *dependent on* |
| enttäuscht von | + Dat. | *disappointed with* |
| | | |
| fähig zu | + Dat. | *up to, capable of* |

# 6 *Adverbien*

## 6.1 *Bildung von Adverbien*

Um ein Adverb zu bilden, gibt es diese Möglichkeiten:

### 6.1.1

Man verwendet ein undekliniertes Adjektiv.
Er läuft schnell.                  *He runs quickly.*
Sie hat das intelligent formuliert.  *She expressed that intelligently.*

### 6.1.2

Man fügt einem Wort ein Suffix hinzu, zum Beispiel **-e**, **-erweise**, **-lang**, **-lich**, **-lings**, **-(e)ns**, **-s**, **-wärts**, **-weise**.

*Beispiele:*
| | |
|---|---|
| lange | *for a long time* |
| merkwürdigerweise | *strangely* |
| minutenlang | *for minutes (on end)* |
| ehrlich | *really, honestly* |
| rücklings | *backwards, from behind, on one's back* |
| erstens | *firstly* |
| nachts | *by night* |
| vorwärts | *forwards* |
| stundenweise | *by the hour* |

### 6.1.3

Manche Wörter existieren nur als Adverbien.

*Beispiele:*
| | |
|---|---|
| fast | *almost* |
| immer | *always* |
| schon | *already* |
| vielleicht | *perhaps* |

## 6.2 *Kategorien von Adverbien*

Man kann Adverbien in folgende Kategorien einordnen:

### 6.2.1

**Lokaladverbien** beantworten die Fragen **wo?**, **woher?**, **wohin?**

*Beispiele:*

| | |
|---|---|
| außen | *outside* |
| da ⎫ dort ⎭ | *there* |
| hier | *here* |
| innen | *inside* |
| irgendwo | *somewhere* |
| nirgendwo | *nowhere* |
| oben | *at/on the top, upstairs* |
| unten | *at/on the bottom, downstairs* |

### 6.2.2

**Temporaladverbien** beantworten die Fragen **wann?**, **wie lange?**, **wie oft?**

*Beispiele:*

| | |
|---|---|
| anfangs | *at the start* |
| bisher | *up to now* |
| einmal | *once* |
| gelegentlich | *occasionally* |
| gestern | *yesterday* |
| häufig | *often* |
| heute | *today* |
| immer | *always* |
| nachher | *afterwards* |
| nie ⎫ nimmer ⎭ | *never* |
| oft | *often* |
| sofort | *straightaway* |

### 6.2.3

**Modaladverbien** beantworten die Frage **wie?**

*Beispiele:*

| | |
|---|---|
| gern | *gladly, willingly* |
| gut | *well* |
| teilweise | *partly* |
| vergebens | *in vain* |
| völlig | *completely* |

### 6.2.4

**Mit Interrogativadverbien/Fragewörtern** stellt man Fragen nach dem Inhalt eines Satzes.

*Beispiele:*

| | |
|---|---|
| Wo? | *Where?* |
| Woher? | *Where from?* |
| Wohin? | *Where to?* |
| Wann? | *When?* |
| Wie lange? | *How long?* |

| | |
|---|---|
| Wie oft? | *How often?* |
| Wie? | *How?* |
| Wodurch? ⎫ Womit? ⎭ | *How? By what means?* |
| Warum? ⎫ Weshalb? ⎭ | *Why? For what reason?* |
| Weswegen? ⎫ Wozu? ⎭ | *Why? To what end* |

## 6.3 *Steigerung der Adverbien*

Lesen Sie hierzu 5.7 über die Steigerung von Adjektiven.

Man sollte sich aber folgender Besonderheiten bewußt sein:

### 6.3.1

Unregelmäßige Formen:

| Positiv | Komparativ | Superlativ |
|---|---|---|
| bald | früher | am frühsten |
| gern | lieber | am liebsten |
| gut | besser | am besten |
| oft | öfter | am häufigsten |
| viel (sehr) | mehr | am meisten |

| | |
|---|---|
| Ich spiele **gern** Schach. | *I like playing chess.* |
| Ich spiele **lieber** Tennis. | *I prefer playing tennis.* |
| Ich spiele **am liebsten** Poker. | *I most like playing poker.* |

### 6.3.2

Besondere Formen des Superlativs:

| | |
|---|---|
| erstens | *firstly* |
| letztens | *most recently* |
| meistens | *mostly* |
| wenigstens | *at least* |

| | |
|---|---|
| äußerst gefährlich | *exceedingly dangerous* |
| höchst intensiv | *highly intensive* |
| möglichst billig ⎫ so billig wie möglich ⎭ | *as cheap(ly) as possible* |

**Beachten Sie:**

**Möglichst** kann nie nach dem bestimmten Artikel stehen. **Möglich** kann man jedoch den Superlativformen **best-**, **größt-**, **höchst-**, **kleinst-**, **kürzest-** anhängen, um ein Superlativadjektiv zu bilden.

| | |
|---|---|
| die bestmöglichen Ergebnisse | *the best possible results* |
| die höchstmögliche Bezahlung | *the highest possible payment* |

# 7 *Präpositionen*

Präpositionen fügen Wörter oder Wortgruppen innerhalb eines Satzes zusammen. Sie „regieren" bestimmte Fälle des Substantivs oder des Pronomens: den Akkusativ, den Genitiv oder den Dativ.

## 7.1 *Präpositionen mit dem Akkusativ*

durch; ohne; gegen; wider; um; für (= D O G W U F)

Nach dem Substantiv auch „entlang":
Wir gingen die Straße entlang.

## 7.2 *Präpositionen mit dem Genitiv*

| | | | |
|---|---|---|---|
| außerhalb | *outside* | innerhalb | *inside* |
| diesseits | *on this side* | jenseits | *beyond* |
| nördlich | *north of* | südlich | *south of* |
| oberhalb | *above* | unterhalb | *beneath* |

Heutzutage werden diese Präpositionen oft mit dem Dativ benutzt: statt (*instead of*); trotz (*in spite of*); während (*during*) ; wegen (*because of*).

Wir wohnen **nördlich des** Stadtzentrums.
*We live north of the town centre.*
**Trotz des schlechten Wetters** gingen sie spazieren.
*In spite of the bad weather, they went for a walk.*

## 7.3 *Präpositionen mit dem Dativ*

ab; aus; außer; bei; entgegen; gegenüber (meistens nach dem Substantiv); mit; nach; seit; von; vor (im Sinne von *ago*); zu

Vor dem Substantiv auch „entlang":
Entlang der Straße wachsen viele Bäume.

## 7.4 *Präpositionen mit dem Akkusativ oder dem Dativ*

Hier muß man unterscheiden, ob es sich um das Ziel (Akkusativ) oder den Ort (Dativ) eines Geschehens handelt.

an; auf; hinter; in; neben; über; unter; vor (im Sinne von *in front of* ); zwischen
Die Klasse geht um 13.00 in **die** Kantine.
Wir essen jeden Tag in **der** Kantine.

## 7.5 *Andere Bemerkungen*

### 7.5.1

**Bis** kann mit verschiedenen Präpositionen kombiniert werden. Hier sind einige Beispiele:

| | |
|---|---|
| bis an (+ Akk.) | *up to (the edge of)* |
| bis auf (+ Akk.) | *except for* |
| bis nach (+ Dat.) | *to (a place, when giving distance)* |
| bis zu (+ Dat.) | *up to* |

### 7.5.2

Wenn der Artikel unwichtig ist, kann man die folgenden **Kurzformen** bilden:

| | |
|---|---|
| am | = an dem |
| ans | = an das |
| beim | = bei dem |
| durchs | = durch das |
| im | = in dem |
| ins | = in das |
| vom | = von dem |
| zum | = zu dem |
| zur | = zu der |

### 7.5.3

Wenn eine Präposition vor einem Pronomen steht, das sich auf einen Gegenstand (nicht auf eine Person) bezieht, ersetzt man das Pronomen durch die Vorsilbe **da-** (**dar-** vor einem Vokal):

*Beispiele:*
**Statt:**
Hier ist ein bequemer Stuhl. Möchtest du **auf ihm** sitzen?
Wie findest du dieses Bild? Ich habe viel Geld **für es** ausgegeben.

**Sagt man:**
Hier ist ein bequemer Stuhl. Möchtest du **darauf** sitzen?
Wie findest du dieses Bild? Ich habe viel Geld **dafür** ausgegeben.

# 8 Bindewörter

Im allgemeinen fügen Bindewörter zwei Satzelemente zusammen.

## 8.1 Konjunktionen

und; sowohl … als auch; aber; sondern; denn; oder; entweder … oder; jedoch

Diese Wörter verbinden:

* zwei oder mehr Wörter

    Der Vormittag war trüb **und** kalt.

* Wortgruppen

    Was möchtest Du, die grüne Hose **oder** den roten Pullover?

* zwei Hauptsätze

    Ich sah sie, **aber** sie sah mich nicht.

    Wir erzählten weiter, obwohl es spät war **und** wir müde geworden waren.

## 8.2 Subjunktionen (unterordnende Konjunktionen)

### 8.2.1

Die untenstehenden Wörter verbinden einen Hauptsatz mit einem Nebensatz. Der Nebensatz wird immer vom Hauptsatz durch ein Komma bzw. durch Kommata getrennt. Das konjugierte Verb steht am Ende des Nebensatzes (siehe auch 1.6.1).

als; da; als ob; (an)statt daß; bevor/ehe; bis; damit; daß; es sei denn; falls; nachdem; ob; obgleich/obwohl/obschon; ohne daß; seit; so daß; sobald; während; weil; wenn

> Ich **koche** lieber etwas mehr, **falls** die ganze Familie kommen **sollte.**
> **Während** wir im Garten **spielten**, **bereitete** mein Vater das Mittagessen vor.
> Ich habe schon angerufen, **bevor** wir losgefahren sind.
> Wir sind nach Hause gekommen, **weil** es spät war.

### 8.2.2

Dieselben Regeln gelten auch für indirekte Fragen. Hier spielt ein Fragewort oder ein Interrogativpronomen die Rolle der Subjunktion.

> Ich weiß immer noch nicht, **wann** ich ankommen werde.
> Paul fragte, **was** er machen sollte.
> Dieser Lehrer will immer wissen, **wie** wir heißen!
> Weißt du eigentlich, **welchen** Kuchen wir essen dürfen?
> Sie will mir sagen, **wen** sie gestern gesehen hat.

# 9 Modalpartikeln

Diese kleinen Wörter geben einer Äußerung besondere modale oder emotionale Nuancen. Sie kommen hauptsächlich in der gesprochenen Sprache vor. Sie werden nicht dekliniert.

**Beispiele:**

**aber** – deutet auf eine (leichte) Überraschung hin:
Das ist aber schön! *That's beautiful!*

**denn** – deutet auf Interesse hin:
Was gibt's denn als Nachtisch? *What's for pudding?*

**doch** – man will den Gesprächspartner von der Wahrheit einer Äußerung überzeugen (dringender als **ja**):
Das habe ich dir doch schon gesagt. *I've already told you that.*

**eben/halt** – man drückte leichte Resignation aus:
Das ist eben/halt so. *That's the way it is.*

**ja** – man will den Gesprächspartner überreden (nicht so dringend wie **doch**):
Das meine ich ja. *That's what I think.*

**mal** – (a) drückt eine Aufforderung aus:
Komm mal her! *(Just) come here!*
Augenblick mal! *Just a moment!*
Halt mal fest! *Hold on tight!*
Laß mich mal sehen! *Let me see!*
   – (b) im Sinne von „einmal":
Ich habe sie mal gesehen. *I saw her once.*

**noch** – man will die Länge eines Zeitraums betonen:

| Unser Streit hat noch bis ins neue Jahr gedauert. | *Our argument went on into the New Year.* |

**schon** – (a) man will die Kürze eines Zeitraums betonen:

| Die Prüfungen waren schon gestern vorbei. | *The exams finished yesterday.* |

– (b) man will sagen, daß man sich ganz sicher ist:

| Das geht schon! | *That'll be alright!* |

**wohl** – man will sagen, daß man sich fast sicher ist:

| Das wird wohl gehen. | *That'll probably be alright.* |

**Beachten Sie:**

Es kommt manchmal vor, daß zwei Modalpartikeln zusammen erscheinen:

| Komm **doch mal** vorbei! | *Do come and visit us!* |
| Das habe ich ihm **schon mal** gesagt. | *I've told him that before.* |

# 10 *Verben*

Die Verben der deutschen Sprache sind in zwei Gruppen eingeteilt. Es gibt **schwache** (regelmäßige) Verben und **starke** (unregelmäßige) Verben. Es gibt auch einige **gemischte** Verben.

## 10.1 *Die Gegenwart (Indikativ)*

### 10.1.1

| Schwache Konjugation SPIELEN | | Starke Konjugation SEHEN | |
|---|---|---|---|
| ich | spiel**e** | ich | seh**e** |
| du | spiel**st** | du | s**ie**h**st** |
| er/sie/es | spiel**t** | er/sie/es | s**ie**h**t** |
| wir | spiel**en** | wir | seh**en** |
| ihr | spiel**t** | ihr | seh**t** |
| Sie/sie | spiel**en** | Sie/sie | seh**en** |

**Besondere Verben**

| HABEN | | SEIN | | WERDEN | |
|---|---|---|---|---|---|
| ich | habe | ich | bin | ich | werde |
| du | hast | du | bist | du | wirst |
| er/sie/es | hat | er/sie/es | ist | er/sie/es | wird |
| wir | haben | wir | sind | wir | werden |
| ihr | habt | ihr | seid | ihr | werdet |
| Sie/sie | haben | Sie/sie | sind | Sie/sie | werden |

**Beachten Sie:**

* Bei Verben der starken Konjugation wird der Verbstamm in der zweiten und dritten Person Singular oft verändert.

| **sehen** | ich sehe | du s**ie**hst | er/sie/es s**ie**ht |
| **laufen** | ich laufe | du l**äu**fst | er/sie/es l**äu**ft |
| **sprechen** | ich spreche | du spr**i**chst | er/sie/es spr**i**cht |

* Bei Verben der schwachen Konjugation, deren Stamm auf **-t** oder **-d** endet, muß man folgende Änderungen beachten:

| **arbeiten** | du arbeit**e**st | er/sie/man arbeit**e**t | ihr arbeit**e**t |
| **landen** | du land**e**st | er/sie/es land**e**t | ihr land**e**t |

### 10.1.2

Wenn eine Tätigkeit, ein Vorgang oder ein Zustand in der Vergangenheit angefangen hat und noch andauert, benutzt man, im Gegensatz zum Englischen, die Gegenwart.

| Ich **wohne** seit vier Jahren in München. | *I've been living in Munich for four years.* |
| Der Hund **liegt** seit heute vormittag vor dem Kamin. | *The dog's been lying in front of the fire since this morning.* |

## 10.2 *Das Imperfekt (Indikativ)*

Man benutzt das Imperfekt, wenn man eine Erzählung schreibt, oder wenn man über ein Ereignis objektiv und distanziert berichtet. Hilfsverben kommen öfter im Imperfekt als im Perfekt vor. Das Imperfekt wird häufiger in Norddeutschland verwendet. Das Perfekt wird öfter im süddeutschen Raum, in Österreich und in der Schweiz benutzt.

### 10.2.1

| Schwache Konjugation SPIELEN | | Starke Konjugation SEHEN | | Gemischte Konjugation RENNEN | |
|---|---|---|---|---|---|
| ich | spiel**te** | ich | sah | ich | rann**te** |
| du | spiel**test** | du | sah**st** | du | rann**test** |
| er/sie/es | spiel**te** | er/sie/es | sah | er/sie/es | rann**te** |
| wir | spiel**ten** | wir | sah**en** | wir | rann**ten** |
| ihr | spiel**tet** | ihr | sah**t** | ihr | rann**tet** |
| Sie/sie | spiel**ten** | Sie/sie | sah**en** | Sie/sie | rann**ten** |

| HABEN | SEIN | WERDEN |
|---|---|---|
| ich hatte | ich war | ich wurde |
| du hattest | du warst | du wurdest |
| er/sie/es hatte | er/sie/es war | er/sie/es wurde |
| wir hatten | wir waren | wir wurden |
| ihr hattet | ihr wart | ihr wurdet |
| Sie/sie hatten | Sie/sie waren | Sie/sie wurden |

## 10.2.2

Wenn eine Tätigkeit, ein Vorgang oder ein Zustand in der Vorvergangenheit angefangen hat und zur Zeit der Handlung eines Texts noch andauert, benutzt man, im Gegensatz zum Englischen, das Imperfekt.

| | |
|---|---|
| Sie **saß** schon seit einer Stunde in der Bibliothek, als sie das Geräusch hörte. | *She had already been sitting in the library for an hour when she heard the noise.* |

# 10.3 *Das Perfekt (Indikativ)*

Man benutzt das Perfekt, wenn man redet, wenn man informell schreibt, oder wenn man über ein Ereignis berichtet, das für einen noch lebendig ist.

## 10.3.1

### Bildung des Perfekts

Das Perfekt hat zwei Bestandteile:

- ein Hilfsverb (**haben** oder **sein**) in der Gegenwart

- ein Partizip Perfekt (in einem einfachen Satz befindet sich dieses am Ende des Satzes)

Die meisten Verben bilden das Perfekt mit **haben**. Es sind hauptsächlich die Verben der Bewegung (z.B **fahren**) oder des Zustandswechsels (z.B **aufwachen**), die das Perfekt mit **sein** bilden.
Ich **habe** gestern ein ganzes Buch **gelesen**.
Wir **haben** ein Eis und eine Portion Pommes **gekauft**.
Sie **ist** mit dem Auto nach Dänemark **gefahren**.

Eine Ausnahme ist **bleiben**:
Wir **sind** im Sommer zu Hause **geblieben**.

## 10.3.2

### Bildung des Partizip Perfekt (schwache Verben)

- Grundschema
  | | |
  |---|---|
  | spielen | **ge**spiel**t** |
  | kaufen | **ge**kauf**t** |

- Verben, deren Stamm auf **-t** oder **-d** endet
  | | |
  |---|---|
  | arbeiten | **ge**arbeit**et** |
  | baden | **ge**bad**et** |

- Verben, deren Stamm auf **-ier** endet
  | | |
  |---|---|
  | probieren | probier**t** |
  | organisieren | organisier**t** |

## 10.3.3

### Bildung des Partizip Perfekt (starke Verben)
Diese enden immer auf **-en**. Man muß die Formen lernen, wenn man das Verb selbst lernt.

| | |
|---|---|
| gehen | **gegangen** |
| laufen | **gelaufen** |
| ziehen | **gezogen** |

## 10.3.4

### Bildung des Partizip Perfekt (gemischte Verben)
Diese sind Verben, deren Stamm sich ändert (wie bei starken Verben) aber deren Partizip auf **-t** endet (wie bei schwachen Verben). Siehe hierzu auch 10.2.1, 10.3.3.

| | |
|---|---|
| brennen | **gebrannt** |
| bringen | **gebracht** |
| denken | **gedacht** |
| kennen | **gekannt** |
| rennen | **gerannt** |
| senden | **gesandt** |
| wenden | **gewandt** |

# 10.4 *Das Plusquamperfekt (Indikativ)*

Das Plusquamperfekt bezeichnet das, was noch vor allen anderen Handlungen, also in der Vorvergangenheit, passiert ist.

## 10.4.1

### Bildung des Plusquamperfekts
Das Plusquamperfekt ist dem Perfekt sehr ähnlich. Es besteht aus:

- einem Hilfsverb (**haben** oder **sein**) im **Imperfekt**

- einem Partizip Perfekt
  | | |
  |---|---|
  | Ich **hatte** Petra schon gesehen, bevor du mich anriefst. | *I had already seen Petra before you rang me.* |
  | Wir **gingen** ins Kino, nachdem wir **geschwommen waren**. | *We went to the cinema after we had been swimming.* |

# 10.5 *Die Zukunft (Indikativ)*

## 10.5.1

### Bildung der Zukunft

**werden** (in der Gegenwart) + Infinitiv (Endstellung)

| | |
|---|---|
| Ich **werde** morgen in den Bergen **wandern**. | *I shall go hiking in the mountains tomorrow.* |
| Im Sommer **werden** Heinz und Gabi nach Kreta **fliegen**. | *Heinz and Gabi will fly to Crete in the summer.* |

## 10.5.2

Die Zukunft wird oft durch die Gegenwart ersetzt.
| | |
|---|---|
| Ich **bin** um sieben Uhr da. | *I shall be there at seven o'clock.* |

# 10.6 *Die vollendete Zukunft (Indikativ)*

Die vollendete Zukunft benutzt man, wenn man in die Zukunft springt und von dem Standpunkt aus auf ein Ereignis zurückblickt, das vorbei ist. Man kann mit dieser Zeit auch eine Vermutung ausdrücken.

## 10.6.1

### Bildung der vollendeten Zukunft

**werden** (Gegenwart) + Partizip Perfekt + Hilfsverb im Infinitiv
(**haben/sein**)

| | |
|---|---|
| Ich werde um 10 Uhr dort angekommen sein. | *I will have arrived there at 10 o'clock.* |
| Heidi wird (wohl) die CD verliehen haben. | *Heidi will (probably) have lent out the CD.* |

# 10.7 *Der Konjunktiv*

Während der Indikativ die Wirklichkeit einer Aussage bezeichnet, drückt der Konjunktiv in seinen verschiedenen Formen Distanz zur Aussage (z.B. in der indirekten Rede) oder eine Hypothese (im Konditional) aus. Der Konjunktiv kann auch einen Imperativ in der dritten Person ausdrücken:

| | |
|---|---|
| Es **lebe** der König! | *Long live the king!* |

## 10.7.1

### Der Konjunktiv Gegenwart

Bei den meisten Verben benutzt man heutzutage nur die dritte Person Singular. Diese hat dieselbe Form wie die erste Person Singular Indikativ.

| | |
|---|---|
| Er meinte, sie **sehe** wie deine Freundin aus. | *He thought she looked like your girlfriend.* |
| Seine Mutter sagte, er **gehe** noch zur Schule. | *His mother said he still went to school.* |

Die Ausnahmen sind:
- die Modalhilfsverben im Singular (siehe 10.17.1)
- **haben** in der 2. Person Singular (habest)
- **sein**

| ich | sei |
|---|---|
| du | sei(e)st |
| er/sie/es | sei |
| wir | seien |
| ihr | seiet |
| Sie/sie | seien |

## 10.7.2

### Der Konjunktiv Imperfekt
(Aus **a**, **o**, **u**, wird immer **ä**, **ö**, **ü**.)

| Schwache Konjugation | Starke Konjugation SEHEN | | Gemischte Konjugation RENNEN | |
|---|---|---|---|---|
| (genau wie der Indikativ Imperfekt) | ich | sähe | ich | rennte |
| | du | sähest | du | renntest |
| | er/sie/es | sähe | er/sie/es | rennte |
| | wir | sähen | wir | rennten |
| | ihr | sähet | ihr | renntet |
| | Sie/sie | sähen | Sie/sie | rennten |

| SEIN | | HABEN | | WERDEN | |
|---|---|---|---|---|---|
| ich | wäre | ich | hätte | ich | würde |
| du | wärest | du | hättest | du | würdest |
| er/sie/es | wäre | er/sie/es | hätte | er/sie/es | würde |
| wir | wären | wir | hätten | wir | würden |
| ihr | wäret | ihr | hättet | ihr | würdet |
| Sie/sie | wären | Sie/sie | hätten | Sie/sie | würden |

Der Konjunktiv Imperfekt kann:

- in der indirekten Rede die Gegenwart in allen Personen ersetzen:

| | |
|---|---|
| Wir dachten, wir **hätten** schon eine Unterkunft. | *We thought we already had accommodation.* |

- eine höfliche Bitte ausdrücken:

| | |
|---|---|
| **Wäre** es möglich, daß wir etwas länger **blieben**? | *Would it be possible for us to stay a little longer?* |

# 10.8 *Die indirekte Rede*

## 10.8.1

Die indirekte Rede wird meistens durch Verben wie **sagen**, **glauben**, **behaupten**, **erzählen**, **fragen**, **wissen wollen** usw. eingeführt. Da man die Wahrheit der Aussage nicht immer nachprüfen kann, benutzt man oft den Konjunktiv (siehe 10.7.1 und 10.7.2).

**Beispiele:**

| *Direkte Rede* | *Indirekte Rede* |
|---|---|
| „Ich bin müde." | Er sagte, { daß er müde sei. / er sei müde. |
| „Wir haben Durst." | Sie sagten, { daß sie Durst hätten. / sie hätten Durst. |

(Hier wird der Konjunktiv Imperfekt benutzt, weil der Konjunktiv Gegenwart [**haben**] dieselbe Form wie der Indikativ Gegenwart hat.)

## 10.8.2

### Indirekte Fragen

Gibt es in der direkten Rede kein Fragewort, wird „ob" (*if*, *whether*) eingesetzt. Ansonsten benutzt man das Fragewort, das in der direkten Rede gebraucht wurde, als Subjunktion (siehe 8.2.2).

**Beispiele:**

| *Direkte Rede* | *Indirekte Rede* |
|---|---|
| „Bist du satt?" | Sie fragte mich, ob ich satt sei. |
| „Hast du Lust, uns zu begleiten?" | Sie wollten wissen, ob ich Lust hätte (*statt* habe), sie zu begleiten. |
| „Woher kommt sie?" | Er fragte, woher sie komme. |
| „Warum hat sie ihr Haus verkauft?" | Er wollte wissen, warum sie ihr Haus verkauft habe. |

## 10.8.3

### Der Imperativ in der indirekten Rede

Um einen Imperativ in der indirekten Rede auszudrücken, nimmt man **sollen** im Konjunktiv.

**173**

**Beispiele:**

| Direkte Rede | Indirekte Rede |
|---|---|
| „Bleib da!" | Er sagte, { daß ich da bleiben solle. |
| | ich solle da bleiben. |
| | (oder: Er befahl mir, da zu bleiben.) |
| „Hört sofort auf!" | Sie sagte, { daß wir sofort aufhören sollten. |
| | wir sollten sofort aufhören. |
| | (oder: Sie befahl uns, sofort aufzuhören.) |

**Beachten Sie:**

In der Umgangssprache wird der Indikativ viel öfter benutzt als der Konjunktiv.

# 10.9 *Das Konditional I*

Das Konditional I deutet auf das, was passieren könnte, wenn sich etwas ändert. Es wird oft zusammen mit dem Konjunktiv Imperfekt verwendet (siehe 10.7.2).

## 10.9.1

**Bildung des Konditionals I**

werden (Konjunktiv Imperfekt) + Infinitiv

| Ich würde dieses Buch kaufen, wenn ich genug Geld hätte. | *I would buy this book if I had enough money.* |
|---|---|
| Würdest du spazieren gehen, wenn ich mitkäme? | *Would you go for a walk if I came too?* |

## 10.9.2

Um einen Konditionalsatz zu bilden, muß man nicht immer **wenn** benutzen. Es gibt auch folgende Varianten:

• vorausgesetzt, daß *(provided that, providing)*

Vorausgesetzt, daß es nicht regnet, wird das Spiel heute stattfinden können.
*Providing it doesn't rain, the game will be able to take place today.*

• Inversion

Wäre er nicht zu früh angekommen, hätte er sie nicht gesehen.
*Had he not arrived too early, he wouldn't have seen her.*

• „Sollte"

Solltest du ihn finden, sag ihm Bescheid!
*Should you find him, tell him!*

# 10.10 *Das Konditional II*

Das Konditional II deutet auf gewünschte Änderungen in der Vergangenheit, die nicht mehr möglich sind.

## 10.10.1

**Bildung des Konditionals II**

werden (Konjunktiv Imperfekt) + Partizip Perfekt + Hilfsverb im Infinitiv (**sein/haben**);

**oder** (etwas besser):

Hilfsverb im Konjunktiv Imperfekt + Partizip Perfekt (siehe 10.3.2).

| Ich hätte die Wurst nicht gegessen, wenn du mir das gesagt hättest. | *I wouldn't have eaten the sausage if you'd told me that.* |
|---|---|
| Wir wären früher angekommen, wenn es nicht geregnet hätte. | *We would have arrived earlier if it hadn't been raining.* |

# 10.11 *Das Passiv*

## 10.11.1

Vergleichen Sie diese Sätze:

• Viele Leute essen Fisch. (**aktiver Satz**)

• Fisch wird von vielen Leuten gegessen. (**passiver Satz**)

Die Sätze haben die gleiche Aussage, aber im ersten Satz werden die Worte „Viele Leute" betont; im zweiten Satz wird das Wort „Fisch" betont. Im passiven Satz wird das Objekt des aktiven Satzes zum Subjekt gemacht.

Das Subjekt des aktiven Satzes (der **Macher**) kann im passiven Satz nach **von** (+ Dat.) oder **durch** (+ Akk.) erscheinen. Es wird jedoch oft ausgelassen.

## 10.11.2

**Das Verb im passiven Satz**

Als Hilfsverb nimmt man **werden** in der benötigten Zeit. Das Hauptverb des aktiven Satzes setzt man ins Partizip Perfekt.

Wenn man **werden** im Perfekt oder im Plusquamperfekt benutzt, ist das Partizip Perfekt **worden**, statt **geworden**.

| **Aktiv** | **Passiv** |
|---|---|
| Der Lehrer sammelt die Hefte ein. | Die Hefte werden (vom Lehrer) eingesammelt. |
| Viele Leute sahen das Stück. | Das Stück wurde (von vielen Leuten) gesehen. |
| Die Zuschauer haben das tolle Spiel bewundert. | Das tolle Spiel ist (von den Zuschauern) bewundert worden. |
| Die Gäste hatten den Salat aufgegessen, bevor ich ankam. | Der Salat war (von den Gästen) aufgegessen worden, bevor ich ankam. |

## 10.11.3

**Das Passiv von Verben, die den Dativ regieren (siehe unten 10.20)**

Da das Objekt von diesen Verben nicht im Akkusativ erscheint, kann man das Passiv nicht wie oben bilden. Es bestehen jedoch die folgenden Möglichkeiten:

| Man hilft ihm. | } | *He's being helped.* |
|---|---|---|
| Ihm wird geholfen. | | |
| Man folgte dem Verdächtigen. | } | *The suspect was followed.* |
| Dem Verdächtigen wurde gefolgt. | | |

### 10.11.4

**Das Passiv mit Modalverben**

Meistens werden nur zwei Zeiten benutzt, und zwar:

- die Gegenwart

| | |
|---|---|
| Die Tür muß gestrichen werden. | *The door must be painted.* |
| Der Computer kann ausgeschaltet werden. | *The computer can be switched off.* |

- das Imperfekt

| | |
|---|---|
| Die Schüler sollten nach Hause geschickt werden. | *The pupils were supposed to be sent home.* |
| Das alte Haus durfte nicht abgerissen werden. | *It was not permitted to pull the old house down.* |

### 10.11.5

**Andere Formen des Passivs**

Passivsätze können auch wie folgt gebildet werden:

- **mit „lassen"**

Das läßt sich nicht machen.
*That can't be done.*

- **mit dem Infinitiv** (**der Infinitiv mit „zu"** hat oft eine passive Bedeutung)

Diese Frage ist nicht zu beantworten.
*This question is not to be (cannot be) answered.*

- **mit „man"**

(Siehe auch 4.2.1)
Man spricht Englisch hier.
*English is spoken here.*

### 10.11.6

Beachten Sie! Das Passiv beschreibt einen Vorgang:
Die Tür wird geschlossen.   *The door is (being) closed.*

Wenn statt eines Vorgangs ein Zustand beschrieben wird, benutzt man **sein** mit dem Partizip Perfekt:
Die Tür ist geschlossen.   *The door is (stands) closed.*

## 10.12 *Der Imperativ*

Der Imperativ drückt einen Befehl oder eine dringende Bitte aus.

### 10.12.1

**Bildung des Imperativs**

Der Imperativ wird aus der 2. Person wie folgt gebildet:

- die **du-Form**

| | |
|---|---|
| Stehst du auf? | Steh auf! |
| Bleibst du hier? | Bleib hier! |
| Liest du mir das vor? | Lies mir das vor! |
| Siehst du nach? | Sieh nach! |

Vorsicht bei:

| | |
|---|---|
| Fährst du mit? | Fahr doch mit! |
| Läufst du jetzt los? | Lauf los! |

| | |
|---|---|
| Bist du vernünftig? | Sei vernünftig! |
| Hast du …? | Hab …! |

(Aus stilistischen Gründen wird dem Imperativ manchmal **-e** angehängt.)

- die **ihr-Form**

Man nimmt die übliche **ihr-Form** ohne das Wort **ihr**:
Lest eure Bücher!
Seid nicht so dumm!

- die **Sie-Form**

Man nimmt die übliche **Sie-Form** mit Inversion:
Kommen Sie bitte hierher!
Fahren Sie doch mit!

Vorsicht bei „sein":
Seien Sie doch freundlich!

### 10.12.2

Um den Imperativ der 1. Person Plural zu bilden, gibt es folgende Möglichkeiten:

- **Inversion**

Gehen wir dorthin!
Sprechen wir mit ihnen!

- **Wollen**

Wir wollen losfahren!
Wir wollen den Audi kaufen!

- **Lassen**

| | |
|---|---|
| Laß uns | in diesem Restaurant essen! |
| Laßt uns | Champagner bestellen! |
| Lassen Sie uns | die schönen Radierungen anschauen! |

### 10.12.3

Manchmal wird statt eines Imperativs der Infinitiv benutzt, z.B. in Kochrezepten.

| | |
|---|---|
| Die Eier trennen. | *Separate the eggs.* |
| Den Teig kneten. | *Knead the dough.* |
| Türen schließen. | *Close the doors.* |

## 10.13 *Reflexive Verben*

### 10.13.1

Im Deutschen gibt es reflexive Verben mit dem Reflexivpronomen sowohl im Akkusativ als auch im Dativ.

Reflexive Verben bilden das Perfekt und das Plusquamperfekt immer mit **haben**.

## 10.13.2

**Das Reflexivpronomen im Akkusativ**

| | | |
|---|---|---|
| Ich ziehe | **mich** | an. |
| Hast du | **dich** | schon gewaschen? |
| Er zieht | **sich** | gerade an. |
| Sie hat | **sich** | im Urlaub gut erholt. |
| Es handelt | **sich** | um deine Zukunft. |
| Wir verstehen | **uns** | sehr gut. |
| Seit wann kennt ihr | **euch** | so gut? |
| Setzen Sie | **sich** | bitte hin! |
| Sie werden | **sich** | bald scheiden lassen. |

## 10.13.3

**Das Reflexivpronomen im Dativ**

| | | |
|---|---|---|
| Ich kämme | **mir** | die Haare. |
| Siehst du | **dir** | die Angebote an? |
| Er traut | **sich** | vieles zu. |
| Sie muß | **sich** | seine neue Adresse merken. |
| Es (das Tier) hat | **sich** | am Rücken verletzt. |
| Wir haben | **uns** | viel vorgenommen. |
| Ihr holt | **euch** | bestimmt einen Sonnenbrand! |
| Haben Sie | **sich** | in die Hand geschnitten? |
| Sie schreiben | **sich** | gegenseitig Briefe. |

# 10.14 *Trennbare und untrennbare Verben*

## 10.14.1

Ein Präfix kann die Bedeutung eines einfachen Verbs komplett ändern.

| | |
|---|---|
| kommen | *to come* |
| **an**kommen | *to arrive* |
| **be**kommen | *to get* |
| **um**kommen | *to die* |
| **ver**kommen | *to go to waste, go bad* |

## 10.14.2

**Untrennbare Verben**
Diese Präfixe sind immer untrennbar:
**be**-; **emp**-; **ent**-; **er**-; **ge**-; **miß**-; **ver**-; **zer**-
Verben mit diesen Präfixen bilden das Partizip Perfekt ohne „ge-": z.B.
**be**gonnen, **emp**fangen, **er**laubt usw.
Untrennbare Präfixe werden nie betont.

## 10.14.3

**Trennbare Verben**
Diese Präfixe sind immer trennbar:
ab-; an-; auf-; aus-; bei-; daher-; dahin-; dar-; ein-; empor-; entgegen-;
entzwei-; fort-; her-; hin-; inne-; los-; mit-; nach-; nieder-; statt-; teil-;
vor-; voran-; voraus-; vorbei-; vorüber-; weg-; zu-; zurück-; zusammen-

Verben mit diesen Präfixen bilden das Partizip Perfekt mit „ge-": z.B.
an**ge**kommen, entzwei**ge**schnitten, teil**ge**nommen usw.

Trennbare Präfixe werden immer betont.

## 10.14.4

Diese Präfixe können sowohl trennbar als auch untrennbar sein:
durch-; hinter-; über-; um-; unter-; voll-; wider-; wieder-
**Beispiele:**

| Trennbar (Präfix betont) | | Untrennbar (Präfix nicht betont) | |
|---|---|---|---|
| **durch**schauen | *to look through* | durchschauen | *to see through (lie etc.)* |
| **über**setzen | *to ferry across* | übersetzen | *to translate* |
| **unter**halten | *to hold under* | unterhalten | *to entertain, maintain* |

## 10.14.5

**Trennbare Verben in Sätzen**
- Die Gegenwart und das Imperfekt

| | |
|---|---|
| Das Spiel fängt um 3 Uhr an. | *The match begins at 3 o'clock.* |
| Er kaufte Brot, Wurst und Käse ein. | *He bought bread, sausage and cheese.* |

- Das Partizip Perfekt

| | |
|---|---|
| Wir sind gestern zurückgekommen. | *We returned yesterday.* |
| Alle Stimmen sind abgegeben worden. | *All votes have been cast.* |

- Der Infinitiv mit „zu"

| | |
|---|---|
| Meine Eltern haben vor, morgen nachmittag einzutreffen. | *My parents plan to arrive tomorrow afternoon.* |
| Ohne seinen Pullover anzuziehen, lief er aus dem Haus. | *Without putting his pullover on, he ran out of the house.* |

- Nebensätze

| | |
|---|---|
| Sie fragte mich, ob der Zug bald abfährt. | *She asked me if the train left soon.* |
| Wir erfuhren, daß vier Menschen in der Lawine umkamen. | *We learnt that four people died in the avalanche.* |

# 10.15 *Lassen als Hilfsverb*

Wenn **lassen** als Hilfsverb mit dem Infinitiv eines anderen Verbs benutzt wird, wird es mit *to have something done* oder *to let someone/something do something* übersetzt.

Das Partizip Perfekt heißt **lassen**.

| | |
|---|---|
| Ich lasse mir morgen die Haare schneiden. | *I'm having my hair cut tomorrow.* |
| Er ließ sein Auto bei Müller reparieren. | *He had his car repaired at Muller's.* |
| Wir haben uns einen Tisch reservieren lassen. | *We've had a table reserved.* |
| Sie läßt die Spiele beginnen. | *She lets the games begin.* |

# 10.16 *Das Partizip Präsens*

## 10.16.1

### Bildung des Partizip Präsens

Infinitiv + **d**:  schlafend    *sleeping*
             leidend      *suffering*
             lächelnd     *smiling*

## 10.16.2

Die „-ing Form", die im Englischen sehr oft vorkommt, wird im Deutschen nur relativ selten durch das Partizip Präsens ausgedrückt. Stattdessen gibt es folgende Möglichkeiten:

• Das Gerundium (Siehe auch 3.1.3).

**Beispiele:**

| | |
|---|---|
| Briefmarkensammeln ist ein Hobby von mir. | *Stamp collecting is a hobby of mine.* |
| Er verletzte sich **beim** Joggen. | *He injured himself **while** jogging.* |
| Zum Glück habe ich jetzt Zeit und Lust **zum** Lernen. | *Fortunately I've now got the time and the inclination to learn (**for** learning).* |
| (*nur* in der Umgangssprache: Sie ist gerade am Zähneputzen. | *She's just cleaning her teeth.*) |

• Der Infinitiv mit „zu"

**Beispiele:**

| | |
|---|---|
| Wir sind daran gewöhnt, in diesem Restaurant zu essen. | *We're used to eating in this restaurant.* |
| Er ist nicht fähig, für die Nationalmannschaft zu spielen. | *He's not capable of playing for the national team.* |
| Ohne den Fernseher auszuschalten, verließ sie das Zimmer. | *Without switching off the television, she left the room.* |
| Statt auf den Bus zu warten, ging er zu Fuß. | *Instead of waiting for the bus he walked.* |

• Einige Subordinationen mit einem Nebensatz

**Beispiele:**

**Anstatt daß sie** das Schloß **besichtigten**, besuchten wir alle ein Eiscafé.
*Instead of their looking at the castle we all visited an ice-cream parlour.*
Vervollständigen Sie den Satz, **indem Sie** ein Wort in die Lücke **einfügen**.
*Complete the sentence **by putting** a word in the gap.*
Der Minister trat zurück, **ohne daß er** dazu gezwungen werden **mußte**.
*The minister resigned **without (his) having** to be compelled to do so.*
**Trotzdem sie** oft **anrief**, konnten wir nicht mit ihr reden.
*Despite her phoning often we weren't able to speak to her.*
**Während er** in den Bergen **wanderte**, sah er viele Rehe.
*While biking in the mountains he saw many deer.*

# 10.17 *Die Modalhilfsverben*

Modalhilfsverben bereichern die Sprache, indem Sie uns erlauben, Nuancen zu setzen. Sie werden meistens mit dem Infinitiv eines anderen Verbs benutzt.

## 10.17.1

### Die Zeiten

• Die Gegenwart (Indikativ)

| | DÜRFEN | KÖNNEN | MÖGEN | MÜSSEN | SOLLEN | WOLLEN |
|---|---|---|---|---|---|---|
| ich | darf | kann | mag | muß | soll | will |
| du | darfst | kannst | magst | mußt | sollst | willst |
| er/sie/es | darf | kann | mag | muß | soll | will |
| wir | dürfen | können | mögen | müssen | sollen | wollen |
| ihr | dürft | könnt | mögt | müßt | sollt | wollt |
| Sie/sie | dürfen | können | mögen | müssen | sollen | wollen |

• Die Gegenwart (Konjunktiv)

| | | | | | | |
|---|---|---|---|---|---|---|
| ich | dürfe | könne | möge | müsse | solle | wolle |
| du | dürfest | könnest | mögest | müssest | sollest | wollest |
| er/sie/es | dürfe | könne | möge | müsse | solle | wolle |

Für den Plural der Modalhilfsverben in der Gegenwart(Konjunktiv) gibt es keine eigenen Formen. Stattdessen nimmt man die Formen des Imperfekts (Konjunktiv).

• Das Imperfekt (Indikativ)
  Wenn man ein Modalhilfsverb in der Vergangenheit braucht, nimmt man meistens das Imperfekt.

| | | | | | | |
|---|---|---|---|---|---|---|
| ich durfte | konnte | mochte | mußte | sollte | wollte | |
| du durftest | konntest | mochtest | mußtest | solltest | wolltest | |
| er/sie/es | durfte | konnte | mochte | mußte | sollte | wollte |
| wir durften | konnten | mochten | mußten | sollten | wollten | |
| ihr durftet | konntet | mochtet | mußtet | solltet | wolltet | |
| Sie/sie | durften | konnten | mochten | mußten | sollten | wollten |

• Das Imperfekt (Konjunktiv)

| | | | | | | |
|---|---|---|---|---|---|---|
| ich dürfte | könnte | möchte | müßte | sollte | wollte | |
| du dürftest | könntest | möchtest | müßtest | solltest | wolltest | |
| er/sie/es | dürfte | könnte | möchte | müßte | sollte | wollte |
| wir dürften | könnten | möchten | müßten | sollten | wollten | |
| ihr dürftet | könntet | möchtet | müßtet | solltet | wolltet | |
| Sie/sie | dürften | könnten | möchten | müßten | sollten | wollten |

• Das Perfekt und das Plusquamperfekt (Indikativ und Konjunktiv)

Das Partizip Perfekt eines Modalhilfsverbs gleicht dem Infinitiv, wenn das Modalhilfsverb mit einem anderen Infinitiv verwendet wird. Sonst sind die Partizipien wie folgt:

gedurft; gekonnt; gemocht; gemußt; gesollt; gewollt

Ich habe es nicht machen können **aber** Ich habe das nie gekonnt.

**177**

- Der Konjunktiv Plusquamperfekt

Diese Zeit wird wie folgt gebildet:

Konjunktiv Imperfekt von **haben** + Infinitiv + Modalhilfsverb im Infinitiv

**Beispiele:**

| | |
|---|---|
| Ich hätte früher kommen dürfen. | *I would have been allowed to come earlier.* |
| Ich hätte früher kommen können. | *I could have come earlier.* |
| Ich hätte früher kommen mögen. ⎫<br>Ich wäre gern früher gekommen. ⎬ | *I would have liked to come earlier.* |
| Ich hätte früher kommen müssen. | *I would have had to come earlier.* |
| | *I should have come earlier.* |
| Ich hätte früher kommen sollen. | *I (really) should have come earlier.* |
| Ich hätte früher kommen wollen.<br>(Diese Form kommt selten vor.) | *I would have wanted to come earlier.* |

Beachten Sie! Es gibt einen wichtigen Unterschied zwischen:

**1**

**a** Es könnte in der Nacht geregnet haben. *It could have rained in the night.*

**b** Es muß in der Nacht geregnet haben. *It must have rained in the night.*

und

**2**

**a** Es hätte in der Nacht regnen können. *It could have rained in the night.*

**b** Es hätte in der Nacht regnen müssen. *It should have rained in the night.*

In 1(a) & (b) **vermutet** man, daß es in der Nacht geregnet hat. In 2(a) & (b) **bereut** man die Tatsache, daß es in der Nacht nicht geregnet hat.

## 10.17.2

### Funktionen der Modalhilfsverben

- **dürfen**

| | |
|---|---|
| Ich darf bis 7 Uhr aufbleiben. | *I may/can stay up till 7 o'clock.* |
| Darf ich mir noch ein Stück Kuchen nehmen? | *May I take another piece of cake?* |
| In diesem Abteil darf man nicht rauchen. | *You're not allowed to smoke in this compartment.* |
| Das dürfte nicht schwierig sein. | *That shouldn't be difficult.* |
| Als Kind durfte ich so viel Obst essen wie ich wollte. | *As a child I was allowed to eat as much fruit as I wanted.* |

- **können**

| | |
|---|---|
| Kann er schon schwimmen? | *Can he swim yet?* |
| Das kann sein. | *That may be.* |
| Mit 10 Monaten konnte sie schon gehen. | *She could (= was able to) walk when she was 10 months.* |
| Könntest du die Tür aufmachen? | *Could you (would you be able to) open the door?* |
| Es könnte schwierig werden. | *It could be difficult.* |
| Er könnte es getan haben. | *He might have done it.* |

- **mögen** (dient oft auch als Vollverb)

| | |
|---|---|
| Ich mag es nicht essen. | *I don't like to eat it* (Vgl. ich esse es nicht gern). |
| Sie mochte ihn nie. | *She never liked him.* |
| Wir möchten eine Tasse Kaffee (trinken). | *We'd like (to drink) a cup of coffee.* |

- **müssen**

| | |
|---|---|
| Unsere Hausaufgaben müssen bis morgen fertig sein. | *Our homework has to be ready by tomorrow.* |
| Sie müssen früh aufstehen. | *They have to get up early.* |
| Muß ich das? | *Do I have to do that?* |
| Hier muß man nicht ständig an die Arbeit denken. | *You don't have to think of work all the time here.* |
| Was mußtet ihr machen? | *What did you have to do?* |
| Er mußte den Hof kehren. | *He had to sweep the yard.* |
| Sie sagte, sie müsse ihm helfen. | *She said she had to help him.* |
| Das müßte ungefähr hinkommen. | *That ought to be about right.* |

- **sollen**

| | |
|---|---|
| Du sollst anrufen! | *You should phone!* |
| Er soll sehr intelligent sein. | *He's supposed (said) to be very intelligent.* |
| Wir sollten früh ankommen. | *We ought to/should arrive early.* |
| Sie sollte erfolgreich sein. | *She was to be successful.* |
| Ich sollte mir wirklich eine neue Brille kaufen! | *I really ought to buy a new pair of spectacles!* |

- **wollen**

| | |
|---|---|
| Wir wollen im Sommer nach Deutschland fahren. | *We want (intend) to travel to Germany in the summer.* |
| Wollt ihr mitkommen? | *Do you want to come too?* |
| Ich will eben losfahren. | *I'm just about to leave.* |
| Er wollte gestern schon da sein. | *He wanted to be there yesterday.* |
| Sie wollte mir einfach nicht helfen. | *She simply wasn't prepared to help me.* |
| Wollten Sie eben etwas sagen? | *Were you about to say something?* |

## 10.17.3

Im Deutschen ist es nicht möglich zu sagen: *I would like/I want someone to do something.*

Stattdessen sagt man: **möchten/wollen, daß + Nebensatz.**

**Beispiele:**

| | |
|---|---|
| Ich möchte, daß er mich anruft. | *I'd like him to phone me.* |
| Sie will, daß wir ins Kino gehen. | *She wants us to go to the cinema.* |

## 10.18 *Der Infinitiv mit „zu"*

### 10.18.1

Der Infinitiv mit **zu** steht bei allen Verben, außer bei

- den Modalhilfsverben (siehe 10.17)

- folgenden Verben: bleiben; gehen; helfen; hören; kommen; lassen; lehren; lernen; sehen
  Beispiele:
  Wir planen, einen Porsche zu kaufen.
  Er freut sich, die tolle Nachricht erhalten zu haben.
  Helga hat die Absicht, die Schule zu verlassen.
  Ohne auf eine Antwort zu warten, betrat er das Zimmer.
  **aber**
  Ich sehe ihn kommen.
  Wir hörten die Kinder lachen.

### 10.8.2

Der Infinitiv mit **zu** steht auch beim Ausdruck **um ... zu** (*in order to*)
Er arbeitet, um ein Auto zu kaufen.
Um glücklich zu sein, muß man nicht unbedingt reich sein!

## 10.19 *Verben, die den Genitiv regieren*

Nur wenige Verben gehören zu dieser Gruppe:

gedenken; sich schämen

Ich schäme mich mein**es** Verbrechen**s**.
*I'm ashamed of my crime.*

## 10.20 *Verben, die den Dativ regieren*

Einige wichtige Verben gehören dieser Gruppe an:

antworten; begegnen; danken; dienen; folgen; gefallen; gehorchen; gehören; gelingen; geschehen; glauben; gleichen; helfen; leidtun; passieren; raten; schaden; schmecken; vertrauen; vorkommen; wehtun; zuhören; zusehen

| | |
|---|---|
| Was ist **dir** passiert? | *What's happened to you?* |
| Sie glaubt **mir** nie. | *She never believes me.* |
| Sie tun **ihr** leid. | *She feels sorry for them.* |
| Kann ich **Ihnen** helfen? | *Can I help you?* |

## 10.21 *Unpersönliche Verben*

Diese Verben haben immer **es** als Subjekt.

### 10.21.1

**Das Wetter**
es regnet
es schneit     usw.

### 10.21.2

**Unpersönliche Verben mit dem Dativ**
es bangt (mir vor + Dat.)
es fehlt (mir an + Dat.)
es gefällt (mir)
es schmeckt (mir nach + Dat.)     usw.

### 10.21.3

**Unpersönliche Verben mit einer Präposition**
es geht um + Akk.
es handelt sich um + Akk.

## 10.22 *Transitive und intransitive Verben*

Transitive Verben haben ein direktes Objekt (d.h. ein Objekt im Akkusativ) bei sich.

| | |
|---|---|
| Ich verlasse **euch** jetzt. | *I'm leaving you now.* |
| Er fährt **einen sehr alten Wagen**. | *He drives a very old car.* |

Intransitive Verben haben **kein** direktes Objekt bei sich.

| | |
|---|---|
| Ich gehe jetzt weg. | *I'm leaving now.* |
| Er fährt mit einem sehr alten Wagen zur Arbeit. | *He drives to work in a very old car.* |

**Beachten Sie:**

Alle transitiven Verben bilden das Perfekt bzw. das Plusquamperfekt mit **haben**. Demzufolge kann **fahren** sowohl mit **haben** als auch mit **sein** das Perfekt bilden.

| | |
|---|---|
| Ich habe den Wagen in die Werkstatt gefahren. | *I drove the car to the garage.* |
| Ich bin mit dem Wagen nach Deutschland gefahren. | *I went to Germany by car.* |

## 10.23 *Verben mit Präpositionen*

Wie im Englischen gibt es sehr viele Verben im Deutschen, die eine bestimmte Präposition bzw. verschiedene Präpositionen mit sich führen können. Hier sind einige Beispiele:

| | |
|---|---|
| denken an + Akk. | *to think of* |
| sich erinnern an + Akk. | *to remember* |
| leiden an + Dat. | *to suffer from* |
| teilnehmen an + Dat. | *to take part in* |
| achten auf + Akk. | *to pay attention to* |
| sich freuen auf + Akk. | *to look forward to* |
| warten auf + Akk. | *to wait for* |
| bestehen aus + Dat. | *to consist of* |
| sich bedanken für + Akk. | *to say thank you for* |
| sorgen für + Akk. | *to take care of, look after* |
| sprechen mit + Dat. | *to speak, talk to* |
| sich unterhalten mit + Dat. | *to converse with* |

| | |
|---|---|
| duften nach + Dat. | *to smell of* |
| fragen nach + Dat. | *to ask about* |
| riechen nach + Dat. | *to smell of* |
| schmecken nach + Dat. | *to taste of* |
| suchen nach + Dat. | *to look for* |
| | |
| sich ärgern über + Akk. | *to get annoyed about* |
| sich freuen über + Akk. | *to be pleased about* |
| lachen über + Akk. | *to laugh about* |
| | |
| sich bewerben um + Akk. | *to apply for* |
| es handelt sich um + Akk. | *it is a matter of* |
| sich kümmern um + Akk. | *to look after, take care of* |
| | |
| reden von + Dat. | *to speak about* |
| träumen von + Dat. | *to dream about* |
| | |
| sich fürchten vor + Dat. | *to be afraid of* |
| sich retten vor + Dat. | *to escape from* |
| warnen vor + Dat. | *to warn of, about* |
| | |
| meinen zu + Dat. | *to think of* |
| sagen zu + Dat. | *to say to* |

# Unregelmäßige Verben

| Infinitiv *und englische Bedeutung* | Gegenwart (3. Person unregelmäßig) | Imperfekt (und Konjunktiv) | Partizip Perfekt (*=SEIN) | Infinitiv *und englische Bedeutung* | Gegenwart (3. Person unregelmäßig) | Imperfekt (und Konjunktiv) | Partizip Perfekt (*=SEIN) |
|---|---|---|---|---|---|---|---|
| **BACKEN** *bake* | | backte | gebacken | **GENESEN** *recover* | | genas | *genesen |
| **BEFEHLEN** *command* | befiehlt | befahl (beföhle) | befohlen | **GENIEßEN** *enjoy* | | genoß | genossen |
| **BEGINNEN** *begin* | | begann | begonnen | **GESCHEHEN** *happen* | geschieht | geschah | *geschehen |
| **BEIßEN** *bite* | | biß | gebissen | **GEWINNEN** *win* | | gewann (gewönne) | gcwonnen |
| **BIEGEN** *bend* | | bog | gebogen | **GIEßEN** *pour* | | goß | gegossen |
| **BIETEN** *offer* | | bot | geboten | **GLEICHEN** *resemble* | | glich | geglichen |
| **BINDEN** *tie* | | band | gebunden | **GLEITEN** *slide* | | glitt | *geglitten |
| **BITTEN** *ask* | | bat | gebeten | **GRABEN** *dig* | gräbt | grub | gegraben |
| **BLASEN** *blow* | bläst | blies | geblasen | **GREIFEN** *grasp* | | griff | gegriffen |
| **BLEIBEN** *stay* | | blieb | *geblieben | | | | |
| **BRATEN** *roast* | brät | briet | gebraten | **HABEN** *have* | du hast; er hat | hatte | gehabt |
| **BRECHEN** *break* | bricht | brach | *gebrochen | **HALTEN** *hold* | hält | hielt | gehalten |
| **BRENNEN** *burn* | | brannte (brennte) | gebrannt | **HÄNGEN** *hang* | | hing/hängte | gehangen |
| **BRINGEN** *bring* | | brachte | gebracht | **HEBEN** *raise* | | hob | gehoben |
| | | | | **HEIßEN** *be called* | | hieß | geheißen |
| **DENKEN** *think* | | dachte | gedacht | **HELFEN** *help* | hilft | half (hülfe) | geholfen |
| **DRINGEN** *penetrate* | | drang | gedrungen | | | | |
| **DÜRFEN** *be allowed* | ich/er darf | durfte | gedurft/dürfen | **KENNEN** *know* | | kannte (kennte) | gekannt |
| | | | | **KLINGEN** *sound* | | klang | geklungen |
| **EMPFEHLEN** *recommend* | empfiehlt | empfahl (empföhle) | empfohlen | **KOMMEN** *come* | | kam | *gekommen |
| **ERLÖSCHEN** *die out* | erlischt | erlosch | *erloschen | **KÖNNEN** *can* | ich/er kann | konnte | gekonnt/ |
| **ERSCHRECKEN** *be startled* | erschrickt | erschrak | *erschrocken | | | | können |
| **ESSEN** *eat* | ißt | aß | gegessen | **KRIECHEN** *crawl* | | kroch | *gekrochen |
| **FAHREN** *travel* | fährt | fuhr | *gefahren | **LADEN** *load* | lädt | lud | geladen |
| **FALLEN** *fall* | fällt | fiel | *gefallen | **LASSEN** *let* | läßt | ließ | gelassen/lassen |
| **FANGEN** *catch* | fängt | fing | gefangen | **LAUFEN** *run* | läuft | lief | *gelaufen |
| **FINDEN** *find* | | fand | gefunden | **LEIDEN** *suffer* | | litt | gelitten |
| **FLIEGEN** *fly* | | flog | *geflogen | **LEIHEN** *lend* | | lieh | geliehen |
| **FLIEHEN** *flee* | | floh | *geflohen | **LESEN** *read* | liest | las | gelesen |
| **FLIEßEN** *flow* | | floß | *geflossen | **LIEGEN** *lie* | | lag | gelegen |
| **FRESSEN** *eat (of animal)* | frißt | fraß | gefressen | **LÜGEN** *tell lies* | | log | gelogen |
| **FRIEREN** *freeze* | | fror | *gefroren | | | | |
| | | | | **MESSEN** *measure* | mißt | maß | gemessen |
| **GEBÄREN** *bear (child)* | gebärt, gebiert | gebar | geboren | **MIßLINGEN** *fail* | | mißlang | *mißlungen |
| **GEBEN** *give* | gibt | gab | gegeben | **MÖGEN** *like* | ich/er mag | mochte | gemocht/ |
| **GEFALLEN** *please* | gefällt | gefiel | gefallen | | | | mögen |
| **GEHEN** *go* | | ging | *gegangen | **MÜSSEN** *must* | ich/er muß | mußte | gemußt/müssen |
| **GELINGEN** *succeed* | | gelang | *gelungen | | | | |
| **GELTEN** *be valid* | gilt | galt (gölte) | gegolten | **NEHMEN** *take* | nimmt | nahm | genommen |

**181**

| Infinitiv *und englische Bedeutung* | Gegenwart (3. Person unregelmäßig) | Imperfekt (und Konjunktiv) | Partizip Perfekt (*=SEIN) | Infinitiv *und englische Bedeutung* | Gegenwart (3. Person unregelmäßig) | Imperfekt (und Konjunktiv) | Partizip Perfekt (*=SEIN) |
|---|---|---|---|---|---|---|---|
| **NENNEN** *name* | | nannte (nennte) | genannt | **STREICHEN** *stroke* | | strich | gestrichen |
| | | | | **STREITEN** *quarrel* | | stritt | gestritten |
| **PFEIFEN** *whistle* | | pfiff | gepfiffen | | | | |
| | | | | **TRAGEN** *carry* | trägt | trug | getragen |
| **RATEN** *advise* | rät | riet | geraten | **TREFFEN** *meet* | trifft | traf | getroffen |
| **REIBEN** *rub* | | rieb | gerieben | **TREIBEN** *drive* | | trieb | getrieben |
| **REIßEN** *tear* | | riß | gerissen | **TRETEN** *step* | tritt | trat | *getreten |
| **REITEN** *ride* | | ritt | *geritten | **TRINKEN** *drink* | | trank | getrunken |
| **RENNEN** *run* | | rannte (rennte) | *gerannt | **TRÜGEN** *deceive* | | trog | getrogen |
| **RIECHEN** *smell* | | roch | gerochen | **TUN** *do* | ich tue; du tust; er/ihr tut; wir/sie tun | tat | getan |
| **RUFEN** *call* | | rief | gerufen | | | | |
| **SCHAFFEN** *create/manage* | | schuf/schaffte | geschaffen | | | | |
| **SCHEIDEN** *separate* | | schied | *geschieden | **VERBERGEN** *hide* | verbirgt | verbarg | *verborgen |
| **SCHEINEN** *seem* | | schien | geschienen | **VERDERBEN** *spoil* | verdirbt | verdarb (verdürbe) | *verdorben |
| **SCHELTEN** *scold* | schilt | schalt (schölte) | gescholten | **VERGESSEN** *forget* | vergißt | vergaß | vergessen |
| **SCHIEBEN** *push* | | schob | geschoben | **VERLIEREN** *lose* | | verlor | verloren |
| **SCHIEßEN** *shoot* | | schoß | *geschossen | **VERMEIDEN** *avoid* | | vermied | *vermieden |
| **SCHLAFEN** *sleep* | schläft | schlief | geschlafen | **VERSCHWINDEN** *disappear* | | verschwand | *verschwunden |
| **SCHLAGEN** *hit* | schlägt | schlug | geschlagen | **VERZEIHEN** *excuse* | | verzieh | *verziehen |
| **SCHLEICHEN** *creep* | | schlich | *geschlichen | | | | |
| **SCHLIEßEN** *shut* | | schloß | geschlossen | **WACHSEN** *grow* | wächst | wuchs | *gewachsen |
| **SCHMEIßEN** *fling* | | schmiß | geschmissen | **WASCHEN** *wash* | wäscht | wusch | gewaschen |
| **SCHMELZEN** *melt* | schmilzt | schmolz | *geschmolzen | **WEISEN** *point* | | wies | gewiesen |
| **SCHNEIDEN** *cut* | | schnitt | geschnitten | **WENDEN** *turn* | | wandte (wendete) | gewandt |
| **SCHREIBEN** *write* | | schrieb | geschrieben | **WERBEN** *advertise* | wirbt | warb (würbe) | geworben |
| **SCHREIEN** *shout* | | schrie | geschrie(e)n | **WERDEN** *become* | du wirst; er wird | wurde | *geworden worden |
| **SCHREITEN** *step* | | schritt | *geschritten | | | | |
| **SCHWEIGEN** *be silent* | | schwieg | geschwiegen | **WERFEN** *throw* | wirft | warf (würfe) | geworfen |
| **SCHWELLEN** *swell* | schwillt | schwoll | *geschwollen | **WIEGEN** *weigh/rock* | | wog/wiegte | gewogen |
| **SCHWIMMEN** *swim* | | schwamm (schwömme) | *geschwommen | **WISSEN** *know* | ich/er weiß | wußte | gewußt |
| **SCHWÖREN** *swear* | | schwor (schwüre) | geschworen | **WOLLEN** *want* | ich/er will | wollte | gewollt/wollen |
| **SEHEN** *see* | sieht | sah | gesehen | | | | |
| **SEIN** *be* | ich bin; du bist; er ist; wir/sie sind; ihr seid | war | *gewesen | **ZIEHEN** *pull* | | zog | gezogen |
| | | | | **ZWINGEN** *force* | | zwang | gezwungen |
| **SENDEN** *send, broadcast* | | sandte/sendete | gesandt | | | | |
| **SINGEN** *sing* | | sang | gesungen | | | | |
| **SINKEN** *sink* | | sank | *gesunken | | | | |
| **SITZEN** *sit* | | saß | gesessen | | | | |
| **SOLLEN** *is to* | ich/er soll | sollte | gesollt/sollen | | | | |
| **SPRECHEN** *speak* | spricht | sprach | gesprochen | | | | |
| **SPRINGEN** *jump* | | sprang | *gesprungen | | | | |
| **STECHEN** *stab* | sticht | stach | gestochen | | | | |
| **STEHEN** *stand* | | stand (stünde) | gestanden | | | | |
| **STEHLEN** *steal* | stiehlt | stahl | gestohlen | | | | |
| **STEIGEN** *climb* | | stieg | *gestiegen | | | | |
| **STERBEN** *die* | stirbt | starb (stürbe) | *gestorben | | | | |
| **STINKEN** *stink* | | stank | gestunken | | | | |
| **STOßEN** *push* | stößt | stieß | gestoßen | | | | |

# Wortschatz

## A

ab und zu *now and then*
Abhängigkeit (f) *dependency*
Abiturent(in) (m/f) *A level student*
Abkürzung (f) *abbreviation*
ablenken *to distract*
abnehmen *to lose weight*
Absatz (m) *paragraph*
mit Abstand *by a long way*
abstoßend *off-putting*
sich in Acht nehmen *to take care*
Aidsopfer (n) *AIDS victim*
Alltag (m) *everyday life*
Alptraum (m) *nightmare*
Anerkennung (f) *recognition*
anfällig *vulnerable*
Angeklagte (m/f) *defendant*
Anlage (f) *industrial plant*
anläßlich (+ Gen.) *on the occasion of*
anlocken *to attract*
annehmbar *acceptable*
Anschlag (m) *attack*
Anspruch (m) *demand, claim*
Ansteckung (f) *infection*
anstreben *to aim for*
argwöhnisch *suspicious*
aufführen *to perform*
aufgrund (+ Gen.) *because of*
aufklären *to enlighten, explain the facts of life*
Auflage (f) *edition*
Aufstand (m) *rebellion*
auftauchen *to emerge, appear*
ausbauen *to dismantle*
Ausbildung (f) *training*
Ausländerfeindlichkeit (f) *hostility towards foreigners*
Ausmaß (n) *extent*
ausnutzen *to exploit*
ausreichen *to suffice*

aussichtslos *hopeless*
Ausstellung (f) *exhibition*
ausweichen *to avoid*
auszeichnen *to honour, single out*
Auszug (m) *extract*

## B

Ballaststoffe (pl) *roughage*
Baustelle (f) *building site*
Bedenken (n) *doubt, reservation*
bedrohen *to threaten*
beeindrucken *to impress*
sich befassen mit *to concern oneself with*
befürworten *to approve of, be in favour of*
begabt *able, talented*
Begegnung (f) *encounter*
behandeln *to treat*
Beharrlichkeit (f) *perseverance*
behaupten *to assert*
behindert *handicapped*
Behörden (pl) *the authorities*
behutsam *careful, cautious*
beispielhaft *a good example*
beitragen *to contribute*
beneidenswert *enviable*
Berater(in) (m/f) *advisor*
Bereich (m) *field, realm*
bereichern *to enrich*
beruhen auf *to be based on*
sich beschäftigen mit *to deal with, concern oneself with*
Bescheidenheit (f) *modesty*
beschlagnahmen *to confiscate*
Beschränkung (f) *restriction*
sich beschweren *to complain*
Bestandteil (m) *component part*
betonen *to emphasise*
in Betracht ziehen *to take into consideration*
betrachten *to consider*

betrügen *to deceive*
bewältigen *to overcome*
Beziehung (f) *relationship*
Bildhauer(in) (m/f) *sculptor*
Billigung (f) *approval*
Blamage (f) *disgrace*
Blechtrommel (f) *tin drum*
Botschafter(in) (m/f) *ambassador*

## D

Dasein (n) *existence*
deswegen *for this reason*
Dienstboteneingang (m) *tradesman's entrance*
Dirigent(in) (m/f) *conductor*
drehen *to make a film*
Drehtag (m) *day of filming*
dringend *urgent, insistent*
Drogenberatungsstelle (f) *drug advice centre*
Drohung (f) *threat*
Dunkelheit (f) *darkness*
durchführen *to carry out*
sich durchsetzen *to assert oneself*
düster *gloomy*

## E

ehemalig *former*
ehren *to honour*
ehrgeizig *ambitious*
Eifersucht (f) *jealousy*
Eigenschaft (f) *quality, characteristic*
Eigentum (n) *property*
eindeutig *clear, unambiguous*
Einsamkeit (f) *isolation*
sich einsetzen für *to support, do what you can for*
Einstellung (f) *outlook, attitude*
eintönig *monotonous*

Einwanderer (in) (m/f) *immigrant*
einwenden *to object*
einzigartig *unique*
Eiweiß (n) *protein*
endgültig *finally*
engagiert *involved, active*
Enthüllung (f) *revelation*
entstehen *to arise*
Entzugserscheinung (f) *withdrawal symptom*
erbärmlich *wretched*
Erbe (n) *inheritance*
Ereignis (n) *event*
Ergebnis (n) *result*
erheblich *considerable*
erleben *to experience*
erledigen *to see to, sort out*
ermutigen *to encourage, uplift*
sich ernähren von *to eat, live on*
erobern *to conquer*
Errungenschaft (f) *achievement*
erschrecken *to horrify*
ersetzen *to replace*
Erstaufführung (f) *premiere*
Etappenziel (n) *short-term goal*
eventuell *possibly, perhaps*

# F

Fachmann/Fachfrau (m/f) *specialist*
fähig *capable*
Fall (m) *case*
Fassung (f) *version*
Feier (f) *celebration*
Feingefühl (n) *sensitivity*
feststellen *to establish, ascertain*
fettarm *low-fat*
Filmdiva (f) *film goddess*
Finsternis (f) *darkness, gloom*
fordern *to demand*
fördern *to encourage, promote*
Forscher(in) (m/f) *researcher*
Freigabe (f) *release, legalisation*
Freiraum (m) *scope*
freiwillig *voluntary*

# G

gastfreundlich *hospitable*
Gefährte/Gefährtin (m/f) *companion, partner*

Gegensatz (m) *opposite*
gegenseitig *mutual*
geheimnisvoll *mysterious*
gehören (zu) *to belong to*
Geißel (f) *scourge, plague*
Geistesverfassung (f) *state of mind*
gelassen *calm*
Geldmangel (m) *shortage of money*
Gemeinsamkeit (f) *point in common*
Genauigkeit (f) *accuracy*
genügend *sufficient*
Gerechtigkeit (f) *justice*
geschweige denn *not to mention*
Geschwür (n) *ulcer*
Gesellschaftsschicht (f) *social stratum*
gestört *disturbed*
Gewerkschaftsbewegung (f) *trade union movement*
gewissenhaft *conscientious*
Gleichgültigkeit (f) *indifference*
Glücksspiel (n) *gambling*
Gosse (f) *gutter*
Grausamkeit (f) *cruelty*
großzügig *generous*
gründen *to found*
grundsätzlich *basic*
günstig *favourable*

# H

Heilung (f) *cure*
Henker (m) *executioner*
herausgeben *to publish*
Hilflosigkeit (f) *helplessness*
hinrichten *to execute*
Hintergrund (m) *background*

# I

imstande *in a position to*
Inhaltsangabe (f) *synopsis*
insgesamt *in total*

# K

kapieren *to understand, catch on*
Kassenerfolg (m) *box office success*
Kehle (f) *throat*
kiffen *to smoke pot*

kleinbürgerlich *lower middle-class*
knapp *barely, just*
Komponist(in) (m/f) *composer*
komprimieren *to compress*
Konjunktur (f) *recession*
Konkurrenzgesellschaft (f) *competitive society*
Kreislauf (m) *circulation*
Krimi (m) *detective story, whodunnit*
Kripochef (m) *CID chief*
Krisenbewältigung (f) *overcoming a crisis*
kümmerlich *pitiful*
sich kümmern um *to bother or care about*

# L

Landwirtschaft (f) *agriculture*
launisch *moody*
lebenswichtig *vital*
lediglich *merely*
leidenschaftlich *passionate*
Leinwand (f) *(cinema) screen*
Linderung (f) *relief, alleviation*
sich lohnen *to be worth it*
lohnend *worthwhile*
lügen *to tell lies*

# M

Mehrheit (f) *majority*
Mißbrauch (m) *misuse*
Miete (f) *rent*
Minderheit (f) *minority*
minderjährig *under-age*
Mißbrauch (m) *misuse*
Mitbürger(in) (m/f) *fellow citizen*
mitleiderregend *arousing sympathy*
mittelalterlich *medieval*
Mode sein *to be in fashion*
mollig *plump*

# N

Nachfolger(in) (m/f) *successor*
nagelneu *brand-new*
dazu neigen *to have a tendency to*
Niere (f) *kidney*
nüchtern *sober*

## O

oberflächlich *superficial*
Öffentlichkeit (f) *the public*
Oper (f) *opera*
opfern *to sacrifice*
örtlich *local*

## P

passend *appropriate, suitable*
phantasievoll *imaginative*
preußisch *Prussian*
provozieren *to provoke*

## Q

Quatsch (m) *rubbish, nonsense*

## R

ratlos *helpless, at a loss*
Rausch (m) *exhilaration, drunken or drugged state*
Redensart (f) *phrase, term*
Regisseur/ Regisseurin (m/f) *film director*
reif *mature*
Reiz (m) *attraction*
Rente (f) *pension*
Rentner/Rentnerin (m/f) *pensioner*
Rezept (n) *prescription*
Richter (m) *judge*
riesig *gigantic*
rücksichtslos *reckless, inconsiderate*
Ruhm (m) *fame*
Rundfunk (m) *radio*

## S

Sanierung (f) *redevelopment, renovation*
schaden *to damage*
Schandmauer (f) *wall of shame*
schätzen *to value, estimate*
Scheibe (f) *disc*
Scherbe (f) *fragment*
Schicksal (n) *fate*
schicksalschwer *momentous*
Schilderung (f) *description*
Schlagersänger(in) (m/f) *pop singer (lit. hit singer)*
Schlagzeile (f) *headline*

schmuddelig *messy, grubby*
schützen vor *to protect against*
schwanger *pregnant*
Selbstmord begehen *to commit suicide*
Sendung (f) *broadcast, programme*
Seuche (f) *epidemic*
Sieger(in) (m/f) *victor, winner*
Sozialeinrichtung (f) *social services department*
spannend *exciting*
sparsam *economical, thrifty*
Sprichwort (n) *proverb, saying*
Spritze (f) *syringe*
spüren *to feel, sense*
Staatsangehöriger/in (m/f) *citizen (of...)*
ständig *constant*
Stasi (f) *former East German secret police*
strafbar *punishable*
strahlen *dazzling*
Sucht (f) *addiction*
suchtkrank *addicted*

## T

Tätigkeit (f) *activity*
Tatsache (f) *fact*
Taugenichts (m) *ne'er-do-well*
Teilung (f) *division, separation*
Tiefpunkt (m) *low point*
Trauschein (m) *marriage licence*
Trennung (f) *separation*
Tugend (f) *virtue*

## U

Überblick (m) *overview*
Übereinstimmung (f) *agreement*
überfordern *to ask too much of*
Überheblichkeit (f) *arrogance*
überleben *to survive*
überlebensgroß *larger than life*
überschüssig *surplus*
übertreffen *to outdo*
Übertreibung (f) *exaggeration*
überwältigen *to overwhelm*
überwinden *to overcome*
überzeugen *to convince*
übrigbleiben *to be left over*
umfassen *to embrace, include*
Umfrage (f) *questionnaire*

Umgebung (f) *surroundings*
umjubelt *celebrated*
umstritten *controversial*
Ungerechtigkeit (f) *injustice*
unnahbar *unapproachable*
Untergang (m) *demise*
unterhaltsam *entertaining*
Unternehmen (n) *enterprise*
unterstützen *to support*
Untertitel (m) *subtitle*
unterwegs *out and about*
unverzüglich *without delay*
unzählig *countless*
ursprünglich *original*

## V

verachten *to scorn*
veranstalten *to organise, stage*
verantwortlich *responsible*
Verbrechen (n) *crime*
Vereinigung (f) *unification*
Verfolgung (f) *persecution*
verfügen über *to have at one's disposal*
verführerisch *tempting, seductive*
Verhängnis (n) *undoing*
verkörpern *to embody*
Verlust (m) *loss*
vermitteln *to convey*
vernachlässigen *to neglect*
sich verringern *to decrease*
Versagen (n) *failure*
verschlingen *to devour*
verschreiben *to prescribe*
verschwenderisch *extravagant*
verseuchen *to contaminate*
versorgen *to provide*
verteidigen *to defend*
Vertrag (m) *contract*
Vertrauen (n) *confidence, trust*
vervollständigen *to complete*
Verwaltung (f) *administration*
Verweigerung (f) *refusal*
verwickeln *to involve*
verzehren *to consume*
verzichten auf *to do without*
volljährig *of age*
Vorliebe (f) *preference*
Vorurteil (n) *prejudice*

# W

wagen *to dare*
Wahnsinn (m) *madness*
weitblickend *far-sighted*
Wende (f) *the change, referring to the E.
   German revolution of 1989*
Wettbewerb (m) *competition*
Widerspruch (m) *contradiction*
widersprüchlich *contradictory*
widerstehen (+ Dat.) *to resist*
widmen (+ Dat.) *to devote*
Wirtschaftswunder (n) *economic miracle*
Witzzeichnung (f) *cartoon*
wünschenswert *desirable*

# Z

zärtlich *tender*
Zeitgeist (m) *spirit of the times*
zeitgenössisch *contemporary*
zerstören *to destroy*
züchten *to breed*
Zufriedenheit (f) *contentment*
zugleich *at the same time*
Zusammenbruch (m) *collapse*
Zusammenhang (m) *context, connection*
Zusammensetzung (f) *composition*
zusätzlich *additional*
Zustand (m) *condition*
zuständig für *responsible for*
zuversichtlich *confident*
zwangsweise *forcibly*
zweideutig *ambiguous*
zweifellos *doubtless*